古代の王権祭祀と自然

三宅和朗著

吉川弘文館

目次

序章　問題の所在

本書は、日本古代の神々や祭りの世界を、文献史料を中心に、時代的には主に七世紀頃から平安期までを対象として、歴史学の立場から考察することを目的としたものである。そのさいの視座として、古代の神々や祭りの中には王権と関係をもつものがあるが、基本的には自然界と密接につながりをもちながら、日本列島内に多様に展開していたことをはじめに指摘しておきたい。

このうち、重要なのは、古代の神観念の中心は自然神であった点であろう。松前健氏は、古代の人々の宗教観、神観念を次のようにまとめられている。すなわち、「古代人は、上は日月星辰、風雨・雷電・雲霧のような、天上の自然現象から、下は山岳、河川、湖沼、海洋、森林、島嶼などの地上の自然現象、また異常な能力を持つ動植物、また人工物としての家屋、船舶、刀剣、鏡、櫛、杖などに至るまで、その内奥ないし背後に、神霊の存在を認め、それをカミと呼んだ。虎、狼、兎、蛇などを神と呼び、桃子をオオカムツミ、頸飾りの玉を御倉板挙神と名づけ、また磐根木株草葉がみな言問うたと語られているなど、自然崇拝・アニミズムの信仰の表れである(1)」と。このような自然神は、六～七世紀段階に、①地域の首長による自然神の慰撫、祭り、②常設の神殿の設営、③太陽神からアマテラスへ転じたように、巫覡や司祭のイメージの投影を契機として、人格神化を遂げていったとも指摘された(2)。

松前説には細部に異論もあるが、全体的には古代の人々の神観念の特徴をよくとらえたものと評されよう。

このような自然界に由来する神々を古代律令国家は統治の対象とした。それは諸国の主要な神社を官社（式内社）

とし、神祇令に規定を定めて様々な祭祀が行われることとなった点からも知られよう。これが神祇祭祀で、西宮秀紀氏は「神祇祭祀とは、単なるカミのマツリとは異なり、いわゆる国家が規定した固有名のある神々に対する祭祀のことであった」[3]と指摘されている。

ところで、本書では、右に述べたことを前提として、次の二点から古代の神々や祭りの信仰世界を考察してみたいと思う。その第一は、階層性である。律令国家が神々を支配の対象に組み込んだことで、かかる世界は、前述の通り、王権神、王権祭祀から地域の神々、祭りに至るまで様々に重層化することになった。しかも、留意さるべきは、王権側と地域のそれとの間にはズレがあったことである。とくに自然界（神）との関係には大きな差異があったものとみられる。この点からすれば、古代の神々、祭りと神祇祭祀とを同一視することは許されないであろう。第二は、時代差である。個々の検討は各章に委ね、見通しのみを先にいえば、王権祭祀の方は古代王権のあり様を反映して、時代の流れの中で変容していったはずで、かかる点は史料の上からも追求が可能である。それに対して、地域社会の神々の世界は、自然とのかかわりが中心であるだけに、王権側と比べて相対的には変化の度合いは緩慢であったことが予想されよう。この時代差からも王権祭祀の特質が見出されるはずである。なお、この二つの軸に加えて地域差[4]についても当然ながら考慮すべきことはいうまでもない。しかしながら、本書を成すにあたって、収集した諸史料から地域性について云々できる具体的な史料にめぐり合えなかった。そのような事情もあり、この点については今後の課題としたいと思う。

さて、本書は二部構成からなる。第Ⅰ部に収めた諸編は、古代の王権祭祀の特質を、各神社の祭りのあり方と対比させることで具体的に解明しようとしたものである。その構成と初出を示すと以下の通りである（旧稿は本書に再録するさいにすべて加筆、修正を行った)。

第一章　平安期の春日祭について（岡田精司編『祭祀と国家の歴史学』塙書房、二〇〇一年）
第二章　古代春日社の祭りと信仰（『史学』七一—一、二〇〇一年）
第三章　平野祭の基礎的考察（『史学』六六—一、一九九六年）
第四章　古代伊勢神宮の年中行事（『史学』七二—三・四、二〇〇三年）
第五章　古代の祭祀と時刻（新稿）

第一章は、平安期の春日祭の考察である。春日祭は、王権祭祀として執行された藤原氏の氏神祭祀であるが、関連史料は平安期の儀式書や古記録にまとまって存在する。したがって、春日祭の具体相も史料から復元可能であるが、それは一言でいえば、春日社の常設の神殿に坐すと観念された神々を前に勅使を派遣して、奉幣、祝詞奏上をするというものであった。しかしながら、第二章でも指摘したように、春日社の祭りや信仰は春日祭がすべてというわけではなかった。たとえば、神体山である御蓋山や山麓に点在する磐座への信仰は、儀式書や古記録に現れることがほとんどない。この場合の信仰の実態は、国家側が制定した禁制、あるいは考古学や民俗学などの成果を借りてわずかに窺う以外に道はないが、かかる検討を経ることではじめて重層化した春日祭と春日社の祭りの姿が浮上してくるものと思う。そして、このようなあり方は、平野祭—平野社の祭りにおいても（第三章）、伊勢神宮に関しても同様に検証できる（第四章）。とくに伊勢神宮の場合は、平安初期に成立した『皇太神宮儀式帳』『止由気宮儀式帳』という、古代の神社史料としては恵まれた史料が伝来したおかげで、内宮・外宮—別宮—摂社—末社—「宮廻神」の年中行事の重層性を解明することができ、かつ、中世の関連史料まで視野に入れることで、その時代的変遷まで跡づけることが可能である。第五章では、古代の王権祭祀が時間的にいつ頃行われていたかを追求した。本来、夜の時間こそが神の活躍する時間であり、祭りも夜に行われたはずである。ところが、王権祭祀の中には夜に執行されたものも知られているが、七世紀以降、政治的な関係を公開するという意図から昼間に行われた祭祀も少なくないことが注目される。それに対して地域社会の祭りの時刻は、史料的に裏づけることが難しいが、国家側の禁制や近年の発掘調査によって焚火の跡を伴う祭祀遺跡がみつかっていることからも、やはり夜の祭りであったことが窺えよう。ここにも王権側と地域の祭りの差異が知られるはずである。

第II部には、自然を畏怖し、信仰していたはずの古代の人々の心性を検討することで、古代の神々の信仰世界を解明しようとした諸論文を収めた。第I部の諸編が王権祭祀を起点に、いわばその向こう側にわずかに垣間みえる神社の神々への信仰に言及したのに対して、第II部では、逆の方向から王権側を見直すという方向で考察を行った。ただし、第II部で手がかりとした古代の心性とは、日本古代史の分野ではさほど注目されてこなかった点であるだけに、この点につき、簡単に指摘しておきたい。

心性が歴史学で本格的に論じられたのはアナール派が最初であろう。そこでいわれる心性（マンタリテ）とは「広い意味での『こころのありよう』を言うのであり……自覚されない隠れた領域から、感覚、感情、欲求、さらには価値観、世界像に至るまでの、さまざまなレヴェルを包み込む広い概念」(5)を指す。

では心性を古代史料から具体的に読み解くためには、なにに着目したらよいのであろうか。その第一は、神々の不思議な行為である。かつて益田勝実氏が「神は必ずふしぎさ、奇しさを顕わしてわたくしたちの世界に来ます」(6)と指摘されていたことを想起したい。神の行為とは不思議なことであって、そうした神業の多くは自然現象であるが、それを見聞した人々が驚くという関係があったはずである。『類聚名義抄』には、神に「アヤシ」という注もついていたのが注意される。また、諸史料によると、神は「忽ち」に出現するゆえに、人々は圧倒される。あるいは神の活動は夜になされるが、人々は朝起きて神業の異変に驚くという関係も見出される。このような神々の不思議をもとに古代的な心性が解明されよう。かかる視点は益田氏だけではなく、国文学では伊原昭[8]・田中貴子氏[9]、民俗学の宮田登[10]・小松和彦氏[11]、文化人類学の岩田慶治氏[12]の研究にあり、日本史学では最近の西山克氏を中心とする怪異研究[13]にも同様の関心を見出すことは可能であろう。

第二は、感性の問題。これには二つの見方がある。一つは、マリー・シェーファーの音の風景論（サウンド・スケープ）[14]で、音楽・騒音も含む音環境と人々との相互作用を歴史的、文化的に調査研究するというもので、古代史では史料から窺える音を考察することになる。古代の神々（自然）も時に音を発していたのであって、たとえば、雷（カミナリ）の大きな音がもっとも顕著な例といえよう。この音の風景論[15]としてはマリー・シェーファー以外にも、鳥越けい子[16]・中川真[17]・山岸美穂氏[18]などの研究があり、参考になる。

もう一つは、アナール派のリュシアン・フェーヴル[19]、アラン・コルバンら[20]が指摘した音やにおいをはじめとする五感に着目することである。これは音の風景論と重なるところがあり、やはり古代の神々と人間との関係にも適用可能である。すなわち、古代の人々は五感を通して神の示現や神異を実感していたはずだからである。したがって、神との出会いの史料を五感を手がかりに読み解くことになる。感性の歴史学の広がりとしては、アナール派とは別途に、〈内なるうながし〉であったという日本中世史[21]、とくに社会史の分野が注目される[22]。網野善彦氏は、戦後の歴史学には、歴史科学として理論・法則を重視した石母田正氏に対して、潑剌とした生気をもつ心生活、鋭敏な感受性によってのみ過去の生活はとらえられるとした津田左右吉氏の研究があったが、後者の視点の継承が不十分であった。戦後の歴史学が人間不在と批判されてきたのもこの点にかかわると述べられている。歴史家の感性を重視すべきという網野氏の指摘[23]は傾聴に値しよう。

感性をめぐっては、他にヨーロッパ中世史の池上俊一氏[24]の研究、さらには国文学[25]や民俗学・文化人類学にも研究があるが、後者の小松氏は五感だけではなく、災害への恐怖心や禁忌違反などもテーマになること[26]、川田順三氏は自然史の中でヒトを位置づけるという視点のもと、感性の諸領域[27]を、それぞれ指摘されている。日本古代史の分野では、北條勝貴[28]・安田政彦氏[29]の論著があるが、本格的な研究としてはまだ端緒についたばかりというべきであろう。

第II部は、以上のような古代の人々の心性を起点に、関係の古代史料を読み解く作業を行った諸編を収めた。その構成と初出を示すと、以下の通り（旧稿は本書に再録するさいにすべて加筆、修正を行った）。

第一章　古代の神々の示現と神異――〈水〉をめぐって――（『東アジアの古代文化』一二一、二〇〇四年）

第二章　古代の樹木と神異（新稿）

第三章　古代史料にみる雷神の示現と神異（あたらしい古代史の会編『王権と信仰の古代史』吉川弘文館、二〇〇五年）

第四章　古代の神々と光（『史学』七五―二・三、二〇〇七年）

第五章　律令期祭祀遺物の再検討（三田古代史研究会編『政治と宗教の古代史』慶應義塾大学出版会、二〇〇四年）

第一章では〈水〉として湧水、酒、温泉、変若水を、第二章では樹木の色、〈ハヤシ〉〈言問う草木〉、第三章では雷神信仰、第四章では神々の光と人間側の意思を異界に伝える光を扱ったが、第二章の〈言問う草木〉の信仰は王権側に継承されていないこと、第三章の雷神では、タケミカヅチは王権神として特別の神異を発揮していたこと、第四章ではアマテラスの光は天下に照臨する儒教的な光であったことなど、それぞれ自然界の神々とは異なるものをもっていたことは注目さるべきであろう。また、感性という点では、感性が時代、地域、文化によって相違すること[30]、五感はそれぞれ独立しているのではなく、相互に重なり合うところがあり、とくに嗅覚は視覚に統合されていたことな[31]

どの指摘も留意される。

なお、ここで扱った心性や感性の問題は、自然環境とも深くかかわることはいうまでもない。環境史研究という枠組みでは、最近、その研究動向を高木徳郎[32]・佐野静代氏[33]が整理されているが、その中で環境史に心性を読み取るという研究の潮流があり、笹本正治[34]・瀬田勝哉氏[35]などの研究が取り上げられている。筆者の考察も環境史というレベルでは笹本・瀬田両氏の仲間に含まれるといえよう。

第五章は、近年、人形・土馬・馬形・舟形・斎串など、各地の遺跡から出土する律令期祭祀遺物について言及したもの。かかる遺物がハラエの場だけではなく、祭りにも供えられるものであることから、当該遺物に境界領域に財産を並べるという共通性があったことを指摘した。自然との関係を考察した第四章までとは異なるが、古代の人々の心性を論ずるという点では共通するので、第Ⅱ部に再録した[36]。

註

(1) 松前健「神々の誕生序説」(『古代信仰と神話文学』弘文堂、一九八八年)四頁。

(2) 松前、前掲註(1)六〜八頁。

(3) 西宮秀紀「神祇祭祀」(『列島の古代史』七、岩波書店、二〇〇六年)一三頁。

(4) 地域差については、網野善彦『東と西の語る日本の歴史』(そしえて、一九八二年)、赤坂憲雄『東西/南北考』(岩波新書、二〇〇〇年)、三上喜孝「律令国家と現物貨幣」(『日本古代の貨幣と社会』吉川弘文館、二〇〇五年)など参照。

(5) 二宮宏之「社会史における集合心性」(『全体を見る眼と歴史家たち』木鐸社、一九八六年)七五頁、その他、同「参照系としてのからだとこころ」(『歴史学再考』日本エディタースクール出版部、一九九四年)も参照。

(6) 益田勝実「日本の神話的想像力」(『秘儀の島』筑摩書房、一九七六年)一二九〜一三〇頁。

(7) 武満徹氏は「『自然』ということばを、中世では『フト』という意味で用いていた。……自然というものは偶然出会うもので、随って、何かの拍子にフト他人《ひと》に出会ったり、時には対立したり、それは様々な態《かたち》で動いているものであり、そうした自然観が、譬えば、音と音との間《ま》に存在する偶然性の捉えかたにも影響を及ぼしている」と指摘されている（武満徹・川田順造『音・ことば・人間』〈岩波書店、一九八〇年〉二五四頁）。

(8) 伊原昭「色の霊力」（『万葉の色』笠間書院、一九八九年）。

(9) 田中貴子『あやかし考』（平凡社、二〇〇四年）。

(10) 宮田登『妖怪の民俗学』（ちくま学芸文庫、二〇〇二年）。

(11) 小松和彦『妖怪学新考』（小学館、一九九四年）。

(12) 岩田慶治氏は「怖れと驚きはつねに文化の外からやってくるように思われる。それは突然、予期しないときにわれわれを襲う。カミもそういうものではなかろうか」と述べられている（『カミの人類学』〈『岩田慶治著作集』三、講談社、一九九五年〉二一四頁）。

(13) 東アジア恠異学会編『怪異学の技法』（臨川書店、二〇〇三年）など。

(14) マリー・シェーファー（鳥越けい子他訳）『世界の調律』（平凡社、二〇〇六年）。また、『サウンドスケープ』（慶應義塾大学アート・センター、一九九七年）も参照。

(15) マリー・シェーファーは「サウンドスケープ・デザイナーが耳を重視するのは、ただ現代社会の視覚偏重主義に対抗するためであり、究極的にはむしろすべての諸感覚の再統合をめざすものなのである」と指摘されている（前掲註〈14〉四七六頁）。

(16) 鳥越「音の風景」（『日本の時代史』二九、吉川弘文館、二〇〇四年）。

(17) 中川真『平安京　音の宇宙』（平凡社、一九九二年）。

(18) 山岸美穂・山岸健『音の風景とは何か』（日本放送出版協会、一九九九年）、山岸美穂『音　音楽　音風景と日常生活』（慶應義塾大学出版会、二〇〇六年）。

(19) リュシアン・フェーヴル他（小倉孝誠編集）『感性の歴史』（藤原書店、一九九七年）。

(20) アラン・コルバン（山田登世子他訳）『においの歴史』（藤原書店、一九九〇年）、同（小倉訳）『音の風景』（藤原書店、一九九七年）など。

(21) 石井進「社会史の課題」（『石井進著作集』六、岩波書店、二〇〇五年）。

(22) 差し当たって、網野善彦『日本中世の民衆像』（岩波新書、一九八〇年）一七二～一七八頁、峰岸純夫「誓約の鐘」（『人文学報』

一五四、一九八二年）、千々和到「仕草と作法」（『日本の社会史』八、岩波書店、一九八七年）、笹本正治『天下凶事と水色変化』（高志書院、二〇〇七年）をあげるに留める。

(23) 網野「歴史学と感性」（阿部謹也他『中世の風景〈下〉』〈中公新書、一九八一年〉）。

(24) 池上俊一『ロマネスク世界論』（名古屋大学出版会、一九九九年）、同『身体の中世』（ちくま学芸文庫、二〇〇一年）。

(25) 多田一臣「古代人の感覚」（『文学』五―五、二〇〇四年）、坪井秀人『感覚の近代』（名古屋大学出版会、二〇〇六年）など。

(26) 小松「民俗社会の感性と生理」（『講座日本の民俗学』二、雄山閣出版、一九九八年）。なお、常光徹『しぐさの民俗学』（ミネルヴァ書房、二〇〇六年）も参照。

(27) 川田『文化人類学とわたし』（青土社、二〇〇七年）八一～一二二頁。

(28) 北條勝貴「伐採抵抗伝承・伐採儀礼・神殺し」（『環境と心性の文化史』下、勉誠出版、二〇〇三年）。

(29) 安田政彦『平安京のニオイ』（吉川弘文館、二〇〇七年）。

(30) 小倉『身体の文化史』（中央公論新社、二〇〇六年）八五頁、池上『身体の中世』（前掲註〈24〉）三〇〇頁。なお、現代が五感喪失というべき時代であることについては、山下柚実『〈五感〉再生』（岩波書店、二〇〇六年）に指摘がある。

(31) 尾関ちとせ「古代における目・耳・鼻の呪力について」（『千葉大学語文論叢』一六、一九八八年）、多田、前掲註（25）。

(32) 高木徳郎「日本中世史研究と環境史」（『歴史評論』六三〇、二〇〇二年）。

(33) 佐野静代「日本における環境史研究の展開とその課題」（『史林』八九―五、二〇〇六年）。

(34) 笹本『中世の災害予兆』（吉川弘文館、一九九六年）。

(35) 瀬田勝哉『木の語る中世』（朝日新聞社、二〇〇〇年）。

(36) 新川登亀男氏は、新羅が倭（日本）に贈った「もの」について、新羅が唐から受けた心的効果を倭に向けて転化するものであったとして、「もの」のおよぼす驚愕・畏怖の感覚を指摘されている（「調〈物産〉の意味」〈『日本古代の対外交渉と仏教』吉川弘文館、一九九九年〉）。新川論文は、先に述べた神々の不思議への驚きとも関係するところがあるが、「もの」をめぐる心性を読み解いた考察として注目される。

第Ⅰ部　古代王権祭祀の史的検討

第一章　平安期の春日祭について

一　はじめに

古代の春日祭は、春日社において、毎年二・十一月の上申日に行われた（『儀式』一）。春日祭の初見史料としては、『類聚三代格』一、延暦二十年（八〇一）五月十四日太政官符に「春日祭」などの諸祭祀を闕怠した場合、「中祓」が科せられるとあること、延暦二十四年二月、石上神宮の武器を山城国に移転するさいに「典闈建部千継。被レ充二春日祭使一」とある（『日本後紀』延暦二十四年二月庚戌条）ことが指摘される。この二史料からも、九世紀初頭には国家的祭祀として春日祭が実施されていたことは間違いあるまい。

春日祭の具体的様相は平安期の儀式書や古記録から知られる。それは後述するとして、春日祭の性格をめぐっては次のような諸説がある。

第一は、春日祭は他氏の参会を許さず、藤原氏単独で祭祀を行ったという、閉鎖的な氏神祭祀とみる宮井義雄[1]・中村英重[2]氏の説、第二は、「現在残されている史料に見える春日祭では、ほとんど氏神祭祀的な要素は認められず、かえって国家の関与、宮廷儀礼・年中行事的な要素が強いものであった」として、氏神祭祀的色彩を否定的に理解する土橋誠氏の説[3]、第三は、神護景雲二年（七六八）から春日祭に神祇官・太政官が関与するようになり、春日祭が「公祭」として確立したとする岡田荘司氏の説[4]である。

このうち、第一と第二の説には、後に述べるように儀式書の誤読があり、簡単には従い難い。第三の説については藤原氏の氏神祭祀が「公祭」化した理由が問われねばなるまい。また、岡田氏の「公祭」説とは、律令制的公的祭祀が衰退すると、天皇を中心とする私的祭祀が「公祭」として拡大するというものであり、〈公・私〉の理解はあまりにも恣意的である(5)。しかも、三説にはいずれも春日祭が御蓋山（神体山）や春日社をめぐる祭りや信仰の中でどのように位置づけられるのか(6)という問題も残されている。

そこで、本章では、以上の問題点の中から、儀式書（『儀式』『西宮記』恒例第三、『北山抄』一、『江家次第』五）および古記録にみえる春日祭を手がかりに平安期の春日祭の性格を考察してみたい。

なお、本章では右に記した理由から、春日祭のような、天皇のもつ統治権的権能をもとに執行された祭祀を、「公祭」ではなく王権祭祀と称することとした。

二　春日祭儀の検討

九世紀後半に成立したとされている(7)『儀式』の「春日祭儀」によって、式次第をまとめると［表1］の通りである。この表をもとに春日祭の進行を追ってみると、まず、祭祀の前に春日斎女の禊祓がある（a）。斎女とは、伊勢の斎王や賀茂の斎王と同様、春日・大原野社に奉仕した藤原氏出身の女性であるが、史料上では貞観八年（八六六）から同十七年（八七五）の間しかみえず（『三代実録』『類聚三代格』一）、儀式書においても『西宮記』にはすでにみられない。斎女の存置期間は短命であり、その手がかりはきわめて乏しいという他ない(8)。

したがって、斎女には未解明の問題が多々あるが、ここで一点だけ確認しておきたいのは、斎女が日頃、居住して

表1　春日祭次第（『儀式』）

祓日	斎女の禊祓	(a)
祭前日	斎女、(勧学)院より出立(佐保頓舎に一泊)	(b)
祭日	大臣以上、外院(著到殿)座に就く	(c)
	斎女、社参	(d)
	[神前儀]	
	内蔵寮使・二宮使・氏人并諸家使の順で奉幣	(e)
	氏人五位以上、神饌机を奉納	(f)
	大臣以下、神前座に就く	(g)
	神主、祝詞奏上。大臣以下、両段再拝、拍手	(h)
	馬寮、御馬を索廻	(i)
	近衛使、東舞	(j)
	大膳職、御飯を賜る(直会)	(k)
	神主以下、和(倭)舞	(l)
	斎女、頓舎に帰還	(m)
	外記、見参文を大臣に進む(給禄)	(n)
	馬場にて走馬	(o)

いた場所である。これに関しては、『儀式』に斎女の禊祓の後、「還二本院一」とあるのが注目される。この「本院」とは、平安左京の三条の北、壬生西の一町に存した勧学院ではないだろうか。

そのように考えるのは、①『儀式』によると、斎女が祓所に向かうさいの行列の先導役が当初、左右京兵士・坊人（令カ）・左右京職官人であったのが、京極大路からは山城国郡司に交替するとあるので、「本院」が京内にあったことが確実であること、②『儀式』に「時刻斎女駕レ車向二祓所一、其儀也」として斎女の行列を記し、山城国司が郡司等を率いて「候二京極大路一引道到二祓所一」とある。その後に「弁・史生・官掌各一人、率二所司一行事」として斎女の行列とは別に「弁・史生・官掌」の参列を記してあること。弁以下は斎女とは別行動で平安宮を出て祓所に向かったのであろうから、斎女の「本院」は平安宮内にははじめからなかった可能性が高いこと、③『儀式』には祓所への行列に加わるものに院別当・院司があり[9]、また、『北山抄』『江家次第』には祭日の十余日前に別当弁、祭日に春日社の著到殿において有官別当・無官別当の役割がみえるが、院別当以下はいずれも勧学院の職員[10]とみられること、④勧学院は氏寺氏社の統制機関でもあり、とくに氏社の祭りに関係していたこと。これには春日祭の例は後述するとして、天暦五年（九五一）に「学生正六位上藤原行葛」を鹿嶋香取使[11]に任じている例

（『類聚符宣抄』一、天暦五年正月二十二日太政官符）、長治二年（一一〇五）には「有官別当泰俊」が大原野祭に参加している例（『中右記』長治二年二月四日条）などが証左になる。もっとも、④については、勧学院と氏寺氏社の関係は十世紀以降に新たに加わったとする見解[12]もある。しかしながら、これは九世紀の勧学院を語る史料がきわめて少ないことに起因しているところでもあり、むしろ両者の関係を九世紀代に遡らせても一向に支障はないのではあるまいか[13]。

以上の三点を考慮して、斎女の「本院」とは勧学院であったと判断したいと思う。春日祭への勧学院の関与は、勧学院が藤原氏結集のより所として大きな意味をもっていたこと[14]からすれば、やはり看過できないところであろう。

次に、春日祭の前日、斎女は勧学院から出立して大和国に向かい、「佐保頓舎」に一泊する（b）。この「佐保頓舎」についても述べておこう。これは後に「佐保家」（『貞信公記』延喜十八年〈九一八〉十一月二日条）、「佐保殿」（『小右記』永延元年〈九八七〉三月辛卯条など）といわれ、氏長者の春日詣にあたって前夜の宿所とした施設で、斎女も同所を宿泊に利用したとみられる。所在地については、『今昔物語集』二二―二に「山階寺ノ西ニ佐保殿ト云フ所ハ此ノ大臣（北家のこと―引用者註）ノ御家也」とあった[15]。後述の宿院に近く、秋里籬島著の『大和名所図会』二（寛政三年〈一七九一〉刊）にも「佐保殿旧蹟」を「宿院町の西也」と書かれている[16]。佐保殿は、大治四年（一一二九）十一月十三日に焼失したが、そのさい、「件所藤氏長者累代重閣也」（『長秋記』同日条）、「及二四百十余歳一藤氏霊所初焼」（『中右記』同日条）とされ、佐保殿には「氏社・氏寺の祭事・仏事に重要な機能を果す氏長者家の出先機関的な性格[17]」が指摘されている。宿院を佐保殿の一部とする説[18]もあるが、春日祭などでは佐保殿と宿院の機能は区別されていたらしい（後述）。佐保殿は、治承四年（一一八〇）十二月の平重衡による南都焼き討ちのさいに再び焼失している（『山槐記』治承四年十二月乙巳条、『玉葉』治承五年正月癸丑条）。この後、復興されなかったとする説[19]もあるが、『猪隈関白記』建久八年（一一九七）十月己丑条に、関白近衛基通の春日詣にさいして「日没着二御佐保殿一、入レ夜令レ参二社頭一給」とあること、『明月記』寛喜三年（一二三一）九月三日条に興福寺維摩会参列のため南都に赴いた関白道家は「前日着二佐保殿一」とあることなどからも妥当ではあるまい。

ところで、儀式書では『西宮記』『北山抄』『江家次第』には斎女のことが出てこないので、その点、『儀式』（〔表1〕）の春日祭儀とは記載内容が異なっている。『儀式』の（a）から（d）の部分に限ってみても、（ア）祭祀の十余日前、別当弁が祭祀に参ずべき五位以上の差文を長者に奉る（『西宮記』にはみえない）、（イ）祭日、上卿以下、宿院饗所に著す、（ウ）上卿以下、祓戸座に著し祓を行う——という儀がある。

右のうち、（ア）について、土橋氏は「藤原氏の氏神祭祀であることを示す最も重要な儀礼である」[20]が、『北山抄』以降にしかみえないことから、「平安時代後期以降に加わった可能性の高いことを示唆する」とし、春日祭が本来的に氏神祭祀ではなかった一証とされた。しかしながら、『儀式』段階でも、この儀が行われていた可能性は否定し難いように思う。というのも、『儀式』に「外記執二五位已上・六位已下見参文一進二大臣一」（〔表1〕の〈n〉）とあり、「六位已下見参文」は春日祭当日、外院座で作成される（c）ものの、「五位已上」については『儀式』に記載がないことが留意されるからである。『儀式』『西宮記』で「五位已上見参文」がどこで、どのような形で作成されていたかは不明であるが、『北山抄』『江家次第』の（ア）と同様とみることも不可能ではあるまい。なお、古記録の上での当該儀の初見は、『権記』長保元年（九九九）十月甲戌（二十五日）条で、「夕亦参二左府一（道長・氏長者—引用者註）、奏下可レ参二春日祭一四位以下差文上、被レ仰下依レ例可レ付二外記一之由上」とあった（この時の春日祭日は十一月五日）。

（イ）の宿院饗所の儀について。宿院とは、春日祭に奉仕する藤原氏の氏人が参著し「饗」を受ける殿舎のことである。『大乗院寺社雑事記』文明十年（一四七八）十月十七日条に「宿院御所之旧跡者、興福寺之戌亥角也」とあるので、おおよその所在地も知られよう。宿院（饗）の史料上の初見は『貞信公記』天慶元年（九三八）十一月戊申条で「在衡朝臣来云、春日祭宿院饗、此度不レ儲云々」とあった。

春日祭に参列する氏人は宿院に著してから、社頭に向かった。この間、どのような経路を通るのかを古記録から検討してみると、春日祭前日に京を出立、興福寺僧房・院家や春日社神主宅に一泊し、当日、宿院を経て、社頭に進むというのが一般的であったと思われる。とりあえず、三つの具体例を左にあげておく。

①寛弘二年（一〇〇五）二月五日、藤原行成（上卿代）は「詣二春日一、宿二仁城宅一」（「仁城宅」とは『定家朝臣記』康平五年〈一〇六二〉二月癸未条にみえる、藤原師忠〈上卿〉が宿泊した「大威儀師仁勢房」と同じカ）、翌六日に「申剋着二宿院一、諸使具後参二社頭一……」（『権記』）。

②寛治六年（一〇九二）二月六日、藤原忠実（上卿）は「戌刻令レ著二松本房一給」（『中右記』）には「松殿、又号二木殿一」とある）、翌七日に「先令レ著二宿院一給、兼居二饗饌一」の後、社頭に進んでいる（『為房卿記』）。

③嘉保二年（一〇九五）二月五日、藤原宗忠（上卿代）は「酉時許参二着宿所一、是神主散位大中臣時経宅也、御社戌亥角宅、」、翌六日は「申時許先着二宿院一……院司兼居二饗饌一」とあり、その後、宗忠は社頭に向かっている（『中右記』）。

その他、十二世紀中頃から、春日祭当日に氏人が京を出立する例がみられるようになるが、その場合でも、上卿代（三条長兼）は宿院を経て社頭に参じており（『三長記』建仁元年〈一二〇一〉二月甲申条）、宿院利用の面では変更がない。

宿院も佐保殿と同様、治承四年（一一八〇）の平重衡の南都焼き討ちにより焼失した（『山槐記』治承四年十二月乙巳条、『玉葉』治承五年正月癸丑条）が、建久二年（一一九一）十一月三日の春日祭では藤原資実（上卿代）が「大納言得業房」に入った後、「戌刻著二束帯一騎馬著二宿院一、兼居二饗膳一」とある（『資実卿記』）ので、遅くともこの時までには宿院は復興したものと思われる。しかし、建仁元年二月三日の春日祭で上卿代の宿院参著がみえる（『三長記』〈前掲〉のを最後として、以後、史料に現れることがない。弘安三年（一二八〇）二月十二日の春日祭で近衛家基（上卿）が「花林院」から「御二着宿院ノ仮屋一」とある（『春日祭旧例』）のがわずかに目につく程度であるので、十三世紀には宿院は衰退してしまったとみられよう。

宿院には氏人だけが著座したらしい。それは『西宮記』に「氏人集二宿院一」、『北山抄』に「諸司使中、有二此氏人一者、同着レ之」（『江家次第』もほぼ同文）とあるからである。たとえば、『左経記』寛仁二年（一〇一八）二月壬申条によると、藤原教通（上卿）は「御宿所」から「宿院」に著しているが、源経頼（左少弁）は「余依レ為二他姓一不レ着二宿院一」として、宿院に入っていない。万寿二年（一〇二五）十一月六日の春日祭でも、源経頼（内蔵寮使・上卿代）は前日に「着二梨原庄一」(21)した後、当日は「及二午刻一、向二少将（藤原行経—引用者註）宿所一、次向二列見辻一」とあり（『左経記』）、やはり異姓の経頼は宿院に著していなかった。このように宿院とは異姓者が著座しない施設であったことは注意されよう。

では、氏人だけが宿院に著座したのはなぜだろうか。それは宿院が『北山抄』『江家次第』に「宿院饗所」とあることからも、「饗」が提供される施設(22)——実際、「饗」が出されたことはすでに引用した古記録にも明らかである(23)——であったことが関係するものと思う。すなわち、共同飲食によりその集団になるという、いわゆる共食信仰の存在である。これにより、異姓者ははじめから宿院に著座することがなかったと考えたい。

次の（ウ）の祓戸座儀であるが、ここで注目されるのは、『江家次第』の「異姓使使自レ此退帰」という注記である（『江家次第』には祓戸の後の著到殿儀（c）に「不二氏人一者不レ著」、『西宮記』にも「不二氏人一者不レ着」とあった(24)）。この点について、中村氏は「著到殿以降の神事に他姓者（他氏）の参会を許さない、氏神祭祀特有の排他的なあり方をみせながら、藤原氏の氏人のみで神事が挙行されていた(25)」と指摘された。

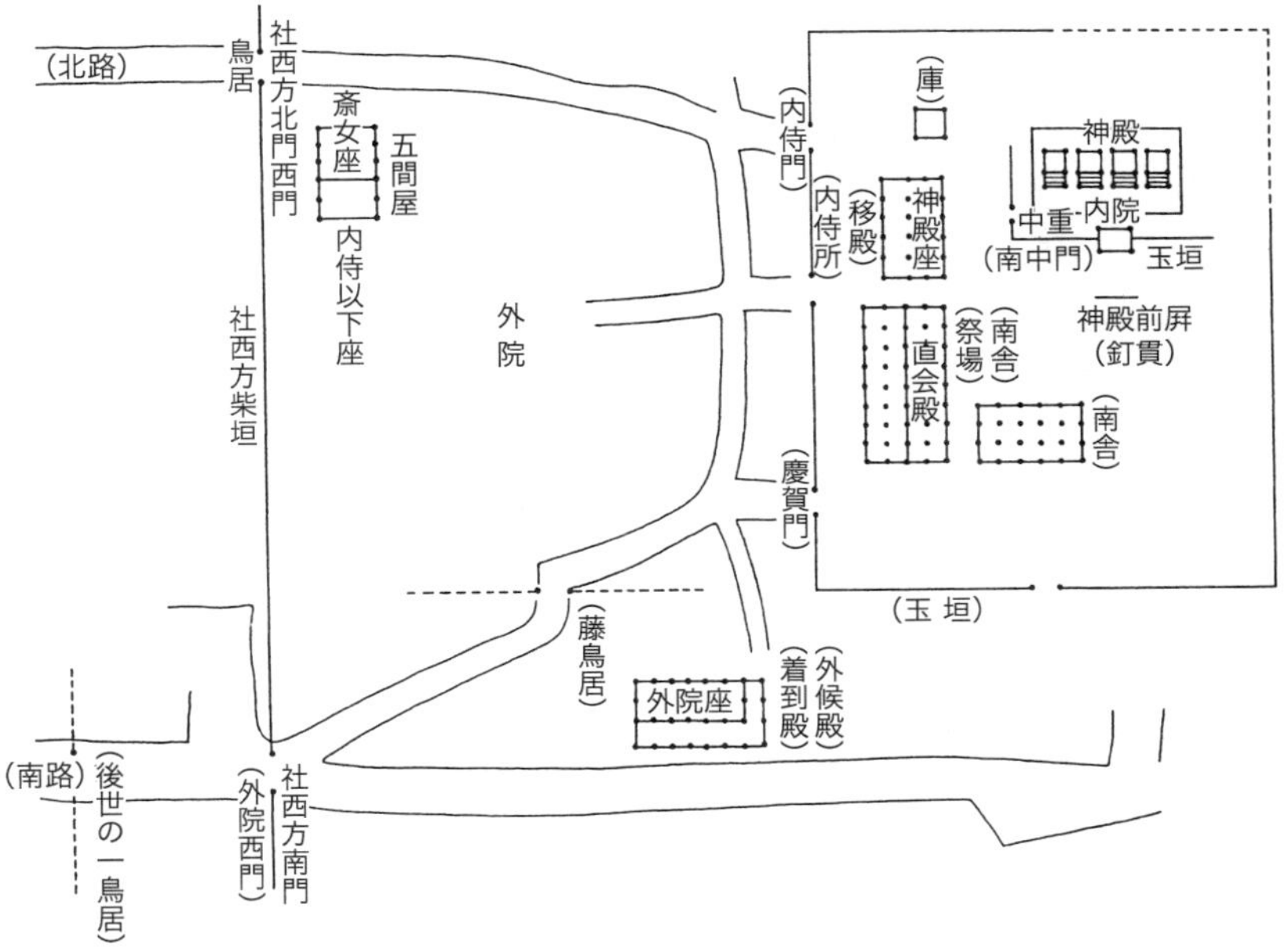

図１　春日社社殿推定配置図[26]

しかしながら、『左経記』寛仁二年（一〇一八）二月壬申条に「諸使祓畢、余先進二社頭一、此間上以下氏人等著二々到殿一、……次上以下進著二社頭座一……」とあるように、経頼（左少弁）は祓の後、著到殿に著座しないだけで神前には著している。また、同万寿二年（一〇二五）十一月甲申条では「次着二到着殿（ママ）一、余依レ為二非氏人一不レ着二此所一、右馬頭與達々々〔云〕、次著二御前座一」とあり、この時、経頼は上代であったが、それでも「非氏人」であったため、著到殿に著することなく、同殿儀はかわって「右馬頭」（藤原兼房）が取り仕切ったというのである。

著到殿儀の最中では「異姓公卿已下徘二徊便所一次令レ参二上社頭一給」（『定家朝臣記』康和五年〈一一〇三〉二月庚申条）、「参二春日一之時、異姓使、着二祓殿一後在二中門外一、計レ程舞後退出」（『西宮記』臨時六）とある通りで、異姓者が著到殿の儀を前に春日社頭から退去したわけではけっしてなかった。

要するに異姓者が著座しなかったのは、前記の宿院と著到殿の二ヶ所に過ぎないのであって、この事実から氏神祭祀としての春日祭の〈排他性〉を指摘することは誤りといわねばならないだろう。むしろここで重視すべきは、春日祭を執行したのは異姓者を含む諸使と藤原氏人であって、藤原氏単独ではなかったことである。

三　春日祭の性格

［表1］の（c）から（o）については『儀式』と『西宮記』以下の祭儀がほぼ共通するので、本節では春日祭の性格にかかわる部分を中心に分析していきたいと思う。

（c）は著到殿儀であるが、これを『江家次第』をもとに整理すると、以下の通りである。

①弁、筆・研を設く（『儀式』には「六位以下藤原氏人依レ次就レ座、名字書レ札」とある）。
②弁、上卿に所掌を定むと申す。弁、（勧学院）有官別当に所掌を仰す（『北山抄』には「有官無官別当」とある）。
③有官別当（所掌）、六位以下氏人名を申す。弁、上卿に申す。
④弁、上卿に倭舞の人々を定むと申す。五位二人は弁が心中予め点じ、六位二人は有官別当が定む。弁、上卿に四人の名を申す。
⑤外記、上卿に不参者の代官（シロツカサ）を申す。外記、退出して、某人（代官）に誡しめ（命令するの意）仰す。

①〜⑤のうち、『儀式』『西宮記』は①のみ、『北山抄』は②〜④を記しているが、①〜④については、『儀式』（l）で倭舞が「氏人五位已上二人、六位已下二人」によって奏上されていること、（n）で「六位已下見参文」が大臣に進上されていることから、すでに『儀式』段階で出揃っていた可能性を認めてもよいように思う（応和二年〈九六二〉

二月八日の「佐忠私記」では②①③④の順で、同年十一月六日の同記でも②③④の順で記載がある〈『西宮記』恒例第三、裏書〉)。

この著到殿儀については、次の二点を指摘しておきたい。その第一は、前述との関連からも注意されてよいのは、①〜④の儀が、①③は藤原氏六位以下、②が勧学院有官別当（所掌)、④は倭舞奏上の藤原氏五位二人、六位二人というように、いずれも藤原氏の氏人を対象としていたことである。とすれば、著到殿に異姓者が著座しないのは、著到殿儀の内容からして半ば当然というべきではないだろうか。既述したように、氏神祭祀ゆえ、藤原氏が異姓者を〈排除〉していたわけではなかったと思うのである。

第二は、著到殿儀の⑤であるが、ここにいう〈不参―代官任命〉は上卿をはじめ、内蔵寮使・中宮使・東宮使・近衛使などの諸使――とくに近衛使が多い――にあてはまる。逐一の挙例は省略するが、古記録などには春日祭の不参と代官に関する数多くの記事を見出すことができる。その中で、代官の任命については、たとえば、応和二年（九六二）二月八日の「佐忠私記」には、「斎主時望」(神祇大副の伊香時望)は穢によって春日祭に不参であったが、「予(佐忠―引用者註)案曰、時望在京有レ故、代官可二申行一。今忽申二代官一不レ可、代官不可(ママ)然」として、代官任命は社頭ではなく、「在京」中に行うべきだという見解がみえる。同様に、『小右記』万寿元年（一〇二四）二月壬戌条に「余(実資―引用者註)云、至二于代官一、於レ京被二召仰一之時ハ相二引舞人・陪従一参二向社頭一、用二参入諸大夫一之時忽不レ可レ具二唐鞍・手振一……猶須下従レ京被上発二遣代官一、古昔常例也」として、やはり、代官は京から発遣するのが「古昔常例」で、社頭に参入した諸大夫を代わりに起用するのは、いわば便宜的な措置とみられていたことがわかる。

このような経緯があったためか、『北山抄』まで『江家次第』の⑤のような形では代官任命の儀が成立していなかったのではないかと推測される。たとえば、『左経記』万寿二年（一〇二五）十一月甲申条では「次著二御前座一、奉幣作法如レ常、外記史生申二氏〔代〕官一」とあるように、この時は少なくとも「御前」の儀であったことがわかる。それに対して、『為房卿記』寛治六年（一〇九二）二月壬申条には著到殿儀で「外記不レ申二代官一」とあり、この記事を境として、以後、当該儀が春日祭の著到殿儀の中に定着していくことになる（『中右記』嘉保二年〈一〇九五〉二月壬申条など）。したがって、①～④と違って、藤原氏人だけが対象となるわけではない、著到殿儀⑤の成立は十一世紀末まで遅れるのであろう。

次に（e）の奉幣儀を検討する。春日祭の奉幣は内蔵寮幣・中宮幣・春宮坊幣と藤原氏（院）幣とに大別できる。このうち、前者に関しては『江家次第』に「内裏并宮宮幣」とあり、天皇・皇后・皇太子の奉幣とみられよう。『儀式』には、内蔵寮幣と二宮幣が瑞籬前上棚に、氏人・諸家使幣が下棚に置かれるとある。かかる奉幣儀のあり様は春日祭が王権祭祀であったというにふさわしい。

ちなみに、古記録の中から、前者の諸奉幣以外の主な事例を列記すると、十一世紀初頭以降に中宮幣（使）とは別に「皇后宮」使もしばしば登場するようになる（『小右記』長和五年〈一〇一六〉二月癸未条に藤原実資が「御幣付二皇后宮師通朝臣一」というのが史料上の初見）が、これは一条天皇の時から皇后・中宮併存がほぼ常態化したことの反映であろう。また、皇太后宮使・太皇太后宮使の派遣例もみえる（『小右記』治安三年〈一〇二三〉正月庚寅条など）。さらに賀茂斎王が奉幣使を送った例もあるが、その例としては『為房卿記』寛治五年（一〇九一）十一月丙申条の「斎院使散位能遠」――この時の斎王は令子内親王（父は白河天皇、母は藤原賢子）――と、『殿暦』長治二年（一一〇五）二月癸丑条の禎子内親王（父母は令子内親王と同じ）の奉幣が知られるに過ぎない。(27)

一方、藤原氏幣（使）であるが、儀式書には「院幣」「氏人并諸家」使（『儀式』）、「諸家幣」（『西宮記』）、「諸家幣」「私幣」（『江家次第』）とある。「院幣」の「院」とは、前節の考察から勧学院を指し、また、「諸家」（幣）は「春日祭」祝詞の「処処家家」、すなわち、藤原氏の「公的家」とみてよい。[28]「院幣」・「氏人」幣・「諸家幣」・「私幣」とは、時には「長者殿御幣」（『定家朝臣記』康平五年〈一〇六二〉二月甲申条など）も含まれようが、藤原氏の幣帛であることは動かないところであろう。

なお、『貞信公記』延喜十八年（九一八）二月丁未条に「奉幣始〔如〕レ常。祈二申可レ参レ祭之由一」とあるように、忠平は春日祭に個人的に奉幣を行っていた。このような例は、（実資）「早旦出二河原一奉二例幣於春日一」（『小右記』永祚元年〈九八九〉二月己未条）や（道長）「出二東河一奉幣、例幣幷金銀幣、使出雲成親（藤原）」（『御堂関白記』寛仁二年〈一〇一八〉十一月己未条）などと、枚挙にいとまがないほど多い。かかる個人的奉幣は奉幣者が直接、春日社に出向いて行うものではなく、使者を仲介とするものであるが、春日祭儀のどの次第の中で実施されたものなのか、はっきりしない。しかし、ここで確認しておきたいのは摂関期の日記からみる限りでは、少なくとも、忠平・実資・道長・行成・資房が頻繁に春日祭に個人的奉幣を実施していたのとは対照的に、源経頼には春日祭に奉幣をした記述（『左経記』）がない[29]ことである。こうした点も考えあわせると、「諸家使」に「藤原氏以外のものの奉幣」を想定する土橋説[30]は成立し難いのではあるまいか。[31]

（f）の神饌机は現行の春日祭（申祭）では〈御棚の神饌〉として著名である。しかし、同様な行事が平安期の平野祭にもあったことは忘れてはなるまい。『儀式』一の「平野祭儀」には「神祇官弁二備神机四前一、膳部（以二神部一為二膳部一）十六人舁レ机供レ之、（注略）卜部二人執二賢木一前行、到二社門外一、左右分跪、二人執二食薦一、入敷二神殿前一、膳部入而立レ机却廻、訖炊女四人各執レ薦敷二舞殿一、膳部十六人舁二机四前一立レ之、（毎レ神一前）……」とみえているからである。ただし、平野祭では神机を舁くのが神祇官の神部（膳部）であったのに対し、春日祭では「氏人五位以上」とあり（『儀式』）、両者は相違している。この点は春日祭の氏神祭祀的性格の表れの一つといえよう。

（h）は神主（祭神主）による祝詞奏上の儀。「春日祭」祝詞は『延喜式』八（祝詞式）にみえるが、同祝詞の祈願詞は左の通りである。

如レ此仕奉爾依弖、今母去前毛、天皇我朝庭乎平久安久、足御世乃茂御世爾斎奉利、常石爾堅石爾福閉奉利、預而仕奉流処処家家王等卿等乎毛平久、天皇我朝庭爾伊加志夜久波叡能如久仕奉利佐加叡志米賜登、称辞竟奉良久止白、

祈願詞は「天皇我朝庭」の長久安泰と「預而仕奉留」以下からなる。このうち、後者について、義江明子氏は次のように指摘されている。[32] すなわち、①朝政に参預し、かつ春日祭の神事に参預する「王等」（藤原氏女性の血をひく諸王）と藤原氏の「卿等」の「処処家家」――「公的家」が繁栄するよう祈願したものである。②「春日祭」祝詞は平安初期に成立したものであるが、平安期の儀式書等の春日祭規定には「王等」がみえないことから、「春日祭」に「王等」を含むのは「奈良朝」の神祭りの反映と考えられる――と。

義江説は基本的に首肯さるべき見解と思うが、ここで注目しておきたいのは、「春日祭」が天皇・朝廷の長久安泰に合わせて藤原氏（「公的家」）の繁栄を祈願している点である。これはけっして〈当たり前〉のこととはいえない。というのも、たとえば、「平野祭」「久度古関」祝詞（『延喜式』八）が天皇の治世の長久、親王以下百官人の守護、朝廷の繁栄を祈願しているだけで、「そこには特に（桓武天皇の子孫である）王等、および外戚の大江・和氏等の守護を願う考えはうかがえない」[33] からである。「広瀬大忌祭」「龍田風神祭」も年穀豊穣の祈願であり、ことさら奉斎氏族の発展を祈願する詞章をもたない。また、「賀茂祭」（『朝野群載』一二）も同様で、「天皇朝廷者平久大座弖。食国乃天下。無レ事可レ有止為天奈牟」（「賀茂臨時祭」も同じ）とあるのみで、氏人（カモ県主）の繁栄はまったく問題になっていないのである。

『延喜式』祝詞の多くは神祇令四時祭の祝詞であり、その内容も「天皇皇室の長久繁栄、並に国家国民の無事幸福

を祈願する事を主眼」としていたことは次田潤氏の指摘の通りであろう。[34]したがって、先に述べたごとく、「春日祭」の祈願詞に天皇・朝廷の繁栄にあわせて藤原氏の発展が組み込まれていたことこそ、『延喜式』祝詞の特別のケースとして重視しなければならないはずである。

(1)の和(倭)舞奏上であるが、『儀式』には「神主和舞、次祐已上一人、次氏人五位已上二人、次六位已下二人」とあり、『江家次第』も同じである。[35]舞人については、「神主」が十世紀末以降、祭神主(神祇官人)から神社神主に交替していく傾向がみられる以外、[36]特別の変更はなかった。

そもそも倭舞とは「祭祀への奉仕者の神事からの解放を意味する解斎舞」[37]であった。倭舞人の中に氏人が含まれているのは、春日祭の他に大原野・平野祭であるが、平野祭の氏人については、本書第Ⅰ部第三章「平野祭の基礎的考察」で述べたように、『江家次第』段階ではじめて加わったもののようで、本来的に倭舞奏上者のメンバーに入っていたわけではなかった。とすれば、『儀式』の段階から氏人が倭舞を奏上していたのは春日・大原野祭だけであったといえる。繰り返していえば、倭舞は「祭祀の奉仕者」が舞うものであった。その中に藤原氏人が含まれていたことは、氏人も春日祭の奉仕者であったことを意味しよう。

四　おわりに

以上、平安期の春日祭の諸相を儀式書、古記録などをもとに検討を加えてきた。ここでは上述の議論を簡単に整理しておきたい。

まず、春日祭には時代的変容も少なからず認められたが、春日祭の基本的属性としては、『儀式』以来、一貫して王権祭祀であったというべきであろう。すなわち、春日祭とは内蔵寮使・中宮使・春宮坊使が中心になって奉幣していた（e）こと、「春日祭」祝詞の祈願詞も天皇・朝廷の長久安泰を主眼とするものであった（h）こと、また、本章中では言及しなかったが、馬寮官人による御馬の引き廻し（i）、近衛使による東舞（j）、宮内省（大膳職）官人による酒肴の供給（k）において国家の官人が各儀式の執行にあたっていたことなどがその主な理由として指摘される。その点で、春日祭は王権祭祀としての賀茂・平野祭と同列とみてよいだろう。[38]

しかしながら、その一方で、春日祭には賀茂・平野祭とは異質な面もあった。それが春日祭に氏神祭祀としての性格があったことである。斎女の春日祭奉仕（a・b・d・m）は短期間であったとしても、佐保殿や宿院の利用（b・イ）や勧学院の関与（c・ア）は長く続いており、藤原氏人による奉幣（e）をはじめ、氏人による〈御棚の神饌〉儀（f）などがあったからである。「春日祭」祝詞では藤原氏の「公的家」の繁栄が祈願されていた（h）のも、祭祀への奉仕者による倭舞奏上のメンバーに氏人が含まれていた（l）のも、藤原氏と春日祭との関係を示すものとして注意されてよい。そのような点で春日祭は氏神祭祀というべきであった。

とすれば、先に春日祭は王権祭祀であったとしたこととの関係いかんが問題になろうが、これについては以下のごとくに考えている。要するに、一言でまとめれば、春日祭とは王権祭祀として執行された氏神祭祀であった、と。[39]前述のごとく、春日祭は氏神祭祀であるがゆえに異姓者を排除するということなく――異姓者は宿院・著到殿に著座しないだけであった（c・イ）――異姓者を含む諸使と藤原氏人が行うものであったことがなによりの証左といえる。これは、前述した奉幣儀（e）、「春日祭」祝詞の祈願詞（h）、倭舞の奏上者のあり方（l）などとも密接に関連するところであろう。そして、かかる氏神祭祀が王権祭祀として行われていたという事実が賀茂・平野祭などの、他の王権祭祀に見出せるところではなかった。実はその点こそ、平安期の春日祭の特質として明記しておかねばならないと思うのである。

では、春日祭という氏神祭祀が王権祭祀として執行された理由はどこにあったのであろうか。これについては、長山泰孝氏が指摘されているように(40)、藤原氏が天皇家の身内的氏族として権勢を確立し続けたこと、すなわち、王権と藤原氏が密着していたという関係がなによりも留意されねばならない。春日祭が王権祭祀として実施されたのは、天皇家と藤原氏との政治的関係の反映とみるべきであろう。

註

(1) 宮井義雄『律令貴族藤原氏の氏神・氏寺信仰と祖廟祭祀』(成甲書房、一九七八年)八七~九八頁。なお、宮井氏は、春日祭が「官祭」——藤原氏の氏神祭祀が「参加の規定が国法によって確認され、祭祀料が国費支弁にあらたまっただけ」である(八九頁)——として実施されたとも指摘されている。

(2) 中村英重「古代における氏の形態と構造」(『駿台史学』八六、一九九二年)二〇~二二頁。後に中村氏は当該論文を『古代氏族と宗教祭祀』(吉川弘文館、二〇〇四年)に再録されたさいに「春日祭では……宿院の儀、著到殿の神事には他姓者(他氏)の参会を許しておらず、氏神祭祀特有のあり方をみせていた。それでも、神前の儀には朝廷の奉幣使は参与しており、全く排他的なものではなかった」(六六頁)として、筆者の批判を容れて自説を修正されている(八三頁)。

(3) 土橋誠「氏神祭祀と『春日祭』」(『古代祭祀の歴史と文学』塙書房、一九九七年)一六九頁。また、同「春日社と藤原氏」(『古代を考える　山辺の道』吉川弘文館、一九九九年)も参照。

(4) 岡田荘司「平安前期　神社祭祀の公祭化・上下」(『平安時代の国家と祭祀』続群書類従完成会、一九九四年)五五~九五頁。

(5) 岡田氏の〈公・私〉の理解があいまいであることは、すでに早川万年氏も指摘されている(「〈書評〉岡田荘司著『平安時代の国家と祭祀』」〈『古代文化』四七―三、一九九五年〉五三頁)。

(6) この点については、土橋氏が「史料に見える春日祭が宮廷祭祀・年中行事であるため、本当の神事がどこに存在するのか」と指摘されている(「氏神祭祀と『春日祭』」〈前掲註(3)〉一七〇頁)のとも関連するのであろう。なお、本書第Ⅰ部第二章「古代春日社の祭りと信仰」を参照されたい。

(7) 所功『平安朝儀式書成立史の研究』(国書刊行会、一九八五年) 七〇～七一頁。

(8) 春日斎女については、榎村寛之「春日斎女について」(『律令天皇制祭祀の研究』塙書房、一九九六年) が唯一の専論である。しかし、榎村論文においても斎女と勧学院との関係には触れられていない。

(9) 『儀式』には斎女社参の行列にも院司がみえる。なお、斎女の祓所への行列や社参の行列に加わる女別当・宣旨・陪従・駕馬女・駕馬童女・童女などは斎女に従う女官であろう。

(10) 勧学院の職制については、桃裕行『上代学制の研究〔修訂版〕』(思文閣出版、一九九四年) 一八〇～一九四頁参照。

(11) 『西宮記』恒例第三には鹿島使として「氏院学生一人」が派遣されるという規定がある。

(12) 久木幸男『日本古代学校の研究』(玉川大学出版部、一九九〇年) 二二七～二二九頁、岡野浩二「興福寺俗別当と勧学院」(『仏教史学研究』三四―二、一九九一年) 七八頁。

(13) 海野よし美・大津透「勧学院小考」(『山梨大学教育学部研究報告』四二、一九九二年) 七三頁に「氏長者は当初より氏寺氏社を管轄していたことは疑いなく……勧学院設立と氏長者とは密接に関連するので、勧学院の関与を九世紀に遡らせて考えてよいだろう」という指摘がある。

(14) 海野・大津、前掲註(13)論文。

(15) 『拾芥抄』中に「淡海公家、冬嗣大臣家」とある。

(16) 佐保殿の故地については、「宿院は現在宿院町として奈良女子高等師範学校の南方にある所であるから、佐保殿はその西にあったもの」とする説(片山直義「荘園としての佐保殿について」〈『西日本史学』二、一九五〇年〉二頁)、平城京左京「一条四坊あたり」とする説(永島福太郎「佐保路の寺々と佐保殿」〈『大和古寺大観付録』V、一九七八年〉七頁)、「左京二条六坊、その東南部」とする説(佐藤宗諄「佐保殿覚書」〈『奈良歴史通信』三四、一九九〇年〉三頁)、「一条南大路と東三坊大路の交差点の東南隅の地で、推定約六万平方㍍におよぶ邸宅跡」近辺と推定する説(土橋「春日社と藤原氏」〈前掲註(3)〉二八六頁)などがある。

(17) 橋本義彦「藤氏長者と渡領」(『平安貴族社会の研究』吉川弘文館、一九七六年) 二五〇頁。

(18) 橋本、前掲註(17)二四九頁。

(19) 永島、前掲註(16)七頁。

(20) 土橋「氏神祭祀と『春日祭』」(前掲註〈3〉) 一四三頁。

(21) 梨原とは左京二条大路以南の地名で、奈良時代に遡れば『続日本紀』天平勝宝元年（七四九）十二月戊寅条の「宮南梨原宮」の存在も知られる。「梨原宮」については、『続日本紀』三（新日本古典文学大系、岩波書店、一九九二年）に『東大寺要録』四の「梨原庄の所在地から推すと左京二条二坊付近にあったか」（九六頁脚注一）とあるが、問題の梨原庄はさらにその東方とみられる（渡辺晃宏「二条大路木簡と皇后宮」〈『平城京左京二条二坊・三条二坊発掘調査報告』本文編、奈良国立文化財研究所、一九九五年〉四五三頁）。平安期の梨原には「内蔵寮所領梨原庄」（『小右記』永延元年〈九八九〉正月辛未条など）が設けられていた。したがって、本文のように内蔵寮使の経頼は「着二梨原庄一」したのであろう。

なお、梨原には『江家次第』に「梨子原在二二条大路南一、……件梨子原者、上古為二近衛府領地故一也」とある通り、近衛府の所領も存在した。笹山晴生氏は、『日本後紀』弘仁二年（八一一）十月乙亥条の「大和国添上郡地二町賜二左近衛府一」がその起源であると指摘されている（『日本古代衛府制度の研究』〈東京大学出版会、一九八五年〉二〇〇頁）。『山槐記』治承三年（一一七九）二月丙申条に「近衛使可レ着二梨子原一也」とあるのも、右の所領の存在と関連しよう。仁平元年（一一五一）十一月の春日祭については、『台記別記』が参列者の日毎の装束を詳細に記録しているが、その中で左近将曹・左近府生・右近府生にのみ、祭当日の装束として「自レ淀至二南京一時」と「同日、自二梨原一参二社頭一時」とに書き分けをしている。この場合、近衛府官人は「梨原」で装束を改め、社頭に進んだものと思われる。

(22) 永島氏は、宿院は「春日祭参向の上卿や弁官らの宿所」とされた（前掲註〈16〉六頁）が、管見の限り、春日祭のさいに宿院が宿所となった例を知らない。春日祭における宿院の役割はやはり「饗所」の方であろう。

(23) 共食儀礼については、原田信男「食事の体系と共食・饗宴」（『日本の社会史』八、岩波書店、一九八七年）、同「古代・中世における共食と身分」（『国立歴史民俗博物館研究報告』七一、一九九七年）、高嶋弘志「日本古代国家と共食儀礼」（『釧路公立大学紀要人文・自然科学研究』一、一九八九年）など参照。

(24) 『延喜式』三八（掃部式）にも「凡春日春祭、著到殿東壁下西面設二公卿座一、北壁下南面東上五位已上氏人座、南廂北面東上六位已下著到座」とある。

(25) 中村「古代における氏の形態と構造」（前掲註〈2〉）二一頁。また、宮井、前掲註（1）九五～九六頁にも同様な見解がみえる。

(26) 福山敏男「春日神社の創立と社殿配置」（『日本建築史の研究』綜芸舎、一九八〇年）二四頁。

(27) 嘉保二年（一〇九五）二月六日と永長元年（一〇九六）二月十一日の春日祭のように、斎王（令子内親王）の「月障」により、斎王の奉幣を中止した例（『中右記』）もある。
(28)［表1］の瑞籬前棚への奉幣は内蔵頭（幣）―二宮使（幣）―氏人幷諸家使（幣）の順、斎女社参の行列では内蔵寮幣―中宮幣―春宮坊幣―院幣の順である。したがって、氏人幷諸家使（幣）とは（勧学）院幣に他ならない。
(29) 三橋正「古代から中世への神祇信仰の展開」（『平安時代の信仰と宗教儀礼』続群書類従完成会、二〇〇〇年）七九～八〇頁。
(30) 土橋「氏神祭祀と『春日祭』」（前掲註〈3〉）一五七頁。
(31) 奉幣時の参列者の神前（中庭）での位置については、『延喜式』三八に「奉二幣帛一時、南中門設二神主座一、同門西釘貫内北面東上内侍已下座、釘貫外南去一許丈北面東上公卿座、其西諸使座、後五位已上氏人座、其南六位已下座」と規定されている。ここから、諸使の後に氏人の座が位置づけられていることがわかる。これは奉幣儀のあり様とも対応するものであった。
(32) 義江明子「春日祭祝詞と藤原氏」（『日本古代の氏の構造』吉川弘文館、一九八六年）二二九頁。
(33) 義江「平野社の成立と変質」（前掲註〈32〉所収）二〇三頁。
(34) 次田潤『祝詞新講』（明治書院、一九二七年）三一頁。
(35)『北山抄』には「倭舞。先神主、次五位、次六位也。」とあり、「神祇祐」がみえない。
(36) 三橋「中世的神職制度の形成」（『神道古典研究会報』一五、一九九三年）三八～四一頁には正暦三年（九九二）十一月の春日祭から神主となった大中臣為元を最初として、以後、神社神主が世襲化するようになったという指摘がある。
(37) 斯波辰夫「倭舞について」（『古代史論集』下、塙書房、一九八九年）一六九頁。
(38) 王権祭祀としての賀茂祭については、拙著『古代の神社と祭り』（吉川弘文館、二〇〇一年）一一四～一五〇頁で、平野祭に関しては、本書第Ⅰ部第三章「平野祭の基礎的考察」でそれぞれ言及した。
(39) 中村氏は『古代氏族と宗教祭祀』（前掲註〈2〉）において、筆者が春日祭を「王権祭祀として執行された氏神祭祀」としたことに対し、春日祭の性格としては逆であり、氏神祭祀が主で王権祭祀が従とみるべきと指摘されている（六六頁）。しかし、この点について私見を改める必要を感じていない。というのも、たとえば、梅宮祭は天皇家と橘氏との外戚関係に応じて停廃・再興を繰り返したことで知られている（義江「橘氏の成立と氏神の形成」〈前掲註（32）所収〉）ように、梅宮祭が王権との関係を軸に成立していたことが窺えるからである。
(40) 長山泰孝「古代貴族の終焉」（『古代国家と王権』吉川弘文館、一九九二年）。その他、遠山美都男『大化改新』（中公新書、一九

九三年）八三～一〇二頁、倉本一宏『日本古代国家成立期の政権構造』（吉川弘文館、一九九七年）など参照。また、吉川真司氏は、藤原氏の発展について「婚姻によって天皇家と密着しつつ、議政官組織に立脚して文明化政策」を図ったとされている（「藤原氏の創始と発展」〈『律令官僚制の研究』塙書房、一九九八年〉一三三頁）。

第二章　古代春日社の祭りと信仰

一　はじめに

春日社は、『延喜式』九（神名式上）に大和国添上郡「春日祭神四座並名神大、月次新嘗。」とあり、鹿嶋からタケミカヅチ、香取からイハヒヌシ、枚岡からアメノコヤネ・ヒメカミの四神を勧請して祭神とし（『延喜式』八〈祝詞式〉）、現在も御蓋山（三笠山）の西麓に鎮座している。

筆者は、本書第Ⅰ部第一章「平安期の春日祭について」において、平安期の諸史料にみえる春日祭について以下のように考察した。すなわち、春日祭とは、毎年二月・十一月上申日に内蔵寮使・中宮使・東宮使や藤原氏人が参列して実施するというもので、九世紀後半の一時期には春日斎女の奉仕もあった（『儀式』一）が、平安期の春日祭の性格としては、王権祭祀として行われた氏神祭祀であった、と。

しかし、平安期の儀式書や古記録にみえる春日祭が春日社の祭りや信仰のすべてであったかといえば、けっしてそうではなかった。春日祭を記録した諸史料からほとんど窺うことができない春日社の信仰も脈々と息づいていたことが知られるからである。本章で明らかにしたいのは、かかる春日社の祭りや信仰である。そして、それを手がかりとして王権祭祀としての春日祭の特質を見直してみたいと思う。

この考察の第一歩として、春日社の創建について検討していくことからはじめたい。春日社の創建に関しては、時期等、不明な点が少なくないが、この問題の解明を通して、上記の課題に接近していきたいと思うのである。

二　春日社の創建

藤原氏が春日の地に進出し、春日社を創建するのは、後述のごとく、八世紀のはじめであったと思われるが、それ以前にあっても、御蓋山をめぐる信仰が存在していたことは間違いない。それは御蓋山西麓に点在する磐座からも指摘できる（[図2]）[1]。すなわち、若草山南西麓の石荒神社の巨岩をはじめとして、水谷神社本殿下、春日大社本殿下、壽月観の東側、神庫の西階段、南門前（赤童子出現石）、御間道側（さぐり石）、金竜神社東方道路脇、紀伊神社北側道路、市の井恵毘須神社など、磐座が西麓北方から南へと広く分布している[2]。これらの磐座が、すべて古代に遡るかどうかはっきりしないが、いずれも御蓋山の神を麓に迎えてまつる施設とみられる。おそらくは春日社成立以前からの祭祀遺跡であろう[3]。

古代の添上郡春日郷（御蓋山の山麓地帯）に居住していた古代氏族としては、まず、ワニ氏の同族の（大）春日氏をあげねばならない[4]。『延喜式』九に添上郡「春日神社」とあるのはその氏神社とみられる[5]。『東大寺要録』四（諸院章）には、和銅元年（七〇八）二月十日、行基が天地院を創建したが、その地は「御笠山安部氏社之北高山半中」であったとあり、和銅以前に阿倍氏の「氏社」が御蓋山にあったことも留意される。阿倍仲麻呂の著名な在唐歌―「天の原ふりさけ見れば春日なる三笠の山にいでし月かも」（『古今集』九―四〇六）が詠まれた背景に阿倍氏の「氏社」の存在を指摘する説が有力である[6]。また、阿倍氏に関しては、平城宮木簡の中に「正六位上右舎人阿倍勝大養徳国藻上郡山村□」（『平城宮木簡』一―七八）があり、「阿倍勝」の本貫地が、春日郷の南の「藻

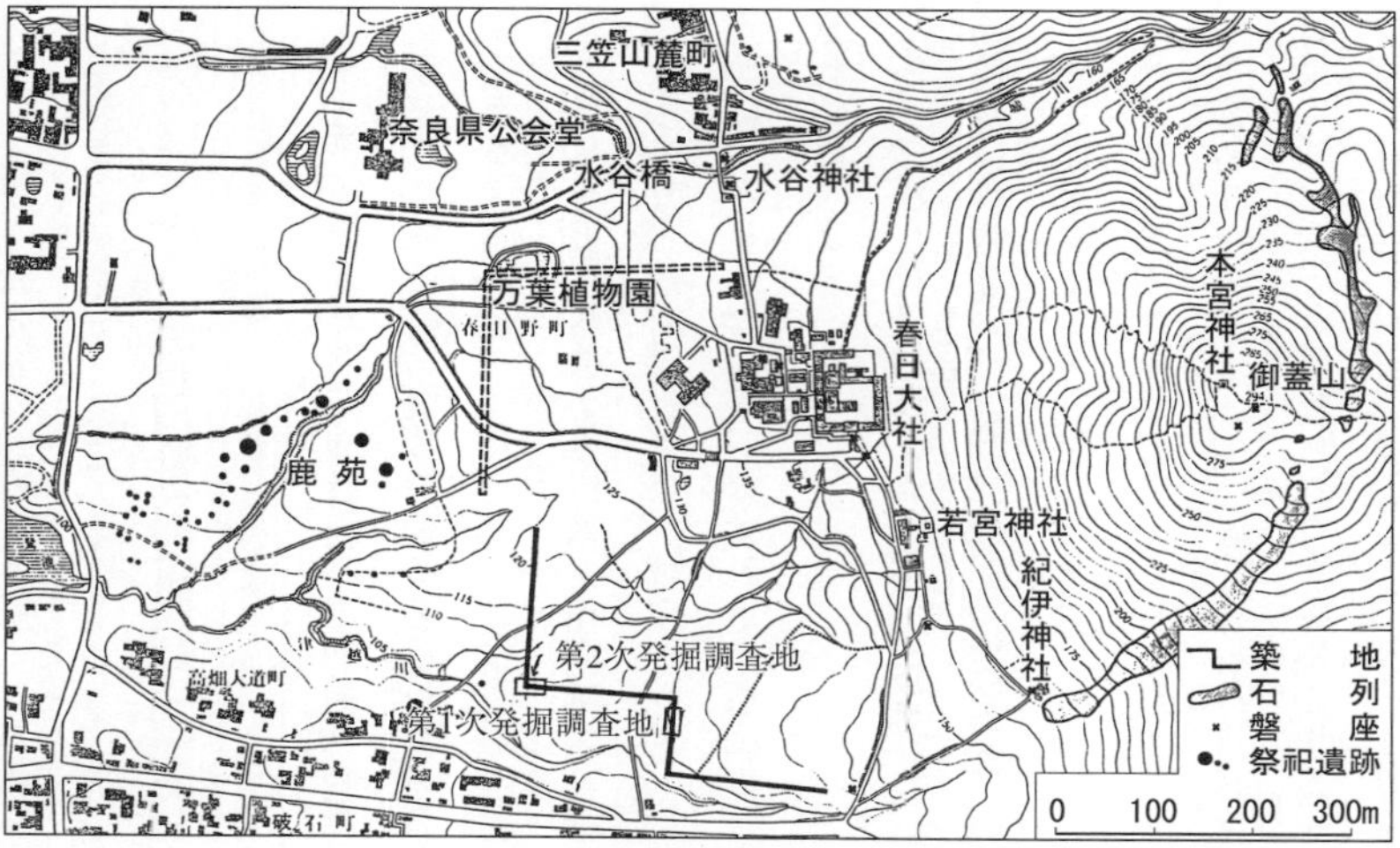

図2　春日大社周辺の祭祀遺跡図

（添）上郡」山村郷にあったとみられる。阿倍氏の勢力が添上郡にもおよんでいたことは確かであろう。

八世紀に入ると、御蓋山の南麓の高円台地には遣唐使が出立前に天神地祇をまつる祭場も設けられた。[7]『続日本紀』養老元年（七一七）二月壬申朔条に「遣唐使祠二神祇於蓋山之南一」、同宝亀八年（七七七）二月戊子条に「遣唐使拝二天神・地祇於春日山下一。去年風波不レ調、不レ得二渡海一。使人亦頻以相替。至レ是、副使少野朝臣石根脩二祭礼一也」とあったことからもわかる。平安時代になると、この祭場は、平安京北郊の北野や愛宕郡家門前に移っている（『続日本後紀』承和三年〈八三六〉二月庚午朔条、同承和四年二月甲午朔条）。

このように、御蓋山麓の春日郷一帯には、春日氏の拠点や阿倍氏の「氏社」があり、[8]八世紀には遣唐使の祭場も設定されていた。かかる状況のもと、藤原氏が春日の地に進出してきたのである。

八世紀はじめに春日社の創建がなされたことについては、『神宮雑例集』に和銅二年説があるが、『神宮雑例集』が十三世紀初頭の史料であることからも、和銅二年の年次を直ちに信用するわけにはいかない。[9]しかしながら、文献史料には恵まれないものの、八世紀に御蓋山西麓に総長約六〇〇メートルにおよぶ築地が構築されていた。この点は春日社の成立としてなによりも注目する必要があろう。

築地の一部は一九七七年と八八年に発掘調査され、その結果、①八世紀の古瓦が出土し、それは平城宮のものが一部、転用されたらしいこと、②平城宮内裏発見のものと同じ構造の暗渠がみつかったこと、③土壁も幅（二・四五メートル）からして、平城京羅城門付近の朱雀大路や同朝堂院の築地と類似していること、④十世紀には築地は倒壊していたこと――が明らかにされている。(10) これが神聖な地域を区画する機能をもち、「国家権力か或いはこれに相当する権力者級」(11) によって創出されたことは疑いない。そして、その「権力者級」とは平城京遷都後、春日の地に進出した藤原氏であった(12)とみることもまず動かないであろう。藤原氏は、築地を新たに構築して御蓋山麓の祭場を確保しようとしたのではあるまいか(13)。

表2　伊勢神宮の板垣の長さ

	神社数	垣の長さ（丈）
内宮	一	一四八・六
別宮	四	二二（平均）
摂社	二四	七・八（平均）
末社	一五	―
外宮	一	一一八
別宮	一	一八
摂社	一六	六・三（平均）
末社	八	―

（注）外宮は大宮院を囲む、外側の板垣の長さを示す。

右の築地については、さらに次の四点も指摘しておきたい。その第一は、築地の長大さである。神社の築地塀は他にあまり例をみないものであるが、神域を囲う垣根と同じ役割をもっていたものと推定される。ちなみに、延暦二十三年（八〇四）に撰進された『皇太神宮儀式帳』『止由気宮儀式帳』には内宮・外宮以下、別宮・摂社（官社、式内社）の主要な建物を囲む板垣（玉垣・柴垣）の寸法が記載されている。［表2］からも明らかなように、春日社の築地の長さ（約二〇〇丈）は内宮の板垣の長さ――板垣に囲まれた空間は正殿や東西宝殿などが建ちならび、太宮院と呼ばれた――をも凌駕するものであったといわねばならない。もっとも、内宮の場合は太宮院の外側に幣殿院・御倉院以下、神職の斎館・宿館に至るまで様々な殿舎が存在しているので、両者の単純な比較は意味がないのかもしれない。また、外宮の場合は、大宮院と周辺諸殿舎を含めて「総宮廻防往籬貳佰漆拾餘丈」であったことも注意される。しかし、内宮摂社においては、正殿の周囲を平均七丈八尺の板垣（外宮摂社は平均六丈三尺）がめぐっている形で、最長の例でも宇治山田神社の柴垣二五丈であるので、春日社の築地との格差は歴然としている。春日社は官社の一つに過ぎないが、その創建にあたっては一官社とはいい難いほどの広大な神域をもっていたと判断されるのである。

第二は、築地遺構の七七年発掘地点の東側に門ないしは鳥居跡が想定され[14]、また、［図2］にあるように、築地の南から北進する古代参道の痕跡も指摘されていることである[15]。これは築地が南面して構築されたものであったことを意味する。築地の南面は、天子南面の思想や平城京や大寺院の中心構造の南北軸に影響されたのであろう[16]。

第三は、天平勝宝八歳（七五六）六月九日の日付をもつ「東大寺山堺四至図」（正倉院蔵）の中の「神地」の記載との関係である。同図の「神地」の文字は「御盖山」西麓の方形区画内に西を正面にして書かれ、しかも、「神地」内部には神殿などの建物が一切描かれていない。この「神地」こそ、春日社に常設の神殿が造営される以前の、御蓋山の神をまつるための、西面する祭場であったとみられよう[17]。もっとも、「神地」については、該区画を現在の春日大社の南門を含む廻廊によって囲まれた地に比定する説がある一方[18]、前述の築地の位置を示唆するという説も出されている[19]。このうち、築地＝「神地」説に関しては、「東大寺山堺四至図」の「神地」外周の長さを推定すれば、築地の長さよりもかなり短い可能性があり[20]、同説は成立し難い。近年、「東大寺山堺四至図」を精査した吉川真司氏は「天平勝宝八歳当時の『神地』は今の春日神社のすぐ北にあった可能性もあろう。……（築地遺構を―引用者註）現地比定図に落とし込むと……『神地』を囲繞しない、という結果を得た[21]」と指摘されている。いずれにしても、「神地」、築地、春日社との関係についてはなお未解決といわねばならないが、「東大寺山堺四至図」にも春日社比定地に建物が描かれているわけではないので、築地の内側、あるいは「神地」には常設の神殿がなかったものとみなければならない。

なお、「神地」という用例は史料上、少ないが、「東大寺山堺四至図」の「神地」に近いのは、①『常陸国風土記』行方郡条の夜刀神伝承に、箭括氏麻多智が山口に「標梲」をたてて、夜刀神に「自レ此以上、聴レ為二神地一。自レ此以下、須レ作二人田一」と告げた例、②『類聚三代格』一、寛平七年（八九五）六月二十六日太政官符に大和国丹生川上社の「四至之内。放二牧神馬一。禁二制狩猟一。而国栖戸百姓幷浪人等。寄二事供御一。奪二妨神地一」とある例の二つである。②の「神地」は丹生川上社の常設神殿（「依二神宣一造二件社一」〈同上官符〉とある）を中心に「四至」内と同じであるのに対して、①の「神地」は「人田」に対する夜刀神の神域の意に他ならず、もとよりその内には神殿は存在していないであろう。かかる二例から「神地」の意味を導き出すのは難しいところがあるが、少なくとも、「神地」には神域程度の意があったこと、①のように神殿の存在を想定しにくい例があることを確認しておきたい。そして、そのことは「東大寺山堺四至図」の「神地」を考察する手がかりにもなろう。

第四として、第三点と関連して、築地や「神地」内に建物がなかったらしいことは、『万葉集』三―四〇四・四〇五の歌（天平年間のもの）からも推考される。

娘子報二佐伯宿禰赤麻呂贈歌一一首

ちはやぶる　神の社し　なかりせば　春日の野辺に　粟蒔かましを（四〇四）

佐伯宿禰赤麻呂更贈歌一首

春日野に　粟蒔けりせば　鹿待ちに　継ぎて行かましを　社し恨めし（四〇五）

両歌に歌われている春日野の「神の社」「社」とは、春日社のことであるが、具体的には築地ないしは「神地」を指すとみてよいだろう。ヤシロとはヤ＋シロで、「屋を建てるために設けられた特別地[22]」の意であった。すなわち、ヤシロの語は神殿を指すのが原義ではなく、「特別地」の方を意味していたはずである。『万葉集』の歌が春日社をヤシロと詠んだことは、築地や「神地」で構成されていた春日社の祭場の姿を正しく伝えているといえるのではないだろうか。

三　鹿嶋・香取神の勧請

藤原氏が中臣氏から発展してきた氏族であることは周知の通りであろう。藤原というウジ名は、天智八年（六六九）に鎌足が死去の直前に天皇から賜ったもので（『日本書紀』天智八年十月庚申条）、以後、中臣氏内部で継承されていった。ただし、鎌足の子、不比等だけが藤原を受け継いだわけではなく、天武・持統朝には一族の垂目、大島、意美麻呂らも藤原を唱えることがあった（『中臣氏系図』所引「大中臣氏本系帳」）。中臣・藤原のウジ名の継承に関して、決定的な契機は文武二年（六九八）八月の詔である。すなわち、「詔曰、藤原朝臣所レ賜之姓、宜レ令二其子不比等承一之、但意美麻呂等者、縁レ供二神事一、宜レ復二旧姓一焉」（『続日本紀』文武二年八月丙午条）とあり、不比等のみが「藤原朝臣」を、それ以外の一族は朝廷の「神事」を担当することにより中臣のウジ名を継承することとなった[23]。

この前年には、不比等は女の宮子を文武天皇の夫人に納れ（『続日本紀』文武元年八月癸未条）、文武と宮子との間に首皇子が誕生したのは大宝元年（七〇一）のことであった（『続日本紀』大宝元年是年条）。また、首皇子が生まれたのと同年に不比等には県犬養三千代との間に光明子が生まれているが、光明子が皇太子の首皇子の妃となったのは霊亀二年（七一六）のことであり（『続日本紀』天平宝字四年六月乙丑条）、ここに藤原氏は天皇家の身内的氏族としての地歩を固めていくのであった(24)。

かかる時期に藤原氏は春日社を創建したのであるが、同社には祭神として、中臣氏の祖神アメノコヤネがまつられただけではなく、その上位に鹿嶋・香取の神が勧請されていた点、さらには『続日本紀』宝亀八年（七七七）七月乙丑条に「内大臣従二位藤原朝臣良継病。叙二其氏神鹿嶋社正三位。香取神正四位上一」とあるように、両神が氏神とされていた点に注目したい。

鹿嶋神宮の成立や鹿嶋神の性格について詳論している余裕はないが、まず鹿嶋のタケミカヅチが王権神であったことを確認しておきたい。倭王権の東国平定にさいして、六世紀中頃に畿内のタケミカヅチが鹿嶋の地にまつられたのであろう。そして、さらに八世紀にはタケミカヅチは蝦夷征討の軍神としての役割を担ったが、王権神という性格には変更はなかったとみられる(25)。

『常陸国風土記』香島郡条に「……其処所レ有天之大神社・坂戸社・沼尾社、合二三処一惣称二香島天之大神一。因レ名郡焉……清濁得レ糺、天地草昧已前、諸祖天神俗云二賀味留弥・賀味留岐一、会二集八百万神於高天之原一時、諸祖神告云、今、我御孫命、光宅豊葦原水穂之国。自二高天原一降来大神名称二香島天之大神一……」とあるうち、「香島天之大神」とは、高天原から降臨したという伝承をもっていたことからも一地域の神とは考え難く、やはり、タケミカヅチを指すものと思われる。「香島天之大神」を構成した「坂戸社・沼尾社」は在来の鹿嶋の神社で、タケミカヅチを中心に鹿嶋神宮が成立したのであろう(26)。これはちょうど、伊勢神宮が内・外宮のもとに多数の地域の摂社・末社群から構成されていたのと同じ関係であった。

一方、香取神宮については、祭神のイハヒヌシの名称が司祭者を神格化したものと考えられることからも、地元の豪族（海上国造）の神が鹿嶋神の「斎主」として奉仕したものであろう。その意味で鹿嶋・香取神は一体の関係にあ

ったといえよう。(27)

ところで、問題は、このような東国にまつられた王権神を藤原氏が氏神とし、春日社に勧請できたのはなぜかという点である。この素朴な疑問に関しては、『常陸国風土記』香島郡条に、孝徳朝の建郡（評）申請者として「中臣□子」「中臣部兎子」があり、鹿嶋神宮の伝承の中には「大中臣神聞勝命」や「中臣巨狭山命」の活躍も記されていること、『続日本紀』天平十八年（七四六）三月丙子条に「常陸国鹿嶋郡中臣部廿烟、占部五烟、賜二中臣鹿嶋連之姓一」とあることなどから、鹿嶋神勧請の背景に香島郡の中臣・中臣部の分布を指摘することも不可能ではないだろう。また、藤原宇合と常陸との関係——宇合は養老三年（七一九）頃から同六年頃まで常陸守として在任し（『続日本紀』養老三年七月庚子条、『懐風藻』）、神亀元年（七二四）四月から十一月の間、持節大将軍として海道蝦夷反乱の平定にあたった（『続日本紀』神亀元年四月丙申条、同十一月乙酉条）。しかも、宇合は『常陸国風土記』の撰進者として有力視されている——から、宇合によるタケミカヅチ勧請を想定する説(28)、あるいは藤原氏一族の神仙思想への関心から「神仙幽居之境」（『常陸国風土記』香島郡条）の鹿嶋社を氏神社としたという説(29)もある。

しかし、そもそも王権神を氏神に迎えた氏族の例が、藤原氏の他にみられないことに注意すべきではないだろうか。周知のように、陸奥国各郡には鹿嶋・香取神の苗裔神が広く分布していた（『類聚三代格』一、貞観八年〈八六六〉正月二十日太政官符、『延喜式』一〇〈神名式下〉）が、これは征夷軍によってその前進基地にまつられた結果とみられ(30)、藤原氏による勧請とは同一視することはできない。『常陸国風土記』には行方郡内に「香島神子之社」と「香取神子之社」がそれぞれ三社ずつみられる。六社のうち四社までが「佐伯」が住んでいたという地に見出されるのは、やはり服属した蝦夷（佐伯）に対する鎮護の目的で征夷軍の手でまつられたのであろう(31)。また、各氏族の祖先系譜をみても、タケミカヅチが登場するのは、『古事記』中（崇神）に、オホモノヌシをまつったオホタタネコの父としてタケミカヅチがみえること、『新撰姓氏録』（河内国未定雑姓）に「倭川原忌寸　武甕槌神十五世孫彦振根命之後也」とあることの二例が目につく程度である。このうち、前者の三輪氏の祖先系譜のタケミカヅチについては、『先代旧事本紀』（地祇本紀）や『粟鹿大明神元記』の同一人名表記との比較から、もとはタケミカノヲであり、語形の類似からタケミカヅチと混同してしまったのであろうという説もある。(32)このようにみてくると、タケミカヅチとは、氏族が簡単に勧請できる神ではなかったことが知られよう。

では、藤原氏が鹿嶋・香取の王権神を勧請できたのはなぜかと改めて問われれば、香島郡における中臣・中臣部の分布、藤原宇合と常陸との関連、藤原氏の神仙思想への関心がその前段にあったとしても、前述した天皇家と藤原氏とのつながりが背後に想定されると答える他ないのであろう。春日社の祭神にも八世紀における藤原氏の特殊な政治的立場の反映が窺えるように思うのである。

以上、前節から述べてきたところをひとまず整理しておくと、平城京遷都後、春日の地に進出した藤原氏は、東国にまつられていた王権神で、『古事記』『日本書紀』の国譲り神話でも活躍した鹿嶋のタケミカヅチとそれを奉斎する香取のイハヒヌシを春日社の祭神として枚岡神の上位に勧請し、また、春日氏や阿倍氏の氏神社とは別に神域を確保するためにも、巨大な築地を築造することによって春日社を成立させた。この背景には七世紀末から藤原氏が中臣のウジ名と決別して、天皇家との外戚関係によって政治的地位を高めていく道を歩みはじめたという事情があった。土橋誠氏が指摘されたところであるが、春日社のように祭場が都城の近接地というのは、平安京の周辺に氏社が設けられる先駆的形態といえよう。(33)また、右の議論の中で触れたことであるが、春日社の信仰に関していえば、築地が南面して建てられていたのに対して、「東大寺山堺四至図」からは「神地」が西面していたように描かれていたことは重要であるが、この点については後述することにしたい。

四　春日社の常設神殿の成立

さて、御蓋山山麓の築地には右に述べた通り、本来、その内側には常設の神殿がなかった可能性が高い。『続日本紀』天平勝宝二年（七五〇）二月乙亥条に「幸二春日酒殿一。唐人正六位上李元環授二外従五位下一」とあり、「春日酒殿」を春日社とする説[34]があるが、春日社の境内摂末社の酒殿明神の前身とみなす説[35]や春日離宮（『続日本紀』和銅元年〈七〇八〉九月乙酉条）内の施設と解する説[36]もある。前述の築地や天平勝宝八歳の「東大寺山堺四至図」の「神地」からすれば、後二説のいずれかを妥当としたい。おそらく八世紀中頃、築地内の施設としては、祭日に神を迎える仮設の小さな神殿が建てられた程度であり、それも祭りが終わると直ちに撤去されたのであろう。現在でも春日社本殿（文久三年〈一八六三〉造替のもの）の身舎は、桁行・梁間ともに柱間各一間で、桁行寸法が二・五一五メートル、梁間が一・九二四メートルで、四棟ともに小建築であること、しかも、春日造の最古の建築である円成寺の春日堂と白山堂については、鎌倉前期の春日社本殿を移築したものといわれているが[37]、この二つの建物は身舎が一辺一・一メートルしかなく、春日社の現本殿よりさらに小さいこと、また、四神殿ともにいずれも井桁土台を組んだ上に柱を建てていくという手法であり、移動可能な建物であることは注目に値する。この形態は常設の神殿以前の、祭りの時の仮設の神殿の系譜を引くものといえよう[38]。

そこにやがて常設の神殿――仮設の神殿をモデルとする小さな建物――が建てられるようになった。その時期はいつ頃であったろうか。春日社神殿の成立年代には諸説あり、たとえば、『古社記』に「以終、神護景雲二年戊申十一月九日戊申寅時、宮柱立テ、御殿ヲ造了」とあることから、神護景雲二年（七六八）とする説[39]もある。しかし、神護景雲二年十一月九日という日付は、『三代実録』元慶八年（八八四）八月甲寅条の「新造二神琴二面一。奉レ充二春日神社一。以二神護景雲二年十一月九日所レ充破損一也」という記事によって付託された可能性が考慮される。[40] とすれば、上記の史料から窺えるのは神護景雲二年当時、春日社には「神琴」を納める倉があったという程度であろう。[41]

『万葉集』一九―四二四〇・四二四一の歌（天平勝宝三年〈七五一〉二月頃の歌とされている）を手がかりにする説もある。

春日祭レ神之日、藤原太后御作歌一首　即賜二入唐大使藤原朝臣清河一 参議従四位下遣唐使

大船に　ま梶しじ貫き　この我子を　唐国へ遣る　斎へ神たち（四二四〇）

大使藤原朝臣清河歌一首

春日野に　斎く三諸の　梅の花　栄えてあり待て　帰り来るまで（四二四一）

この歌については、春日社での祭りの時のものとみる説[42]があり、それに従えば、八世紀中頃に春日社、春日祭が創祀されていたことになるが、一方で、前述した遣唐使発遣の祭祀の時のものとみる説[43]もある。後者の説の場合は、両歌は春日社の存在とは無関係になるが、二説のうちどちらが正しいか決め手がない。

『春日社私記』（永仁二年〈一二九四〉撰進）の「天平勝宝七年（七五五）官符云、春日社四所、紫微中臺祭、件社入二宮神例一」という記事をもとに、「宮神」を「官神」の誤写とみて、この時、春日社が官社化したとする見解[44]もある。しかし、『続日本紀』以下の五国史では官社化を「為官社」「預官社」「列官社」と記す例が多いが、「宮（官）神例」という記載例は一つもないことからすれば、官社化説には無理があろう。ここでは春日の祭神が紫微中臺において皇后宮の祭祀の例となったという意と解釈しておきたい。ちなみに、春日社が官社化したのは、春日社に築地が構築された八世紀はじめの時点に遡るのではないだろうか。

このような諸説がある中で、義江明子氏は、①「東大寺山堺四至図」に「神地」とのみあること、②築地の存在、③延暦二十年（八〇一）に神封物を「仍須㆔毎年納㆓送祭所㆒」とあり（延暦二十年九月二十二日太政官符〈『新抄格勅符抄』一〇〉）、春日社への送付とはしていないこと、④神殿の存在が確認できる初見史料は天長十年（八三三）の「伊都内親王御施入願文」（『平安遺文』一―五六）であることなどから、春日社では平安初期に入ってから常設の神殿が建立されたと指摘された。(45) 義江説に追加するに、「春日祭」祝詞には「春日能三笠山能下津石根爾宮柱広知立、高天原爾千木高知弖、天乃御蔭日乃御蔭止定奉弖……」（『延喜式』八）という神殿の記述が含まれているが、同祝詞は形式、内容ともに平安初期成立の「平野祭」「久度古関」と類似していることがある。(46) この点からも、義江説は首肯さるべきであろう。(47)

ところで、平安初期に造営された春日社の常設の神殿が南面していたことは留意される。これは、春日祭において、『儀式』に神前に著座した「大臣以下及朝使氏人」が「北面東上、重行」とあり、『延喜式』三八（掃部式）にも同様に「内侍已下座」や「公卿座」が「北面東上」とあるように、春日祭参列者が神前に対して北面しており、確実といえる。南面する神殿は、奈良時代の築地の方向軸を踏襲したものであろうし、また、先述のごとく、天子南面の思想などに影響されたとみられる。(48)『古社記』に「称徳天皇御託宣云、是山本南向可㆑致㆓崇居㆒云々」とあるのは中世に入ってからの伝承であろうが、神殿の「南向」が天皇の託宣によるという点は示唆的といえよう。(49)

五　春日社をめぐる二つの信仰軸

平安期以降の春日社には南面する常設の神殿が建てられたが、それでも御蓋山への信仰が簡単に消え去ってしまったわけではなかった。すなわち、古代の春日社には、築地や常設の神殿において象徴的に見出される信仰の南北軸と、春日社創建以前の磐座（前述）や「東大寺山堺四至図」の「神地」にみられる御蓋山を中心とする信仰の東西軸が並存していたものと思われる。

このうち、信仰の東西軸に関しては、御蓋山山頂の本宮神社裏で平安末期から鎌倉時代の経塚群が発見されている(50)こと、十二世紀後半以降、数世紀にわたって流行した春日宮曼荼羅や鹿曼荼羅には必ず画面中央に御蓋山が描かれていたこと(51)、現在でも東廻廊の中程に影向門があり、神殿内の位置が廻廊内の東北に偏している(52)（本書一九頁の［図1］）ことなどがその根拠として指摘される。おそらくは、八世紀の春日社以前の、御蓋山の信仰を春日社が受け継いだものとみてよいだろう。

この信仰の東西軸は、春日社の正門の問題と承和八年（八四一）三月一日太政官符からも窺知される。以下、この二つの問題を詳しく検討してみたいと思う。

まず、春日社の正門についていえば、本来、春日社の南門が正門ではなかったらしい。それは春日祭において祭使や氏人がどの鳥居や門を通過して神前に進んだかを関係史料から窺うと、「南鳥居」(53)（応和二年〈九六二〉二月八日の「佐忠私記」〈『西宮記』恒例第三、裏書〉）、「西南鳥居」（『為房卿記』寛治六年〈一〇九二〉二月庚申条―『中右記』同日条は「社西小門」とする）、「西鳥居」（『中右記』嘉保二年〈一〇九五〉二月壬申条）、「西中門」（『資実卿記』建久二年〈一一九一〉十一月戊申条）、「慶賀門」（『春日祭旧例』弘安六年〈一二八三〉二月丙申条）とあり、一貫して現在の慶賀門（前身）が利用されていたことがわかるからである。『儀式』では、斎女が「社西方北門」から、宣旨以下が「社西方柴垣」を「破却」して外院に参入するとあるように、いずれも社の西方から参入しているのが参考になろう。これは、先学も指摘している(54)ように、神体山の御蓋山との関連で春日社の正門は南門ではなく、西面する慶賀門であったことを意味するのであろう。

　ところが、春日社の南門（鳥居）は承保二年（一〇七五）八月に四脚門に改められた。このことは『中臣祐賢春日御社縁起注文』に「……承保二年八月四日従五位下播磨宿禰光親為二受領功一、成二四足一了」とあるだけだが、事実として認めてよいらしい。この背景には南門の格式を高め、慶賀門に代わって、南門を正門に位置づける意図があったと思われる。(55) 承保三年正月二十五日、関白藤原師実の春日詣（『十三代要略』）では、師実はその南門から入御した。康和二年（一一〇〇）十一月二十七日、藤原忠実の春日詣について「入三御後[従]二社南門一、承保三年例也、」（『殿暦』）とあるのはその証左といえる。これ以後、南門は、春日社の正門として春日詣の氏長者や天皇行幸のさいの上卿入御の門として利用されていく（『中右記』承徳元年〈一〇九七〉三月壬午条など）。しかし、『永昌記』天永二年（一一一一）十二月甲辰条には、藤原忠実の春日詣のさい、忠実は「入二御南門一」とあるが、その後に「近来者入二御西門一、承暦（一〇七七～一〇八〇年）、寛治（一〇八七～一〇九三年）入二御南門一、前日被レ尋二仰子細一、見二度々記一」という注がついている。翌年八月七日、春日社造立事始により奈良に下向した藤原忠通は「参二給御社一入レ従二西門一」（『中右記』）、永久四年（一一一六）三月五日に春日社に詣でた藤原忠実も「余参二社頭一、其路用二西鳥居一、皆先例也」（『殿暦』裏書）として、今度は「西鳥居」（慶賀門）を利用するのが通例化していく。もっとも、これ以後、必ずや慶賀門が正門に〈復帰〉したわけではなかった。たとえば、藤原頼長の春日詣の場合はやや複雑である。『台記別記』によると、仁平元年（一一五一）八月十日の春日詣では、幣・神宝長櫃・神馬・舞人馬が前行する中、頼長は南門から、上達部・殿上人は西鳥居から、それぞれ入り、幣殿座に著している。これは南門―西鳥居の、いわば〈折衷型〉とでもいえよう。

　このように春日社の正門については、それが常に一定したわけではなかったことが窺える。春日祭のように慶賀門を正門とする場合と、春日詣のように南門を正門と位置づけようとする場合が交錯していた。このうち、後者は年代的に新しく、十一世紀後半から史料上確認できるものであった。ここから春日社の門をめぐっては、南面する春日社の南門を正門とする時期があったこと（信仰の南北軸）、それに対して、西方から春日社に参入して御蓋山に直面する信仰形態（信仰の東西軸）も根強く存在していたことが読み取れるのではないだろうか。

次に、承和八年三月一日の太政官符（『類聚三代格』一）を取り上げよう。ここからも信仰の東西軸の問題をみたいと思う。

太政官符

応レ禁二制春日神山之内狩猟伐レ木事

右被二中納言従三位兼行左兵衛督陸奥出羽按察使藤原朝臣良房宣一偁。春日神山。四至灼然。而今聞。狩猟之輩。触二穢斎場一。採樵之人。伐二損樹木一。神明攸レ咎。恐及二国家一。宜下下二知当国一。厳令中禁制上者。国宜下承知。仰二告当郡司幷神宮預一。殊加二禁制一。兼復牓二示社前及四至之堺一。令中人易上レ知。若不レ遵二制旨一。猶有二違犯一者。量レ状勘当。不レ得二容隠一。

承和八年三月一日

右の官符は、「春日神山」で「狩猟之輩。触二穢斎場一。採樵之人。伐二損樹木一。神明攸レ咎。恐及二国家一」という状況を前に、大和国司に対して「当郡司幷神宮預」に「加二禁制一」よう命じたものである。ここで注意されてよいのは次の二点であろう。

第一は、「伐二損樹木一」である。〈神社の木を伐る〉については、『日本書紀』景行五十一年八月壬午条に、三輪山近傍に安置された蝦夷が「悉伐二神山樹一、叫二呼隣里一、而脅二人民一」、同顕宗即位前紀に弘計王の名告りの歌として「石の上　振の神椙、（注略）本伐り　末截ひ、（注略）市辺宮に天下治しし、天萬国萬押磐尊の御裔、僕らま」、同孝徳即位前紀に「尊二仏法一、軽二神道一。斮二生国魂神社樹一之類。是也。」とあるのをはじめとして、諸史料に散見している。しかも、〈神社の木を伐る〉が神の祟（忿・怒）をかった例も少なくない。たとえば、斉明女帝が「斮二除朝倉社木一」として、朝倉橘広庭宮を造営したが、そのために「神忿壊レ殿。亦見二宮中鬼火一。由レ是、大舎人及諸近侍、病死者衆」とあること（『日本書紀』斉明七年〈六六一〉五月癸卯条）、宝亀三年（七七二）四月、「震二西大寺西塔一」ので、それをトうと「採二近江国滋賀郡小野社木一構レ塔為レ祟」とあること（『続日本紀』宝亀三年四月己卯条）などが指摘できる。(56) すなわち、〈神社の木を伐る〉行為が神の怒りを招いたことは、少なくとも各社において常設神殿が存在していたとしても、神殿を破壊することよりも、なお樹木が信仰の対象として重要視されていたことをなによりも物語っている。そして、その事情は、前引の承和八年の官符から春日社においても同様であったと思われる。(57)

第二は、承和八年の官符に「春日神山」が「斎場」とされていたことである。「斎場」の「斎」という語は、「イ」という語根をもち、神聖清浄の意であり、さらに神に奉仕する意であった。(58) 大嘗祭の北野斎場も悠紀・主基国からもたらされた稲や神饌を調えるための清浄な場所であり、春日の「斎場」とも同義であろう。そもそも「春日神山」（御蓋山）が「斎場」と位置づけられていたこと自体、神体山信仰の表れといえよう。

このように、当該官符から、「春日神山」が樹木の伐採や狩猟が禁止される、まさに神聖なる「斎場」であったことは明らかであろう。すでに承和八年当時、春日社に南面する常設の神殿が存在していたにもかかわらず、御蓋山を神体山とする信仰はけっして喪失されてしまったわけではないのである。

六　信仰の南北軸と「辰日立榊式」

上述のように、春日社には二つの信仰軸が交錯していた。平安期の史料から確認される春日祭では、祭使や氏人が慶賀門（前身）を通過するものの、南面する神殿を前に中庭に北面して執行されたことが改めて注目されるのである。春日祭の中心部分は、基本的に信仰の南北軸を前提として行われたことが認められよう。春日祭の参列者は「斎場」とされていた御蓋山とはいわば無関係に神前に列立したはずである。

一方、信仰の東西軸に由来する神事とはどのような形であったろうか。その点で、かつて坂本和子氏が注目された「辰日立榊式」[59]は見逃せないところではあるまいか。「辰日立榊式」とは、現行春日祭において御蓋山より大榊（梛の若木）[60]を二本伐り出して、春日祭当日に一の鳥居に立てるという神事である。

榊のサカとは境界の意で、サカキとは神域を区画する木であった[61]。しかも、榊により一定の地域を画することは、区画内に神の来臨を仰ぎ、祭りを実施する神籬（ヒモロキ）と共通するところであったといえる[62]。「辰日立榊式」も迎神神事の一類とみられよう[63]。

「辰日立榊式」は平安期の儀式書や古記録にはみえないが、これは春日社の神職が執行する行事で、春日祭の祭使や藤原氏人が行うものではなかったために記録が残らなかったものと思われる。管見の限りでは、同儀が史料上確認できるのは近世のものばかりで、十七世紀後半の『春日社年中行事』（春日大社蔵）に「辰日、神人入二于三笠山一、伐二採真榊一而以充二祭祀之用一……申ノ日、早朝於二酒殿之前庭上一起二樹神籬一」[64]、享保十五年（一七三〇）の『春日大宮若宮祭礼図』（春日大社蔵）にも、辰日に三笠山で榊の枝を取り、酒殿に差し置いて、申日にそれを大鳥居に立てる旨の記述があった。「辰日立榊式」が近世に入ってからはじまったとみる可能性も否定し難いが、その成立が古く遡る神事ではないかと思う。それは以下の二点を考慮したいからである。

第一は、カモ社の御阿礼祭の起源伝承である。『年中行事秘抄』四月賀茂祭条所引の「旧記」には天上に昇っていった別雷命が御祖神等の夢に「天神御子（別雷命のこと—引用者註）云、各将ㇾ逢ㇾ吾……取二奥山賢木一立二阿礼一、悉二種々綵色一。……」とあった。「旧記」とほぼ同文のものが天暦三年（九四九）五月二十三日付「神祇官勘文」（『平安遺文』一〇—四九〇五）にあるので、「旧記」説はおそらく十世紀中頃には成立していたとみられる。したがって、「辰日立榊式」も「旧記」と同様、「奥山賢木」による神迎の神事の反映で、成立は古いのであろう。なお、現在の御阿礼祭においてもミアレ木（榊の枝）によって、御阿礼所から境内——本殿前の棚尾社と、一の鳥居と二の鳥居の間の切芝の二箇所——へ神が迎えられている。(65)

第二として、平安末期に描かれた『年中行事絵巻』には、京近辺の神社の祭礼図がいくつか登場するが、その中で、福山敏男氏が梅宮社の「梅宮祭」図に比定された社頭図(66)（巻一二）に一つの手がかりが求められるように思う。

そもそも梅宮社は、『延喜式』九に山城国葛野郡「梅宮坐神四座並名神大、月次新嘗、」とある橘氏の氏神社であった。梅宮祭とはその梅宮社を舞台とする王権祭祀で、仁明天皇の承和年間（八三四〜八四七年）にはじまるが、天皇家と橘氏との外戚関係の濃淡に応じて停廃、再興を繰り返したことは義江氏の指摘(67)の通りであろう。

『年中行事絵巻』の「梅宮祭」図で注目されるのは、二の鳥居に榊の枝が立てられていることである。一の鳥居の方には、鳥居をくぐろうとする人たちの陰に隠れる形で榊の存在が確認できない。しかし、『民経記』天福元年（一二三三）四月乙酉条の梅宮祭の記述によると、当時、一の鳥居が顛倒し跡形もなかったが、「唯榊許立之」とあるので、遅くとも祭祀の開始前までには、一の鳥居にも榊が立てられていたとみてよいであろう。

では、この榊の枝は誰が立てたのであろうか。『江家次第』六の梅宮祭条には、当日、「弁以下著二行事所屋一」から書きはじめられていて、榊の枝のことに触れることがないので、鳥居に榊を立てるのは、上卿以下の祭使であったとは考え難い。おそらくは梅宮社の神職だったのではあるまいか。祭使一行は迎神事が終わった後、社頭に参入し、常設の神殿前で梅宮祭を実施するのであろう。もし、この見方が正しいとすれば、春日祭の「辰日立榊式」にも梅宮祭の場合と同様の事情が想定できるのではないだろうか。しかも、『年中行事絵巻』によると、巻一二の今宮祭の光景には今宮社の神殿と鳥居に、巻一三の城南宮祭には神殿に、それぞれ榊が取りつけられている様子が描写されている。榊立神事が広く行われていたことが窺えよう。やや迂遠な考証ではあるが、カモ社のミアレ木や『年中行事絵巻』の「梅宮祭」図の理解からも、春日社の「辰日立榊式」の起源が古く遡及するのではないかと考えるのである。

かくて、春日社では、春日祭のさいに「辰日立榊式」のような、神職による御蓋山からの迎神神事が行われていたものと推察する。御蓋山を中心とする信仰の東西軸に基づく神事の具体相の一端を右のように復元しておきたいと思う。

七　おわりに

本章の考察結果をまとめると、以下の通りである。

1、八世紀のはじめに春日の地に進出した藤原氏は、王権神としてのタケミカヅチとそれを奉斎するイハヒヌシを鹿嶋・香取から勧請し、平城宮内裏と共通する古瓦と暗渠をもつ築地を形成して春日社を成立させた。藤原氏が王権神を氏神とし、春日の地に勧請することは、同氏の政治的立場の補強につながったことはいうまでもない。

2、春日社には、常設の神殿を中心とする信仰の南北軸と、御蓋山を中心とする信仰の東西軸とがあった。この二つの信仰軸は平安期に入って急に出現したものでも、春日社の常設の神殿成立を機に東西軸から南北軸へと変化したものでもなく、春日社が創建された奈良時代において両者が並存していたとみられる。

3、王権祭祀としての春日祭のうち、祭使や藤原氏人が執行する祭祀の部分は、御蓋山とは無関係に、常設の神殿を前に実施されており、これは基本的には信仰の南北軸に基づくものであった。それに対して、春日社の祭りや信仰とは御蓋山をめぐるものであり、春日祭の祭使や氏人はそれに直接、関与することが少なかった。

最後に一点、論じ残したこととして、『江家次第』五の「春日祭使途中次第」に触言しておきたい。これは近衛使の行為を記したもので、他の儀式書にはあまりみられない独自の内容を含んでいる。すなわち、①七条大路における除目、②社頭儀終了後の梨原での終夜酔遊、盗人搦めと賜禄、③西日朝、下部への嘲弄、④不退寺辺における盗人搦めと賜禄、大夫判官の馬からの引き落とし、⑤淀における雷鳴陣と賜禄へと続く。[68]

「春日祭使途中次第」を古記録から拾うと、主なものとして以下の例が知られる。『中右記』嘉承元年（一一〇六）十一月丁酉条に「早旦出㆓南京㆒、晩頭着㆑淀、奈良坂并淀作法給㆑祿、皆存㆓旧規㆒」（『江家次第』の④〈不退寺辺ではなく奈良坂〉と⑤）、『山槐記』保元四年（一一五九）二月丙申条に、春日祭が終わって南門外で「称㆑有㆓盗人㆒、馳馬横行往還、是例事也」（②カ）、同二月丁酉条に「今日於㆓奈良坂㆒搦㆓盗人㆒拷問、先例也、然而件祿於㆑京昨日皆賜了……」（④〈奈良坂〉）、『台記別記』仁平元年（一一五一）十一月丁未条に「於㆓七条堀川㆒官人行㆓除目㆒」（①）、同十一月己酉条に「於㆑淀、有㆓御衣櫃索事㆒、并雷鳴事㆒、賜㆑祿、近例、於㆓奈良坂㆒、有㆓御衣櫃索事㆒、今度依㆓西宮抄㆒、於㆑淀行㆑之」（④〈淀〉と⑤）、『玉葉』治承二年（一一七八）十一月辛酉条に「次於㆓奈良坂㆒有㆘糺㆓盗人㆒事㆖……申刻著㆓淀渡㆒、儀如㆓昨日㆒……即有㆓雷公儀㆒、舞人三人冠上著㆓檜笠㆒、抜㆑剣立㆔匝前庭㆒、其中被㆓赤衣㆒之者一人出来振㆑鈴、于㆑時廳頭清景問㆑之、被㆓赤衣㆒之者雷公是也、答㆑之、有㆓祝言等㆒云々、其次給㆓祿絹㆒、御共諸大夫取㆑之如㆓梨原㆒、祿法在㆑別」（④〈奈良坂〉と⑤）である。

このうち、②④の盗人搦めと賜禄については『西宮記』臨時六の「祭使事」に「称㆓御衣櫃捜㆒、有㆓祿事㆒」とあるので、春日祭使独自の儀とはいえないようである。いずれにせよ、右の一連の儀、あるいは個々の儀はいったいどのような意味をもっていたのであろうか。この問題を本格的に論じた研究[69]を寡聞にして知らないが、黒田一充氏は、⑤に近衛官人を淀にまで送る「春日明神御使」の「雷公」とは春日社の祭神とは別の雷神で、春日社創建以前の、古くからの地主神とみられた[70]。もし、黒田説に従うと、春日社をめぐる二つの信仰軸よりも古層の信仰とも考えられる。黒田説の当否も含めて、検討は今後の課題としたい。

註

（1）［図2］は『春日大社』（大阪書籍、一九八四年）二二頁の「祭祀遺跡図」による。なお、同図に一部加筆した。
（2）『春日大社古代祭祀遺跡調査報告』（春日顕彰会、一九七九年）八～一二頁。
（3）中村春寿「古代祭祀遺跡」（前掲註〈1〉所収）二五～二六頁。
（4）ワニ氏一族の春日氏については、岸俊男「ワニ氏に関する基礎的考察」（『日本古代政治史研究』塙書房、一九六六年）参照。
（5）直木孝次郎「古代社会の発展と氏族」（『奈良市史』通史一、吉川弘文館、一九九〇年）一六八～一六九頁。
（6）鈴木靖民「阿倍仲麻呂の在唐歌について」（『古代対外関係史の研究』吉川弘文館、一九八五年）、岸「阿倍仲麻呂と『みかさの山』」（『古代宮都の探究』塙書房、一九八四年）。
（7）大井重二郎「古春日里の方域の考察」（『万葉集歌枕の解題』改文社出版、一九八〇年）六八～七六頁。
（8）春日を冠する氏族としては、他に春日県主がある（『日本書紀』綏靖二年正月条所引「一書云」に「春日県主大日諸女糸織媛」とある）。
（9）菊地康明「春日神社と律令官社制」（『律令制祭祀論考』塙書房、一九九一年）一〇九～一一〇頁。
（10）『春日大社奈良朝築地遺構発掘調査報告』（春日顕彰会、一九七七年）。築地遺構は一九八八年に二度目の発掘調査が行われ、その結果、南面築地は想定地点で北折せず、さらに西に延びることが判明した（『史跡春日大社境内地実態調査報告及び修景整備基本構想策定報告書』春日顕彰会、一九九〇年）。
（11）『春日大社奈良朝築地遺構発掘調査報告』（前掲註〈10〉）三三頁。

(12) 義江明子「春日祭祝詞と藤原氏」（『日本古代の氏の構造』吉川弘文館、一九八六年）二四三頁。

(13) 御蓋山をめぐる遺構としては、南麓の紀伊神社から山頂へ、さらに山頂から若草山麓までに達する積石列石――列石には三ヶ所の石積の方形基壇もある――の存在も知られている。この列石に関しては発掘調査がなされておらず、十分なことはもとより不明で、右記の点以外で現在、判明しているのは、列石の幅は広いところで三七メートルにもおよんでいること、列石を構成する何種類かの石材のうち、花崗岩以外は付近に産するものではなく、余所から運ばれてきたらしいことなどに過ぎない（『春日大社古代祭祀遺跡調査報告』〈前掲註（2）〉六～八頁）。これもやはり、「神域区画の施設」（森郁夫「春日の祭祀遺跡」〈『春日明神』筑摩書房、一九八七年〉三七頁）と考えられ、古典にいうイワサカに該当するのであろう。しかしながら、その構築年代は確定せず、中村氏が「築地の年代よりは遡るもののようで、中には築地と共存していたこともあった」と指摘されている（中村、前掲註〈3〉二三頁）ところで満足する他はないようである。したがって、本章でも列石と築地が共存していた可能性を考慮しつつも、列石の問題にはこれ以上立ち入らないこととしたい。

(14) 『春日大社奈良朝築地遺構発掘調査報告』（前掲註〈10〉）二四頁。

(15) 『春日大社古代祭祀遺跡調査報告』（前掲註〈2〉）一二～一三頁。

(16) 景山春樹『神像』（法政大学出版局、一九七八年）八三～八四頁、黒田一充「春日若宮社の創祀」（『祭祀空間の伝統と機能』清文堂出版、二〇〇四年）六四頁、橋本裕之『春日若宮おん祭と奈良のコスモロジー』（東京外国語大学アジア・アフリカ言語研究所、一九八六年）二〇～二一頁など。

(17) 福山敏男「春日神社の創立と社殿配置」（『日本建築史の研究』綜芸舎、一九八〇年）一五頁。

(18) 福山、前掲註（17）八頁。

(19) 『春日大社奈良朝築地遺構発掘調査報告』（前掲註〈10〉）三二頁。

(20) 「東大寺山堺四至図」には縦横に朱線で約一四センチ間隔の方眼が引いてあるが、福山氏はその一辺を四五丈と推定して、「神地」の大きさを「方二十丈位のもの」とされた（福山、前掲註〈17〉八頁）。それに対して、吉川真司氏は、同図の東西方向の方格の幅は四五〇尺、南北方向は「神地」付近で九〇〇尺と推定されている（「東大寺山堺四至図」〈『日本古代荘園図』東京大学出版会、一九九六年〉五五六頁）。吉川説によると、「神地」は東西二〇丈、南北四〇丈程度とみられ、いずれにしても築地遺構よりもかなり小さい区画と思われる。

(21) 吉川、前掲註(20)五七二頁。また、奥村茂輝「山階寺東松林廿七町の成立」(『続日本紀研究』三六六、二〇〇七年)も参照。
(22) 西宮一民「ヤシロ(社)考」(『上代祭祀と言語』桜楓社、一九九〇年)。
(23) 田村円澄「藤原氏と中臣氏」(『飛鳥・白鳳仏教論』雄山閣出版、一九七五年)など。
(24) 長山泰孝「古代貴族の終焉」(『古代国家と王権』吉川弘文館、一九九二年)。その他、藤原氏の発展をめぐっては、遠山美都男『大化改新』(中公新書、一九九三年)八三〜一〇二頁、倉本一宏『日本古代国家成立期の政権構造』(吉川弘文館、一九九七年)、吉川「藤原氏の創始と発展」(『律令官僚制の研究』塙書房、一九九八年)など参照。
(25) 岡田精司「香取神宮の起源と祭神」(『千葉県の歴史』一五、一九七八年)。
(26) 岡田、前掲註(25)六〜八頁。
(27) 岡田、前掲註(25)八〜一〇頁。
(28) 中村英重「中臣氏の出自と形成」(『古代氏族と宗教祭祀』吉川弘文館、二〇〇四年)一五六〜一五八頁。同様な見解は増尾伸一郎「神仙の幽り居る境」(『古代東国と常陸国風土記』雄山閣出版、一九九九年)一九五〜一九六頁にもあり、増尾氏はより直接的な契機になったのは神亀元年であったと指摘されている。
(29) 志田諄一「『常陸国風土記』と神仙思想」(『「常陸国風土記」と説話の研究』雄山閣出版、一九九八年)一四四〜一四五頁。
(30) 大塚徳郎「式内の神々」(『古代の日本』八、角川書店、一九七〇年)二二二〜二二四頁、高嶋弘志「神郡の成立とその歴史的意義」(『日本古代政治史論考』吉川弘文館、一九八三年)一二六〜一二九頁、熊田亮介「『征夷』と鹿嶋苗裔神」(『古代国家と東北』吉川弘文館、二〇〇三年)。
(31) 志田「行方郡と佐伯の説話」(前掲註〈29〉所収)。
(32) 溝口睦子『日本古代氏族系譜の成立』(学校法人学習院、一九八二年)三〇一〜三〇二頁。
(33) 土橋誠「氏神祭祀と『春日祭』」(『古代祭祀の歴史と文学』塙書房、一九九七年)一六八〜一六九頁。
(34) 福山、前掲註(17)三頁。
(35) 西田長男「春日大社の創立」(『日本神道史研究』九、講談社、一九七八年)四〇頁。
(36) 吉川、前掲註(20)五七八頁。
(37) 太田博太郎「円成寺春日堂・白山堂は春日社旧殿か」(『社寺建築の研究』岩波書店、一九八六年)。

(38)　稲垣栄三『原色日本の美術』一六（小学館、一九六八年）一九四～一九五頁。

(39)　西田、前掲註（35）、岡田荘司「平安前期　神社祭祀の公祭化・上」（『平安時代の国家と祭祀』続群書類従完成会、一九九四年）五五～七〇頁。

(40)　福山「春日大社・興福寺総説」（『春日大社・興福寺』近畿日本鉄道株式会社、一九六一年）二頁。

(41)　義江、前掲註（12）二四〇～二四一頁。

(42)　福山、前掲註（17）四～五頁。

(43)　西田、前掲註（35）三八～三九頁。

(44)　福山、前掲註（17）五～六頁。

(45)　義江、前掲註（12）二三九～二四二頁。

(46)　拙稿「『延喜式』祝詞の成立」（『古代国家の神祇と祭祀』吉川弘文館、一九九五年）。

(47)　春日社回廊の亀腹からは平安前期の古瓦も発見されている（『春日大社古代祭祀遺跡調査報告』〈前掲註（2）〉一九～二二頁）。瓦が神社建築に用いられるのは珍しいが、八世紀の築地遺構でも瓦は使用されており、春日社が瓦とけっして無縁であったわけではあるまい。したがって、平安前期の古瓦の存在も春日社神殿成立年代を知る一つの手がかりとなろう。

(48)　『古社記』は文暦元年（一二三四）の具注暦紙背に書かれているので、それ以降の成立とみられる（大東延和「春日社記の成立過程について」〈『神道史論叢』国書刊行会、一九八四年〉八二二～八二五頁）。

(49)　『延喜式』の「春日祭」祝詞には神殿造営が「大神等能乞賜比能任爾」なされたとある。

(50)　大場磐雄「春日大社の考古学的考察」（『祭祀遺蹟』角川書店、一九七〇年）。

(51)　春日宮曼荼羅は十二世紀後半から描かれ、正安二年（一三〇〇）制作の湯木美術館本以後、図様が定型化していく。その定型図様は、御蓋山を画面中央に描くもので、春日社の社殿を正面（南）から描く形になっていない。これは御蓋山の描写が重要視された描き方であるといわれている（西和夫「自由に空を飛ぶ絵師」〈『フィクションとしての絵画』ぺりかん社、一九九一年〉一八六～一八八頁）。

(52)　福山、前掲註（17）一四～一五頁。

(53)　「佐忠私記」の「南鳥居」については、文永六年（一二六九）四月二十六日の『中臣祐賢春日御社縁起注進文』に「西面南鳥居今度成レ門号ニ慶賀門一」とあるので、「南鳥居」も慶賀門（前身）と解される。

(54) 福山、前掲註（17）一四頁、黒田曻義『春日大社建築史論』（綜芸舎、一九七八年）一〇五頁。

(55) 四足門については、室町時代の『海人藻芥』に「大臣家ニハ四足アリ」とあるように、格式の高い門制であった。これは『枕草子』第八段に「大進生昌が家に、宮の出でさせたまふに、東の門は四足になして、それより御輿は入らせたまふ……」とあるように、中宮定子が出産で中宮職大進平生昌の家に入るさい、生昌の家の東門を四足門に改造したという話からも裏づけられる。

(56) 〈神社の木を伐る〉例としては、他に、①舒明天皇十一年（六三九）二月、百済大寺が建立されたさい、「子部社乎切排而、院寺家建ニ九重塔一」ため、「社神怨而失レ火。焼ニ破九重塔並金堂石鴟尾一」とあること（『大安寺伽藍縁起并流記資財帳』）、②天長四年（八二七）正月、淳和天皇不予の原因は東寺の「塔木」に用いるために「稲荷神社乃樹伐礼留罰祟爾出太利止」とあること（『類聚国史』天長四年正月辛巳条）、③『三代実録』貞観三年（八六一）二月癸酉条の清原真人岑成の卒伝に、岑成が大宰大弐であった時、「西府倉屋破壊特甚」ので「伐ニ神社之木一。充ニ結構之用一」。ために「受レ病。不レ幾而卒」とあること、④貞観十二年（八七〇）六月二十二日の賀茂社への「告文」によると「近来霖雨」の原因は「上宮四至之内爾伐レ木。并穢損事」であったとあること（『三代実録』）、⑤『住吉大社神代記』の播磨国賀茂郡椅鹿山領地田畠条によると、「公民等」が「切ニ取神山木一。歩ニ穢山地一」ところ、「大神」が「放ニ神火一杣山焼亡賜」とあること、⑥『朝野群載』六の年月不明の貴布禰社奏状に「右神山之内。被レ禁ニ樵蘇一事。載在ニ格条一。厳制相畳。而当社四至内山、与ニ主殿寮領山一雖レ為ニ接境之地一。已有ニ所レ限之壃一。爰近代以来。寄ニ事寮役一。濫滅ニ神山一」とあり、貴布禰社の四至の辺に主殿寮領があり、主殿寮側が「神山」の樹木を伐採していたこと、の諸例がある。これらはいずれも伐木が神の怒りへと展開していったケースである。もっとも、『多度神宮寺伽藍縁起并資財帳』には天平宝字七年（七六三）、多度神宮寺は満願禅師が「神坐山南辺伐掃」して小堂を建立したことにはじまるとあるが、ここでは神の祟りが発生したとは記されていない。これは多度神の託宣によるからであろう。

なお、『延喜式』三（臨時祭式）には「凡神社四至之内、不レ得下伐ニ樹木一及埋ニ蔵死人上」とある。ここにいう「神社」とは四至が定められていることからも式内社（官社）とみられる。というのも、『皇太神宮儀式帳』によると、摂社（後の式内社）二五社には瀧祭神社を除く二四社に四至が規定されている（瀧祭神社は『延喜式』九にみえない）のに対して、末社（式外社）一五社には四至が記されていないからである。右の『延喜式』の規定からすれば、少なくとも、「神社」（式内社）の景観としては樹木に覆われた形（モリ）が普遍的だったのではあるまいか。

〈神社の木を伐る〉については、近藤喜博「稲荷社叢と神道」(『神道宗教』九四、一九七九年)、同「稲荷社叢と神道(承前)」(『神道宗教』九七、一九七九年)、平林章仁「古代天皇の宮都と神社」(『古代文化史論攷』一〇、一九九〇年)など参照。また、〈神社の木を伐る〉と〈ハヤシ〉との関係については、本書第Ⅱ部第二章「古代の樹木と神異」で指摘した。

(57) 『台記』久寿二年(一一五五)九月壬申条にも、春日社への「告文」の中に「……御笠山乃樹木乎、庶人濫久伐取止古有度申世利、早加二禁制一天、連［速カ］従二停止一津」とある。なお、「春日神山」における狩猟の禁止に関しては、同様な措置が上カモ社の神体山である「賀茂神山」(元慶八年〈八八四〉七月二十九日太政官符)や「大和国丹生川上雨師神社界地」(寛平七年〈八九五〉六月二十六日太政官符)に対しても取られている(『類聚三代格』一)。

(58) 西宮「『斎宮』の訓義」(前掲註〈22〉所収)二六八頁。

(59) 坂本和子「藤氏と平安祭祀」(『神道宗教』七五〜七九、一九七五年)。

(60) ナギは奈良の地には自生しておらず、太平洋側の熊野地方から献木によってもたらされたもので、ナギは他の樹木の発芽、生育を抑制する物質を出し、鹿も食べないことから次第にナギの森が形成されたといわれている(渡辺弘之「緑の回廊が動物を豊かにする」〈『鎮守の森は甦る』思文閣出版、二〇〇一年〉一六〇〜一六一頁)。したがって、「辰日立榊式」にナギの若木がいつ頃から用いられるようになったかどうかははっきりしないが、御蓋山の樹木の枝を切り出す行為そのものは古く遡るのではないだろうか。

(61) 西宮「サカキ(榊)考」(前掲註〈22〉所収)。

(62) 池辺弥「植物と神社」(『古代神社史論攷』吉川弘文館、一九八九年)一八二〜二〇七頁。

(63) 小島鉦作「榊立雑考」(『神道研究』二―四、一九四一年)、白井伊佐牟「大神神社と石上神宮」(『古代を考える　山辺の道』吉川弘文館、一九九九年)一七六〜一八二頁。

(64) 『春日社年中行事』については『春日』(神道大系、一九八五年)三八頁に「延宝八年(一六八〇)の一連の注進文の写(転写本)である……ところで、この『年中行事』記は延宝八年現行のものか否かは疑わしい。むしろ往昔の盛時のそれを掲げた研究史のようである」(永島福太郎氏執筆)とある。

(65) 拙著『古代の神社と祭り』(吉川弘文館、二〇〇一年)一五八〜一六三頁。

(66) 福山「年中行事絵巻の所謂平野祭図」(前掲註〈17〉所収)。

(67) 義江「橘氏の成立と氏神の形成」(前掲註〈12〉所収)一四五〜一四六頁。

(68) 『年中行事秘抄』の二月「上申日春日祭事」にも『江家次第』の儀よりも簡潔な次第が記されている。
(69) 先行論文としては、後藤淑「奈良坂芸能注」(『芸能』三二—七、一九九〇年)、小林茂美「文学と故実・儀礼・芸能との交互相即論」(『儀礼文化』一五、一九九一年)、三橋正「摂関期の春日祭」(『平安時代の信仰と宗教儀礼』続群書類従完成会、二〇〇〇年)二八五〜二八七頁がある。
(70) 黒田、前掲註(16)七八〜八三頁。

第三章　平野祭の基礎的考察

一　はじめに

平安期に入ると、あらたに畿内の有力神社を祭場として、王権祭祀が行われるようになる。その一つに平安京北郊の平野社における平野祭があった。平野社は「今木神、久度神、古関神、[1]相殿比売神」の四神を祭神とし（『延喜式』一〈四時祭式上〉）、創建は『類聚三代格』一、貞観十四年（八七二）十二月十五日太政官符に「延暦年中。立二件社一（平野社のこと―引用者註）」とあるので、「延暦年中」（七八二〜八〇五年）の出来事であった[2]ことが知られる。また、延暦二十年（八〇一）五月十四日太政官符には官人が「平野祭」などの諸祭祀を「闕怠」した場合に「中祓」が科せられる（『類聚三代格』一）として、「平野祭」の名前がみえる。右の二史料から、遅くとも八世紀末に平野社が成立し、延暦二十年までには平野祭がはじまっていたことは間違いあるまい。

平野社については、以前から、祭神に関して多くの学説が提示されてきた。すなわち、伴信友が『蕃神考』で、今木神を百済聖明王と解する説[3]を発表して以来、いわゆる〈蕃神〉説、〈非蕃神〉説をめぐる論争[4]が展開されている。しかしながら、論点も錯綜する諸説を逐一検討し、自説を提起するのは容易なことではない。ここでは、祭神の問題はひとまず措くこととし、平野祭と平野社との関係を中心に、平安時代の王権祭祀と神社（祭り）との関係を解明していきたいと思う。本章で指摘することは基本的な事柄に属する。その基本事項の確認を通して、右の課題を考察していくこととしたい。

二　平野祭の構成

1　平野社の境内配置

平野祭の祭日は、四・十一月の上申日であった（『儀式』一、『延喜式』一など）。平安期成立の儀式書には平野祭の祭式次第が記されている。そこで、それに依拠して、平野祭儀を具体的に検討していきたいが、その前に平野祭の舞台となった平野社境内内部、社殿などの配置がどのようになっていたかを確認しておきたい。［図3］は福山敏男氏が作成された「平野神社社殿推定配置図」(5)や彰考館文庫蔵「平野神社社頭絵図」(6)を参照しつつ、儀式書や古記録などにみえる殿舎や門を推定箇所に記入して作図したものである。まず、［図3］について簡単に説明しておこう。

平野社にいつ頃、常設の神殿が建てられたか、定かではない。しかし、『弘仁式』祝詞と推定される『本朝月令』所引「平野祭」祝詞(7)の中に「此所乃底津石根爾宮柱広敷立弖。高天乃原爾千木高知天。天乃御蔭日乃御蔭止定奉弖」（「久度古関」祝詞もほぼ同文）とあるので、平安初期には神殿があったことは確かであろう。『延喜式』三（臨時祭式）にも「凡平野神殿守者、以㆓山城国徭丁一人㆒充之」とあった。

なお、平野社の四神殿は東面していたが、これは皇太子の親幣（『儀式』『延喜式』）に由来しよう。というのは、皇太子は正月受賀儀礼の場では西面することが知られているからである。正月二日に皇太子が群臣から賀を受ける儀、同日に宮臣から朝賀を受ける儀（『儀式』六、『延喜式』四三〈春宮式〉）を『大唐開元礼』一一二「皇太子元正冬至受㆓群臣賀㆒」、同一一三「皇太子元正冬至受㆓宮臣朝賀㆒」と比較すると、日唐間の儀礼の相違は小さくないが(8)、右記の諸

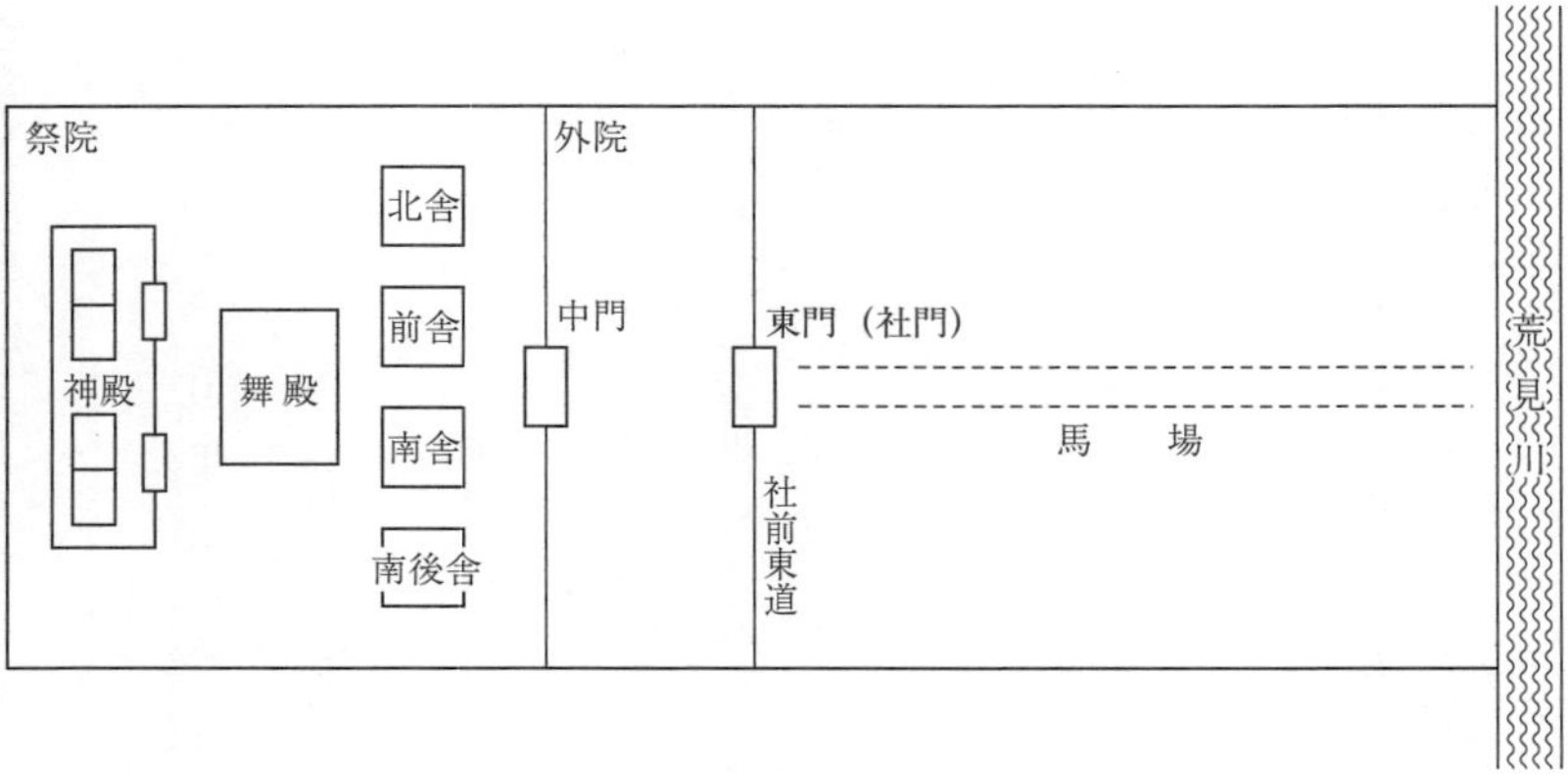

図3　平野社社殿推定配置図

儀礼における皇太子は共通して殿上で西面する。これは皇帝・天皇が群官に対して南面するのと格差を設定していたことになる。日本の皇太子の正月受賀儀礼の場における西面は隋・唐制の模倣であろう。平野祭に皇太子が参列したという直接的な史料はないが、皇太子の親幣に備えて平野社の境内も東面して設定されていたのではあるまいか。

神殿の東に神主が祝詞を奏上する「北屋」「南屋」（『江家次第』六）、その東側に「舞殿」があった（『儀式』）。さらにその東には、平野祭に参会する皇太子以下の座が設けられる「北舎」「前舎」「南舎」「南舎」（「南後舎」[9]）の四舎が位置していた（『延喜式』三八〈掃部式〉）。この神殿から四舎までの一画が平野祭の核心的神事が行われる「祭場」（『儀式』『江家次第』）、「祭院」（『延喜式』一）で、「外院」（『江家次第』）とは区別される場所であった。そして、祭院（祭場）と外院の間には「中門」[10]があって、両者が隔てられていたらしい。

外院には、皇太子が祭院に参入する前に著する「休息舎」（『儀式』）や平野祭の開始にあたり、弁以下が著座する「東門南掖屋」（『江家次第』）の存在が知られる。ただし、両者の外院の中での位置は不詳である。また、この他にも、祭院・外院には別の建物があったはずであるが[11]、それらは平野祭儀などの理解に直接に影響しないので、とくに［図3］

に加えていない。

外院の東側の門が「社門」「神院東門」「東門」として『儀式』に出てくる東門（社門）である。東門の東側については、前出の貞観十四年十二月十五日太政官符に、次のように記されている。すなわち、「社前東道」が南北に走り、「会集諸司。貴賤車馬。塡二塞社辺一。無レ道二出入一」という。したがって、平野祭などに会集する者は社前東道から東門前で「車馬」を下り、東門から外院に入ったものと思われる。右の官符によると、この社前東道の東側には「行二神事一并走二御馬一」の「神地」一町が「荒見河」西岸まで広がっていたこともわかる。当該地については、本章第三節で改めて詳しく述べることとしたいが、いずれにしても、荒見河の西の一町が「延暦年中。立二件社一之日。点二定四至一。奏聞既訖」であり、平野社の祭院・外院の地とあわせて、平野社草創以来の社地であった。

2　平野祭の諸相

本項では、平野社の境内配置を踏まえた上で、平野祭の諸相を考察していきたいと思う。

［表3］は、『儀式』一、『延喜式』、『西宮記』恒例第三、『江家次第』六にみる祭儀次第を進行順にア〜チとして便宜的に区分し、かつ、その年代的な変化が明らかになるように諸書の成立年代順[12]に配列したものである。以下では、［表3］を手がかりとして、『儀式』の「平野祭儀」を中心に順次、説明していきたい。なお、そのさいには、古記録などにみる平野祭関係記事——主として十一世紀以降のものにまとまった記述が残されている程度である——も援用することとした。

さて、平野祭当日は早旦、所司や弁以下が平野社に参向して祭祀の準備がなされる（ア）。その後、イでは、神祇官人が神机四前（神膳）を今木神以下四神に弁備し、膳部一六人がいったん、机を神殿前に立ててから、改めてそれ

表3　平野祭次第

	儀式	延喜式	西宮記	江家次第
ア	早旦、所司、供張すること、常の如し 弁大夫・外記・史、参じて行事す	平明、所司、皇太子軽幄・群官幄を祭院に設く 弁・外記・史・左右史生・官掌、祭所に参じて、行事す		弁・外記・史、参行して、神膳を供す 弁以下、外院に著して、諸司、饌を差す。三献
イ	神祇官、神机四前を弁備し、膳部、机を神殿前に立て、却廻して、舞殿に立つ 炊女四人、薦を舞殿に敷く			
ウ	外記、中務省を喚して、侍従已上の見参の事を仰す。正親司を喚して、王氏の見参の事を仰す。木工寮を喚して、文を挿む杖の事を仰す 非侍従の見参は外記、史生を率いて、祭座に就き、点ず	正親司、官人・諸王の見参歴名を太政官に進む（桓武天皇の後王、大江・和等氏人、見参に預かる）		外記、中務を召して、侍従以上の見参の事を仰す。正親司を召して、王氏の見参の事を仰す［近代、見えず。催すべきなり］。木工寮を召して、文刺の事を仰す
エ	史、諸衛府を喚して、闌入を制すべき状を仰す。左右衛門府生以下の名簿を進めしむ			史、諸衛を召して、濫乱者を制すべき由を仰す。左右衛門府生以下の差文を進めしむべし
オ	皇太子、神院東門外に下馬す。神祇官、迎え、神麻を供して、塩水を灌ぐ。皇太子、入りて、休息舎に就く 進、幣を執る舎人を率いて、神院東門に到る。神麻を曳いて、塩水を灌ぐ。祭場に到りて、幣を神祇官に授く	東宮、神院外に至りて、駕を下りる。神祇官、迎え、神麻を供して、塩湯を灌ぐ。東宮、入りて、次に就く		

カ	皇太子、休息舎を出、進みて、神前座に就く。親王以下、各、座に就く	親王已下、座に就く。東宮、次より出て、幄西座に就く 監祀官、行事参議以上に申す	上卿以下、座に着す 氏人は奉幣の後、着すべし。外記、代官を申す	上卿以下、参入して、各座に著す 氏人は奉幣の後に著す。外記、代官を申す
キ	山人、東門外に候す。琴師、炊女らを率い、酒肴を八脚机に盛りて、門内に迎う。山人、賢木を執りて、神壽詞を申す。炊女四人、賢木を受け、門内座に復し、東に向かい、起ちて、舞う。訖りて、酒肴を山人に賜わる。山人、薪を庭中に立てて、退出す	治部、歌吹を調せしむ（衛士）	御巫ら、東門下に琴を弾き、笛を吹きて、山人を迎う。山人、薪を積む 神膳物を供す	神祇官、炊女四人を率いて、東門に琴を弾き、歌舞す。酒肴を八脚机に盛りて、山人を迎う。山人、賢木を執りて、祝詞を申す。炊女、賢木を受け、座に復して、酒肴を山人に給わる。山人、薪を祭場に立てて、退出す 膳部、机を神殿前に立て、廻して舞殿に立つ 炊女四人、薦を舞殿に敷く。内侍、参進して、これに供すべし
ク	大臣、大蔵省を喚して、鬘木綿を賜わることを宣す 先ず、神祇官人に賜わる。春宮大夫は皇太子に献ず。皇太子、拍手し、受けて、これを著す。丞は参議已上に、録は五位已上に、史生は諸司判官已下召使已上に、蔵部は諸司史生已下歌女已上に賜わる	神祇官、祝詞座に就く 大蔵、鬘木綿を賜わる 輔は皇太子に奉る。丞は親王已下参議已上、録は五位已上、史生は六位已下の官人に賜わる	上卿、大蔵省を召して、縵木綿を給わることを命ず 上卿料は丞、取る。録・史生、これを取る。各、拍手して、額に着す	上卿、大蔵省を召して、蘰木綿を給わることを宣す 丞は上に奉り、録は弁に挙す。或いは拍手して、受く。史生は諸司判官已下召使以上に給わる
ケ	神主、祝詞座に就く 左右馬寮、御馬を社の北頭に牽き立つ 神主、再拝。皇太子以下、再拝	神祇官、両段再拝。東宮以下、再	神主二人、座に着す 一人は社後を経て、南祝屋に着す	神主二人、座に著す 一人は社後を経て、南祝屋に著す

	儀　式	延　喜　式	西　宮　記	江　家　次　第
	神主、祝詞を読む。皇太子以下、両段再拝、拍手 神部、散祭す	拝 神主中臣二人、祝詞を宣す。神祇官、両段再拝。東宮拝、拍手 （散祭料）	北屋神主、祝を読む。南神主、（祝を）読む。御馬を牽く。神主、拍手。上卿以下、拍手	北屋神主、祝を読む。南屋神主、祝を読む。左右馬允、御馬を率いて、社の艮角に立つ。神主以下、拍手。上卿以下、拍手
コ	左右馬寮、御馬を牽きて、社を廻す。四度 氏人貢馬、その次に在り	（櫪飼馬）	左右允、御馬を廻す。七廻 諸家馬を廻す	左右馬允、御馬を牽廻す。七廻、或いは四廻 諸家馬を引く
サ	皇太子、宮に還る 中臣、門外に候して、神麻を供す	還宮 中臣、門外に候して、神麻を供す		
シ	庭火を南北に燃す 神祇副、琴師・笛工を喚して、琴笛を相和すことを命ず 笛工、笛を吹き、琴師、琴声を調して、歌人、声を発す	（歌人・歌女、供奉す）	雅楽、東屋に坐して、神楽に供奉す［近代、北屋に在り］ 御巫、舞了りて、本座に還る	雅楽寮、東屋に渡りて、神楽に供奉す［近例、東北屋で供奉す］
ス	山人、神主、神祇祐已上、侍従、内舎人、大舎人、和舞す	山人、神祇官、神主中臣、侍従、内舎人、大舎人、歌舞を奏す	庭燎 神主、侍従、内舎人、大舎人、各相並びて、倭舞す	庭火を燎く 神主、侍従・氏人、内舎人、大舎人、各二人、相比して、舞す
セ	弁大夫、宮内省を喚して、御飯を賜わることを命ず 大膳進・属以下、先ず、神祇官に賜わり、次に親王以下に賜わる。	弁官、宮内録を喚して、食を給わることを宣す 群官に酒食を給わる		
ソ	觴三行。拍手 諸司、拍手		三献 一献、拍手して、飲む。三献以後、勅使に転じて、諸大夫に降す	所司、饌を羞す。次、三献 第一献、拍手して、飲む。三献、箸を下す。四献以後の往来は恒の如し。弁、勅使に転じて、盃

タ	外記、見参文を大臣に進む。大臣、勅使に授けて、退出す		将監、座に着す 弁、宮内省を召して、御飯を給わることを仰す 録、御飯を給わると申す。上下、拍手 外記、見参を上卿に進む。上卿は将監に給わる 勅使、来らずは、外記に給わる	を諸大夫に降す 近衛将監、座に著す 弁、宮内省を召して、御飯を給わることを宣す 録、御飯を給わると申す。上下、拍手 外記、見参文を上卿に進む。上卿、近衛府将監に給わる 若し、候ぜずは、外記に給わる。 外記、蔵人所に進む
チ	冬祭 御馬を廻す 物忌、神舞す。山人、和舞す 諸司、見参文を中務省に送る 非侍従以下の見参者は外記・史生、記録して、中務省に授く 中務省、祿法を作りて、外記に送る。 外記、大臣に進む 大蔵省、祿綿を庭中に積む 中務官人、簡を執りて、名を唱う。 大蔵官人、品に隨いて、頒ち賜わる	（冬祭） （十一月祭祿料調綿五百屯、冬祭は祿を給わる）	冬 外記、見参に祿文を加えて、上卿に進む 大蔵、祿綿を南屋西北庭に積む 外記・史生、庭座に着す。中務、札を取りて、召し唱う	冬 外記、見参文に祿文を加えて、上卿に進む 大蔵省、祿綿を積む 外記・史生、著す。中務丞、召し唱う

（注）（　）は『延喜式』の規定から復元できるもの。［　］は『江家次第』にみえる異説。

を舞殿に立てるとある。この時、舞殿に薦を敷くのが炊女四人で、彼女たちは平野社に奉仕する女性神職者であった（後述）。次いで、平野祭に参列する官人の点検、見参の作成がなされる（ウ）。

エは衛府の役人による警備である。『儀式』は「史喚二諸衛府一、仰下可レ制二闌入一之状上、即令レ進二名簿一」として、「左右衛門府生各一人、門部各二人、火長各三人、左右兵衛府生各一人、兵衛各二人」をあげている。『延喜式』『西宮記』にはかかる記載がないが、『江家次第』は「史召二諸衛一仰下可レ制二濫乱者一由上」として、『儀式』とほぼ同じ顔ぶれを指摘している（『江家次第』は『儀式』の中の「左右兵衛府生各一人」を欠いている）。

九世紀に入って、六衛府制が成立するが、『延喜式』四六（左右衛門式）、同四七（左右兵衛式）などによって、衛門府と兵衛府の、内裏や朝堂院での警備箇所を比べると、前者の方がより外周を警護したことがわかる。それゆえ、平野祭の場合も、［図3］では中門―祭院を兵衛府が、東門―外院を衛門府が警固していたとも想像される。いずれにしても、ここで重要なことは、平野社で行われた平野祭に衛府が警固を担当したという点であろう。これは、平野祭が単なる神社の祭祀ではなく、王権祭祀であったことを示唆しているように思うからである。

オ・カは皇太子親幣に関する件である。皇太子は平野社東門で下馬し、神祇官人による「供二神麻一灌二塩水一」（『儀式』）の後、外院の休息舎に入り、さらに祭院の神前座（前舎）に就く（［図3］）。この時、親王以下も、舞殿前の四舎に就座するが、ここで注目さるべきは次の二点であろう。

第一は、祭院における参列者の座の設定である。これについては、『延喜式』三八に詳細な規定があり、また、義江明子氏がすでに注目されているが[13]、本章でも重要視したいところでもあるので、煩をいとわず、左に関係条文を掲げておく。

①凡四月平野祭、神殿前舎北第一間南面設二女王座一、東廂西面北上内侍已下座、南三間舎設二皇太子御座一、南舎北面東上設二親王已下参議已上座一、其後五位已上座、西壁下東面勅使座、其南舎北面東上設二四世已上王、外記、史、中務丞、録、内舎人、諸司判官、五世已下王座一、其後和、大江等氏人及諸司主典、大舎人座、其後太政官幷諸司

史生已下座、北舎南面東上神祇官人、神主、御琴師座、其後史生、官掌座、其後中臣、卜部座、南面東上治部、
雅楽官人座、其後史生已下座、其後歌女座、十一月亦同、（『延喜式』三八〈掃部式〉）

②……掃部設二東宮座於神殿前一、西向、……（『延喜式』四三〈春宮式〉）

①②の中で注意したいのは、南舎の「西壁下」に著座する勅使であろう（①の傍線部）。前舎の皇太子や内侍已下の座が神殿に向かって「西向」であり、それ以外の各舎の人々の座が南北面であったのに対し、勅使だけは「東面」していたからである。すなわち、勅使は祭神（神殿）に背を向けて著座したということになる。これはいったい、なにを意味するのであろうか。

第二は、『延喜式』一にみる「監祀官」の存在である。すなわち、『延喜式』には「監祀官進申二行事参議以上一、即令下治部調二歌吹一、大蔵賜中鬘木綿上、……」として、「監祀官」の命令で祭事が進行していくように窺われる。「監祀官」は『延喜式』の中でも他に登場せず、しかも、管見の限りでは寡聞にして同様な例を聞かない。「監祀官」とは参列者の中では具体的に誰に相当するのであろうか。

この二点について、結論を先に述べると、「監祀官」こそ、南舎の西壁下で東面して著座した勅使のこと――『西宮記』『江家次第』などでは近衛将監にあたる――ではなかったかと考える。というのも、勅使の著座の位置、方向はまさに「監祀官」と呼ばれるにふさわしいと思うからである。

義江氏は、皇太子が木綿鬘を身につけて前舎に著座する（ク）ことをもとに、皇太子は「一族のヒメたる女王とともに一、神前で「神祇官に祝詞を読みあげさせる」のであり、祝詞を神に奏上する主体であるとされた[14]。しかし、事実は皇太子だけが木綿鬘を「着レ額」した（『西宮記』）わけではなかった。女王についてははっきりしないが、少なくとも、祭院内の四舎に列座した人々のほとんどすべてが神殿に坐す神と交流すべく、木綿鬘をつけていたはずであ[15]

る（ク）。つまり、その点では、皇太子も諸官人も同列であった。したがって、祝詞を読みあげさせ、平野祭を実施する主体は、著座の位置、方向からして、やはり勅使＝「監祀官」と考えるべきであろう。

なお、勅使が祭神に背を向けて著座していたという事実は、勅使が平野社の神々を〈敬う〉形で平野祭に参加していなかったことも意味するように思う。ここで指摘した勅使著座の問題は平野社が当初、「皇室守護神」をまつる神社として成立したとする義江説(16)には不都合な材料となろう。しかも、後掲の［表5］（本書八三頁）からも明らかなように、平野諸祭神の神階は九世紀前半期で四位から五位どまりであったこと、平野社の創建、平野祭の開始期の延暦年間においても神階の上昇がなかったこともあわせて指摘できる。かかる点も、「皇室守護神」説への反証となろう。また、右に関して付言すると、義江氏が『延喜式』の「平野祭」祝詞冒頭に「皇大御神」とあることをもって、今木大神をアマテラスと並ぶ「皇室守護神」とされた(17)のも問題である。すでに別の機会に述べたところであるが(18)、祝詞における「皇大（御）神」の語の使用は、九世紀中頃以降、古代祝詞変質の一環として、伊勢神宮祝詞に限定されなくなるからである。平安初期成立の「平野祭」に「皇大御神」が登場しているのもけっして不自然ではない。このように、平野社＝「皇室守護神」説には賛成し難いように思う(19)。

ところで、カには氏人奉幣のことが『西宮記』『江家次第』にみえる。実際の様子は『兵範記』に次のように記載されている。すなわち、平信範（氏人）は参社すると、まず「拝殿」（舞殿）で奉幣し、その後、「外院舎」に着座した（仁安元年十一月戊申条など）が、時にはこの奉幣が平野祭終了後のこともあった（仁安三年十一月庚申条）。また、同じく奉幣としては、上卿の例が知られる。『兵範記』仁安元年十一月戊申条によると、「上卿入レ門、……上卿着二拝殿一、先奉幣、次被レ移二着神殿舎一」とあるので、上卿の場合も「拝殿」で奉幣の後、「神殿舎」に著座することになっていた(20)ものと思われる。なお、氏人、上卿以外では、皇太子と中宮（使）の奉幣もあった。前者は、『延喜式』四三に幣帛として「五色薄絁各六尺、裏以二調布一」とあり、『儀式』には「進一人率二執レ幣舎人一、……共到二祭場一、授二神祇官一、訖皇太子出レ自レ舎、進就二神前座一」とあった。後者は『延喜式』一三（中宮式）に幣帛の品目と「其使進一人、史生一人、舎人一人」が規定されている。

次のキの、左右衛士が扮する山人二〇人参入の儀で、東門外に候した山人を、琴師、炊女が門内に迎える。山人は賢木を執り、神壽詞を奏上する。そして、酒肴を賜り、薪を庭中に立てて退出するというものであった。この儀は『西宮記』『江家次第』でもほぼ共通している。松前健氏は、ヨゴトとは、中臣の「天神壽詞」や「出雲国造神賀詞」のように、「神に対してではなく、人に対して唱える吉祥のことば」であるとし、平野祭の山人の「神壽詞」も本来は「皇太子および桓武の御裔の皇子たちに対するもの」であったと説かれている。[21] また、山人のもたらす薪は「庭火」（シ）に用いられたのであろう。[22]

クは、先に触言したところでもあるが、大蔵省官人が参列者に蘰木綿を頒賜する儀である。これは『儀式』から『江家次第』まで一貫しており、また、『左経記』長元元年（一〇二八）四月壬申条や『中右記』康和四年（一一〇二）四月丙申条などにも同様な記述があった。この蘰木綿が平野社側からではなく、大蔵省から調進され、同省官人が参列者に賜与するものであったことは、平野祭が朝廷の神事であったことを裏づける一証となろう。

ところで、『儀式』に、当該儀（ク）中、「大臣」が「召使」を召喚するさい、「若日曛問、阿誰、召使申二姓名一」と記してあることは注意される。〈もし、日が暮れた場合、召使は姓名を申す〉というのである。『西宮記』に「入レ夜可レ問、唯退出」とあり、『江家次第』にも「若及レ暗者先名対面」（ク）とあった。すなわち、クの段になると、「早旦」（『儀式』）、「平明」（『延喜式』一）における所司の準備（ア）からはじまった平野祭も夕方あるいは夜にまでおよぶ場合があったことがわかる。そして、シにおいて、『儀式』と『西宮記』『江家次第』の間で祭式順に若干の前後もあるが、「庭火」が燎かれるとあり、また、ソで弁が宮内省を召すさいにも「若入レ夜者先有二名謁一如レ恒」（『江家次第』）とあることから、平野祭儀執行のおおよその時刻を察知することが可能であろう。

　これを『兵範記』の記述に照らしてみると、嘉応元年（一一六九）四月の平野祭では、信範は「巳刻（午前一〇時）参二社頭一」、上卿は「午後参入」、「申剋（午後四時）事了退出」とあった（嘉応元年四月丙申条）。上卿参入の時刻は「未剋（午後二時）」の場合もあるが、それでも祭儀は「申剋」には終了している（仁安二年四月壬申条）。もちろん、これに合致しない例もある。たとえば、内侍の到来が「申剋」と遅れたため、上卿以下の平野社からの退出が「于レ時晩頭也」というケースもあった（仁安二年十一月壬申条）。『左経記』長元元年（一〇二八）四月壬申条では、「及二秉燭一上不レ被レ参」とあり、その後に「山人迎」以下の儀が実施されている。また、『中右記』康和四年（一一〇二）四月十二日条は、「弁遅参之間、□［日カ］景推遷、已及二夜陰一、頭弁適被レ来」とあった。このように参列者の遅参が祭祀の進行を妨げたことは間違いないところであろう。しかしながら、以上の諸史料から判断する限りでも、平野祭の実施時は儀式書が記す時刻を大幅に逸脱することはなかったようである。すなわち、祭祀の時刻の問題から確認しておきたいのは、平野祭とは基本的に昼の間だけに行われた祭祀であったという点である。一般に、古くからの祭りほど、中心的な神事は真夜中に実施されることが多いという原則(23)を念頭に置くと、昼間の平野祭というのはけっして看過できないように思うのである(24)（後述）。

　さて、再び平野祭儀（［表3］）の検討に戻ると、ケで、神主二人が祝詞を奏上し、皇太子以下が両段再拝、拍手四段を行う。このうち、神主は平野社の神職ではなく、神祇官人であった。それは『延喜式』一に「神主中臣二人」とあること、『延喜式』八（祝詞式）の「平野祭」「久度古関」祝詞に「神主爾神祇某官位姓名定弖」とある（『弘仁式』の「平野祭」「久度古関」祝詞は「禰宜爾神祇某官位姓名定弖」としている）こと、また、『延喜式』四三にも「神祇官就二祝詞座二」とあることからも疑いを入れない。そして、その祝詞の祈願詞は左掲の通りであった。

天皇我御世乎堅石爾常石爾斎奉利、伊賀志御世爾幸閉奉弖、万世爾御坐令レ在米給登、称辞竟奉登久申、又申久、参集弖仕奉流親王等王等臣等百官人等乎母、夜守日守爾守給弖、天皇朝庭爾伊夜高爾伊夜広爾、伊賀志夜具波江如久立栄之米、令二仕奉一給登、称辞竟奉止久申（「久度古関」もほぼ同じ）

この詞章は『弘仁式』祝詞と共通するところが多いが、内容を簡潔にまとめると、天皇の治世の長久、親王以下百官人の守護、朝廷の繁栄ということであろう。当該詞については、義江氏が鋭く指摘されたように、「そこには特に（桓武天皇の子孫である）王等、および外戚の大江・和氏等の守護を願う考えはうかがえない」[25]点が重要である。これは王氏や大江・和氏の座が南舎（南後舎）に配されて（『延喜式』三八）、列座者全体の中で、特別な座席を占めていなかったこととも密接に対応しよう。[26]しかも、この座の位置は後世にも継承された。『江家次第』にみられる氏人著座（「有官氏人一列、無官氏人一列」）も「南屋」（南後舎）内であり、基本的には『延喜式』と変化がなかったからである。要するに、祝詞の奏上者や祈願の内容、さらには参列者の著座という点からも、平野祭とは平野社において執行された祭祀であったが、同社の奉斎氏族が主体となって行われた祭祀ではなかったことが知られよう。まさに、平野祭は王権祭祀として、天皇の治世や朝廷の繁栄を祈願して実施されたのである。

次に、平野祭では、馬の引き廻しがあった。はじめは左右馬寮官人による御馬の引き廻しで、続いて「氏人貢馬」（『儀式』）、「諸家馬」（『西宮記』『江家次第』）が引かれた（コ）。この場合の「氏人」「諸家」馬の引き廻しも、前者の後に行われただけに過ぎない。やはり、前者に対して、付随的な意味しかもっていなかったとみられる。

この後、皇太子が宮に還る（サ）。一方、平野社では、神祇副の命で笛工・琴師による琴笛の演奏、「歌人発レ声、先神祇、後雅楽」（『儀式』）があった（シ）。『西宮記』では「雅楽坐二東屋一、……供二奉神楽一。御巫舞了、還二本座一。」として、『儀式』段階にはみられなかった「御巫」（炊女）の舞が登場している。[27]

スでは、「和（倭）舞」が奏上された。倭舞とは、斯波辰夫氏が明らかにされたように、「祭祀への奉仕者の神事からの解放を意味する解斎舞」[28]であった。ただ、ここでも留意したいのは、倭舞の舞人に「氏人」がほとんど姿をみせない点である。わずかに『江家次第』に「次舞、次神主、次侍従・氏人、次内舎人、次大舎人、各二人相比舞、」として、舞人に「氏人」が加わっている程度である。しかも、この「氏人」も一人であった可能性が高い。というのは、倭舞は『西宮記』に「各相並舞」、『江家次第』に「各二人相比舞」とあることからも、二人ずつ並んで舞われるのが原則であったらしいからである。したがって、『江家次第』では「氏人」が侍従とセットで倭舞を奏上したものと思われるが、それ以外の舞人は山人（衛士）以下、大舎人に至るまで、すべて朝廷の官人であった（『儀式』『延喜式』一、『西宮記』）。倭舞を舞うのが「祭祀への奉仕者」であったとすると、その中に氏人は本来的には含まれていなかったとみられよう。こうした点からも平野祭の性格の一端が窺えるのではあるまいか。

　セは宮内省（大膳職）官人が参列者に酒肴を供給する儀である。これが直会にあたることはいうまでもない。直会の執行役にも国家の官人があたった。このことは貴族の日記の記述でも同じで、[29]平野社の氏人が担当した形跡がないのである。

　最後に、外記が見参文を大臣に進め、大臣が勅使にそれを授けて、祭祀は終了する（タ）。なお、儀式書には冬祭（十一月）の規定がみえる。四月の祭と大筋で共通するが、冬祭のさいには、大蔵省官人が祿綿を庭中に積み、参列者に頒賜する件が独自の部分としてあった（チ）。

3　平野祭の変容

前項では、各儀式書にみる平野祭の構成について、『儀式』の記載内容を軸に初歩的な考察を試みた。そこでは平野祭の祭儀次第のうち、同祭成立時の原形ないしは原形に近いと思しき箇所を中心に取り上げて論じたつもりである。しかし、一般的にいって祭儀は時代の経過とともに、様々に変容を遂げたはずである。その点は平野祭も例外ではない。本項では、平野祭の変質していった点を中心に検討しておきたいと思う。

そこで、右の観点から、［表3］を見直すと、大局的には『儀式』『延喜式』と『西宮記』『江家次第』の間に大きな相違を見出すことができると思う。すなわち、『西宮記』の成立が十世紀中頃から後半であること[30]からして、この時期を画期として平野祭が形を変えていったことが窺えるのである。以下では、かかる見通しのもとで、平野祭の変容の諸相を整理しておきたい。

平野祭の変容という点で、まず第一に指摘されるのは、皇太子の祭儀への参列（オ・カ・ク・ケ・サ）が『西宮記』からまったくみえなくなり、代わって皇太子の使が奉幣するようになることである。もっとも、『西宮記』以前においては、『本朝月令』所引「弘仁官式」に「或皇太子親進奉幣」、『延喜式』四三にも「東宮有㆑障、差㆓進巳上一人㆒奉之」とあるので[31]、皇太子の参加が常になされていたとはみなし難い。ところが、『西宮記』『江家次第』では皇太子親幣に関する規定がすべて欠落した格好になっており、やはり、ここに大きな変化が生じていたといえよう。こうした皇太子の役割の変化は平野祭だけにみられたわけではなかった。すでに指摘されているごとく、たとえば、元正朝賀儀では『西宮記』以後、皇太子の奏賀がなくなってしまうからである。そして、この背景に、皇太子の居所が十世紀前半に東宮雅院から内裏内へと変わるという事実[32]に象徴される皇太子の地位の変化が想定されている[33]。平野祭における皇太子不参列も右の一環としてとらえられよう。

第二として、内侍の遅参・不参による祭儀次第の変化も指摘できる。内侍の到来の遅れは『兵範記』仁安元年十一月壬申条に「内侍遅参、再三遣催」、同仁安二年十一月壬申条に「相二待内侍一之間、及二申剋一参入」などとあった。また、『左経記』寛仁元年（一〇一七）十一月戊申条に「内侍不レ参、雖レ然依レ可レ及二昏黒一、無二内侍一被レ行レ之」とあるように、内侍不在のまま平野祭が実施されたケースも記録されている。平野祭における内侍の役割は、儀式書類では、『延喜式』三八に舞殿前の前舎に「内侍已下座」が定められ、また、『江家次第』に神前に神膳を供えるさいに「内侍参進可レ供レ之」と記されている程度に過ぎない。しかし、平野祭と同じく内侍が参向する春日祭についてみると、『儀式』一には、参列者の就座、祝詞奏上儀の前に、「内侍以下入開二饌蓋一、次酌レ酒奠レ之」とあり、神前での具体的な奉仕の様子がわかる。平野祭における内侍の役目も春日祭とほぼ同様であったとみられよう。したがって、内侍の遅参は祭儀全体の進行に影響をおよぼしたものと推定される(34)。神前に神饌を供える儀が『儀式』ではイ（［表3］）で執行されていたのが、『西宮記』『江家次第』ではキへと移っているのも(35)、内侍の遅参が恒例化したことに要因があったと思うのである。

第三として、諸使・官人の不参の問題があげられる。これには比較的早い時期のものとして、『本朝世紀』天慶元年（九三八）十一月庚戌条に「平野祭諸司甚不具也。就レ中大膳大炊左馬等職寮各不レ令二判官参仕一」とある例、『小右記』長和元年（一〇一二）四月戊申条の「上卿・弁不レ参、以二弁代一被レ行」という例などがあった。また、『儀式』にも［表3］コの馬寮允による御馬引き廻しの箇所に「若無レ允則属就二外記一申二障由一、外記申二大臣一、以レ属代レ之」と注記されている。このような官人の不参、交替は儀式書の中では、『儀式』以外に見出せないが、これに関連する件として、『西宮記』『江家次第』のカに〈外記、代官を申す〉（外記が上卿に代官〈シロツカサ〉を申す）儀がみられる点に留意したい。この記述は、平野祭儀では簡略であるが、たとえば、『江家次第』五、二月「上申日春日祭事」においては、春日社の著到殿で「外記申二代官一……某官々不レ参、代官給牟、上宣、誡多利也、外記申曰、某官代某官姓名誡天候不、上宣、令レ勤与、外記称唯退出、誡ニ仰某人一」として、[36] 官人の不参による代官の交替が一定の形式に則ってなされていたことがわかる。したがって、〈外記、代官を申す〉儀の成立の背後に諸使・官人の不参、交替が定例化していた状況を看取することができよう。当該儀が儀式書の平野祭儀の中に定着した形で記されているのは『西宮記』と『江家次第』で、実例は『左経記』長元元年四月壬申条が最初であった。この点からも、平野祭変容の一画期を『西宮記』段階に求められよう。

第四は、勅使＝「監祀官」(近衛将監)にも変化がみられた点である。勅使が平野祭で重要な役割を担っていたことは前述の通りであるが、『西宮記』裏書に「応和三年(九六三)十一月十二日、平野祭也。左右将監等不レ候、不レ能レ遣ニ取見参ニ」とあるのを史料上の初見として、以後、同じような記事が諸史料に散見するようになる。現に『西宮記』には外記が上卿に進めた「見参」を「召ニ将監一給レ之。勅使不レ来、給ニ外記一。」、『江家次第』にも「召ニ近衛府将監一給之、若不レ候者給ニ外記一、外記進ニ蔵人所一」として、近衛将監が「不レ来」「不レ候」のことが記されているのも、右の反映であろう。

また、これとは別に、『西宮記』『江家次第』で、勅使が参列したさいの〈近衛将監、座に著す〉(ソ)も注目に値する。なぜならば、勅使が文字通りの「監祀官」であった段階(『延喜式』)では、勅使の著座は遅くとも、カでなされていたとみなければならない。ところが、『西宮記』『江家次第』では著座時を見参文を授かる直前のこととしているからである。『西宮記』以降、勅使の著座がカからソへ移行した背景に勅使遅参があり、その役割も「取ニ見参ニ」[37](『九条年中行事』)だけに限定されたことが指摘されよう。ただ、ここで興味深いのは、勅使の遅参のもとでも、その著座の位置や方向が『延喜式』とまったく変わっていない点である。『江家次第』に「近衛将監著座、夏左、冬右、著ニ〔西〕両壁下一、入レ自ニ乾角一著ニ東面一」として、近衛将監が南舎の「〔西〕両壁下」に「東面」して著座するとあった。ここからも近衛将監(勅使)が「監祀官」の系譜を引くものであったことが窺えよう。

なお、右の勅使に関連して、［表3］ソの酒を賜る儀に登場する「勅使」についても一言しておきたい。この時の「勅使」とは、大夫に酒を賜る旨を伝える御酒勅使のことであり、近衛将監の勅使とは別の存在であった。御酒勅使の儀も『西宮記』以後に見出されるが、これは直会の酒における行事が整備されてくる証といわれている。[38]

4　王権祭祀としての平野祭

以上、平野祭儀の基本構成と変容の諸相とを点検してきた。この作業から総括されることは、『西宮記』を境として後者の変容の側面が様々に指摘できるとしても、前者の構成までもが大きく変貌するに至らなかったという点である。すなわち、平野祭とは成立当初から皇太子以下が参列する中、勅使（「監祀官」）を主体として、国家機構の官人を動員して執行された祭祀であった。もちろん、平野社の氏人や神職たちが平野祭にまったく無関係であったというわけではない。平野社の炊女は神膳を舞殿に供えるさいに薦を敷く（イ）、山人を迎える（キ）などの役割を担っていたし、氏人も祭院の座に著する前に奉幣を行っていた（カ）。また、馬寮の御馬引き廻しの後に「氏人貢馬」「諸家馬」の引き廻し（コ）や冬祭の時には物忌の神舞（チ）もあった。しかし、それらはいずれも平野祭の一局面を担ったに過ぎず、[39]氏人が平野祭の執行主体であったとは到底いい難い。ところが、前述したように、平野祭の実施には衛府の武官による警備（エ）からはじまって、多くの点で国家の官人が関与した。「平野祭」「久度古関」祝詞で祈願の対象になったのは天皇の治世や朝廷の繁栄であり、氏人の守護ではなかった。[40]こうした点から察知されるように、平野祭とは、平野社の神祭りに勅使が参加したというものではなく、平野社を場として執り行われた王権側の祭祀とみなければなるまい。こうした性格は時代の経過の中でも変わることがなかったはずである。ちなみに、平野祭が宮中のケガレにより停止され、[41]時には延引して実施されたケースがあったが、[42]かかる事実も平野祭が平野社側の祭祀ではなかったことを雄弁に物語っているのであろう。かつて、倉林正次氏は、平野祭は「宮廷祭祀ではないが、祭祀構造の上からは、それらに関係が深い[43]」と指摘されていたが、むしろ「宮廷祭祀」そのものとみる方が実際に適っていると思うのである。

もっとも、このように平野祭を王権祭祀ととらえると、別の問題が生じてくる。それは、なぜ王権祭祀の場に氏人の奉幣や貢馬が行われえたか、という新たなる疑問である。これについて検討されてよいのは義江説であろう。氏は『延喜式』一一（太政官式）の「凡平野祭者、桓武天皇之後王、改レ姓為レ臣者亦同、及大江、和等氏人、並預二見参一」という氏人見参規定に注目され、同規定が承和以降、平野社の外戚神化が進むにさいし、『延喜式』の段階で後次的に付け加えられたものとされた[44]。しかし、この見解にはすでに宮﨑浩氏が批判されている通り、平野祭では大江、和氏の座は末席に配されていたに過ぎない（『延喜式』三八）し、また、なによりも「承和年間以降すなわち仁明・文徳朝といった大江・和氏とは遥に遠い血縁関係である天皇の治世に、平野社が外戚神として突然その性格を変質してくるという論理そのものが合理性を欠いている[45]」といわねばならない。やはり、義江説とは別途に解釈する必要があろう。

そこで、筆者は次のように考えたいと思う。すなわち、『儀式』に「王氏見参」「氏人貢馬」がみえることからすれば、義江説のように、氏人の見参が『延喜式』ではじめて付加されたとは考え難い。むしろ、平野祭成立期のかなり早い段階にはじまっていたのではあるまいか。では、その理由、背景はなにかといえば、桓武天皇の氏族政策としての外戚氏族の優遇策[46]——和氏は桓武の外祖父、大江氏は外祖母にあたる——が指摘されるように思う。確証には恵まれないが、平野祭という王権祭祀の場に氏人が奉幣や貢馬を行いえた事情に桓武の氏族策を想定したいのである。

三　平野社とその周辺

1　平野社の神職者

平野祭は王権祭祀として年二回、実施されるのが原則であった。しかし、それは祭日という特別な日の、昼間の神事に過ぎない。既述のように、平野社には平安初期から社殿が常設されていた可能性があることからも、平野祭の祭日以外にも氏人や神職者の奉仕がなんらかの形であったと推考されよう。本節で問題にしたいのは、そのような平野社における日常的な奉斎集団の実態や祭りのあり様である。もっとも、はじめに断っておかねばならないのは、平安期の平野社に関する諸史料は基本的には国家の側で作成されたものばかりであったという点である。したがって、そのような史料から、右記の課題にアプローチしていくことは至難といわねばならない。しかしながら、かかる史料の中にも手がかりが皆無というわけではない。以下では、まず『延喜式』の中から関係条文を列記して検討していくこととしたい。

①平野神四座祭（中略）

斎服料

物忌王氏、夏絹五疋、冬加㆓一疋㆒綿十屯、紅花小六斤、銭一貫六百卅文、冬料准㆑此和氏、大江氏、並夏別絹二疋、冬加㆓一疋㆒綿三屯、紅花小三斤、銭六百卅文、冬料准㆑此……炊女四人、夏別絹四丈五尺、布一丈、冬絹一疋三丈、綿二屯、布一丈、……

（『延喜式』一〈四時祭式上〉）

②平野祭物忌三人装束料、絁九疋、綿九屯、紅花小九斤、銭一貫八百九十文、表裳、等直、沓但王氏者加㆓増絁三疋、綿七

屯、紅花小三斤、銭一貫文一、
右依二内侍司移一、申レ官請受、（『延喜式』一二〈中務式〉）

③平野神炊女四人装束料、絹二疋、銭二百文、〈春料〉、絹二疋、綿八屯、銭二百文、〈冬料〉、（『延喜式』一五〈内蔵式〉）

④平野古関久度三神、各物忌一人、〈日一升二合〉、松尾社物忌一人料、米三斗六升、〈小月三斗四升八合〉、（『延喜式』三五〈大炊式〉）

①〜④は『延喜式』にみえる物忌、炊女という女性神職者に関する条文である。この中から、差しあたって導き出される事柄は次の三点であろう。

(1) 平野社には物忌が三人（①②④）、炊女が四人（①③）いたこと。

(2) 物忌三人は平野社の三祭神を日常的に奉斎していたこと（④）。

(3) 物忌には「物忌王氏」「物忌和氏」「物忌大江氏」がおり、呼称上の区別があったこと（①②）。

このうち、(1)の物忌や炊女の人数については①〜④の通りで、とくに異論を生じまい。[47] (2)については、④に平野社の物忌一人宛の米の支給量が「日一升二合」とあることから、物忌は平野社の専業神職者であったと判断されよう。なお、物忌と同じく炊女も神社に日常的に奉仕したものと思われる。というのも、『類聚三代格』一五、元慶九年（八八五）二月八日太政官符に、炊女の「月粮米」支給を「停レ給二京庫一。以二官田一被レ充」とあるからである。

問題は(3)の理解であろう。「物忌王氏」は①②にみえるが、「物忌和氏」「物忌大江氏」という記述箇所はどこにもないからである。しかしながら、それでも筆者が「物忌和氏」「物忌大江氏」の存在を認めたいと思うのは、次の理由に基づく。それは、①の物忌「斎服料」と②の「装束料」を物忌一人分に換算して作成した［表4］を一見すれば明らかなように、①の「物忌王氏」と「和氏、大江氏」の「斎服料」（冬料）が②の「平野祭物忌三人装束料」と合致しているからである。すなわち、①の「和氏、大江氏」とは平野祭に参列する氏人そのものではなく、平野社の物忌三人のうちの二人を指すとみなければならない。①の「和氏、大江氏」には、もともと「物忌王氏」にならって、それぞれ〈物忌〉が冠してあったはずであるが、それが『延喜式』文として記載されるさい、〈物

表4　平野社物忌の斎服料

		夏料 絹	夏料 綿	夏料 紅花	夏料 銭	冬料 絹	冬料 綿	冬料 紅花	冬料 銭
a	物忌王氏	五疋	一〇屯	小六斤	一貫六三〇文	六疋	一〇屯	小六斤	一貫六三〇文
a	和氏・大江氏	二疋	三屯	小三斤	六三〇文	三疋	三屯	小三斤	六三〇文
b	王氏	―	―	―	―	絁・六疋	一〇屯	小六斤	一貫六三〇文
b	物忌（二人）	―	―	―	―	絁・三疋	三屯	小三斤	六三〇文

（注）各量は物忌一人分を算出して表示した。

忌〉が省略されてしまったのであろう。以上の考察を経て、(3)は大方の承認を得られるものと思う。

ところで、①～④の物忌、炊女については、さらに次のような問題点を指摘することができる。まず、(1)にも示した通り、物忌と炊女の人数の相違である。炊女が四人というのは平野の四祭神に対応するものであろうが、物忌三人とは、④からも「平野（今木神のこと―引用者註）古関久度三神」に奉仕するものであった。このことを別言すれば、相殿比売神を奉斎する物忌が『延喜式』に規定されていなかったことになる。

相殿比売神とは、平野祭神に仕える巫女が神格化したものといわれているが[48]、平野社の祭神に新しく加えられた神であることについては、いくつかの徴証がある。それを列挙すると、第一に、『本朝月令』に「貞観式云。平野久度古関三神。今案。平野是号㆓一神名㆒。可㆑注㆓今木久度古関㆒。更加㆓相殿比売神一座㆒。」として、『貞観式』ではじめて式文に相殿比売神が加えられたこと、第二に、『延喜式』祝詞も「平野祭」「久度古関」として三神の祝詞だけで、相殿比売神への祝詞は載録されていないこと（『本朝月令』に引く『弘仁式』祝詞も同じ）、第三に、平野祭神の神階授与表（［表5］）から、相殿比売神がはじめて神

階を授かったのは、他の三神より遅れて、嘉祥元年のことであり、それ以前の神階記事には現れていないこと、第四に、『続日本後紀』承和十年十月壬申条に「平野社一前。預二之名神一」とあるが、「平野社一前」を比売神とみれば(49)、合祀の年次も承和十年という可能性があること、の四点である。

かかる諸点からして、相殿比売神の平野社への合祀は承和三年以降、承和十年ないしは嘉祥元年までの間と推定され、それが『貞観式』の祭神規定に定着したものといえる。とすれば、「平野久度古関三神」の日常神事に奉仕する三人の物忌の制は、九世紀中頃以前の平野社の草創期に遡って成立していたと考えられよう。

では、物忌・炊女とは、平野社の女性専業神職者として、同社の祭りにどのように関与していたのであろうか。岡田精司氏は、宮廷や有力な神社における祭祀は「男女一組となって行うのが常態であったのではなかろうか」として、伊勢神宮の場合、男性神職（禰宜・内人）は「祭りの進行にかかわること」を、女性神職（物忌）は「祭神の身辺の直接的な世話に当る仕事」を分担して課せられていたこと、その「原初的な形態として、……神懸りの巫女とそれを聞いて神意を占う男性との分担」であったと考察された(50)。この岡田説をさらに前進させたのが義江氏で、岡田氏の男女神職者の分担説を批判して、伊勢神宮の専業神職者では「男性神職者が自ら海に出向き・魚り・調理し・供

表5　平野社祭神の神階授与表

年　月　日	今木神	久度神	古関神	相殿比売神	出　典
延暦 元（七八二）一一・一九	従四位上				続日本紀
〃 二（七八三）一二・一五		従五位下			〃
承和 三（八三六）一一・五	正四位上	従五位上	従五位上		続日本後紀
〃 一〇（八四三）一〇・一七				（預名神）	〃
嘉祥 元（八四八）七・二五	従三位	正五位下	正五位下	従五位下	〃
仁寿 元（八五一）一〇・一七	従二位	従四位下	従四位下	正五位下	文徳実録
貞観 元（八五九）正・二七	正二位	従四位上	従四位上	正五位上	三代実録
〃 元（八五九）七・一四	従一位	従三位	従三位	従四位下	〃
〃 五（八六三）五・二		正三位	正三位	従四位上	〃
〃 六（八六四）七・一〇	正一位				〃

進し、その一方で、農耕の収穫物の調理（舂米・炊飯・造酒）と供進は女性神職者の役割となる」が、その「男女の分掌の基礎には生業における性別分業が存在した」と指摘された。(51) そして、物忌（童女）の存在は（模擬的）生殖儀礼や生業の性別分業という両面からしても不審で、本来の女性神職者は成人女性であったはずである。それは、伊勢神宮において、非専業神職者としての物忌母（禰宜内人等妻子）の神事上の働きに認められるとされた。(52)

岡田・義江説には相違点もあるが、両説が古代の祭りがもっぱら女性司祭者によるのではなく、男女ペアで執行されたこと、その男女にそれぞれの役割分担があったことなどを鋭く指摘された点は十分に首肯できる。そこで、両説をもとに、平野社の専業神職者を見直すと、次のような理解に導かれよう。すなわち、物忌・炊女――炊女は名称からしても、義江氏のいわれる女性神職者の役割と一致する――は男性神職者（禰宜、祝）(53) とペアで、平野社の神事にあたっていたのであろうと。本項では、これまで『延喜式』にみる物忌、炊女を平野社の専業神職者として問題にしてきたが、それだけでは不十分であったといわねばならない。

ところで、右記の神職者について、改めて注目したいのは、先述の(3)で、物忌に王氏、和氏、大江氏という呼称が接続していたという点である。この三氏は物忌の出身氏族を指すものとみて間違いあるまい。かかる呼称は他の物忌にみられないが、(54) これは平野社への日々の奉斎や祭りが基本的に三氏出身の男女神職者（氏人）によって支えられていたことを推測させるものである。(55) しかも、このあり方は、既述のごとく、遅くとも九世紀中頃以前の段階までには成立していたはずである。この点は、平野祭が開始当初から、勅使を中心に国家の官人によって実施されていたことと著しく対照的であったといわねばならないであろう。

2　平野社と祭場

平野社の祭りのあり方を知る手がかりとして、本項では『類聚三代格』一、貞観十四年十二月十五日太政官符を取り上げる。同官符は部分的にはすでに引用したところでもあるが、ここに全文を掲げて、詳しく検討してみたいと思う。

太政官符

応レ充二正一位平野神社地一町一事

在二山城国葛野郡上林郷九条荒見西河《（ママ）》里廿四坪一

四至 東限二荒見河一 南限二典薬寮園一 西限二社前東道一 北限二禁野地一

右得二彼社預従五位下卜部宿禰平麻呂解状一偁。謹検二旧記一。延暦年中。立二件社一之日。点三定四至一。奏聞既訖。而社預等。不レ詳二事意一。無レ領二此地一。因レ茲。嵯峨院。去承和五年十月十五日。割三取八段一。賜二時統宿禰諸兄一。其後加二野地二段一。転給二典薬寮一。彼寮。本自有二薬園地一。重請二神地一。耕三作畠一。今除二件地一之外。四方被レ限二禁地一。無レ有下行二神事一幷走二御馬一之処上。又会集諸司。貴賤車馬。塡三塞社辺一。無レ道二出入一。望請。被二早返給一。永為二社地一。謹請二官裁一者。右大臣宣。奉レ勅依レ請。

貞観十四年十二月十五日

右の官符にいう経緯を整理しておくと、官符で問題になっているのは「山城国葛野郡上林郷九条荒見西河《（ママ）》里廿四坪」で、平野社の「社前東道」の東側から「荒見河」に至る一町の地であった（［図3］参照）。平野社預卜部宿禰平麻呂の「解状」にいうところでは、「旧記」によると、「延暦年中。立二件社一之日。点三定四至一。奏聞既訖」であったが、承和五年（八三六）十月に右の土地の中の八段分が嵯峨院によって時統宿禰諸兄に下賜され、さらに「其後加二野地二段一。転給二典薬寮一。彼寮……重請二神地一。耕三作畠一」ということになった。ここに平野社は東側の地一町を喪失したことになるが、官符によると、同社地は、①「神地」とも称されており、また、これを神社側が失ったことにより、②「無レ有下行二神事一幷走二御馬一之処上」、③「又会集諸司。貴賤車馬。塡二塞社辺一。無レ道二出入一」という弊害が生じた。したがって、社預は「望請。被二早返給一。永為二社地一。謹請二　官裁一」のに対して、その要求が認められた、というものである。

この史料の中で、考察の俎上にのせたいのは、右の一町の地の性格である。官符に引く解状には、①②③として叙述されているが、③が平野祭などのさいの参列者の到着にかかわるものであったことはすでに指摘した。

それでは、①の「神地」とはなんであろうか。諸他の史料には「神地」の用例はけっして多いわけではないが、「神地」には大別して二種類の意味があったように思う。その第一は、神田のごとき、神の料田を指すケースである。一例をあげると、『日本書紀』垂仁二十七年八月己卯条に「令二祠官一、卜三兵器為二神幣一、吉之。故弓矢及横刀納二諸神之社一。仍更定二神地・神戸一、以レ時祠之」とあるが、この中の「神地」は上記のような意味であろう(56)。

神地の第二の用例としては、神事を行う場所、神社の境内地などの神域を指す場合がある。その典型的な例として、天平勝宝八歳（七五六）六月九日の日付をもつ「東大寺山堺四至図」の中の「神地」をあげることができる。同図中の「神地」については諸説あり、本書第I部第二章「古代春日社の祭りと信仰」で詳論しているので、ここでは結論のみ述べるとすると、「神地」の文字は「御盖山」の西麓の方形の区画内に記入されて、「神地」内には社殿も一切描かれていないことから、「神地」とは、春日社の社殿造営以前の、御蓋山（神体山）西麓の祭場であったとみられよう。同様な例として、さらに二例を追加できる。すなわち、一つは『常陸国風土記』行方郡条の夜刀神伝承で、箭括氏麻多智が山口に「標梲」を立てて、夜刀神に「自レ此以上、聴レ為二神地一。自レ此以下、須レ作二人田一」と告げた例と、もう一つは、『類聚三代格』一、寛平七年（八九五）六月二十六日太政官符に大和国丹生川上社の「四至之内。放二牧神馬一。禁三制狩猟一。而国栖戸百姓幷浪人等。寄二事供御一。奪三妨神地二」という例である。前者の「神地」は「人田」に対する夜刀神の神域の意であり、後者の場合は、丹生川上社の「四至」内を指す。どちらも「東大寺山堺四至図」の「神地」と共通するところがあろう。

このように、「神地」には二種の用例があったが、先の官符の「神地」とは、②に同地で「行二神事一」とあることからも、「東大寺山堺四至図」などの「神地」の第二の用例に該当するものと思われる。すなわち、「荒見河」の西一町は、平野社にとって祭りの日には祭場となる、きわめて神聖な場所であったと推想されよう。「神地」とは、それを表現するにふさわしい語であったと思うのである。

ただし、ここで注意しなければならないのは、問題の「神地」は平野社にとって神事を行う祭場であったとしても、平野祭とはまったく無縁の土地であったという点である。それは、平野祭が外院の東門を東限として、四神殿を前に実施されていたことからも明白であろう。したがって、②の「行二神事一幷走二御馬一」は平野祭そのものの行事ではなかったはずである。実際、儀式書や古記録などの平野祭儀に「走二御馬一」儀の記述がなかったことも、この傍証となろう。

以上のようにみてくると、②の「行二神事一幷走二御馬一」とは、平野社の神祭りにかかわるものということができよう。そもそも「走二御馬一」とは、祭りのさいにしばしばみられる年占行事の一種であろうが(57)、その前の「行二神事一」とは、具体的にいかなる神事であろうか。残念ながら、この神事に関する史料は皆無で、それを復元することは不可能に近い。ただ、あえて憶測するに、「神地」の東限に位置した荒見河が手がかりになるのかもしれない。

荒見河については、これまでも大嘗祭前の荒見河祓との関連でしばしば説明されてきた。『儀式』二によると、北野の斎場を卜定するために、悠紀・主基両国司、山城国郡司以下が荒見河において祓を行う――その地点は平野社近くの荒見河東岸であったらしい（『権記』寛弘八年〈一〇一一〉九月辛巳条）――が、先学の説は、荒見河祓を根拠に〈荒見〉とは散斎（アライミ）の約と考証してきた。[58] しかしながら、〈アラミ〉＝散斎説には直ちに賛同できないと思う。というのは、たとえば、『延喜式』九（神名式上）の山城国久世郡に「荒見神社」があるが、この場合の〈アラミ〉までも大嘗祭と関連づけるわけにはいかないからである。[59] ここでは、〈アラ〉が神の示現、誕生を意味するアレと関係し、アラハルと同根の語であることに注意したい[60]（〈ミ〉は水の意であろう）。また、〈アラ〉とは「本来は始源的な、霊力が強く発動している状態をあらわすことば」という古橋信孝氏の指摘[61]も参照される。すなわち、「神地」の東側に、〈アラ〉の語を名称に冠する河があったということは、祭りの日には、この河で平野神の誕生の神事が行われていたことを推想せしめるのである。[62] さらにいえば、荒見河で平野社男女神職者による、真夜中の神誕生の祭儀と、それに引き続いて、神を神殿に迎える神迎えの神事が行われていた可能性が考慮されるのではないだろうか。もちろん、この見方はあくまでも想像の域を出るものではないが、一仮説として提示しておきたいと思う。

右の推測はともかくも、この「神地」における神事に関して、改めて確認すべきことは、前記のごとく、平野社の「行二神事一并走二御馬一」の地が平野祭と無関係であったという点である。しかも、同地が神社側の意向を無視した形で、貞観十四年以前の段階ですべて典薬寮の畠とされてしまったという事実である。これは、平野社側の神祭りと王権祭祀との間にズレがあったということを意味しよう。少なくとも、先に引用した官符から、この点は読み取っておく必要があろう。

なお、貞観十四年以後、問題の「神地」の帰属をめぐって係争が生じたという形跡がないらしいことも留意される。それには様々な理由が考えられようが、寛和元年（九八五）四月から、平野祭と同日に王権祭祀としての平野臨時祭[63]が開始された（『日本紀略』寛和元年四月甲申条）ことにも原因があろう。平野臨時祭では「於二東門外一令レ馳二御馬一」、

「次使以下退二於東門外一、馳二御馬一帰参」（『江家次第』）として、「神地」内でも王権側の走馬の行事がなされるようになったからである。

3　平野祭と平野社の祭り

前二項では、平野社の日常の奉斎者および祭りのあり様を窺知させる史料を取り上げて分析を試みた。『延喜式』の諸条文からは王・和・大江氏出身の男女専業神職者の存在が、『類聚三代格』の貞観十四年十二月十五日官符からは平野祭と異なる場所でも行われたはずの、平野社の神事の存在がそれぞれ浮かび上がってきたものと思われる。

ところで、日本の基層信仰では、神は神殿に常住しているのではなかった。奉斎集団が厳重な潔斎をした上で、祭りの日に自然界から仮設の神殿に神を迎え、神に神饌、幣帛を献上して祈願し、祭りが終わると神を送り帰すというのが、神祭りの本来の姿であった。この神迎え、神送りの神事は、後に神殿が常設化し、神が神殿に常住するように考えられるようになった段階でも依然として存続したことはいうまでもない。現在も行われている、京都の上賀茂神社の御阿礼祭などは代表的な神迎えの神事であろう。

かかる祭りの本来の姿から平野祭を検討すると、平野祭を執行する国家の官人が神迎えの神事に奉仕した痕跡がまったくないことに気づかれよう。儀式書、古記録からしても、平野祭そのものには神迎え、神送りの神事の部分が含まれていないのである。平野祭の参列者たちは、祭神がはじめから常設の神殿に鎮座していることを前提に神殿前の四舎に著座したものと思われる。平野祭の実施が昼間という、本来の祭りにふさわしくない時間帯の中で完結していたのも、右と連関しよう。

それに対して、平野社での祭りの姿は容易に復元できないが、平野祭と異なり、神殿前の空間だけで祭りが行われていたわけではなかったと思われる。前述のごとく、祭りの日における荒見河での神誕生の秘儀、神殿への神迎えの神事がなされたとも憶測されるが、いずれにせよ、平野祭儀に含まれない「行二神事一幷走二御馬一」や毎日の祭神への奉斎などは平野社の専業神職者（氏人）の手で実施されていたと考えねばなるまい。

このようにみてくると、平野祭と平野社の祭り、平野祭の奉仕者と平野社の日常的奉斎者（氏人）とは区別して理解しなければならないことはもはや明らかであろう。両者を安易に混同させて、平野祭や平野社の問題を論じてはならないはずである。では、両者の関係はどのように位置づけられるべきであろうか。それは端的にいえば、前者の平野祭が後者の平野社の存在を前提としつつも、後者とは異質な展開を遂げたということになろう。そして、この点こそ、平安期の王権祭祀と神社との関係の特質として強調しておかねばならないと思うのである。[64]

四　おわりに

以上、縷々述べてきたところを要約すると、以下の通りである。

1、毎年、四・十一月上申日に平野社を舞台として行われた平野祭儀は、氏人による神祭りではなく、勅使が主体となって執行された王権側の祭祀であった。平野祭は『西宮記』段階を画期として様々な変容がみられたが、王権祭祀という基本的性格まで変化することはなかった。

2、平野社には男女専業神職者がおり、とくに『延喜式』から、王氏・和氏・大江氏物忌の存在が推定できることからも、平野社の日常的な奉仕には、この三氏出身の神職者（氏人）があたっていたものと思われる。

3、『類聚三代格』一、貞観十四年十二月十五日太政官符には、平野社の東門東側には「行二神事一幷走二御馬一」の

「神地」一町があったが、この地は平野祭とは別次元の、平野社独自の祭りにかかわる祭場であったと考えられる。

4、平野祭という王権祭祀と平野社の神祭りとを比較すると、平野祭にははじめから迎神神事を伴わなかったこと、「神地」とも無関係であったことなど、両者の間にズレが認められた。かかる点からしても、王権祭祀と平野社の祭りとを安易に同列に扱うことはできないと思われる。平野祭のような王権祭祀を日本の祭りの原形と位置づけてはならないのである。

本章においては、平野祭と平野社との関係を中心に論じてきた。そこでは国家の側の史料に垣間みえる平野社の祭りや日常的な奉斎者の姿を通して、平野祭の王権祭祀としての特殊性が指摘された。かかる関係については、別に論じた通り、春日祭と春日社の祭り、賀茂祭とカモ社の祭りなどでも同様に見出されるはずである(65)。平野社には平野祭神を八姓（源・平・高階・大江・中原・清原・菅原・秋篠）の祖神とする説（『二十二社註式』）がいかなる経緯で生まれてくるのかなどの問題があり、なお未解決である。こうした問題も含めて論及し残した点については、いずれ後考を期したい。

註

（1）祭神の中の「古関」神について、諸書の写本によって古関・古開・古開とあり、一定していない。また、鈴木重胤は古閇（フルヘ）説であり（『延喜式祝詞講義』八〈『鈴木重胤全集』一〇、鈴木重胤先生学徳顕揚会、一九三九年〉六五三頁）、西田長男氏は古閇（コマラ）説である（「平野祭神新説」〈『日本神道史研究』九、講談社、一九七八年〉七九〜一三六頁）。本章では、依拠した引用史料のままとし、それ以外のケースでは便宜的に古関神と表記することにした。

（2）『続日本紀』延暦元年（七八二）十一月丁酉条に「叙㆓田村後宮今木大神従四位上㆒」、同二年十二月丁巳条に「大和国平羣郡久度神叙㆓従五位下㆒為㆓官社㆒」とあり、平野社の祭神が延暦初年には現社地ではなく、旧地にまつられていたことがわかる。したがって、平野社の創建は延暦二年以後の「延暦年中」とすることができよう。

（3）　伴信友『蕃神考』（『伴信友全集』二、ぺりかん社、一九七七年）四一五～四一七頁。

（4）　いわゆる〈蕃神〉説に立つ主な学説としては、内藤湖南「近畿地方における神社」（『日本文化史研究（上）』〈講談社学術文庫、一九七六年〉五二～六一頁）、今井啓一「桓武天皇御生母贈皇太后高野氏と平野神」（『帰化人と社寺』綜芸舎、一九六九年）があり、〈非蕃神〉説には鈴木、前掲註（1）、西田、前掲註（1）などがある。

（5）　福山敏男「年中行事絵巻の所謂平野祭図」（『日本建築史の研究』綜芸舎、一九八〇年）三四頁。稲垣栄三氏は「現在両殿（本殿のこと―引用者註）の中央前方に唐様の中門・祝詞舎が建ち、その左右に短い翼廊下が付く。……これらの建築は、古くからの社殿構成を伝えるものであろう」と指摘されている（『原色日本の美術』一六〈小学館、一九六八年〉七八頁）。

（6）　宮地直一監修・福山敏男他編『神社古図集［復刻版］』（臨川書店、一九八九年）。なお、当該図については、同上書に「その頃（寛永の平野縁起―引用者註）の見聞によつて製作せられたものであらう」（一九頁、近藤喜博氏執筆）とあり、建部恭宣氏は図中の県社の位置関係から「寛永三年四月七日から寛永四年八月十一日までの期間の社頭を写したもの」と解されている（「平野神社比翼春日造について」〈『昭和五四年日本建築学会近畿支部研究報告集』一九七九年〉四九一頁）。

（7）　「平野祭」「久度古関」祝詞の成立については、拙稿「『延喜式』祝詞の成立」（『古代国家の神祇と祭祀』吉川弘文館、一九九五年）を参照されたい。

（8）　藤森健太郎「『儀式』『延喜式』における皇太子の正月受賀儀礼について」（『古代天皇の即位儀礼』吉川弘文館、二〇〇〇年）。

（9）　『延喜式』には二つの「南舎」が規定されているが、『兵範記』仁安元年（一一六六）十一月壬申条に「南後舎」、同仁安二年四月壬申条に「後舎」とみえる。

（10）　「中門」の存在は、『帥記』治暦四年（一〇六八）十一月三日条の「次参二平野一……入レ門之後、上東（ママ）、仍相揖、至二中門辺一洗レ手、就二幣殿一拝敬……次着二南屋一」で確認される。源経信は「入レ門（東門のこと―引用者註）」後、「中門辺」で「洗レ手」、「幣殿」（舞殿）に就いて「拝敬」し、「南屋」に著座したとある。東門と舞殿の間に「中門」があったことが知られよう。

（11）　たとえば、応徳二年（一〇八五）正月二十七日、藤原盛季が舞殿・内侍着舎・戸津居殿・雅楽舎・司御馬立舎・行事所舎の各一宇、北面築垣一町の破損修理を請け負ったという史料（『大間成文抄』四）がある。

（12）　各儀式書の成立年代については、所功『平安朝儀式書成立史の研究』（国書刊行会、一九八五年）によった。

（13）　義江明子「平野社の成立と変質」（『日本古代の氏の構造』吉川弘文館、一九八六年）二〇一～二〇二頁。

(14) 義江、前掲註(13)二〇三頁。

(15) 西宮一民「ユフ(木綿)考」(『上代祭祀と言語』桜楓社、一九九〇年)三四六〜三四七頁。

(16) 義江、前掲註(13)二〇一〜二〇八頁。義江論文以後に公表された平野社(祭)の論考には「皇室(皇太子)守護神」説が継承されることが多い(たとえば、上田正昭「平野神社の創建」〈『平野神社史』平野神社社務所、一九九三年〉二二頁、岡田荘司「平安前期 神社祭祀の公祭化・上」〈『平安時代の国家と祭祀』続群書類従完成会、一九九四年〉七七〜七八頁など)。しかしながら、本文や後掲註(19)で指摘したように「皇室守護神」説は再検討さるべきであろう。

(17) 義江、前掲註(13)二〇五頁。

(18) 拙稿「古代祝詞の変質とその史的背景」(前掲註〈7〉所収)。

(19) 義江説批判としてもう一点を追加しておこう。細かい点であるが、義江氏が「皇室守護神」説の一証として「室町期の史料(『年中行事秘抄』―引用者註)にも「当二伊勢幣一時、先南殿御拝、次平野御拝」とあるが、南殿(紫宸殿)とはまさに天日嗣高御座のおかれる、即位儀礼の場に他ならない」(二〇七頁)とされているのも、問題視されてよい。というのも、義江氏の『年中行事秘抄』の引用と説明から推察するに、義江氏は当該箇所を〈伊勢奉幣の際に天皇は南殿で伊勢・平野を御拝する〉と解されているように思われるからである。しかし、これは『年中行事秘抄』四月の「被レ立二臨時祭使一事」(平野臨時祭)の項の中の記述であり、右の引用文直前に「大嘗月於二大内一不二発声一」とあったこと、また、同じような規定として『江家次第』六の「同使儀」(平野臨時祭儀)に「大嘗会斎日、於二大内一不レ発二物声一当二伊勢奉幣一者、先南殿有二御拝一、次平野御幣如レ恒」とあったことに注意しなければならない。

そこで、『江家次第』文を参照しながら、『年中行事秘抄』の史料を三段に分けて解釈すると、①「大嘗月……」は、大嘗祭の斎月(十一月)には斎戒として内裏で音楽が禁ぜられるという意。②「当二伊勢幣一時……」は、「斎月」(十一月)に行われる伊勢奉幣(伊勢神宮への大嘗由奉幣)では、勅使の出立後、天皇は南殿で伊勢神宮を御拝するという意。大嘗由奉幣において南殿御拝のことを記した史料を管見では見出していないが、『江家次第』五(祈年穀奉幣)や同一五(大神宝次第)によると、八省院での奉幣儀終了後、天皇は南殿――「東第一間南廂」(『江家次第』五)――に出御し、伊勢神宮を御拝するとある。おそらく、伊勢神宮への大嘗由奉幣の時も天皇の南殿での御拝があったとしてよいであろう。③「平野御拝」(「平野御拝如レ恒」)は、十一月上申日に平野臨時祭儀が実施されるという意。ちなみに、平野臨時祭では天皇が清涼殿孫廂から東庭案上の平野社幣帛を拝することになっていた（『江家次第』六）。したがって、②と③とは儀場が明らかに異なっていたはずである。

以上、①②③を通して、全体の意は、大嘗祭の「斎月」に内裏では音楽が禁止される。ただし、伊勢への大嘗由奉幣や平野臨時祭のさいの天皇御拝は同じ「斎月」内のことではあるが、変更なく実行されるということであろう。それゆえ、③の「平野御拝（幣）」を南殿における平野御拝と解することは誤りといわねばならない。少なくとも、『年中行事秘抄』の②③のみを取り上げて、平野神＝「皇室守護神」説の根拠とすることは不可能であろう。

(20)『兵範記』仁安二年四月壬申条には「上卿源宰相資賢卿参入、直着座、不レ被二奉幣一如何、」とある。

(21) 松前健「平野祭神論私見」（『大和国家と神話伝承』雄山閣出版、一九八六年）二五〇頁。

(22) 平野祭と同じく山人参入儀があった園韓神祭では「取レ薪置二南北炬火屋一、主殿寮燃二庭火一、」（『江家次第』五）、梅宮祭では「山人燎二庭火於東西一」（『江家次第』六）として、薪は「庭火」用であったことがわかる。

(23) 柳田国男『祭日考』（『定本柳田国男集』一一、筑摩書房、一九六三年）一九四頁、同『日本の祭』（『定本柳田国男集』一〇、筑摩書房、一九六九年）一八四〜一八五頁、飯島吉晴「祭りと夜」（『一つ目小僧と瓢箪』新曜社、二〇〇一年）。

(24) 古代の祭祀（祭り）と時刻との関係については、本書第Ⅰ部第五章「古代の祭祀と時刻」を参照されたい。

(25) 義江、前掲註（13）二〇三頁。

(26) 義江、前掲註（13）二〇四頁。

(27)『兵範記』仁安三年十一月庚申条にも「次雅楽著二北屋座一、有二神楽御巫舞一」とあった。

(28) 斯波辰夫「倭舞について」（『古代史論集』下、塙書房、一九八九年）一六九頁。

(29)『左経記』長元元年（一〇二八）四月壬申条、『吉記』寿永三年（一一八四）十一月庚申条など。

(30) 所、前掲註（12）一〇一〜一〇二頁。

(31)『本朝月令』に「貞観春宮式云。前式。四月上申。奉二平野祭幣帛一云云。今案春宮有レ障差二進以上一人一奉レ之」とあるので、「今案」以下は『貞観式』で成立したものと考えられる。

(32) 山下克明「平安時代初期における『東宮』とその所在地について」（『古代文化』三三―一二、一九八一年）。

(33) 古瀬奈津子「平安時代の『儀式』と天皇」（『日本古代王権と儀式』吉川弘文館、一九九八年）一九二〜一九三頁。

(34) 大原野祭に「内侍・近衛使具了。遅来且始レ事。」（『西宮記』恒例第三）、園韓神祭においても「其内侍到来、乃始祭之」（『延喜式』一）

とあるように、内侍の到着と祭祀の開始は不可分であった。

(35) 実例においても、『左経記』長元元年四月壬申条に「先山人迎、次供二神物一」とあるのを初見として、以後、この祭式次第が定着している。

(36) 『江家次第』六「吉田祭」、同一〇「春宮鎮魂」にもほぼ同一の内容のことがみえる。春日祭における代官任命儀については、本書第Ⅰ部第一章「平安期の春日祭について」参照。

(37) 勅使の職務が「取二見参一」だけに限定されていたことは『小野宮年中行事』『北山抄』一、『師遠年中行事』『建武年中行事』などにもみえる。

(38) 古瀬「格式・儀式書の編纂」(前掲註〈33〉所収)二五九〜二六〇頁。

(39) 『康富記』嘉吉三年(一四四三)四月丙申条によると、「蘰木綿」は大蔵省が弁備するが、「社司者、自二社家一用レ之」、さらに「社司二人勤レ祝」として、平安期よりも「社司」の関与が拡大している。また、同文安四年(一四四七)十一月丙申条でも「社司申レ祝」とあった。しかし、これは十五世紀中頃のことであって、平安期の平野祭の状況と同列に扱う必要はないだろう。

(40) 義江、前掲註(13)二〇三頁。

(41) たとえば、『三代実録』元慶六年(八八二)四月甲申条に「停二平野春日等祭一。以二去十日大蔵省人死一也」とある。

(42) たとえば、『三代実録』貞観十三年(八七一)五月戊申条に「去四月上申当二平野祭一。而触二人死穢一之人入二於内裏一。仍以停焉。是日修レ祭」とある。

(43) 倉林正次『饗宴の研究(儀礼編)』(桜楓社、一九六五年)二九頁。また、坂本和子氏も、平野祭が源氏の氏神祭であったとする一方で、「梅宮祭も平野祭も、その創始の時には一氏族の祭というよりむしろ、朝廷によつて祭られた祭と言つてよいであろう」と指摘されている(「藤氏と平安祭祀」〈『神道宗教』七五—七九、一九七五年〉二八三頁)。

(44) 義江、前掲註(13)二〇〇頁。

(45) 宮崎浩「二十二社体制下における式外社の存在意義について」(『史学研究』二〇七、一九九五年)八頁。

(46) 笹山晴生「平安初期の政治改革」(『岩波講座日本歴史』三、岩波書店、一九七六年)二四四頁。桓武の外戚優遇策については、宮永広美「桓武天皇と外戚」(『続日本紀研究』三五二、二〇〇四年)も参照。

(47) 炊女が四人であったことは、『儀式』『江家次第』『類聚三代格』一五、元慶九年二月八日太政官符にも明記されている。

(48)　内藤、前掲註（4）六一頁、西田、前掲註（1）二三二頁。
(49)　義江、前掲註（13）一九八頁。
(50)　岡田精司「宮廷巫女の実態」（『古代祭祀の史的研究』塙書房、一九九二年）二一三頁。
(51)　義江「古代の祭祀と女性・覚書」（『日本史研究』三八一、一九九四年）三二頁。
(52)　義江、前掲註（51）三三〜三七頁。その後、義江氏はさらに自説を展開して、『日本古代の祭祀と女性』（吉川弘文館、一九九六年）では、伊勢神宮の物忌童女の存在を「王権守護神の常在を象徴すべく斎み籠る『女』と、身体の小ささを服属の証として王権に奉仕した『童』、という観点に帰着する」と指摘されている（一六五頁）。
(53)　平野社の男性神職者として、禰宜・祝がいたことは『延喜式』一からも知られる。
(54)　『皇太神宮儀式帳』によると、伊勢神宮（内宮）の物忌としては、大物忌以下、宮守・地祭・酒作・清酒作・滝祭・御塩焼・土師器作・山向の各物忌が存在していた。ここに物忌に冠せられている語は主として各物忌の職掌にかかわるものであった。また、『延喜式』にも春日社などに物忌の記載があるが、平野社のように物忌の下に氏族名がつけられていることはない。
(55)　義江氏は、平野社祭神はいずれも「大江氏とは何ら積極的関わりは見出されなかった」、「和氏ゆかりの神々ではあったが、……和氏の氏神として祀られたのではなかった」とされている（前掲註〈13〉二〇〇頁）。また、義江説とは別に、平野の神々を和氏との関係でのみとらえる説もある（水野正好「外来系氏族の竈の信仰」〈『大阪府の歴史』二一、一九七二年〉、林陸朗「高野新笠をめぐって」〈『折口信夫博士記念古代研究所紀要』三、一九七七年〉）。しかしながら、「物忌和氏」「物忌大江氏」の存在は、本来、和・大江両氏の氏神が平野社にまつられていたことを窺わせるに十分なものがあろう。
(56)　その他、同様な「神地」の用例は、『日本書紀』崇神七年十一月己卯条、垂仁二十五年三月丙申条にも見出される。
(57)　柳田『日本の祭』（前掲註〈23〉）二四七〜二四八頁。
(58)　鈴木『中臣寿詞講義』上（『鈴木重胤皇学論纂』図書出版株式会社創立編纂所、一九四四年）一七八頁、川出清彦『祭祀概説』（学生社、一九七八年）二五一頁など。また、吉田東伍氏は「新禊《アラミソギ》所なれば此名起れるか」とされている（『増補大日本地名辞書』二〈冨山房、一九六九年〉一四頁）。
(59)　『山城国風土記』逸文には「荒海社」があった。また、〈アラミ〉の例として、下総国香取郡の荒見駅（『日本後紀』延暦二十四年十月庚申条）もある。

(60) 森朝男「あらはる」(『古代和歌の成立』勉誠社、一九九三年)。
(61) 古橋信孝「常世波寄せる荒磯」(『古代和歌の発生』東京大学出版会、一九八八年)二八頁。
(62) 本来、平野社の神々が鎮まっていたはずの神体山の存在が想定できるとすれば、荒見川(現、天神川)の上流方向に位置する、いずれかの山に比定されよう。神英雄氏は衣笠山が平野社の神体山であったと指摘されている(「山城国男山における古代『神奈備』信仰」〈『龍谷史壇』九九・一〇〇、一九九二年〉六五頁)。いずれにしても、神体山―荒見川の信仰は、平野社の創建にさいして利用されたものと思われるが、それはちょうど、藤原氏が春日社を創建する時に既存の御蓋山信仰を継承したのと同様であろう。
(63) 平野臨時祭も神社側の祭りではなく、王権祭祀であった。これはその祝詞の祈願詞が「天皇朝廷遠常磐堅磐爾、夜守日守爾護幸賜、天下国家遠毛平久安久護幸給へと、恐美恐美毛申給ハ久と申」(『江家次第』)として、天皇朝廷の平安を祈る内容であったことや氏人が参加していないことからも確かめられよう(平野臨時祭については、三橋正「古代から中世への神祇信仰の展開」〈『平安時代の信仰と宗教儀礼』続群書類従完成会、二〇〇〇年〉三八~四七頁を参照)。
(64) 本章で指摘した王権祭祀の特質については、荒木敏夫「伊場の祭祀と木簡・木製品」(『伊場木簡の研究』東京堂出版、一九八一年)、岡田「古代国家における天皇祭祀」(前掲註〈50〉所収)が参照される。
(65) 春日祭―春日社の問題については、本書第Ⅰ部第二章「古代春日社の祭りと信仰」で論じている。賀茂祭―カモ社に関しては、拙著『古代の神社と祭り』(吉川弘文館、二〇〇一年)八七~一九三頁で述べた。賀茂祭は王権祭祀として執行されており、その前段にあるカモ社の御阿礼祭は賀茂社側の祭りであったことなど、本章で述べた平野祭―平野社(祭り)の問題と共通する。

第四章　古代伊勢神宮の年中行事

一　はじめに

延暦二十三年（八〇四）に撰進された『皇太神宮儀式帳』（以下、『皇帳』と略す）、『止由気宮儀式帳』（以下、『止帳』と略す）には、正月一日から十二月晦日まで一連の年中行事が記されている。伊勢神宮の年中行事では三節祭（六・十二月の月次祭と九月の神嘗祭）が注目され、数多くの研究の蓄積がなされているが、[1]それ以外の行事については宮中と同様のものが多く含まれているにもかかわらず、あまり注目されてこなかったのが現状である。これには、古代の年中行事といえば平安期の宮廷行事が中心であり、神社のそれまで関心が向けられにくかったこと、一八七三年（明治六）に伊勢神宮では伝統的な五節供が廃止されたことが[2]影響しているかもしれない。

従来の学説史を振り返ってみても、鎌田純一氏が天武天皇の浄御原宮で定着した節供や卯杖、御竃木などが伊勢神宮に伝わったとされ、[3]また、桜井勝之進氏が神宮の年中行事を中央に祖型をもつものと、求め難いものとに整理し、「殆んどの年中行事はその祖型を中央に求めることができる」「中央から採り入れたものとするならば、儀式帳の記事は、早くても貞観以降に補筆されたもののようである」とされていたのが[4]目につく程度である。桜井氏の後半の指摘は伊勢神宮における重陽節実施の問題（後述）から直ちに従うわけにはいかないが、両氏の、伊勢神宮の年中行事が中央と共通するという結論は大筋では了解されよう。

本章では、『皇帳』『止帳』や『延喜式』を中心に、時代の変遷に留意しつつ、主として平安期の伊勢神宮の年中行事の特質を明らかにしてみたいと思う。そのさい、三節祭だけではなく、神宮の年中行事全体を考察の対象とすることはもちろんである。なお、本論に入る前に、本章全体にかかわることとして、次の三点を指摘しておきたい。

まず、第一は、史料の問題である。古代の伊勢神宮の年中行事が窺われる史料としては、前記の『皇帳』『止帳』『延喜式』が基本であるが、それ以外のものとしては、建仁二年（一二〇二）から承元四年（一二一〇）の間に成立した『神宮雑例集』（以下、『雑例集』と略す）と、建久三年（一一九二）に荒木田忠仲によって編述、その後、寛正五年（一四六四）に荒木田氏経によって増補された『皇太神宮年中行事』（以下、『年中行事』と略す）がある。とくに、後者は内宮の行事が詳細に窺知される史料として重要であるが、寛正五年時の増補部分も少なくない。ここでは『年中行事』を十五世紀中頃成立の年中行事書として扱っていきたいと思う。また、十三世紀中頃、大神宮司河辺長則の内・外宮神事奉仕記録である『太神宮司神事供奉記』と、十五世紀中頃から後半に内宮禰宜であった荒木田氏経の日次記『氏経神事記』も手がかりになる。本章では、以上の諸史料を軸に上記のテーマを追究してみたい。なお、近世においては、享保十五年（一七三〇）完成の『豊受皇太神宮年中行事今式』をはじめとする関係諸史料があるが、ここでは参考に留めたことをあらかじめ断っておきたい。

第二は、伊勢神宮の成立の問題である。伊勢神宮がいつ、いかなる契機で成立したかについては、数多くの議論があり、ここで簡単に言及できるものではない。岡田精司氏は、雄略朝の四七七年に大王の守護神の祭場が河内・大和地方から伊勢へ移され、それが伊勢神宮（内宮）の起源であるとされた(5)。この岡田説は、伊勢神宮成立史の諸研究の中で現在、最も有力な学説とみられる。伊勢神宮の前身は南伊勢の地方神であり、それが六・七世紀に皇室の氏の神へ発展したとする地方神昇格説(6)を岡田氏が批判された点は十分に首肯される。しかし、その一方で、七世紀以前の伊勢神宮についてはあまりに手がかりが乏しい。岡田氏の雄略朝成立説を支持するだけの史料の裏づけも容易に得難いところである。(7) そこで、本章では、伊勢神宮の成立史を追究することが目的ではないということもあり、七世紀後半の天武朝には神宮は存在していた(8)という点を出発点として、伊勢神宮の成立の問題にはこれ以上立ち入らないこととした。

第三は、伊勢神宮の構成である。伊勢神宮とは、古代以来、内・外宮ばかりでなく、別宮、摂社、末社の神社群からなっていた。『皇帳』『止帳』によると、別宮とは、内・外宮に次ぐ格式をもち、内宮では荒祭宮・月読宮・瀧原宮・伊雑宮、外宮では高宮が該当した。摂社は式内社にほぼ一致し、内宮では二五社、外宮では一六社を数えた。末社は式外社にあたり、内宮では一五社、外宮では八社におよんだ（摂・末社はいずれも度会郡内に所在）。しかも、摂・末社の下には内・外宮の境内などに数多くの神々が存在していた。たとえば、『皇帳』二月例条に「大神宮廻神百廿四前」、『止帳』二月例条に「宮廻神二百余所、御井二所神、御田神、所所小社九処神」などとあった。これらの神々はいずれも末社としても掌握されていない、地主神であったとみられる。かかる数多くの神々については、本章では一括して「宮廻神」と呼ぶことにしたい(9)が、いずれにしても、『皇帳』『止帳』によると、内・外宮以下、多数の神社群、神々から構成されていたことになる。(10) 時代の経過の中で神宮を構成する神社や神々の数は常に同じではなかったが、別宮・摂末社などの基本的な枠組みは後世に継承された。(11) 本章で古代の伊勢神宮を考察するさいには、かかる伊勢神宮の神社群、神々全体を対象として、その年中行事を検討していくこととしたい。

二　正月の年中行事

古代伊勢神宮の年中行事は、元日の朝拝からはじまる。以下、一つ一つの行事を取り上げてそれを具体的にみていくこととする。

〔元 日 朝 拝〕

『止帳』正月例条では、朔日「卯時」(午前六時)に、禰宜・内人・物忌等が「向二南御門外一」[12]で「神宮拝奉」、次に高宮を「向レ南遥拝」するとある。外宮の場合、「南御門外」(板垣御門外)から外宮を拝奉し、次に(高宮遥拝所から)高宮を遥奉するというのであろう。

『皇帳』正月例条では、正月朔日、禰宜・内人・物忌等が参集して「入二南門五重一侍弖、大神拝奉」、次に荒祭宮を拝奉するとある。このうち、「入二南門五重一侍弖」とは具体的にどこを指すのか、わかりにくいところであるが、『大神宮儀式解』二二が「禰宜内人物忌皆大御神の御前にて拝奉るなり。五重は大宮壱院の総板垣より、内へかぞへいふならん。板垣より瑞垣門まで五重あり……こゝに五重といふは蕃垣門の内にて、瑞垣門の外にあたる歟」と説くのに従い、禰宜以下は瑞垣御門前で大神を拝奉したと理解しておきたい(〔図4〕)[13]。また、荒祭宮を拝奉するのは荒祭宮遥拝所からであろう。

この後、『止帳』によると、白散御酒供進の儀(後述)を経て、御厨(離宮院)で「大神宮司率二二所大神宮禰宜、内人、幷二箇郡司及諸刀禰等一、二所大神宮拝奉。次朝庭拝奉畢。即御厨大饗給。給畢時、禰宜内人等、大直会倭舞仕奉」、『皇帳』でも御厨に向かい、「朝廷」を拝奉し、「即大饗被レ給畢時、禰宜、内人等、大直会倭舞仕奉」とある。なお、三日に禰宜以下が斎宮に参向して斎内親王を拝むことは内・外宮とも同じであった(『皇帳』『止帳』)。

『延喜式』四(大神宮式)の規定も右とほぼ同じである。ただし、御厨での遥拝は、「先拝二度会宮一、次大神宮、次諸宮」、次いで「朝拝」とあり、「諸宮」(別宮)も拝む対象になっていること、「凡元日斎内親王遥二拝大神宮一、訖開二

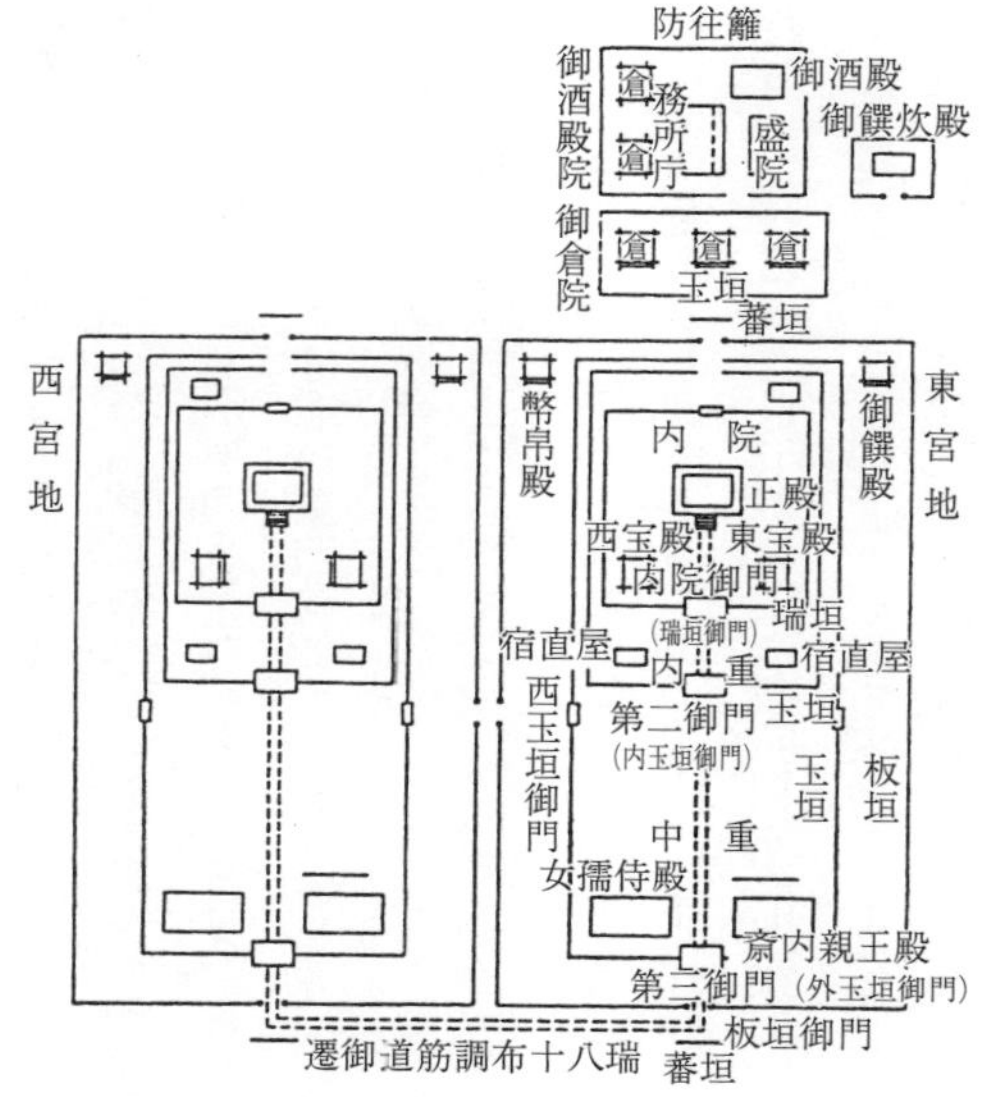

豊受大神宮大宮院推定図（主として儀式帳による）

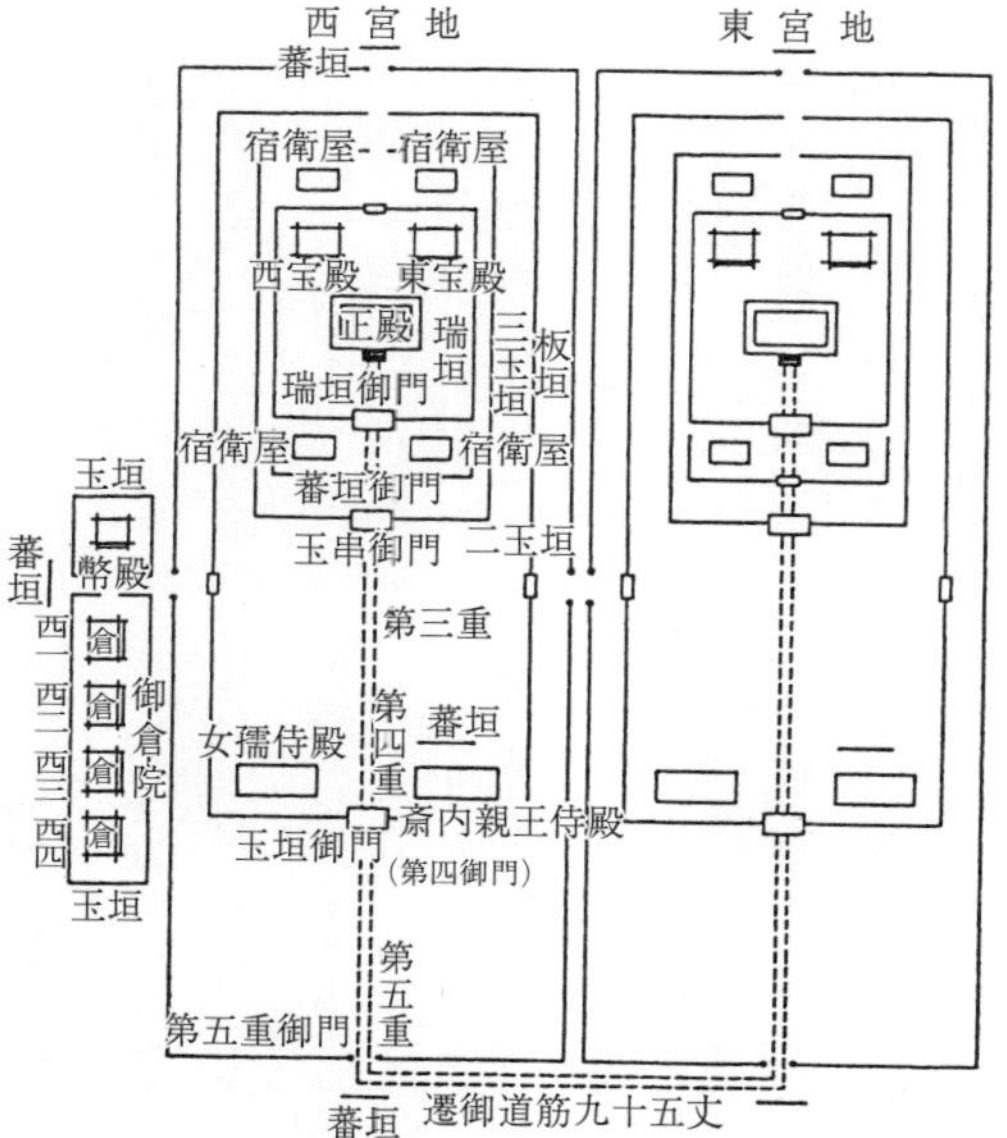

図4　皇大神宮大宮院推定図（主として儀式帳による）

宮南門」、頭已下於二門外一、拝二賀斎王一……」として、元日に斎内親王も大神宮を遥拝し、斎宮寮頭以下の官人が斎王を拝賀するとあること（『延喜式』五〈斎宮式〉）の二点は、『皇帳』『止帳』にはみえないところであった。

ところが、『雑例集』正月条には、はじめに「一禰宜申二詔刀一了、拝四度拍レ手、次神拝四度。次奈保良比預天退出」として白散御酒供進儀があり、引き続いて「禰宜朝拝事」として「於二荒祭神拝所一先拝二外宮一、次七所別宮、次天津神国津神、次歳徳、次四方」とある。この後、「宮司参二内院一」などの諸行事が終わると、「内宮禰宜参二外宮一事」として「率二権官一参之。先神拝……」とあるので、外宮でも内宮禰宜が同様の「神拝」を行ったものとみられる。

これらには『皇帳』の元日朝拝の儀が見出されない。内宮での「禰宜朝拝」や外宮での「神拝」は、『雑例集』までに成立した新しい行事といえよう。

『年中行事』正月条も事情は同じである。やはり白散供進の後に、禰宜の神拝として「荒祭宮遥拝所ノ前ニ在ニ鋪設一、北上西面ニ蹲踞シ、政所（衣冠）之指南ニ随拝。外宮、荒祭、月読、伊佐奈岐、瀧原、並、伊雑、高宮、土宮、新月読、瀧祭、風ノ宮、外宮ノ風宮、四至御神（北方）、歳徳神（在方）、東方龍王（青躰）、南方（赤躰龍王）、西方（白躰龍王）、北方（黒躰龍王）、中央（黄躰龍王）」とあった。同書の増補部分にも、内宮の禰宜が「外宮参」として「於ニ（高宮）遥拝所一高宮、土宮、風宮、新月読宮、（高賦）皇神、客神」を拝み、続いて「月読伊佐奈岐宮参……先月読宮神拝、次伊佐奈岐宮。其後一元社拝、次所御社拝、次楊田社拝……」とみえる。このうち、「一元社」が具体的にどの神社を指すのか、はっきりしないが[14]、「所御社」は内宮摂社の大土神社、「楊田社」は同じく宇治山田神社のことであろう（『大神宮儀式解』一四）。かかる儀は、先にも述べた通り、拝所といい、拝む対象といい、明らかに『皇帳』『止帳』『延喜式』の元日朝拝の儀とは異質といわねばならない[15]。

『雑例集』の離宮院での儀にも変化がみられる。すなわち、『雑例集』には①「宮司二宮参拝之後」、②「次於ニ厨家南門外一、宮司禰宜対揖」、③「次参入。次拝揖。宮司西立南上、禰宜東立……」とあった。これを『太神宮司神事供奉記』延応二年（一二四〇）正月元日条と比べると、①離宮院の祓殿の「大松下」で、宮司と内・外宮禰宜が神宮に向かって朝拝、②「庁院」南門で両者が「対拝」した後、③「庁院」内で「王城拝」とあり、『雑例集』と同様の展開であったことが知られる。右の次第は、『皇帳』『止帳』と大差がないようにも見受けられる。ただし、『雑例集』『太神宮司神事供奉記』、さらには室町時代の『宮司年中行事』[16]には離宮院での朝拝の場に「内人」や「二箇郡司及諸刀禰等」の姿がみえないことも事実である。離宮院での儀は、宮司と禰宜の朝拝の儀に縮小化してしまったのではないだろうか。この後、当該儀については『年中行事』（増補部分）に「離宮院参例也。但当時無ニ其儀一」とあるので、十五世紀中頃までには同儀は行われなくなっていたようである。また、三日の斎宮での儀も『年中行事』には出てこない。これはいうまでもなく伊勢斎王制が廃絶した――元弘三年（一三三三）に卜定された祥子内親王が最後であった――からに他ならない。

『皇帳』『止帳』『延喜式』にみえる元日の朝拝儀は、大極殿に出御した天皇を朝庭に列立した百官人が拝賀する元日朝賀儀礼に、離宮院での「二所大神宮」「朝庭」への朝拝の儀は、各国の国庁で元日に国司が僚属や郡司等を率いて「庁」（天皇の象徴）を朝拝し、終わって長官が賀を受ける儀（儀制令元日国司条に「凡元日。国司皆率二僚属郡司等一向レ庁朝拝。訖長官受レ賀。設レ宴者聴……」とある）[17]にそれぞれ対応するものであろう[18]。

元日朝賀儀礼は、推古十一年（六〇三）から同十二年に『日本書紀』に関係記事がみえはじめ（推古十一年十一月是月条、同十二年正月戊戌朔条）、その実施が確実に窺われる記事としては、「改新之詔」が宣布された「賀正礼」（『日本書紀』大化二年〈六四六〉正月甲子朔条）であった。また、国庁での儀式に関しては、儀制令元日国司条文が大宝令でもほぼ同文と考えられること[19]、正殿―脇殿という国庁の基本構造が八世紀前半に成立することからも[20]、当該期に成立するのであろう。天平五年（七三三）「越前国郡稲帳」に「元日刀禰郡司及軍毅并参拾弐人」、同八年「薩摩国正税帳」に「元日拝朝庭刀禰国司已下少毅以上惣陸拾捌人」、同十年「駿河国正税帳」に「元日拝朝刀禰拾壱人（国司史生已上三口　郡司主帳已上六口　軍毅少毅已上二口）」とあった。かかる中央―地方の儀式に対応すべく、伊勢神宮では禰宜以下が瑞垣御門前（内宮）、あるいは板垣御門外（外宮）で大神を拝み、その後、御厨で神宮や朝廷を、斎宮で斎内親王を拝む形をとっていたのである。

一方、『雑例集』などにみえる禰宜朝拝は、宮中の元旦四方拝に対応するのではあるまいか。元旦四方拝とは、属星および天地四方、山陵を拝するという天皇の行事であり、禰宜朝拝との懸隔も少なくない。両者の間に直接的な系譜関係を見出しにくいことも確かである。しかし、両者には元日に四方を拝むという点での共通項もある。伊勢神宮では元旦四方拝を参照しつつ独自の禰宜朝拝の儀を創出したのではないだろうか。

ところで、都城の元日朝賀儀は、九世紀中頃になると実施されないケースが増え、正暦四年（九九三）の朝賀がその最後の史料（『日本紀略』『権記』）であった。[21] かわって、元日に清涼殿東庭に列立した公卿・殿上人らが天皇を拝賀する小朝拝が盛行していくことが知られている。[22] 国庁における朝賀の儀も、十世紀に入ると、正殿—脇殿という国庁の基本構造が途絶するなどの事情から、国守の館で受領を拝礼する形へと転換していくものとみられている。[23]

それに対して、元旦四方拝の方は嵯峨天皇の弘仁年間に成立したとみられる。[24] とすれば、伊勢神宮においては、『皇帳』『止帳』『延喜式』のごとき元日朝拝儀から、『雑例集』『年中行事』のような禰宜朝拝の儀へと移行するのであろう。伊勢神宮の儀式内容の変化の時期は、『延喜式』と『雑例集』の間という以外、史料の残存からして解明できないが、元日朝賀儀や国庁での儀の変容時期、元旦四方拝の成立年代からして、九〜十世紀に生じていたのではないだろうか。

〔白散御酒供進〕

元日には白散御酒が内・外宮に供えられた。『止帳』正月例条に「次御酒殿拝奉。然即白散御酒供奉。次禰宜、内人等直会酒被給畢……」、『皇帳』神田行事条に「正月朔日白散料四十束……」、正月例条に「次御酒殿奉拝。然即白散御酒供奉。次禰宜、内人等、直会酒被給畢……」、『延喜式』四（大神宮式）に「凡元日……即供二進白散御酒一、其白散国司進之、」とあった。

『雑例集』正月条には「外宮儀式……禰宜五位権禰宜凌晨《シノノメ》御節供、一禰宜前行警蹕供奉。次於二御内一預二御懸一。別宮遥拝……外宮御節供之後、朝御饌供奉」とある。

内宮については、『雑例集』に「……一禰宜申二詔刀一了、拝四度拍レ手、次神拝四度。次奈保良比預天退出」とあるので、神前に白散神酒が供進されたらしい。これは外宮でも同じであろう。(25) この儀については、『年中行事』正月条に詳細な次第がみえる。すなわち、瑞籬御門前で「大物忌父自二一座御手一白散ヲ給、先正躰御料ノ器ニ奉レ入レ之後、同二膳御神酒ヲ献ル」。その後、同門の東方で宮守物忌父が左相殿神の「御盃」に、西方で地祭物忌父が右相殿神にそれぞれ白散御酒を供進し、「一座」（一禰宜）が詔刀を奏上するとある。『皇帳』や『延喜式』の白散御酒供進とは、実際、『年中行事』にみるような形で執行されていたのではないだろうか。

ところで、伊勢神宮の白散御酒供進が正月三ヶ日、宮中で御薬（屠蘇・白散・度嶂散）を天皇に奉る供御薬儀(26)と対応していたことはいうまでもあるまい。中国から伝わった供御薬儀は、『日本書紀』天武四年（六七五）正月丙午朔条に「大学寮諸学生、陰陽寮・外薬寮、及舎衛女・堕羅女、百済王善光・新羅仕丁等、捧二薬及珍異等物一進」とあるのが史料上の初見であった。天武四年条に「大学寮諸学生」が参列しているのも、「公私の礼、威儀法式を習得」したり、「外来の年中行事を初めて行うということで、儀式の文献上の由来や意義を紹介する必要があった」(27)からであろう。伊勢神宮に白散御酒供進がみえるのも、天武四年にはじまる供御薬儀の影響とみられるのである。

〔卯杖供進〕

『止帳』正月例条によると「以二先卯日一、造二御杖一、神宮幷高宮奉進。大神宮八枚、高宮四枚。」、『皇帳』正月例条に「以二先卯日一、禰宜、内人、物忌等率造二御杖一、供二奉大神宮幷荒祭宮一」として、正月卯日の卯杖供進の儀がみえる。『雑例集』正月条に「外宮、先供二卯杖一。一禰宜奉二御蹕一。別宮遥拝。次供二朝御饌一。如レ例。」とある。外宮では、白散神酒と同様、神前に供進されたのであろう。

ところで、『年中行事』正月条には、内宮の儀として「為二宮守物忌父等之勤一……抑卯杖ト謂者、椿ヲ長サ五尺許ニ伐テ、本方ヲ五寸許削テ紙ヲ巻ル杖也」とし、その後に卯杖が立てられる場所が［表6］に整理したように記されている。これとは別に、七日には「神事河原」(瀧祭神社の南)で、卯杖の神事が「自二河原一卯杖二筋本宮ニ奉。件卯杖二筋ニ銘ヲ書。当年歳次年号ヲ書也。南荒垣御門外方左右立也」(『年中行事』)という形でも行われる。この儀のことは、『雑例集』には「内宮……(卯杖―引用者註)供進之後、於二神事川原一行也一禰宜率二祝部一行也。…」として、卯杖供進の後に実施されたように記載されている。

『年中行事』によると、卯杖が立てられる場所の中心は、［表6］からも内宮と荒祭宮の二箇所とみてよいだろう。その点では『皇帳』と同じといえる。したがって、『年中行事』の卯杖供進の対象も『皇帳』以来、大きな変更はなかったのではあるまいか。

表6　卯杖供進

場所	数量
瑞籬御門　左右	各六筋
正殿御料	二筋
左相殿御料	二筋
右相殿御料	二筋
東宝殿	二筋
西宝殿	二筋
当門料	二筋
興　玉	二筋
宮比・矢野波々木	各二筋
豊受宮奉レ祝石畳	二筋
桜　御　前	二筋
荒　祭　御　前	四筋
同　御　倉	二筋
小朝熊奉ニ祭礼一石畳	二筋

そもそも、卯杖供進とは、大舎人寮・左右兵衛府の官人が紫宸殿に出御した天皇に、邪気払いの呪具を献上する儀であった。『日本書紀』持統三年(六八九)正月乙卯条に「大学寮献二杖八十枚一」とあるのがその初見記事であるが、後世の行事と異なり、大学寮が杖を献じているのが注意される。卯杖の場合も、先の供御薬儀と同様、中国の行事を開始するにおよんで、大学寮が卯杖を献上することになったのであろう[28]。伊勢神宮の場合は、天皇の守護神をまつる神宮として、天皇に卯杖を献上するのと同じ意味をもって、七世紀末には卯杖供進儀がはじまったものとみられるのである。

なお、『延喜式』四七(左右兵衛式)によると、宮中の卯杖は「長五尺三寸」であった。正倉院には椿杖とそれを安置した「卯日御杖机　天平宝字二年正月」の墨書銘のある三十足机、それに「卯日御杖覆□天平□」の墨書銘の䕸纈羅の覆が蔵されているが[29]、正倉院の卯杖の長さは一五九センチで『延喜式』の規定とも一致している。一方、伊勢神宮の卯杖も『年中行事』に「五尺許」とあった。宮中の卯杖と神宮のそれと長さがほぼ同じというのも、右の点からしても偶然ではないだろう[30]。

〔新菜御羹供進〕

『止帳』正月例条に「以二七日一、新蔬菜羹作奉、二所太神宮供奉。御饌殿。」、『皇帳』神田行事条に「七日料十四束」、正月例条に「七日、新菜御羹作奉、大神宮幷荒祭宮供奉」とあるのは、七日の新菜御羹供進の儀である。

『止帳』の「二所太神宮供奉。御饌殿。」に関しては、『雑例集』正月条に「七日、二宮若菜御饌事」として「外宮、相二加朝御饌一供也」とあるのが手がかりになる。すなわち、外宮正殿の背後にある御饌殿では、毎日、朝夕の二度、大物忌と御炊物忌が御饌を供える儀（現、日別朝夕大御饌祭）が行われている（『止帳』二所太神朝御饌夕御饌供奉行事条）が、新菜御羹はその「朝御饌」に「相加」える形で供進されていたのであろう。この日々の御饌殿での儀とは、天照大神が東方、豊受神が西方と、両神の座が向かい合っており（『雑例集』所引『大同本記』逸文）、岡田精司氏が指摘されているように、「天照大神に供える御饌を地主神としての度会神＝外宮祭神が調理して進める」[31]というものであったとみられる。外宮では新菜御羹供進も朝夕御饌供進と同様、服属儀礼の形態をとっていた点は注意されよう。

黒田龍二氏は、「外宮では、三節祭が床下、そのほかが御饌殿であるから、床下での儀式が本式であり、御饌殿は略式である」[32]と指摘されている。

『年中行事』正月条では「神事卯尅也。……自二北御門一参入。在二警蹕一。禰宜前陣御殿ノ東ヲ経テ一座御階ノ前東ニ寄立。自余ノ禰宜後ヲ通テ各着座。御饌ハ御殿下ニ供進」とあるので、内宮の儀は、「卯尅」に禰宜が「北御門」から入り正殿の東を通って「御饌」を「御殿下」に供進する次第であった（同様の儀は『氏経神事記』永享十三年〈一四四一〉正月七日条にもみえる）。「御殿下」への供進とは、正殿床下の心の御柱に供えられるということであるが、内宮の場合も御饌が「北御門」から搬入される[33]ことから、外宮同様、「略式」とみられよう。

なお、『雑例集』によると、「内宮、供奉之後、在㆓直会㆒。次於㆓字神事河原㆒新菜神事。一禰宜、并目代、及大小刀禰預㆓饗膳㆒。」とある。『年中行事』も同様で、「神事河原」では「詔刀祝長申」とあった。

新菜御羹供進の儀は、『年中行事秘抄』所引『金谷園記』に「正月七日。以㆓七種菜㆒作㆑羹食㆑之。令㆔人無㆓万病㆒」とあるように、中国伝来の邪気を払う行事であった。日本では、『師光年中行事』に「醍醐天皇延喜十八年正月七日辛巳。後院進㆓七種若菜㆒」とあるのをもって、十世紀以降の成立とみる説がある。[34] しかし、西本昌弘氏が指摘されている[35]ように、『袖中抄』五所引『官曹事類』に、宝亀六年（七七五）正月七日、「楊梅[院]従安殿」で七日の節会が実施され、「中納言石上朝臣」が「宣命」を述べたとある。また、『皇帳』『止帳』にすでにこの儀がみえていたことを無視すべきではあるまい。[36] おそらくは、『皇帳』『止帳』撰進以前の時期から、すでに宮中で当該儀がはじまっており、それが伊勢神宮にもおよんだとすべきであろう。

〔御粥供進〕

『止帳』正月例条に「以㆓十五日㆒、御粥作奉、二所太神宮供奉。御饌殿。」、『皇帳』神田行事条に「十五日料十三束六把」、正月例条に「十五日、御粥作奉、大神宮并荒祭宮供奉」とあった。

この御粥供進の儀は、外宮の場合、『雑例集』正月条に「次望《モチノ》粥相㆓加朝御饌㆒供也。其儀如㆓若菜日㆒。」とあるので、これも新菜御羹儀と同様、服属儀礼の形を踏襲して、御饌殿で供えられたものと思われる。

内宮の場合、『年中行事』正月条には「十五日暁、粥ノ御饌供進事。物忌父等子自㆓北御門㆒参入供進。大物忌父詔刀ヲ申例也」とあるに過ぎないが、「北御門」からの参入は、前述の御菜御羹の供進と同じであることからして、「略式」であり、「粥ノ御饌」は「御殿下」に供えられたのであろう。

御粥の儀の起源も中国にあった。『年中行事秘抄』所引の『十節記』には、高辛氏の女が正月十五日に死ぬと、その霊が悪神となって人々に祟った。女は生前、粥を好んだので、粥でその霊をまつり、また、粥を四方にそそいだ結果、災禍が消滅したとある。

当該儀は、弘仁年間を文献上の起源とする説もあるが、[37]奈良時代には確実に成立していたとみられる。和田英松氏は、『月旧記』（『年中行事秘抄』所引）に、この行事についての天平勝宝五年（七五三）正月四日付の勘奏があることを指摘されている。[38]また、「正倉院文書」の中に、①天平宝字六年（七六二）の「造石山寺所食物用帳」に「十五日……三升粥料」とあること（『大日本古文書』五―五）、②「北倉代中間下帳」に、天平神護二年（七六六）、「進二大仏御粥一」とあること（同一六―五六九）、③宝亀二年（七七一）三月三十日付「奉写一切経所解」に「二斗五升正月十五日粥料」とあり（同六―一四二）、造石山寺所や写経所などでも広く行われていたことが確認される。[39]「北倉代中間下帳」（同一六―五八三）に「右、為レ供二大仏一、自二内裏一七種粥下二充付水取県人足一」とあり、「大仏」に内裏から七種粥が下されたとあることは、奈良時代の半ばにはすでに内裏でもこの行事が行われていた証左となる。[40]『皇帳』『止帳』段階の伊勢神宮でも宮中にならって御粥供進が実施されていたのであろう。

〔御竈木供進〕

『止帳』正月例条に「以二同日（十五日）一禰宜内人等御薪木八十荷奉進」、『皇帳』正月例条に「以二同日（十五日）一、禰宜、内人等、御竈木六十荷奉進」、そして、先卯日・七日・十五日の「三箇日節毎供奉禰宜、内人、物忌等直会被給」（『止帳』）、「三箇日節毎供奉禰宜、内人、物忌等、集二酒殿院一、被レ給二大直会一」（『皇帳』）とある。

この御竈木供進の儀については、『雑例集』正月条に「外宮、先御竈木供也。一禰宜奉二御蹕一、申二詔刀一。別宮遥拝。次望粥相二加朝御饌一供也……」、「内宮……早旦物忌供二例粥一。次正員率二権官一供二御竈木一。次参二御前一、一禰宜申二詔刀一。次前後拝、次拍レ手、次直会。」とあった。ここから、①外宮では白散神酒、卯杖と同じく、御竃木も神前に供えられたこと、②外宮では御竃木・御粥の順、内宮ではその逆の順番で執り行われていたこと、③御竃木供進の対象は、内・外宮に限られていたことが知られる。

『年中行事』正月条でも、「上古ハ一禰宜七荷、荷別九本、長サ七八尺、細楉也。自余禰宜各六荷、権任神主各五荷、四十五本皆白ク削。六位権禰宜大内人等人別三荷。物忌父同前。小内人等人別二荷。又諸社祝部及服麻続両織殿神部等各一荷。是等ハ皆所々削、中院ニ持参集」、禰宜以下が「自ニ南門一」進み、「八重畳」の東に並べ、それを「人長内人」が数え「御木ノ数三千五百荷御入候」と申すとあり、内宮への供進の様子が具体的に窺われる。

滝川政次郎氏は、中国では人のために薪を拾うことがその人の奴僕であることを表明する行為であり、日本では文武官人が毎年、天皇に忠節を示す行事として御薪の儀がはじまったと指摘されている(41)。また、土橋寛氏は「薪の呪力を長上や愛する者に感染させ、その繁栄を祝う意味であり、それが相手に真心を捧げることにもなる(42)」とされる。滝川・土橋両説とも、御竃木を献上する儀に相手に服従を誓う意を見出されている点では共通するところがあろう。当該儀の史料上の初見は、『日本書紀』天武四年（六七五）正月戊申条で「百寮諸人、初位以上進レ薪」とあり、以後、進薪記事は、天武紀に一例、持統紀に四例がみえる。雑令文武官人条に「凡文武官人。毎レ年正月十五日。並進レ薪。長七尺。以ニ廿株一為ニ一担一。一位十担。三位以上八担……」、同進薪条に「凡進レ薪之日。弁官及式部兵部宮内省。共検校。貯ニ納主殿寮一」とあった。この義も、おそらく、白散や卯杖と同様、天武朝にはじまった年中行事の一つであり、伊勢神宮でも宮中とほぼ同時期に実施されるようになったのであろう(43)。

これまで伊勢神宮の正月の行事をみてきたが、ここで、その考察結果を簡単にまとめておくと、以下の通りである。

(1) 伊勢神宮の正月の行事としては、元日の朝拝（御厨での朝拝）・白散神酒供進、先卯日の卯杖供進、七日の新菜御羹供進、十五日の御粥・御竈木供進と続くが、いずれも天皇の行事と共通するものであった。各行事の開始年代についでは、それぞれ対応する宮中の儀の史料の初見として、供御薬・卯杖・御薪儀は天武・持統朝、元日朝賀儀は推古朝（国庁での儀は八世紀前半）、新菜御羹・御粥儀はおそくとも奈良時代中頃から後半にそれぞれ比定されることからすれば、伊勢神宮の正月行事も『皇帳』『止帳』が撰進された延暦年間よりも古く、概ね七世紀後半にははじまっていたと推定される。(44)

(2)　かかる天皇と共通の正月行事は、伊勢神宮全体ではなく、内・外宮と別宮の荒祭宮、高宮に限られていた。特に、内宮の別宮における荒祭宮の格式の高さが察せられる。それに対して、荒祭宮以外の内宮系の諸別宮、内・外宮の摂末社、「宮廻神」は、天皇の行事とは無関係であったことも認めておかねばならない。

(3)　各行事は、朝拝のように内・外宮の神前で禰宜以下が拝むもの、白散、卯杖、御竈木のように内・外宮の神前に供進されたものと、新菜御羹、御粥のように、「略式」として外宮では御饌殿、内宮では「北御門」から搬入して正殿の床下に供えられるものとの三型があったことである。このうち、三番目の御饌殿での供進は、日々の朝夕大御饌儀と同じ形であったとみられるが、こうした正月の行事にも服属儀礼の形態が踏襲されていたことが留意される。

(4)　(1)に指摘したように、伊勢神宮の正月行事は、天皇のそれと共通関係にあったが、一方、雑令諸節日条と対比した限りでも、七日の白馬節会、十六日の踏歌節会は神宮では実施された形跡がないことである。(45)もっとも、踏歌節会の方は、『雑例集』によると、離宮院において宮司が中心になって行われていたことが知られる（他に『太神宮司神事供奉記』延応二年正月十六日条など）が、それでも神前でなされたという史料を見出せない。(46)ちなみに、白馬節会は、天皇が邪気払いのために白馬を見る儀であるが、『日本書紀』景行五十一年正月戊子（七日）条の宴の記事はともかくも、推古二十年（六一二）、天智七年（六六八）などに宴が行われたとあり、青馬の行事も『万葉集』二〇―四四九四の大伴家持歌「水鳥の　鴨の羽色の　青馬を　今日見る人は　限りなしといふ」から奈良時代には確実に実施されていたはずである。踏歌節会の方は、『日本書紀』朱鳥元年（六八六）正月丁巳（十六日）条に「大安殿」での宴の記事があり、持統七年（六九三）正月丙午（十五日）条に「是日、漢人等、奏二踏歌一」とあった。したがって、両行事が古代の伊勢神宮で知られていなかったわけではあるまい(47)。なぜ、両者が伊勢神宮（神前）で実施されていなかったか、理由を明らかにすることは難しいが、天皇の正月行事が内・外宮を中心に実施されていたという上記の結論は動かないところであろう(48)。

以上が伊勢神宮の正月行事についての小結である(49)。これが二月以下の年中行事にどこまであてはまるのかが次の課題になる。以下、二月以降の行事をみていこう。

三　祈年祭から度会川臨大祓まで

〔祈　年　祭〕

祈年祭は、神祇令に規定された令制祭祀の一つであり、国家が執行した予祝祭であった。『日本書紀』天武四年正月戊寅条に「祭二幣諸社一」、『年中行事秘抄』所引『官史記』に「天武四年二月甲申祈年祭」とあるが、正史上の確かな初見記事は、『続日本紀』慶雲三年（七〇六）二月庚子条の「是日、甲斐・信濃・越中・但馬・土左等国一十九社、始入二祈年幣帛例一。其神名具二神祇官記一」であった。『延喜式』一（四時祭式上）によると、毎年二月四日、神祇官に各地の官社（式内社）の祝部を召集し、中臣が祝詞を読み、忌部が幣帛を頒つというものであったが、伊勢神宮のみは「大神宮幣帛者、置二別案上一、差レ使進之」として、勅使を派遣して奉幣するという形がとられた。内宮の祈年祭日は、『皇帳』によると、二月十二日であった。『止帳』には二月とのみあって外宮での具体的な祭日が記されていないが、『年中行事』からすると、両宮同日であったとみられよう。以下、伊勢神宮の祈年祭を次第順によって検討したい。

『止帳』二月例条によると、外宮の儀は、まず、勅使以下が中重に参入して、宮司が告刀を読む。次に、大物忌父が宮司の太玉串を第二御門（内玉垣御門）の東方に、禰宜の太玉串を同門の西方に、それぞれ奉置した（玉串行事）。その後、高宮を拝奉、外直会殿での直会となる。

『皇帳』二月例条の祈年祭儀も右とほぼ同じといってよいだろう。ただし、外宮と若干の相違もある。すなわち、太玉串奉置の場所が第三御門（玉串御門）であること、地祭物忌父が宇治大内人の太玉串を第三御門の左方に奉置すること（これは外宮ではみられない）、十二日の儀の最後に勅使以下が「罷二出御厨仁一」とあること、の三点である。また、内宮儀の後の荒祭宮での行事としては、『皇帳』には禰宜や宇治大内人が正殿前に列立、「正殿幣帛奉入」とあるが、これは外宮の高宮でも同様であったとみられよう。

『延喜式』四（大神宮式）には「凡二月祈年幣帛者……朝使到日、大神宮司引二使者一、先参二度会宮一、次大神宮、奉二献幣帛一並如二常儀一高宮、荒祭宮使自進奉、余宮令二禰宜等奉一」とあるので、式文に従う限り、高宮や荒祭宮には勅使が自ら幣帛を進奉し、以外の別宮には禰宜が奉献したことがわかる。『延喜式』八（祝詞式）には、内・外宮での勅使奏上の祝詞（「二月祈年、六月十二月月次祭」祝詞）が載せられている。『皇帳』『止帳』では宮司が祝詞奏上者であったこと、『延喜式』祝詞は『弘仁式』まで成立が遡ることからすれば、九世紀前半に祈年祭の祝詞奏上者が大神宮司から勅使に交替したことが考えられよう。[50]

『雑例集』二月条には「九日祈年祭事」とのみある。この日付は、『年中行事』二月条からしても内・外宮の祈年祭

日を指すものと思われるが、『雑例集』までに『皇帳』などの段階よりも祭日が三日早まったことが窺える。(51)

『年中行事』も『雑例集』と同様、祭日を九日としている。勅使以下が中重に参入、勅使の詔刀奏上、玉串行事とあり、『皇帳』『止帳』などと進行は変わらない。しかし、勅使だけが詔刀を奏上すること（「今日ハ宮司無二詔刀一」）、荒祭宮儀に関しては、勅使・宮司は荒祭宮遥拝所で拝するだけで、「玉串大内人幷彼宮（荒祭宮）大内人、同大物忌父官幣ヲ奉二相具一テ参」として、『延喜式』のように勅使が荒祭宮に奉幣するようには記されていないことが顕著なところといえる。また、『年中行事』では別宮に関して「諸別宮分任二書付一分進。彼宮々下部等請預レ之」とあるので、別宮の幣帛は「書付」に任せて「分進」し、各宮の「下部」（内人・物忌父）が受け取って奉納したものと思われる。

このように伊勢神宮の祈年祭には、時代の経過に従って変容していったところがあった。それと同時に、内・外宮と同日に荒祭宮・高宮にも奉幣がなされていた点では変更がなかったことも確認しておきたい。後者の点からは、とくに両別宮の格式の高さが窺え、伊勢神宮の正月の年中行事でまとめた(2)と共通するところといえよう。

ところで、本章で注目したいのは、伊勢神宮の祈年祭が内・外宮、二別宮への奉幣のみで完結していたわけではなかった点である。すなわち、『止帳』二月例条に「月内取二吉日一、所管諸神社十六処、幷宮廻神二百余所、御井二所神、御田神、所所小社九処神乎、春年祈祭供奉」、『皇帳』二月例条に「以二十三日一、大神宮廻神百廿四前祭始、所管処々宮、幷社々神奉行事」として、吉日ないしは十三日に別宮、摂社（式内社）、「宮廻神」などに対して祈年祭が実施されていたことである。この祈年祭は、二月四日の神祇官での祈年祭とは別の、伊勢神宮独自の祭祀であったと思われる。それは、①『皇帳』に「所管神社廿五所、幷神田祭料……已上所二宛大神宮司一」「具所二宛神税一大神宮司」、『延喜式』四に「大神宮司分充」とあるように、幣帛は大神宮司が充てるものであったこと、②幣帛の中身は、『皇帳』に「絹一匹一丈五尺、木綿八斤、麻八斤」（「神田祭料」も含む）、『止帳』に「絹五丈一尺、木綿四斤、麻十斤、鉄一廷[52]」、『延喜式』四に「座別絹三尺、木綿、麻各二両二分」とあった。三者の間では数量等に異同はあるものの、基本は絹・木綿・麻で[53]、これらはいずれも神祇官祈年祭の幣帛（国幣[54]）とも相違していたこと、③祭祀の方法は、『延喜式』四に「禰宜検領就レ社奉レ班」とあるように、禰宜が各摂社を巡って班幣する形であったこと、④神宮祈年祭の対象として、内・外宮境内の地主神である「宮廻神」なども含まれていたこと（神祇官祈年祭は「宮廻神」を対象としていない）、⑤『延喜式』四には「大神宮所摂廿四座」と「度会宮所摂十六座」の計四〇座が「右諸社、並預二祈年、神嘗祭一」とあり、神祇官祈年祭の対象となる『延喜式』九（神名式上）所載の神社（式内社）とは別途に記されていたことの五点からも認められるところであろう。

　右に指摘した伊勢神宮（内宮）の祈年祭は、『延喜式』では右に引用したところからも、内宮所管の二四社に対して実施されていたとみられようが、これも時代とともに変容する。とくに、『年中行事』では以下のごとくに記されている。すなわち、[55]「為レ請二預宮司幣物一以二本宮請文一祝一人参二司庁一」として、各社の祝が司庁であらかじめ幣物を受ける。二月十一日に「大土社神態」として一禰宜が「所御社」（摂社の大土神社）に参向、詔刀奏上の後、「御子社」（大土神社境内の、摂社の国津御祖神社か）、「大土社」、西、東の順で拝む。翌十二日の「二神態津長神社」も同様で、「津長神社」（摂社の津長大水神社）に参向、詔刀奏上、「楊田神社」（摂社の宇治山田神社）、「津長神社」、西方、「楊田神社」の順で拝む。同日、「三御前神態」があり、「津長前河端[56]」で「八所ノ皇神」に詔刀を奏上し、東、西、東の順で拝む（『氏経神事記』永享十三年〈一四四一〉二月十一・十二日条も同じ）とある。このうち、「三御前神態」の「八所ノ皇神」がなにを指すのかわからないが[57]、『大神宮儀式解』二三が「右大土社、御子社、津長社、楊田社等も皆官社二十五処の中なり。又右に八所皇神といふも二十五処の中なるべし。東向西向て拝むも右二十五処の中なる神々を拝なるべし」と指摘しているのが妥当であろう。『皇帳』『延喜式』にみる伊勢神宮祈年祭（十三日以降の儀）は、中世には、禰宜が内宮近傍の特定の摂社だけに参向する形に変容してしまったのであろう（外宮の場合は、『延喜式』以降、手がかりを欠く(58)）。しかも、その特定の摂社のうち、「所御社」、「楊田社」とは、先述のごとく、正月元日に禰宜が遥拝する対象に含まれていたこと（『年中行事』正月条）に注意したい。

ちなみに、神宮祈年祭と神祇官祈年祭、および斎宮祈年祭との関係について触言しておきたい(59)。まず、斎宮祈年祭であるが、祭日は二月四日、斎宮内の「大社十七座」と多気・度会郡内の「小社九十八座」を対象とし、幣物も主神司が弁備するというものであった（『延喜式』五〈斎宮式〉）。斎宮祈年祭と前二者の祈年祭の関係を、祭祀の対象となった度会郡内の神社の側からみると、以下の通りになろう。内宮所管の二五社、外宮所管の一六社（『皇帳』『止帳』）のうち、瀧祭神社を除く各摂社は概ね式内社（国幣社）であった。したがって、かかる諸社は、神宮の祈年祭のさいに禰宜が幣物を班つ対象であったが、同時に神祇官祈年祭（国幣）や斎宮祈年祭の対象でもあったとみられる。すなわち、度会郡内の内・外宮の摂社は、少なくとも『皇帳』『止帳』編纂時においては、大神宮司、国司と斎宮主神司との三方から祈年祭の幣帛を受領したのであろう。

〔御田種蒔下始行事と抜穂神事〕

御田種蒔下始行事とは、『止帳』二月例条によると、先子日に禰宜・内人等は菅裁物忌を率いて湯鍬山に登り、山口祭、木本祭を行い、菅裁物忌等が湯鍬（柄）を作る（鍬山伊賀利神事）。その後、禰宜・内人等は「御田」に至り、菅裁物忌が湯鍬をとって大神の「御田」を耕作しはじめ、諸内人の田儛の後、直会となる――というもの。これにより、「禰宜、内人等、各私種下始、次諸百姓等種下始」とある（菅裁物忌条もほぼ同じ）。『皇帳』二月例条にも同日に同様な儀がみえるが、外宮の儀と異なる点として、内宮の場合、湯鍬を作るのは山向物忌、「御田」での耕作が酒作物忌父の役割であったことが指摘される。

この行事は、祈年祭の一環であろう。『皇帳』忌鍛冶内人条に「毎年二月之祈年祭忌鍬一口、忌鉾一口……」とあるうちの「忌鍬」「忌鉾」は前述の神宮祈年祭ではなく御田種蒔下始行事で用いられることは間違いないが、その「忌鍬」「忌鉾」に「祈年祭」が冠されているからである[60]。

『延喜式』四（大神宮式）では鍬山伊賀利神事の規定のみみえるが、『雑例集』以降になると、いささか様子が変わっていく。まず、外宮の方であるが、『雑例集』二月条に「上亥日、同宮鍬山伊賀利神事」として「於二歳徳神方一行レ之、在二直会一。前後打レ手。先参二内院一神拝、次別宮遥拝」「上子日、同神事供奉事」として「先参二内院一。別宮遥拝。於二一殿一行レ之。有二和舞直会一。前後打レ手。」と、二日続けて鍬山伊賀利神事がなされたとある。両日の儀について、『豊受皇太神宮年中行事今式』二を参照すると、上亥日は山入りの後、「正殿瑞垣之辺」で「歳徳神之方」に祭場を設けて、菅裁物忌以下が鍬を取って「耕田之状」を行う。上子日には五丈殿（直会院）で、前日同様の「耕田之状」が行われたとある。

一方、内宮では、『雑例集』に二月一日が「内宮鍬山神事」で、その後に「御田種蒔耕作也……在二直会饗膳一……」とあった。さらに『年中行事』二月条になると、一日、「歳徳神」の在る山に入り、堅木で鍬を、葛で笠を作る。続いて「主神司殿」（直会院四丈殿）で「飲酒」の後、その前庭に御巫内人が鍬をもち、「地上」を撃つ。宮司以下も手鍬で「地上」を撃ち、山向内人は「田ヲ打」、「大足」（田下駄）、さらに山向内人が桶に入れた「小石」（種の代わり）を蒔く。山向内人と日祈内人が巡見して「今年ノ御苗従二前々年一勝テ太ク湜ク出来御坐」と申す。次に内人・祝部・蕃長（植長）等が「藁」を植える、とあった。鍬山伊賀利神事の後に「種蒔下始行事」が連続している点では『皇帳』『雑例集』と同じであるが、『年中行事』二月条になると「御田」ではなく、「主神司殿」の前庭でかなり形式的に実施されているのが特徴的なところといえよう。しかも、『年中行事』では、十二日に神宮祈年祭の「三御前神態」

の後のこととして、一禰宜以下は「神事河原[61]」でふたたび「如二鍬山時一」行事を行い、「自二河原一権長祝有二祝歌一。随二其詞一馬上モ歩行モ鍬ヲ打。其参道如二昨日一御田ニ参向」とある。そして、「御田[62]」では「御田播殖ノ作法勤仕。先祝大足、次種ヲ蒔、次権長田歌、次祝二人播殖、次年実御鍬奉レ進、即詔刀祝長申。委不レ記。即酒肴。次年実奉分。其後本宮ニ帰参……」と、「御田」の儀のことが記されている。十二日の儀は、実際、「御田」での種蒔であること、祈年祭と一続きで実施されていることにおいて注目される。少なくとも、『年中行事』までの時期に御田種蒔下始行事は、一日の直会院における儀と十二日の「御田」での儀とに分化してしまったのであろう。

このように外宮と内宮との間で行事に差異が生じていることがわかる。とくに内宮の場合とは異なって、『雑例集』にみえる外宮の上亥日・上子日の儀には神宮祈年祭との直接的な関係が窺われない。これは、外宮の場合、祈年祭（『止帳』にいう、吉日の行事）が『延喜式』以後、諸史料に見出せないことと対応していたのではあるまいか。

ところで、抜穂神事は、もとより九月の行事であるが、『皇帳』が御田種蒔下始行事に続けて記しているので、ここで取り上げておく。

外宮に関しては、外宮神田での抜穂神事そのものは『止帳』に出てこない。しかし、『止帳』九月例条に「以二十六日朝一……次大内人、大物忌父等抜穂稲八荷持立、次小内人等、丼戸人等、懸税稲乎百八十荷持参入弖、抜穂稲乎波内院持参入弖、正殿乃下奉置、懸税稲乎波玉垣爾懸奉」とあった。また、『雑例集』九月条にも「十六日、凌晨、外宮抜穂供奉事。一禰宜奉二御饌一。供奉後、供二朝御饌一。」とあるので、十六日、外宮では抜穂の稲は正殿の下に奉置され、神嘗祭終了後は外宮御饌殿での日別朝夕大御饌祭に使用されたことがわかる。かかる史料から、外宮では十六日以前に神田での抜穂の行事がなされたとみてよいだろう。

『皇帳』二月例条には「秋収時爾、小内人祝部等乎率弖、大神乃御田乃稲乎抜穂仁抜弖、長椙乃末仁就弖、御田乃頭仁立

弖、即臨二九月祭日一弖、酒作物忌父爾令捧弖、大神宮乃御倉爾奉上、三節祭朝御饌夕御饌供奉」とあり、秋の収穫にあたって、「御田」の稲を抜穂に抜いて内宮の御倉に収めた。この新穀で弁備された御飯や神酒が三節祭の朝夕御饌として大神に奉納されたわけである。

『雑例集』では、「内宮神田抜穂事」を九月十四日のこととし、「宇治郷御常供田」で抜穂がなされたとある。それは『年中行事』九月条においても変更がなかった。

〔新草餅供進〕

『止帳』三月例条に「三日節、新草餅作奉弖、二所大神供奉。御饌殿。然後、禰宜、内人、物忌等直会被給」、『皇帳』神田行事条に「三月三日料四十束」、三月例条に「三日節、新草餅作奉弖、大神宮幷荒祭宮供奉。然後、禰宜、内人、物忌等集二酒殿院一、直会被給」とある。

『雑例集』三月条には「三日、二宮節供事」として「外宮、草餅相二加朝御饌一供之。一禰宜奉二御蹕一。在二直会一」、「内宮、供二桃花、草餅、種々菓子、御贄一。在二直会一」とあった。外宮で「朝御饌」に「草餅」を「相加」とあるのは、正月七日の新菜御羹供進と同様、御饌殿の儀であったからに他ならない。また、内宮でも正月七日の儀と同じく、禰宜が北御門から入って「御殿下」に供進する「略式」であったとみられる。実際、『年中行事』三月条にも「三日、桃花御饌事……今日御節供。其勤如二若菜御饌ノ時一」、『氏経神事記』永享十三年（一四四一）三月三日条に「自二北御門一参、次第如レ例」とあった。

三月三日には内裏で、中国に起源する曲水の宴が開かれた。盃を流水上に流し、盃の流れ過ぎぬ前に詩を賦す。平城宮東院庭園からは二箇所の石組蛇行溝が発見されており、曲水宴に用いられたと推定されている(63)。伊勢神宮では曲水の宴こそなかったが、邪気を避けるために草餅を食べるという、中国伝来の風習は受容されていたことになる。三月三日節の記録としては、『日本書紀』顕宗元年三月上巳条、同二年三月上巳条、同三年三月上巳条があるが、記事の信憑性は低く、むしろ『日本書紀』編者の知識の反映とみられよう。雑令諸節日条に三月三日が節日に定められていることや『日本書紀』持統五年（六九一）三月甲戌（三日）条に「宴二公卿於西庁一」とあることからして、三月三日の行事は、七世紀末には宮中で確実に実施されていたはずである。

〔神　衣　祭〕

神衣祭は、四月十四日と九月十四日に内宮と荒祭宮に、神服織氏と神麻続氏が織成した和妙衣・荒妙衣を供進する祭祀であった(64)。神衣祭のことは、『皇帳』『延喜式』『雑例集』『年中行事』にみえるが、大筋では相違がないように思われる。四史料の中では、『延喜式』四（大神宮式）の規定がもっとも簡潔にして要を尽くしているので、それを次に掲げよう。すなわち、「其儀、大神宮司、禰宜、内人等率二服織女八人一、並著二明衣一、各執二玉串一、陳二列御衣之後一入、大神宮司宣二祝詞一訖、共再拝両段、短拍手両段、膝退再拝両段、短拍手両段、一拝訖退出、即詣二荒祭宮一、供二御衣一如二大神宮儀一……」と。このうち、『皇帳』四月例条によれば、玉串行事や宮司らの行事は「二月月次駅使告刀與同(65)」とあるので、二月の神宮祈年祭と同じ型であったこと(66)、神衣は宮司以下が「東宝殿奉上」とあり、東宝殿に奉入されたことが知られる(67)。

『延喜式』によると、内宮に供進されるのは「和妙衣廿四疋……荒妙衣八十疋」、荒祭宮には「和妙衣十二疋……荒妙衣卌疋」であるが、いずれも未縫製の布地のままであった。それは神衣と一緒に糸や刀子・錐・針・鉾鋒などの裁縫具が奉納されていたことからも裏づけられよう。これは、古代の人々が五感を介して神々の示現を感得していた(68)ものの、平安初期においても神の造形化という点では十分に達成されていないことが窺われる一証としても注目される。

内宮と荒祭宮の神衣供進は、神社の格式を反映して、荒祭宮は内宮の半分という神衣の分量の差としてのみ現れていたのであろう。

外宮には神衣供進はなかった。『太神宮司神事供奉記』延応二年（一二四〇）四月十四日条によると、内宮の神衣祭の前に宮司が外宮に参向し、神拝、別宮遥拝を行っている（他に同仁治四年〈一二四三〉四月十四日条、『豊受皇太神宮年中行事今式』二なども同じ）。この外宮への宮司参拝がいつ頃からはじまったのかなど不明な点も多いが、やはり外宮では宮司の神拝だけで神衣を奉納するまでには至っていない。神衣祭が内宮の儀であったことがここでも確認されるところであろう。

神衣祭は、神祇令孟夏条と季秋条に規定されており、『令集解』の令釈説にも「伊勢大神祭也。其国有神服部等。斎戒浄清。以二三河赤引神調絲一御衣織作。又麻績連等。麻績而敷和御衣織奉。臨二祭之日一。神服部在レ右。麻績在レ左也。……古記先レ別」とある。[69]『続日本紀』文武二年（六九八）九月戊午朔条に「以二無冠麻続豊足一為二氏上一、無冠大贄為レ助。進広肆服部連佐射為二氏上一、無冠功子為レ助」という麻続・服部両氏の氏上・助任命記事は、神衣祭の施行にかかわるものであろう。かかる史料からして、この祭祀の起源も七世紀末に遡るものと思われる。

ところで、神衣祭とは、本来、神衣を新調することによって神威を更新する行事とみられる。[70]と同時に、桜井氏が指摘されている[71]ように、宮中の更衣との対応関係にも注目すべきではないだろうか。更衣とは、『延喜式』三八（掃部式）に「凡四月一日撤二冬座一、供二夏御座一、十月一日撤二夏座一、供二冬御座一」とあった。『建武年中行事』には、清涼殿の御帳台の帷などの調度類を新しく取り替え、天皇の装束も内蔵寮が奉るとある。伊勢神宮の神衣祭日は、前述の通り、四・九月十四日であり、宮中の更衣と同日ではないが、とくに九月の神衣祭の場合は、神嘗祭に先立って神衣を改めるという意図があったと考えられよう。

なお、十月一日にも更衣があった。『雑例集』十月条に「二宮荷前生絁御綿供進事……内宮、更衣饗膳事」、『年中行事』十月条に「更衣神事次第。……同日、御綿奉納神事」とある。これは、九月神嘗祭に奉納されるはずの「供二奉大神宮一処々神戸荷前物。絹二匹、白一赤一。糸三絇、綿五十三屯、神衣料、白布一端、麻六斤、木綿三斤。已上伊賀、尾張、三河、遠江四箇国神戸供進」（『皇帳』）、「大神宮司奉進、伊賀、尾張、三河、遠江、志摩等国神戸人夫所進御調荷前物。絹弐疋、糸弐絇、綿伍拾二屯、荒太倍壱端、木綿弐斤、麻伍斤……」（『止帳』）が「延暦の比九月に上りしを後は十月一日に供進るなり」(72)というものであった。十月一日も更衣と関連づけられるのは、『皇帳』『止帳』以後、『雑例集』以前の時期のこととみられる。いずれにしても、神衣祭と宮中の更衣との間にパラレルの関係を見出してみたいのである。

〔御笠縫内人の蓑笠供進〕

『止帳』御笠縫内人条には「大神乃御笠、御蓑、高宮御笠、御蓑、并所管神社廿四所神御笠御蓑乎作儲弖、毎年四月十四日奉進」（四月例条も同じような内容なので引用は省略する）、『皇帳』御笠縫内人条に「職掌、御笠廿二蓋、御蓑廿二領。忌敬供奉」、四月例条に「同日（四月十四日）以御笠縫内人造奉御蓑廿二領、御笠廿二蓋即散奉」とある。『延喜式』四（大神宮式）も『皇帳』『止帳』とほぼ同様で、「是日（十四日）笠縫内人等供二進蓑笠一……」とあった。蓑笠が供進される対象社については、『皇帳』『止帳』『延喜式』『年中行事』に列挙されており、それを「表7」にまとめたが、内宮関係では、内宮と荒祭宮以下の諸別宮、摂社（式内社）では七社(73)、その他としての大奈保見神社、風神社となり(74)、外宮関係では、外宮、高宮、所管二四神社（摂社と末社のすべて）ということになる(75)。

『雑例集』四月条では「十四日、二宮供二御笠一事」として「外宮、鶏鳴供二御笠一。一禰宜奉二御鞸一、申二詔刀一。別宮遥拝。申二供二朝御饌一……」「内宮、早旦供二御蓑笠一。御笠縫内人役レ之。一禰宜率二傍官権任一参二御前一、申二詔刀一。神拝拍レ手。」とあった(76)。『年中行事』四月条になると、「十四日、風日祈祭礼。号二御笠神事一。」として、御榊や蓑笠を捧持した日祈・笠縫内人等が「南御門」より中重に参入し、「一座御前石壺二進参、

表7　蓑笠供進

皇帳・止帳	延喜式	雑例集	年中行事
大神宮　三具	大神宮　三具	内宮	内宮
荒祭宮　一具	荒祭宮　一具		
大奈保見神社　一具			
伊加津知神社　一具			
風神社　一具			
瀧祭社　一具			瀧祭
月読宮　五具	月夜見宮　二具		月読
	伊佐奈伎宮　二具		伊佐奈岐
小朝熊社　二具	朝熊社　二具		
伊雑宮　一具	伊雑宮　一具		伊雑
瀧原宮　二具	瀧原宮　二具		瀧原
	瀧原並宮　一具		並
園相社　一具	薗相社　一具		
鴨　社　一具	鴨　社　一具		
田辺社　一具	田乃家社　一具		
蚊野社　一具	蚊野社　一具		
	伊佐奈弥社　一具		
大神宮	度会宮　八具	外宮	
高　宮	所摂宮　一具		
諸所管神社廿四処	所摂社　各一具		

詔刀ヲ読進」後、御笠縫内人が「御榊御笠ヲ玉串御門奉レ納本座ニ帰着」。続いて「桜宮南ノ置石」で、諸神に蓑笠を奉る詔刀を読み、「諸別宮内人幷諸社ノ祝部等件御幣幷御笠蓑等ヲ給預テ彼宮々幷社頭ニ持参也」とあった。『雑例集』『年中行事』から、内宮では蓑笠が御笠縫内人によって玉串御門に供進されるが、別宮、諸社に対しては内人・祝部等に蓑笠などを給い、各社頭に持参させるという形であったことが窺えよう。

　ところで、当該行事の目的は、『年中行事』にみえる詔刀に「……天下四方国人民作食五穀雨甘風和ニシテ年穀豊饒恤幸給……」とあることからも、五穀豊穣を祈るところにあった。かかる目的をもった神祇令の祭祀としては、四・七月の広瀬大忌祭・龍田風神祭（神祇令孟夏条、孟秋条）が相当する。両祭は、大和国広瀬郡の広瀬坐和加宇加乃売命神社と龍田坐天御柱国御柱神社に勅使を派遣して、神々に幣帛を供え、「皇神能御刀代乎始弖、親王等王等臣等天下公民」の作る「奥都御歳」（稲）を「八束穂爾皇神能成幸賜」と祈願する（『延喜式』八〈祝詞式〉の「広瀬大忌祭」祝詞―「龍田風神祭」祝詞では「天下能公民」の作る「五穀」を「悪風荒水爾不二相賜一」と祈る）というものであった。『日本書紀』では、天武四年（六七五）四月癸未条に「遣二小紫美濃王・小錦下佐伯連広足一、祠二風神于龍田立野一。遣二小錦中間人連大蓋・大山中曾禰連韓犬一、祭二大忌神於広瀬河曲二」とあるのを嚆矢として、天武・持統紀にほぼ連年四・七月条にみえる。広瀬大忌祭、龍田風神祭が直接、影響して、神宮の当該行事がはじまったとまでは即断できないが、旧暦の四月は、田植えがはじまる頃であり、伊勢神宮でも蓑笠を供進して風雨の順調を祈願したものであろう(77)。

〔菖蒲蓬供進〕

『止帳』五月例条に「五日節、菖蒲幷蓬等、神宮幷高宮及諸殿供奉。然即薬御酒神宮供奉」とあり、その後、禰宜以下が菖蒲蘰、薬酒直会を給わる。次いで御厨で大饗を給わり、禰宜らは直会の倭舞に仕奉するとある。『皇帳』神田行事条に「五月五日料卅五束」、五月例条にも「五日節、菖蒲蓬等供奉、大神、幷荒祭宮、月読宮、瀧原宮、伊雑宮、及諸殿仁供奉。然則薬御酒、神宮、幷荒祭宮供奉」、その後、禰宜、内人、物忌等は「御厨院」(正しくは酒殿院であろう(78))で菖蒲蘰、薬酒の直会を給わる。さらに「御厨」で大饗を給わり、禰宜・内人等は直会の倭舞に仕奉するとある。

『雑例集』五月条でも右と同様で、「五日、二宮節供事」として「外宮、先節供。其儀大略如二元日一。次供二朝御饌一」「内宮、供二菖蒲筭《カンナ》枇杷粽種々御贄一。儀式如二元日一。」をあげ、その後に「離宮院節会事」を記す。『年中行事』五月条になると、「五日、御節供。菖蒲御饌奉仕次第……御饌調リ参向ノ次第如二元日一。但無二白散一……御饌ハ粽、山芋、蒜、名吉、菓子等也。供進之次第如二元日一」として、その後に詔刀と一殿での直会を記している。五日の儀は、元日の白散供進と同じ儀というのであるから、瑞垣御門前に五日の「御饌」が供進されたのであろう。この後、「離宮院ニ参」とあるが、その前に御巫内人が「四至神」をまつるとして、具体的には「酒殿神」「所々坐四十四前神々」をまつり、「河合淵東」で「天津神国津神八百万ノ皇神達」をまつるとあった。この部分は、『皇帳』などにはみられない、『年中行事』独自の内容といえよう。

そもそも、五月五日は、雑令諸節日条に節日として規定されていた(79)。その史料上の初見は、『日本書紀』推古十九年（六一一）五月五日条の菟田野での薬猟記事である。以後、推古二十年、同二十二年に薬猟記事が、天智七年（六六八）、同八年に「縦猟」記事があったが、八世紀に入ると、「走馬」「騎射」を天皇が観覧するようになる(80)（『続日本紀』大宝元年〈七〇一〉五月丁丑条、神亀元年〈七二四〉五月癸亥条など）。天平十五年（七四三）には皇太子阿倍親王が五節舞（田舞）を舞い（五月癸卯条）、同十九年の元正太上天皇の詔により菖蒲縵の着用が義務づけられる（五月庚辰条）など、五月五日節は走馬、騎射に菖蒲縵着用、田舞の奏上を加えた複合的な儀式へと整えられていった。また、天平宝字二年（七五八）三月には聖武の忌月により「端午」の節会は停止された（『続日本紀』天平宝字二年三月辛巳条）が、皇統がかわった光仁朝には再開されたものとみられる（宝亀八年〈七七七〉五月丁巳条）。

伊勢神宮では、「騎射」や「走馬」は実演されていないが、宮中に対応して五日節が実施されたのであろう。前掲の『皇帳』によると、菖蒲蘰は内宮・四別宮・「諸殿」、薬御酒は内宮と荒祭宮、『止帳』でも菖蒲蘰は外宮・高宮・「諸殿」、薬御酒は外宮に限って供進されるものであった。五月五日節も、正月行事と同じく、伊勢神宮の中のごく限られた神社で行われたものであったことに改めて注意を喚起したい。

〔度会川臨晦大祓〕

『止帳』五月例条によると、「将来六月月次祭為レ供奉一、禰宜、内人等、皆悉大神宮司共参集弖臨二度会河一、晦大祓仕奉。然即御厨大饗給」とある。すなわち、五月晦日、六月月次祭を前に禰宜・内人等は大神宮司に参集して、「度会河」（宮川）に臨んで大祓をし、御厨で大饗を給わるという。この大祓は、八月晦日、十一月晦日でも同様であり、前者は九月の神嘗祭、後者は十二月の月次祭を前に大祓を行うものであった。この点は『皇帳』においてもまったく同じである(81)。

『延喜式』四（大神宮式）では三節祭前の前月晦日の大祓以外に、「凡四月神衣祭、預前一月晦日祓除、九月准レ此、」として、神衣祭前の大祓も定められている。『雑例集』三月条に「晦日祓事。於二離宮院一行也。宮司内宮禰宜参勤也。来月神御衣祭解除也。……」、『年中行事』三月条に「除二当番一之外、禰宜等為二大祓供奉一参二離宮院一」とあるので、やはり離宮院での儀であったことが知られる。神衣祭は内宮と荒祭宮の神事であったことからも、この大祓の対象は内宮禰宜に限られていた。

三・五・八・十一月晦日の大祓については、『年中行事』も『雑例集』と同じである。ただ、『年中行事』六月条には晦日の「輪越神事次第」が規定されている。これは「一鳥居ノ前ノ河端岸ノ上」で禰宜以下が順に「輪」（茅輪）を越えるというものであった。輪越神事のことは、『太神宮神事供奉記』にはみえず、『氏経神事記』の永享六年（一四三四）以降の記事にほぼ毎年、記述をみるので、十五世紀中頃になってはじまった儀とみられようか。また、外宮では、近世のものであるが、一禰宜斎館で一禰宜家族が茅輪を越えるという儀があり、名越祓と呼ばれた（『豊受皇太神宮年中行事今式』二）。

以上のように、輪越神事、名越祓は別としても、伊勢神宮の大祓とは、基本的に三節祭前に実施されるものであったことが認められよう。

四　三節祭

次に、六・十二月月次祭、九月神嘗祭の三節祭であるが、いずれも神祇令に規定された令制下の祭祀であり、とくに月次祭に関しては、『日本書紀』持統六年（六九二）壬五月丁未条の「伊勢大神奏二天皇一曰、免二伊勢国今年調役一

表8　外宮六月月次祭次第

五月吉日	神宮・高宮・宮廻神に養蠶の糸先を奉納
一五日	荒蠅神事 榊・木綿で宮を奉飾 御饌弁備、大贄の浄大祓 所所神に贄を分奉 御井・高宮御井祭に供奉 亥時　夕大御饌 丑時　朝大御饌 直　会
一六日	神酒・御贄を奉入 斎内親王、参入 斎内親王、玉串を内重御門内に奉置 宮司、告刀 宮司・禰宜、玉串を第二御門内に奉置 東宝殿に明曳御調糸を奉納 高宮を拝奉 直会殿で大直会 第三御門内で倭舞・五節舞 給　禄 斎内親王、遷宮 酒殿院で後直会
一七日	高宮祭に供奉、直会 宮地神に神酒供進、直会
一八日(吉日)	月夜見神祭に供奉、直会 所管神社（二四社）に供奉

然応レ輸二其二神郡一、赤引糸参拾伍斤、於二来年一、当レ折二其代一」が関係記事とみられ[82]、月次祭の成立が七世紀末に遡ることが知られる。

以下、本節では三節祭を一括して取り扱うこととしたい。三節祭には共通するところが少なくないからである。もっとも、三節祭の形態にも小異があり、その時代的変化にも無視できぬところがあるが、それらの点を慎重に考慮しつつ、以下では、外宮の六月月次祭を手がかりに祭祀の次第を検討していきたい（[表8]）。

『止帳』五月例条によると、外宮では月次祭に先立って、五月吉日に禰宜・内人等が神宮（外宮）・高宮・宮廻神に養蠶の糸先を奉納する儀がある。これは、外宮独自の儀であるが、内宮の月次祭で、第一日目の御饌奉献のさいに禰宜・宇治大内人・日祈内人の三人が養蠶の糸一絇を供え、告刀を申す儀に相当するといわれている[83]。

『止帳』六月例条では、十五日に榊・木綿で宮が奉飾され、御贄が弁備される。御贄には、①志摩国の神戸所進のもの、②度会郡の百姓所進のもの、③禰宜・内人の戸人夫が志摩と伊勢の国堺の海で採取した（荒蠅神事）ものがあった。禰宜・内人が外宮の北河原で御贄を浄める大祓をした上で、「所所神」に分奉された。次に、大物忌父・御炊物忌父・御巫内人が外宮境内の御井の祭祀に奉仕した（『止帳』御巫内人条によると「朝御饌夕御饌爾供奉留御井、并高宮御井神祭告刀申。年中六度。」とある[84]）。その後、内院では、「亥時」（午後一〇時）と「丑時」（午前二時）に夕大御饌儀、朝大御饌儀となり、終わると、外院で禰宜・内人・物忌等は直会を給わった。

翌十六日には、斎内親王が中重に参入。斎内親王は内重御門内に入り、命婦から太玉串を受け取り、拝奉の上、斎内親王侍殿に著座する。宮司が告刀を奏上すると、大物忌父が宮司と禰宜の太玉串を第二御門（内玉垣御門）の内方東西に奉置。続いて、禰宜・宮司等は大物忌を先頭に内院に参進して、東宝殿に明曳御調糸を奉納する。斎内親王を除く宮司以下は、高宮を拝奉、①諸司官人・諸刀禰は皆、直会殿で大直会となった。さらに、二箇郡の歌人・歌女等は板垣御門西方で御饌歌・伊勢歌などを奏上。②宮司・禰宜以下は、第三御門内に参入して、倭舞や五節舞などを舞った。禰宜・内人・物忌等に禄が給されると、斎内親王は離宮院に帰還した。その後、③禰宜・内人等は御酒殿院で「後直会」に仕奉した。このように十六日は①～③のように直会を三度も繰り返すが、三度の直会にはいずれも性格に相違があった。すなわち、大関邦男氏の考察によると、①は禰宜等の在地神職が斎宮寮官人を供給するもの、②は斎王が在地神職に酒・禄を賜るもの、③は在地神職等の独自の酒宴であったことが明らかにされている[85]。

十七日は高宮の祭祀。高宮物忌父が告刀を奏上。禰宜・内人の妻子が参集して奉仕し、終了後、大饗直会がある。同日には、「宮地神」にも神酒一缶が供進され、終わると、禰宜・内人・物忌等は直会を給わった。十八日は摂社の月夜見神の祭祀。禰宜・内人が月夜見社の祝を率いて奉仕。終わると、やはり直会となった。

『止帳』六月例条の記載は、以上であるが、『止帳』所管度会郡神社事条に、摂社一六社に対して「春秋并三度祭者、節別、禰宜、内人等率二祝等一供奉」、末社八社にも「年中三度祭者、禰宜、内人等率二祝等一供奉」、禰宜条に「所管神社廿四社祭率二諸内人祝等一、毎年三度祭仕奉」、五月例条に「次所管諸神社（外宮の摂末社二四社）夏祭（六月月次祭）

供奉。禰宜、内人等率二祝部一供奉」とあるので、十九日以降の某日に外宮の禰宜・内人が各社の祝部を率いて月次祭に供奉することがあったとみられる。これは、ちょうど先述の神宮祈年祭（吉日の行事）と対応するところであったといえよう。

月次祭における諸社への幣帛は、『止帳』に直接書かれているわけではないが、以下のように推測される。すなわち、内宮の神嘗祭（摂社）について「絹一匹一丈五尺、社別三尺。木綿、麻如二六月祭一」（『皇帳』九月例条）とあった。これからすれば、外宮の月次祭の場合も同様とみられる。『止帳』九月例条にも、やはり神嘗祭の例であるが、「所管諸神社幣帛料絹伍丈壱尺……木綿肆斤大、麻拾斤大……」「用物参種。絹五丈壱尺、木綿肆斤、麻拾斤。」とある。おそらく月次祭でも幣帛として、祈年祭と同様、諸社に絹、木綿、麻が供えられたのであろう。

なお、摂・末社への祭祀と同じ日に「宮廻神」への祭祀も行われた。『止帳』御巫内人条に「御酒殿始弖、宮廻神総二百余前祭仕奉。年中三度。」とあるのが手がかりになる。九月例条にも神嘗祭にさいして「月内取二吉日一、所管社神、及宮廻神、御田神、処処枝神祭仕奉。禰宜、内人等巡勘共供奉。但諸社告刀祝申、宮廻神、御田神、処処枝神、御巫内人告刀申。」とあるのも、神嘗祭だけではなく、月次祭にも該当させられよう。

内宮の月次祭について、『皇帳』六月例条による、同祭の概要は［表9］にまとめたところであり、また、外宮の月次祭と共通するところも少なくないので、ここでは外宮との相違点を中心に述べることとしたい。

まず、十五日には「亥時」、「第二御門」に御巫内人が御琴を給わって天照大神の「大御事」を請い（御卜）、十六日には西河原で禰宜・内人・物忌等の後家の雑罪を解除する（大祓）とある[86]。これは、『止帳』六月例条にはみられないが、御巫内人条には「三節祭供奉時、禰宜、内人、物忌等庤祓浄之。……先諸内人等我身罪祓浄之」とあるので、外宮でも御卜・大祓がなされた可能性はあろう。

それに対して、十六日の中嶋神事は内宮独自の儀であった。次第は『皇帳』供奉朝大御饌夕大御饌行事用物事条に詳しいが、それによると、内宮の南御門前、五十鈴川の中嶋の石畳を止由気太神の御坐とし、「禰宜内人物忌等、御贄御前追弖……止由気太神乃御前跪侍弖、則御河爾清奉弖、御膳料理了」というものであった。ここで調理された神饌は、夕大御饌・朝大御饌として二度にわたって内院に参入されるが、『年中行事』六月条には「物忌父等御殿下ニ燈火三ケ所、次供ニ御饌一」とあるので、正殿床下の心の御柱に供進されたものとみられる。岡田精司氏は「天照大神に供える御饌を地主神としての度会神＝外宮祭神が調理して進めるというところに意味があり」、外宮祭神による服属儀礼と位置づけられている。(87) 当該儀に外宮物忌が参加していないことをもって、岡田説を批判する見解もある(88)が、外宮祭神の前で天照大神の神饌が調理されるという神事のあり方からしても、岡田氏の服属儀礼説は動かし難いところであろう。

また、同日夜、荒祭宮と瀧祭神社にも御饌が供えられ、直会殿で直会がなされた。別宮や地主神への御饌供進は『皇帳』にのみみえる儀であった。

十七日の行事は、斎内親王や宮司以下が参入して行われるが、祭儀の中身は、外宮の場合とほぼ同じであった。その中では宇治大内人の太玉串を地祭物忌と宇治大内人

表9　内宮六月月次祭次第

一五日	贄海神事
一六日	御卜
	大祓
	御内の清掃
	榊・木綿で宮を奉飾
	大御饌弁備
	中嶋神事
	湯貴御饌供進
	荒祭宮・瀧祭に御饌供進
	直会
一七日	朝御饌
	斎内親王、参入
	斎内親王、玉串を瑞垣御門に奉置
	宮司、告刀
	宮司以下、玉串を玉串御門に奉置
	東宝殿に明曳御調糸を奉納
	荒祭宮を拝奉
	直会殿で大直会
	第五重で倭舞
	給禄
	斎内親王、還宮
一八日	神宮廻神百廿四前祭
	荒祭宮祭行事、直会
一九日	瀧祭直会行事
	月読宮祭行事、直会
二〇日	大歳神社祭行事、直会
二三日	瀧原宮祭行事、直会
二五日	伊雑宮祭行事、直会
	佐美長神社祭に供奉
二七日	管神社（廿四処）に供奉

とがそれぞれ玉串御門の東西に奉置する儀が内宮独自といえる。この後、荒祭宮拝奉、直会殿での大直会、第五重門での倭舞奏上と続く。十八日以降は、外宮の儀と相違するところであり、かつ、これまでもあまり注目されてこなかったかと思われるので、本節では少し丁寧にみていきたい。(89)

まず、十八日「辰時」（午前八時）に、「神宮廻神百廿四前」の祭祀がある。御巫内人・物忌父四人が神酒二缶・神贄二荷を供える。『皇帳』神田行事条にも「宮四方地祭料稲六十束。祭別廿束。」とあった。同日には、荒祭宮の祭祀も行われた。禰宜・内人・物忌父やその妻子までもが参集して正殿を拝奉した後、直会となる。

十九日は、「巳時」（午前一〇時）に「瀧祭直会行事」とある。(90)この時は直会のみとも解されようが、『皇帳』の後文に「以二廿日一、大歳神社祭行事。右祭、瀧祭神祭直会行事與同」とあるのが参照される。『大神宮儀式解』二七も「瀧祭の下神祭の二字脱たる歟」と指摘している。おそらく、瀧祭の直会の前に「神祭」が実施されていたのであろう。同日には「未時」（午後二時）に月読宮祭行事があった。そのさい、禰宜は、「西宮」（月読宮の四神殿のうち、西方の、伊佐奈岐尊・伊佐奈美尊をまつる二神殿）を拝奉した後、「東方宮」（東方の、月読神・同神荒魂をまつる二神殿）に対し、告刀を奏上。朝廷の幣帛・御馬などが奉納され、直会となる。「西宮」と「東方宮」との間で月次祭の次第が相違していたのは、『皇帳』撰進時には、月読神は別宮の待遇であったのに対して、イザナキ・ミ神は官社に列していただけで（『続日本紀』宝亀三年〈七七二〉八月庚寅条）、別宮に昇格したのは貞観九年（八六七）八月二日であった（『三代実録』）からであろう。

二十日は大歳神社祭行事。大歳神社とは、摂・末社にその名を直接には見出せないが、『雑例集』六月条には「廿日、小朝熊社祭事」（『年中行事』六月条もほぼ同じ）とあることからも内宮摂社の小朝熊神社とみて間違いあるまい。(91)

二十三日は別宮の瀧原宮、二十五日は同じく伊雑宮の行事。瀧原宮・伊雑宮にはいずれも禰宜が参向して月次祭が執行されたが、『皇帳』には「伊雑宮祭供奉行事」の後に「亦佐美長神社一処、御前四社、此三節祭使附宛下奉従二大神宮司一供奉調度合七種上。但御饌稲波、伊雑宮乃稲廿束下宛奉。右神祭波、一事以上、伊雑宮祭與同供奉」[92]とあり、佐美長神社でも月次祭があったことが知られる。『年中行事』によると、伊雑宮での月次祭が終わった後、「次西方ニ進大歳拝、次本座帰着シ預二神酒一之後、於二石壺一在二大和舞一、二度舞レ之。各如レ常。次又大歳拝。其後退出。又於レ館在二酒肴一。其次第如レ宵。廿六日早旦、大歳御前ニ参、神拝。衣冠乗レ馬」とあるように、三節祭で下向した禰宜は、伊雑宮「西方」の「大歳」（佐美長神社）を拝した。佐美長神社をめぐっては諸説あり、最近では同社の北側に小字「小田」があることを根拠に『延喜式』九（神名式上）の志摩国答志郡「同嶋坐神乎多乃御子神社」に比定する説もある。[93]本章の考察でももとより明確な解を得ているわけではないが、ただ、『皇帳』によると、佐美長神社の「御饌稲廿束」が「従二伊雑宮一下宛行」とあることからして同社は伊雑宮の地主神とはみられないだろうか。

なお、［表9］には、この後、二十七日の禰宜による所管二四処供奉の儀を記した。これは、『皇帳』九月例条に二十七日の祭祀の料物が「如二六月祭一」とあることがその根拠である。

以上、外宮、内宮の順で月次祭の次第をまとめた。十二月の月次祭は、十七日の明曳御調糸を奉納する件がない[94]以外、六月と同様の儀であった。したがって、ここではこれ以上の言及はせず、次に九月の神嘗祭について述べていくことにしたい。

外宮の神嘗祭も月次祭と共通項が多い。そこで、神嘗祭の式次第を逐一述べることや月次祭との細部にまでおよぶ相違点を指摘するのは止め、注意さるべき事柄として次の三点をあげておこう。[95]

その第一は、収穫の祭りとしての神嘗祭では御飯や神酒に新穀が用いられていたこと。十六日、斎内親王の参入に先立って、禰宜以下が抜穂稲を「正殿乃下奉置、懸税稲乎波玉垣爾懸奉」とあるのも、月次祭にない、神嘗祭独自の儀であるが、これも収穫祭と関連しよう。

第二は、十六日、宮司の告刀奏上前に、使中臣が告刀を奏上していたこと。『止帳』九月例条によると、祈年・月次祭では告刀は宮司のみが奏していたことからすれば、神嘗祭の儀が重視されていたことが窺知されるところであろう。

第三は、月次祭では禰宜が東宝殿を開き明曳御調糸を奉納するのに対して、神嘗祭では禰宜が正殿を開き幣帛と御衣絹を、大内人が西宝殿に御馬鞍の調度を奉納していること。正殿の扉が開かれるのは、勅使による臨時奉幣（『止帳』二月例条）と定期遷宮の時を除けば、神嘗祭の時だけであった。ここからも神嘗祭の格の高さが知られよう。(96)

内宮の神嘗祭も月次祭と比べておこう。『皇帳』九月例条による限り、両者の相違は、先述の外宮月次祭と神嘗祭とのそれとほぼ同じといってよい。相違点としては、神嘗祭の場合も、御飯や酒に新穀が使用されること、駅使中臣による告刀奏上があること、禰宜が正殿に朝廷幣帛・織御衣を奉り、大物忌父が東幣帛殿（東宝殿）に御馬鞍具を進上していること、禰宜・内人が荒祭宮正殿の扉を開いて朝廷の幣帛と神衣の絹を奉納していること（月次祭では宮司以下が荒祭宮を拝奉するのみ）が指摘されよう。また、二十五日の佐美長神社の祭祀は『皇帳』には見出せないが、これは記述が漏れただけで、佐美長神社の場合、月次祭と同じであったともみられよう。(97)

では、かかる内・外宮の月次・神嘗祭は、時代の流れの中でどのように変容していったのであろうか。ここでも小異にはこだわらず、『延喜式』『雑例集』『年中行事』などを手がかりとして、以下の七点を指摘しておきたいと思う。

第一点は、月次祭において、『止帳』六月例条の末尾に「六月月次幣帛使参入、幣帛奉進時行事二月月次幣帛進奉時同行事」（『皇帳』もほぼ同文）とあったのが、『延喜式』段階では、外宮では十六日、内宮では十七日に、宮司が祝詞を奏上する前に「使中臣申﹅詔刀﹅」と記されていることである。この点に関して、『神宮要綱』や熊田亮介氏等は、当該日の祭祀は赤引糸奉献が核であり、勅使による幣帛奉献儀は本来、別の日に執行されていたと推定されている。[98]月次祭における勅使の役割が『延喜式』のような形に定着したのは、『皇帳』『止帳』撰進以後のこととみられよう。

第二点として、外宮の月次祭では、『雑例集』から十八日に「土宮御祭事」が新たに登場するようになることである。土宮は、大治三年（一一二八）六月五日、「是宮河堤為二守護一也」を理由に朝廷から宮号が認められた（『伊勢二所皇太神宮神名秘書』）ことに由来しよう。同様のケースとして、内宮では貞観九年に月読宮から伊佐奈伎宮が（前述）、『延喜式』の段階までには瀧原宮から瀧原並宮がそれぞれ別宮として独立することがあげられる。このうち、伊佐奈伎宮は、『延喜式』では月次・神嘗祭に預かるとあった（すでに貞観九年に「預二月次祭一」とある〈『三代実録』〉）のに対し、瀧原並宮の方は『延喜式』には伊雑宮とともに「不レ預二月次一」とあった。瀧原並宮が月次祭に預かるのは『延喜式』以降『雑例集』までの間のこととみられる。[99] また、『年中行事』六・九月条からは二十五日の「風日祈宮祭礼」が登場するようになる。風日祈宮は、元寇において神威を発揮した結果、正応六年（一二九三）三月二十日に宮号が宣下され、内宮の別宮となった（『伊勢二所皇太神宮神名秘書』）。「風日祈宮祭礼」の開始もこのことと関係するのであろう。

第三点として、伊雑宮に関して、『皇帳』では月次祭に預かり、『延喜式』では「不レ預二月次一」、『雑例集』では「廿五日、伊雑宮御祭事」という変化が辿れる点である。この一連の記載内容をそのまま信ずる限り、伊雑宮の月次祭はいったん、『延喜式』段階で停止されたことも考えられなくはない。しかし、別の理解として『皇帳』の当該箇所の記述が『延喜式』段階以降の追記とみる可能性もあろう。[100]

第四点として、『年中行事』に内宮月次祭の「十六日暁、玉串大内人大土神社ニ参、御饌ヲ供。則本宮ニ帰参。件御供米ハ当社御戸代米云々……」とあり、内宮摂社の大土神社への「御饌」供進が行われていることである。これは神嘗祭の場合も同様であるが、「御饌」は「是新米也」とあるのが月次祭との相違点である。十六日の大土神社の神事は『年中行事』にしか見出せない。『神宮要綱』は「大土御祖の神なれば古き縁由あるべし」[101]としている。しかし、大土神社が元日の禰宜朝拝や祈年祭での禰宜奉拝の対象となるのは『年中行事』からとみられる（前述）ので、三節祭で当該儀がはじまるのもやはり中世に入ってからとすべきであろう。

第五点は、月次祭における摂・末社の祭祀の変容である。すなわち、『止帳』によると、外宮の月次祭では、某日に摂・末社のすべて（二四社）に対して禰宜・内人が赴いて祭祀が行われたとあったが、『延喜式』四（大神宮式）では「度会宮所摂十六座」（摂社）が「並預二祈年、神嘗祭一」とあるだけで、月次祭に預かるという記載がみえない。『雑例集』においても十八日、外宮摂社「月読社祭事」が記されているだけであった。内宮の場合も同様で、『皇帳』段階で月次祭の対象となった摂社に関して、二十日の大歳神社（小朝熊神社）の例を別とすれば、『延喜式』では月次祭の対象外となってしまったらしい。内・外宮月次祭における摂・末社の祭祀は、比較的早く衰退してしまったのではないだろうか。この点は、これまでほとんど看過されてきたところであるが、実際、『雑例集』『年中行事』『太神宮司神事供奉記』『氏経神事記』『豊受皇太神宮年中行事今式』などの諸史料にも月次祭での摂・末社の祭祀を見出すことができないのである。

第六点として、神嘗祭での摂・末社の祭祀（二十七日）であるが、内宮については、『延喜式』に「大神宮所摂廿四座」は神嘗祭に預かるとあるので、『延喜式』の段階では『皇帳』との変更はなかったはずである。しかし、『雑例集』になると、九月条に「十五日以後至二廿五日一、二宮神態如二六月一」とあり、二十五日の「伊雑宮御祭事」までが月次・神嘗祭の範囲とみられるので、『雑例集』までには内宮でも二十七日には当該儀が実施されなくなっていたことが指摘されよう。しかも、『年中行事』十一月条によると、内宮の神嘗祭の場合、九月二十七日の儀が、すべて十一月十一日と十二日に移行していたことが明らかになる。すなわち、十一日には「冬季諸社神態神事次第」、十二日には「二御神態」「三神態」として、前述の神宮祈年祭と同様の次第が記されている。これは、『氏経神事記』永享八年（一四三六）十一月十一・十二日条などにもみえる。『雑例集』には十一月条末尾に「冬季内宮摂社神態事。撰二吉日一行。儀如二春季一。祭物司中沙汰。九月祝部請レ之。」とあるので、『雑例集』成立の十三世紀には、九月に祝部が祭物を宮司より請けておき、十一月にかかる儀が執行されるようになっていたのであろう。ただし、『雑例集』には「吉日」とあるので、十一・十二日に固定化する前段として、当時は十一月の「吉日」に実施されていたものとみられる。(102) 外宮神嘗祭の方は、『止帳』では摂・末社（二四社）、『延喜式』段階では摂社（一六社）を対象とするものであったことがわかるが、それ以後は史料に恵まれず、はっきりしない。内宮の儀のような変化も考えられなくもないが、『雑例集』に「冬季内宮摂社神態事」とのみあり、外宮についての記述がないこと、『豊受皇太神宮年中行事今式』などにも九・十一月条に該当記事が見出せないことからすれば、外宮の場合は十一月の儀に移行せず、内宮に比べて早く衰退してしまったとも想定されよう（［表10］参照）。

表10　月次祭・神嘗祭の変化

		皇帳・止帳	延喜式	雑例集・年中行事
内宮摂社	月次祭	○		
	神嘗祭	○	○	一一月の祭へ移行
外宮摂社	月次祭	○		
	神嘗祭	○	○	
外宮末社	月次祭	○		
	神嘗祭	○		

第七点として、三節祭における内宮の地主神の祭祀についてである。内宮では十八日に「宮廻神」がまつられていた（『皇帳』）が、『雑例集』六月条に十五日「夕興玉祭事。宝殿不レ在。御巫内人申二詔刀一。」、『年中行事』六月条に「戌剋、興玉神態……勤行次第一として、「興玉御前」に地祭物忌父が「御神酒幷御贄等」を供進、御巫内人の詔刀奏上儀がみられる。このように地主神の祭祀は、十八日だけではなく、十五日にも執行されていたことが

わかる。さらに『年中行事』には、十七日に「清酒作内人幷酒造内人等自二瑞垣御門一左右脇ニ供二御神酒幷荒蠣御贄等一。一人ハ柏ヲ持テ敷、一人ハ大杪ニ御神酒ヲ入テ件柏ニ懸、一人ハ荒蠣ノ御贄ヲ散供也。其次第、先自二御門左右脇一迄二巽角一、副二瑞垣一ニ供進。次自二右方脇一廻テ迄二巽角一供進テ高声ニ由貴奉ル々々々ト申也」として、清酒作内人と酒造内人が瑞垣御門からはじめて瑞垣にそって、一人が柏を敷き、一人が大杪に神酒を入れて柏に注ぎかけ、一人が荒蠣の御贄を散供。その時、高声で「由貴奉ル々々々」という。この後、清酒作人が正殿階の左右の男柱の元に「白志ノ御饌」を、酒作内人が右の男柱の元に「黒志ノ御饌」を供えるとある。かかる地主神への祭祀は、史料上、『雑例集』『年中行事』から詳しく知られるが、『雑例集』段階になって急にはじまったとも考え難いので、起源は古く遡るのであろう。かりに百歩譲って、右の儀が『雑例集』以降にあらたに展開したと仮定したとしても、地主神への祭祀全体としては『皇帳』以後、けっして後退していなかったことは確認されねばなるまい。

以上、伊勢神宮の月次・神嘗祭について述べてきたところをもとに、問題点を簡単に整理しておきたい。

(1) 内・外宮の月次・神嘗祭とは、朝夕大御饌供進儀と翌日の奉幣の儀を主要な構成要素とするものであったが、とくに内宮独自の儀として朝夕大御饌供進に先立って中嶋神事が外宮の神の服属という形で行われていたこと。

(2) 伊勢神宮では三節祭として一年に三度も大祭が行われたが、これは在地の一般の神社が春秋の二度の祭りであったことと対置される。岡田精司氏が指摘されている通り[103]、伊勢神宮の三節祭は、宮中の六・十二月月次祭、十一月の新嘗祭と対応するのであろう。

(3) 両祭は、内・外宮、別宮、摂社、末社、「宮廻神」などの神社、神々を対象とするものであったが、上記の神社、神々の格式に沿った形で、いわば同心円状に祭祀が執行されていたらしいことである。すなわち、内宮の神嘗祭を例に述べると、十六・十七日が内宮と荒祭宮、十八日から二十五日までが別宮、二十七日が所管二四社で祭祀が行われるという大まかな傾向がある。これには例外もあり、二十日には摂社の大歳神社（小朝熊神社）の祭礼行事、十八日には「宮廻神」の祭祀がなされている（『皇帳』）。とくに、後者と同類のものとしては、十五日の「興玉祭事」（『雑例集』）などの例が指摘でき、「宮廻神」の祭祀は祭日からすると、別宮といわば同格ともいえそうな状況も認められる。しかし、これは「宮廻神」が内・外宮境内の地主神であることにおいて重視されたからであろう。少なくとも、「宮廻神」は末社よりも神宮内の格付けの上では低かったものと思われる。

(4)　摂・末社を対象とする祭祀は、比較的早く消滅してしまうこと。月次祭の場合は、内・外宮において、外宮摂社の月読神社（『雑例集』）、内宮摂社の大歳（小朝熊）神社（『雑例集』『年中行事』）を別とすれば、早くも『延喜式』の段階までには実施されなくなったものとみられる。ただ、その中で内宮摂社の神嘗祭だけは後世に継承された。しかし、それも十三世紀はじめまでに十一月に祭日を移し（『雑例集』）、さらに『年中行事』では十一月十一・十二日に、神宮の祈年祭と同じく、禰宜が大土・津長・宇治山田神社という特定の摂社だけに参向して実施されるようになっていった。(104) 既述したごとく、『年中行事』から十六日に大土神社の行事が出てくるが、それも右の一環であろう。

五　祈風雨旱災から燈油まで

〔祈風雨旱災〕

祈風雨旱災の行事とは、『止帳』八月例条に「祈二八月風一幣帛、絹一丈五尺、木綿一斤、麻一斤」、『皇帳』七月例

表11　祈風雨旱災の絹・木綿・麻供進

	絹	木綿	麻
大神宮	五尺	三斤	三斤
度会宮	五尺	二斤	二斤
荒祭宮	三尺		
月読宮	三尺		
荒御玉	三尺		
伊佐奈岐	三尺		
伊佐奈弥	三尺	四斤	四斤
瀧原	三尺		
小朝熊	三尺		
多賀	三尺		
久具	三尺		
風神	三尺		
度会郡神四〇座		六斤五両六分	六斤五両六分

条に「以二朔日一、受二司幣帛一、祈日申行事。右禰宜率二日祈内人一、月一日起盡卅日、朝夕風雨旱灾為二止停一祈申」、八月例条に「祈二八月風雨一、幣帛絹二丈五尺、麻八斤大、木綿八斤大。已上禰宜率二日祈内人一、為二風雨災鎮一祈申」、五月例条に「四日、年祈料赤引調糸二絇。神郡度会郡。右従二七月一日一始迄二八月卅日一、日祈内人、朝夕止二悪風一弖、天下百姓作食五穀平助給止祈申」とあるように、七・八月の二ヶ月間、毎日、禰宜は日祈内人を率いて、神宮司の幣帛をもって毎朝夕、風雨の順調ならんことを祈るというものであった（外宮は八月のみ）。

『延喜式』四（大神宮式）では、「凡毎年七月、日祈内人為レ祈二平風雨一」として、絹・木綿・麻が「並神宮司充之」とあった。『延喜式』は内・外宮ともに七月のみの行事としているが、その対象となった諸社と絹・木綿・麻の分量を［表11］に列挙した。それによると、内・外宮はもとより、荒祭宮などの別宮、「度会郡神卌座」（度会郡内の式内社）、それに「風神」（外宮の式外社）にまでおよんでいたことが知られる。

『雑例集』七月条では「四日、二宮風日祈祭事」とあり、一日だけの行事とされている。同書には「外宮、早旦令下二物忌父一捧中御幣上、一禰宜奉二御蹕一、参二内院一。在二別宮御幣一。幣後二禰宜以下参列。一禰宜申二詔刀一。次供二朝御饌一。次風宮祭直会事」として、朝御饌供進以前に神前に御幣が供えられた。『年中行事』七月条にも「四日、風日祈神態……其次第如二去四月十四日御笠神事之勤一。但於二今度一者薑御贄并蓑笠ヲ不二供進一。只御幣許也。仍日祈一人参……」とあり、やはり七月四日の一日のみの日祈だったことがわかる。しかも、その儀は四月十四日の蓑笠供進と同じとあることから、日祈内人等が南御門より中重に参入し、禰宜が詔刀を奏上する形であったとみられる。

なお、『年中行事』には、内宮の詔刀の後に「別宮諸社詔刀」として「申ク今年ノ七月四日ノ今時以月読伊佐奈岐瀧原並伊雑瀧祭ノ皇御神」に日祈内人が「風日祈ノ御幣」を奉り、その末尾に「天都神国都神ニモ如レ此申テ奉ル」とある。ここには荒祭宮がみえないなど、『延喜式』と小異もあるが、基本的な行事のあり方は、『皇帳』『延喜式』段階と同じであったとみてよいだろう。「神事」が終わると、一殿で「直会饗膳」となった。

祈風雨旱災行事の日程に関して付言すると、『雑例集』以後、七月四日とされたことからも、同日に実施されていた広瀬大忌祭・龍田風神祭との関連が認められよう。(105) 四月の蓑笠供進のところでもすでに指摘した通り、両祭は五穀の成熟のために風雨の害がないよう祈るものであった。伊勢神宮では、『皇帳』『止帳』の段階で当該行事が七・八月（内宮）ないしは八月（外宮）に行われていたのが、いずれも七月四日に日付が変更されてしまったのも、広瀬大忌祭・龍田風神祭と共通な性格が意識されていたからであろう。(106)

〔重　陽　節〕

重陽節（九月九日）については、『止帳』九月例条、『皇帳』神田行事条、九月例条にその記載がないので、延暦二十三年時には伊勢神宮では実施されていなかったと考えられる。しかし、『雑例集』九月条には「九日、二宮節貢事。外宮菊花相二加朝御饌一供レ之也。」、『年中行事』九月条にも「九日、御節供次第……一殿饗膳如二三月三日一……件御節供菊花御饌供進次第如二三月三日桃花御饌之勤一……」とあり、『雑例集』『年中行事』段階では少なくとも実施されていたことが確認できる。『氏経神事記』でもほぼ連年にわたって、同日に「菊花御饌」「菊花御膳」の記事がある。また、近世の諸史料からは、別宮では荒祭宮、高宮・土宮・月読宮・風宮でも重陽節が行われていたことが知られる（『荒祭宮年中神事下行雑事』『高宮年中行事』『土宮年中行事大概』『月読宮神事年中行事』『風宮年中祭奠式』）。

桜井氏は、重陽節が古く行われていないのは、九月が「神嘗の月としてきびしい斎戒にはいっていたからであろう[107]」とされたが、これでは重陽節が延暦二十三年以後、『雑例集』以前に実施されていくようになることの説明がつかない[108]。

平安期の重陽節とは、天皇が紫宸殿に出御、博士・文人に詩を作らせ、宴を賜るというもので、同節の史料上の初見は、『日本書紀』天武十四年（六八五）九月壬子（九日）条に「天皇宴二于旧宮安殿之庭一。是日、皇太子以下、至二于忍壁皇子一、賜レ布各有レ差」であった。しかし、雑令諸節日条には九月九日は含まれていない。

重陽節の起源と変遷については、清水潔氏に専論[109]がある。それによると、①天武朝には重陽節が行われていたが、持統朝には九月九日が天武の忌日（『日本書紀』朱鳥元年〈六八六〉九月丙午条）にあたったため停止された。②天武から天智へと皇統が交替したのに伴い、延暦十年（七九一）に天武の国忌が除かれた可能性があり（『続日本紀』延暦十年三月癸未条）、そのさい、同節も復活したものと思われるが、光仁天皇の母后紀橡姫の国忌が九月十四日であったため、その忌月を避け、再び停止されたらしい。③大同二年（八〇七）に再開され（『類聚国史』七四、大同二年九月癸巳条）、大同四年に文人に命じて詩賦せしめ、弘仁二年（八一一）には曲宴が行われている（『日本後紀』弘仁二年九月庚子条）が、いずれも正式な朝儀として復興されたものではなかった。④それが正式に復興されたのは、弘仁三年のことであった（『政事要略』二四所引「天長格抄」弘仁三年三月九日太政官符、同三年九月十六日太政官符）―の諸点が明らかにされている。清水説に従うべきであろう。ただ、『皇帳』『止帳』に重陽節が見出せないことについて、清水氏は触れられていないが、両帳が撰進された延暦二十三年は右記の②③からしても、伊勢神宮でも重陽節が停止されていたとしても一向に不自然ではない。『皇帳』『止帳』の年中行事記事を貞観以降の補筆とする桜井説[110]（前述）は、この点で成立しないのであろう。

では、神宮の重陽節はいつ復活したのであろうか。史料上では『雑例集』にようやく確認されるが、再興年代はそれよりも早く、おそらく、清水説の④からしても弘仁三年以降のことであろう。また、①をもとに伊勢神宮でも天武朝には重陽節が行われていたことも予想されるのではないだろうか。

前引の『年中行事』によると、重陽節は「如㆓三月三日桃花御饌之勤㆒」とあるので、内宮では禰宜が北御門から参入して御殿下に菊花御饌を供進する「略式」であり、外宮の方も、『雑例集』にある通り、「朝御饌」に「菊花」を「相加」える形で、「略式」であった。これは、平安初期に復活した重陽節の姿であろうが、天武朝においても同様の形態だったとみられよう。

ところで、七月七日の七夕節についてもあわせて言及しておきたい。七夕節とは、中国の牽牛・織女の二星が会合するという伝承に由来し、『万葉集』や『懐風藻』にも二星会合の歌・詩が数多く収められている。これとは別に『日本書紀』には当麻蹶速と野見宿禰が相撲をとったという有名な話があるが、その日付は垂仁七年七月乙亥（七日）であった。雑令諸節日条によると、同日は節日とされ、『日本書紀』持統五年（六九一）七月丙子（七日）条に「宴㆓公卿㆒。仍賜㆓朝服㆒」とあり、『万葉集』一〇―二〇三三、柿本人麻呂の七夕歌左注の作歌年次「庚辰年」が天武八年（六七九）とみられる(111)ので、その起源は遅くとも七世紀後半に遡る。『続日本紀』天平六年（七三四）七月丙寅（七日）条には「天皇観㆓相撲戯㆒。是夕、徙㆓御南苑㆒、命㆓文人㆒賦㆓七夕之詩㆒。賜㆑禄有㆑差」とあり、八世紀中頃には相撲や七夕の詩宴も行われていたはずである。七夕の相撲は、天長三年（八二六）、平城天皇の国忌を避けて十六日に移され（『類聚国史』七三、天長三年六月己亥条）、以後、七日に実施されることはなかった。また、七夕節には裁縫の上達を願う乞巧奠が行われるが、正倉院には七夕で用いられたと思しき銀・銅・鉄針七本と五色の縷四巻が残されている(112)ので、これも奈良時代に遡る行事であろう。

右のような状況からしても、伊勢神宮で七夕節の存在が知られていなかったとは考え難い。しかしながら、『止帳』七月例条、『皇帳』神田行事条、七月例条に七夕節がみられないのである。この点は重陽節と同じであるが、七夕の場合、『雑例集』七月条、『年中行事』七月条など、後世の諸史料をみてもその実施史料を見出せない点が重陽節と決定的に異なる。中・近世の史料まで参照しても、『豊受皇太神宮年中行事今式』三には、七日、禰宜や禰宜家族の権官が「一禰宜里第」で索麪・酒・瓜などを飲食したとあるのが知られる程度である。これからしても、禰宜や子良の私邸で行われ、内・外宮や別宮などでは実施されていなかったとみられるのである。『内宮年中神役下行記』に「七日、私ノ節供政所索麵一把、二瓶進、使例飯十文宛」(113)、『外宮年中祭祀行事大略職掌人装束』に「午刻さしたる神事にてはなく、禰宜家族の里家に著盃酌有」(114)とあるのも、右の事情と関連するところであろう。

それでは、なぜ、伊勢神宮では七夕節が受容されなかったのであろうか。先行学説で、この点に触れられているのは桜井氏で、「星を祭ることは異国の祭儀として排除された」(115)と指摘された。しかし、この理解は妥当ではあるまい。というのも、「異国の祭儀として排除された」というのであれば、正月元日の白散神酒供進や七日の卯杖供進など、同類の行事が伊勢神宮で実施されていた理由が説明できないからである。古代の天皇が「異国の祭儀」を積極的に受容していたのと同様の事情は伊勢神宮の場合にもあてはまろう。

そこで、改めて、七夕節と伊勢神宮との関係が問われねばならないが、筆者にももとより断案があるわけではない。あえて私案を述べると以下の通りである。すなわち、七夕節には索麪や瓜などが食され、供物としても用いられること、しかも、それらが畑作物であることが留意される。この点から、和歌森太郎氏は、七夕節にはもともと畑作物の収穫感謝祭としての意義が存したと指摘された(116)。一方、倉林正次氏は、七月が稲の収穫に向かう重要な時季であること、垂仁紀に野見宿禰が蹶速を殺して勝ち、「腰折田」を賜ったとあることから、七夕節の相撲には稲の豊穣祈念的性格があったと指摘されている。(117) とすれば、先述のように七月ないしは八月には、祈風雨旱災が内・外宮および別宮で実施されていたこととの関連が問題になるのではないだろうか。この問題は伊勢神宮の成立ともかかわるのであろうが、五穀豊穣を祈願する農耕儀礼としての祈風雨旱災との重複関係から伊勢神宮では七夕節が実施されなかったのではないかと考えてみたいのである。先述のように、祈風雨旱災の行事は『雑例集』以後、広瀬大忌祭・龍田風神祭との関係から七月四日に行われるようになったが、それでも七夕節が伊勢神宮で実施されていない。これも右記の見通しの傍証になるのではあるまいか。

〔燈　油〕

大晦日の晩、宮中では方相氏や侲子らが鬼を追う大儺（追儺）の儀が行われた。『続日本紀』慶雲三年（七〇六）是年条に「天下諸国疫疾、百姓多死。始作二土牛一大儺」という大儺の記事があるので、中国伝来の大儺儀の実施は八世紀初頭に遡る。この儀については、別の機会に論じたところであるので、(118) ここでは繰り返さないが、大儺にあたって宮中では「燃燈」があったことに注意したい。『延喜式』三六（主殿式）には「十二月晦夜、供二奉内裏幷大極殿、豊楽殿、武徳殿一儺料等雑物、槾椒油七斗六升六合、胡麻油四斗、油瓱廿六口、燈盞一千一百六十六口、二百五十三口加レ盤、燈炷調布一丈九尺三寸、燈台八十基、紫宸殿幷御在所料、中宮油八斗、油杯八百口、盤百卅口、瓱十六口、燈炷布一丈三尺……」「十二月晦夜、官人当日晩頭率二史生、殿部、今良等一大内前庭東西相分立二燈台一、各相去八尺、随即燃レ燈、于レ時追儺……」と、内裏・大極殿・豊楽殿・武徳殿に燈台が立てられ、灯火が燈されたとある。(119)

同様に『江家次第』一一にも「南殿庭・殿上小庭・朝餉壺並打二燈台一」、『建武年中行事』に「こよひ所々にともし火をおほくともす。東庭・あさがれい・だいばん所のまへ、みぎりに、燈台をひまなくたてともすなり」とあった。夜明けが鬼の退散する時刻であったことはよく知られているが、(120) 右の照明も鬼を駆逐する一手段であったとみられよう。

大儺のさいの「燃燈」は日本独自のものではなく、中国に先蹤があった。すなわち、唐の王建の「宮詞」に「金吾除夜進ニ儺名一　画袴朱衣四隊行　院院焼レ燈如ニ白日一　沉香火底坐吹レ笙」[121]（「宮中のどの中庭にも、かがり火が焼かれて、まるで真昼のよう。沈香をたく火明かりのもとで楽人たちは坐って笙を吹いている」）、唐代の故事を記した北宋、銭易撰『南部新書』乙に「……至レ夜于ニ寝殿前一進レ儺、然ニ蠟炬一、燎ニ沈檀一、熒煌如レ書……」とあったのは、その代表例といえよう。

伊勢神宮では方相氏や侲子が活躍する大儺儀そのものは実施されていないが、燈油を用いた照明はなされた。『止帳』十二月例条に「以ニ晦日一、大神宮司所ニ下宛一油伍升以、燈ヲ油供ヲ奉内院并諸院一」、『皇帳』十二月例条に「卅日燈油七升。右宛ヲ奉大神宮司一、即預禰宜、内人等供進」、『雑例集』十二月条に「晦日……白散年魚燈油奉レ送ニ二宮一事」「外宮燈油白散年魚請文事。……宮司参拝事。…禰宜直燈油供奉。」とみえる。また、『年中行事』十二月条にはその詳しい規定がある。すなわち、「晦日夜、破立火燈事」[122]として、御巫内人が大神宮司から油五升に「自ニ酒殿一油一杯ヲ請加テ、五尺許ノ細木ヲ伐テ所々ヲ削テ末ヲ破懸ニ其上ニ燈火一、諸殿舎御門御倉鳥居等并屏及興玉桜神御前ニ立也。但御門ハニ二燈左右、諸殿舎御倉ハニ一燈也」とあり、その後に燈油をともす場所が具体的に記されている（[表12]）。

表12　燈油供進

場　所	燈数
南ノ荒垣御門外方	二
東ノ方ニ南北エ指テ	五
東西宝殿料	二
宮比御料	一
矢乃箒御料	一
一御御座料	一
南ノ屏垣	一
一鳥居	四
鳥居料	二
瀧祭御料	一
東方外下津道饗御料	一
二鳥居	四
鳥居料	二
風宮御料	一
上津道饗御料	一
西御門ノ屏垣	一
正殿御板敷ノ下	三
諸別宮	
宮庁ノ宿館	一

これによると、燈火が灯されるのは、内宮境内と諸別宮が中心であったことがわかる。『年中行事』によると、「内

物忌父等請ニ取北御門御鎰一奉レ開、正殿御板敷ノ下ニ三燈天平賀内ニ燈。是左右相殿御料ヲ加テ也」とあるので、正殿床下の心の御柱前までも照明の対象に含まれていた。外宮では、『豊受皇太神宮年中行事今式』三から、正殿の「階下之東西」に「割立木六本」を立て、「炬ニ御火一」とあるのをはじめとして、境内の諸所に照明がなされ、それが高宮・土宮・月読宮・風宮といった別宮にもおよんでいたことがわかる。

このように伊勢神宮における燈油は、宮中の大儺儀とパラレルであったとみられる。伊勢神宮では、漆黒の闇夜の中、照明によって鬼の退散を図ろうとしたのであろう。とくに、内宮の「正殿御板敷ノ下ニ三燈天平賀内ニ燈」とある（『年中行事』）ように、正殿床下に燈台が立てられていたのも、内裏の照明と連関していたはずである。

六　おわりに

これまで述べてきた伊勢神宮の年中行事を神前で行われていたものに限って取り上げ、『皇帳』『止帳』段階で各神社ごとにどのように実施されていたかを整理したのが［表13］［表14］である。ここからも、何度か指摘したように内・外宮―別宮―摂社―末社―「宮廻神」構成の中で、神社（神々）の格式と年中行事のあり様が対応していたことが改めて了解されよう。すなわち、内宮では、内宮と別宮――とくに荒祭宮――がほぼ同じように天皇と共通の行事を実施していたこと、摂社では概ね祈年祭と三節祭に限られていたこと、末社は伊勢神宮の年中行事と無縁であったこと、「宮廻神」の行事は末社よりもむしろ摂社の方に近しいことである。このうち、「宮廻神」の格が高いようにみられることに関しては、「宮廻神」が内宮境内の地主神であったことに基因していたことが考えられよう。かかる傾向は外宮についても同様に観察される。ただし、外宮の場合は末社に四月十四日の御笠御蓑供進があり、三節祭にも

表13　内宮年中行事

	内宮	別宮	摂社（二五社）	末社（一五社）	その他
一・一	朝拝	荒祭宮			
一	白散神酒供奉				
先卯日	御杖供奉	荒祭宮			
七	新菜御羹供奉	荒祭宮			
一五	御粥供奉	荒祭宮			
一五	御竈木供進				
二・一二	祈年祭	荒祭宮			
一三		所々宮	所管神社二五所		大神宮廻神百廿四前
三・三	新草餅供奉	荒祭宮			
四・一四	神衣祭	荒祭宮			
一四	御蓑御笠供進	荒祭宮・月読宮・瀧原宮・伊雑宮	瀧祭社・小朝熊社・伊加津知神社・園相社・鴨社・田辺社・蚊野社		大奈保見神社・風神社
五・一五	菖蒲蓬供奉	荒祭宮・月読宮・瀧原宮・伊雑宮			
	薬御酒供奉	荒祭宮			
六・一六〜一七	月次祭				
一六〜一八		荒祭宮			
一六・一九			瀧祭神社		
一八					神宮廻神百廿四前
一九		月読宮			
二〇			大歳神社（小朝熊神社）		

二三		瀧原宮			
二五		伊雑宮			
二七			管神社二四処		佐美長神社
七・　一～三〇	祈風雨旱災				
八・	祈八月風雨				
九・一四	神衣祭	荒祭宮			
一六～一七	神嘗祭				
一六～一八		荒祭宮			
一六・一九			瀧祭神社		
一八					宮廻神
一九		月読宮			
二〇			大歳神社（小朝熊神社）		
二三		瀧原宮			
二五		伊雑宮			（佐美長神社）
二七			管神社二四処		
一二・一六～二七	月次祭				
三〇	燈　油				

（注）内宮の項の行事名は、当該日に内宮でその行事が行われていたことを表す。また、別宮以下は、その行事がいつ、どこで実施されたかを示している（表14も同じ）。

預かるという点が内宮の場合と相違しているが、外宮摂社と末社との間には神宮祈年祭の有無という点で相違があった。外宮でも摂社と末社との格式の差は設定されていたのであろう。

ところで、このような伊勢神宮の年中行事に関しては、その時代的変容まで視野に入れると、次のような点が注目される。すなわち、内・外宮、別宮の年中行事は後世にも継承されていったのに対し、第四節で指摘した通り、とく

表14　外宮年中行事

	外宮	別宮	摂社（一六社）	末社（八社）	その他
一・一	朝拝	高宮			
一	白散神酒供奉				
先卯日	御杖供奉	高宮			
七	＊新蔬菜羹供奉				
一五	＊御粥供奉				
一五	御薪木供進				
二・一二 吉日	祈年祭	高宮	所管諸神社一六処		宮廻神二百余所・御井二所神・御田神・所所小社九処神
三・三	＊新草餅供奉				
四・一四	御笠御蓑供進	高宮	諸所管神社二四処	諸所管神社二四処	
五・一五	菖蒲蓬供奉 薬御酒供奉	高宮			
吉日	養蠶糸先奉進	高宮			宮廻神
吉日	明曳糸奉進				
六・一五					所所神・御井・高宮御井
一五～一六	月次祭				
一六・一七		高宮			
一七					宮地神
一七～一八（吉日）			月夜見神（所管社神）	（所管社神）	（宮廻神・御田神・処々枝神）

郵便はがき

料金受取人払

本郷局承認

5948

差出有効期間
平成21年1月
31日まで

113-8790

251

東京都文京区本郷7丁目2番8号

吉川弘文館 行

愛読者カード

本書をお買い上げいただきまして、まことにありがとうございました。
このハガキを、小社へのご意見またはご注文にご利用下さい。ご注文は
通常より早くお取寄せになることができます。

お買上
書　名

＊本書に関するご感想、ご批判をお聞かせ下さい。

＊出版を希望するテーマ・執筆者名をお聞かせ下さい。

お買上
書店名　　区市町　　書店

◆新刊情報はホームページで　http://www.yoshikawa-k.co.jp/

◆ご注文、ご意見については　E-mail:sales@yoshikawa-k.co.jp

ご氏名《ふりがな》	年齢　　歳　男・女
〒 □□□-□□□□	電話
ご住所	
ご職業	所属学会等
ご購読新聞名	ご購読雑誌名

今後、吉川弘文館の「新刊案内」等をお送りいたします(年に数回を予定)。
ご承諾いただける方は右の□の中に✓をご記入ください。 □

注文書

月　日

書名	定価	部数
	円	部
	円	部
	円	部
	円	部
	円	部

配本は、○印を付けた方法にして下さい。

イ. 下記書店へ配本して下さい。

(直接書店にお渡し下さい)

(書店・取次帖合印)

書店様へ＝書店帖合印を捺印の上ご投函下さい。

ロ. 直接送本して下さい。

代金(書籍代＋送料・手数料)は、お届けの際に現品と引換えにお支払下さい。送料・手数料は、書籍代計1,500円未満500円、1,500円以上200円です(いずれも税込)。

＊お急ぎのご注文には電話、FAXもご利用ください。
電話 03—3813—9151(代)
FAX 03—3812—3544

吉川弘文館 新刊ご案内

● 2008年４月

〒113-0033　（表示価格は５％税込）
東京都文京区本郷７丁目２番８号
電　話 03-3813-9151（代表）
ＦＡＸ 03-3812-3544　振替 00100-5-244

語り継がれてきたあの名シーンがよみがえる！

蘇我入鹿暗殺、平家滅亡、謡曲『鉢木』、楠木正成「桜井の別れ」、信玄・謙信の一騎打ち、赤穂浪士の討ち入り、白虎隊の悲劇、ミッドウェー海戦、東京オリンピック…。

知っておきたい 日本史の名場面事典

大隅和雄・神田千里・季武嘉也・森 公章・山本博文・義江彰夫 著

大化の改新、壇浦《だんのうら》の戦い、川中島合戦、赤穂《あこう》浪士の討ち入り、玉音《ぎょくおん》放送、東京オリンピックなど、日本史の転機となったかずかずの名場面の中から、知っておきたい七八テーマを精選。歴史の舞台裏に潜む真相やエピソードを多数ちりばめ、語り継がれてきた名シーンが、詳細・平易な解説と臨場感あふれる豊富な図版でよみがえる。出典と参考文献を付す。

Ａ５判・二八六頁／二八三五円

徳川和《まさ》子《こ》（人物叢書 通巻252）

久保貴子著

四六判・二二四頁／一八九〇円

江戸時代初期、徳川秀忠の娘和子は、対朝廷政策により後水尾《ごみずのお》天皇の許に嫁ぎ、皇后となる。将軍の娘、天皇の妻・母として、朝廷・幕府間の軋轢《あつれき》に苦悩しつつも、両者の和に尽力し、存在感を示した「東福門院《とうふくもんいん》」初の伝記。

http://www.yoshikawa-k.co.jp/

一冊の本から広がる〈知〉の宇宙　全冊書下ろし

歴史文化ライブラリー

人類誕生から現代まで／忘れられた歴史の発掘／常識への挑戦／学問の成果を誰にもわかりやすく／ハンディな造本と読みやすい活字／個性あふれる新装幀

●2月～4月発売の6冊

250 観音浄土に船出した人びと
熊野と補陀落渡海

根井　浄著

補陀落《ふだらく》渡海とは何か。観音菩薩が住む南方の浄土＝補陀落世界を目指し、現身を船形の棺に納めて大海原に船出した人びとがいた。宣教師の記録や絵画史料、渡海船の構造から、「南方往生」と補陀落渡海の世界観を解き明かす。

四六判・二四〇頁／一七八五円

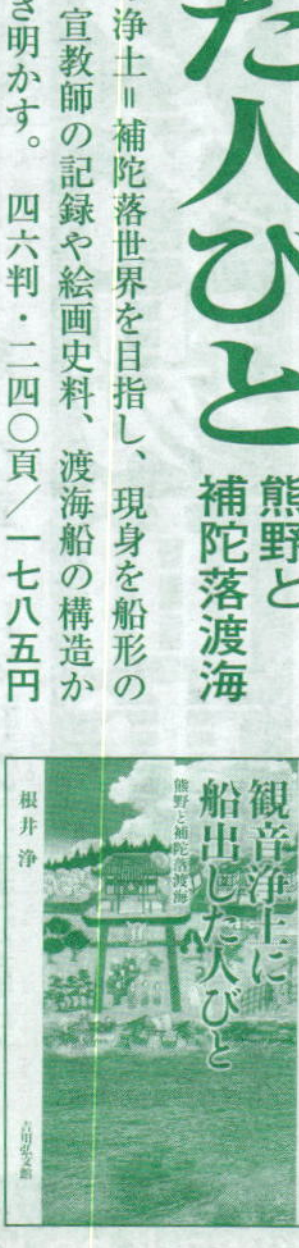

251 古代インド文明の謎

堀　晄著

白人系遊牧民アーリヤ人が侵入して誕生したとされるインド文明。神話『リグ・ヴェーダ』に基づいた歴史記述の矛盾を、カースト制、インダス文字、スタンプ印章など考古学や人類学の成果から解明。古代インドの謎に迫る。

四六判・一九〇頁／一七八五円

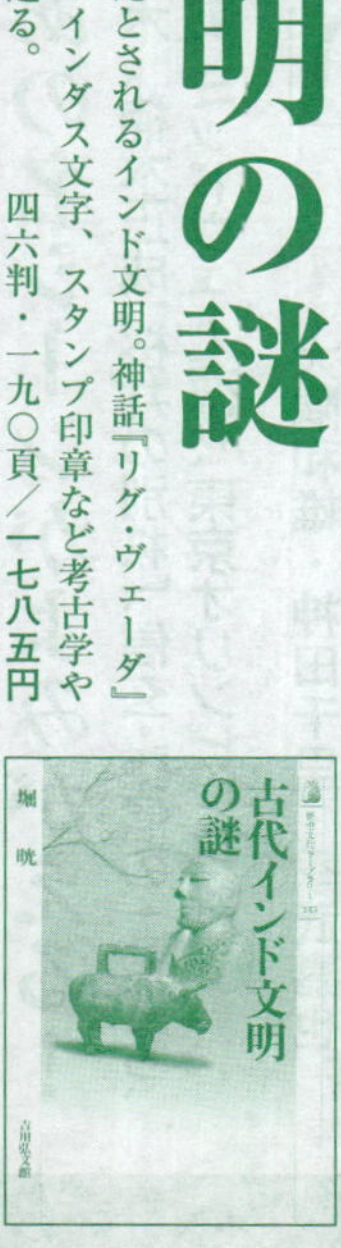

252 骨が語る古代の家族 親族と社会

田中良之著

古代の家族・親族関係の変化は、国家の誕生と深い関わりがあった。縄文から古墳時代まで、人骨とその墓を人類学・考古学の最新の成果から分析。現代とは異なる古代の家族や親族の実像に迫り、その歴史的意味を問う。四六判・二四〇頁／一七八五円

253 西南戦争 戦争の大義と動員される民衆

猪飼隆明著

維新の功臣である西郷隆盛はなぜ蜂起したのか。七ヶ月余の内戦はその地域に住む人びとにとってどのような意味があったのか。熊本城での攻防を中心に、戦争に巻き込まれた民衆の実態を探り、西南戦争の大義を問い直す。四六判・二二四頁／一七八五円

254 贈答と宴会の中世

盛本昌広著

贈り物に熨斗《のし》を添え、職場の新人に歓迎会をするのはなぜか。源義家への豪華接待、将軍が与えた亥子餅、八朔や歳暮に贈られた名産品・鯨などの水産品・果実などから、参加者の縁を結ぶ贈り物・宴会の意味と役割を解明。四六判・二四〇頁／一七八五円

255 江戸の捨て子たち その肖像

沢山美果子著

江戸時代の〝捨て子〟は、どこに、どのように捨てられ、拾われたのか。ともに添えられたモノや手紙に託した親の思い、捨て子を貰う人々、江戸にもあった赤ちゃんポスト構想。そこから見えてくる捨て子たちの実像を描く。四六判・二〇八頁／一七八五円

読める！ わかる！ 面白い！

**鎌倉時代のもっとも基本的な歴史書、
その難解な原文を、はじめて現代語訳化。**

創業150周年記念出版

現代語訳 吾妻鏡 全16巻

五味文彦・本郷和人編

四六判・上製・平均二九六頁
『内容案内』送呈

好評刊行中

鎌倉時代のもっとも基本的な歴史書である『吾妻鏡《あずまかがみ》』。独特の漢文体で綴《つづ》られたその難解な原文が、誰でも読める現代語訳ではじめて甦る。歴史用語や人名・地名も、注釈によりもれなく解説。待望の〈現代語訳〉誕生。

全巻予約申込受付中

3ヵ月ごとに1冊巻数順に配本予定

3 幕府と朝廷

文治二年（一一八六）～
文治三年（一一八七）

5月下旬発売予定

頼朝は後白河法皇に人事等の申し入れを行う。地頭の権限は謀反人の旧所有地に限定される。頼朝の尽力で閑院内裏が再建され、重源の手で東大寺再建も始まる。源行家は摂津で討たれるが、義経は藤原秀衡を頼って奥州に赴く。

予価二三一〇円

1 頼朝の挙兵

治承四年（一一八〇）四月～
寿永元年（一一八二）

以仁王の平家追討令旨から頼朝・義経の黄瀬川対面まで、鎌倉武家政権の誕生を活写する。

【3刷】二三一〇円

2 平氏滅亡

元暦元年（一一八四）～
文治元年（一一八五）

東国武士団は義仲を撃破。源平合戦は平氏滅亡を迎えるが、ヒーロー義経は逃亡の身となった。

【2刷】二四一五円

現代語訳 吾妻鏡 続刊書目

4 奥州合戦 文治四年（一一八八）〜文治五年（一一八九）
5 征夷大将軍 建久元年（一一九〇）〜建久三年（一一九二）
6 富士の巻狩 建久四年（一一九三）〜正治二年（一二〇〇）
7 頼家と実朝 建仁元年（一二〇一）〜建保元年（一二一三）
8 承久《じょうきゅう》の乱 建保二年（一二一四）〜承久三年（一二二一）
9 執権《しっけん》政治 貞応元年（一二二二）〜寛喜二年（一二三〇）
10 御成敗式目《ごせいばいしきもく》 寛喜三年（一二三一）〜嘉禎三年（一二三七）
11 将軍と執権 暦仁元年（一二三八）〜寛元二年（一二四四）
12 宝治《ほうじ》合戦 寛元二年（一二四四）五月〜宝治二年（一二四八）
13 親王将軍 建長二年（一二五〇）〜建長四年（一二五二）
14 得宗《とくそう》時頼 建長五年（一二五三）〜正嘉元年（一二五七）
15 飢饉と新制 正嘉二年（一二五八）〜弘長元年（一二六一）
16 将軍追放 弘長三年（一二六三）〜文永三年（一二六六）七月

歴史文化セレクション

第Ⅱ期〈全13冊〉 毎月1冊刊行中

甦る〈知〉の宝庫！ 名著復刊

古事記の世界観

神野志隆光著

四六判・二三二頁／一七八五円

『古事記』はひとつの完結した作品として把握されねばならない。「高天原」「葦原中国」「黄泉国」「根之堅州国」の位置付けに新たな見解を示し、『古事記』が上中下巻を通して構築する独自の世界観・主張を解明する。（解説＝神野志隆光）

江戸の高利貸 旗本・御家人と札差

北原 進著

〈『江戸の札差』を改題〉四六判・二二四頁／一七八五円

最も江戸的な高利貸ともいえる札差。享保九年株仲間を結ぶ以前の状況から、幕府権力と癒着した十八世紀中期の発展、寛政・天保改革の債権帳消し令、維新前後の営業分析、十八大通論等、金貸し商人の実態を探る。（解説＝北原 進）

仏像の再発見 鑑定への道

西村公朝著

四六判・四五六頁・原色口絵二丁・単色口絵四頁／三九九〇円

信仰の対象である仏像にも、その制作年代の特徴が形となって現れている。約一二〇〇体の国宝・重要文化財の仏像を修理した技術者が、その蘊蓄を傾けて、仏像鑑定の秘法を公開。あわせて仏像美の再発見を説く。（解説＝真鍋俊照）

継体天皇の時代 徹底討論 今城塚古墳 〈5月発売〉

高槻市教育委員会編

継体天皇の墓とされる今城塚古墳は現在唯一、市民の立ち入りが許された天皇陵である。大量の埴輪、新王統か否かの議論、朝鮮との関係、阿蘇ピンク石製の棺、三つの棺に埋葬された人物などに迫り、その姿を明らかにする。四六判・二四〇頁／二七三〇円

家型埴輪（本書より）

平安貴族の夢分析

倉本一宏著

夢のお告げを信じ、加持祈禱にすがったとされる平安貴族。しかし彼らの日記からは、用事をサボる口実とするなど、夢を巧みに利用した姿が浮かび上がる。彼らが夢にどう対処したのかを探り、平安貴族の精神世界に迫る。四六判・二七〇頁／二九四〇円

日本人の生活文化 くらし・儀式・行事

菅原正子著

私たちが「日本の伝統文化」とする風習は、本当に古来から続くものなのか。イエズス会士が驚いた男色・夫婦別財などの慣習、ひな祭りや七五三、結婚式などの本来の姿を明らかにし、日本固有の文化とは何かを探り出す。四六判・一八六頁／一九九五円

生業から見る日本史 新しい歴史学の射程 （歴博フォーラム）

国立歴史民俗博物館編

民衆が生き抜くため営んできた生業の実態解明のため、民俗・考古・日本史学による学際的研究が結集。生業の豊かさとたくましさを探る方法論を探りつつ、二一世紀の新しい歴史学に求められる〝生業〟を論じ、語り合う。四六判・三〇四頁／三一五〇円

「士農工商」の枠組みを捉え直した
『シリーズ近世の身分的周縁』から六年――。
『内容案内』送呈
豊かな近世社会像を切り拓く新しい挑戦！

身分的周縁と近世社会 全9巻

各三一五〇円　四六判・平均三〇〇頁

全巻完結！

⑨身分的周縁を考える

【最終回配本】二七八頁

後藤雅知・斎藤善之・高埜利彦・塚田　孝
原　直史・森下　徹・横田冬彦・吉田伸之編

江戸時代を人びとはいかに生きたのか。多様な生業の人びとを、集団・関係・モノ・場などをキーワードに解明。深化を遂げてきた身分的周縁研究の成果を考え、第一線の研究者が全巻を見わたす熱い討論を繰り広げる。

- ①大地を拓く人びと　後藤雅知編
- ②海と川に生きる　斎藤善之編
- ③商いがむすぶ人びと　原　直史編
- ④都市の周縁に生きる　塚田　孝編
- ⑤知識と学問をになう人びと　横田冬彦編
- ⑥寺社をささえる人びと　吉田伸之編
- ⑦武士の周縁に生きる　森下　徹編
- ⑧朝廷をとりまく人びと　高埜利彦編

全9巻セット定価＝28350円

戦争の日本史 全23巻

各巻二六二五円　四六判・平均三〇四頁

【企画編集委員】小和田哲男・関　幸彦・森　公章・吉田　裕

◆既刊の17冊

- ①東アジアの動乱と倭国　森　公章著
- ②壬申《じんしん》の乱……倉本一宏著
- ④平将門《まさかど》の乱……川尻秋生著
- ⑤東北の争乱と奥州合戦　関　幸彦著……「日本国」の成立
- ⑥源平の争乱……上杉和彦著
- ⑦蒙古《もうこ》襲来……新井孝重著
- ⑧南北朝の動乱…森　茂暁著
- ⑫西国の戦国合戦　山本浩樹著
- ⑬信長の天下布武《ふぶ》への道　谷口克広著
- ⑭一向一揆と石山合戦　神田千里著
- ⑮秀吉の天下統一戦争　小和田哲男著
- ⑯文禄・慶長の役　中野　等著
- ⑰関ヶ原合戦と大坂の陣　笠谷和比古著
- ⑱戊辰戦争……保谷　徹著
- ㉑総力戦とデモクラシー　小林啓治著　第一次世界大戦・シベリア干渉戦争
- ㉒満州事変から日中全面戦争へ　伊香俊哉著
- ㉓アジア・太平洋戦争　吉田　裕・森　茂樹著

【刊行遅延のお詫び】『戦争の日本史』全23巻は編集上の都合により、左記巻数につき刊行が遅延することとなりました。六月より配本を再開いたしたく鋭意努めて参ります。しばらくお待ちくださいますようお願いを申し上げます。

③蝦夷と東北戦争…鈴木拓也著⑨応仁・文明の乱…石田晴男著⑩東国の戦国合戦…市村高男著⑪畿内・近国の戦国合戦…福島克彦著⑲日清戦争…原田敬一著⑳世界史の中の日露戦争…山田　朗著

戦後の歴史学界をリードし、中世史研究に不滅の業績を残した「永原史学」の全容を集大成！

『内容案内』送呈

永原慶二著作選集 全10巻

全巻完結！

戦後の歴史学界のリーダーとして、多大な業績を残した永原慶二。荘園制・大名領国制論を展開し、歴史学の方法論や社会的責任についても積極的に発言した。通史や実証論文など、膨大な「永原史学」の全容を集大成。

⑧日本経済史 苧麻《ちょま》・絹・木綿の社会史

（解説＝脇田晴子）一七八五〇円

原始から近代資本主義の成立に至る経済の歴史をわかりやすく解説した『日本経済史』。前近代の衣料とその生産・技術を通してみた『苧麻・絹・木綿の社会史』を収録する。広い視野と学識、明確な方法論に裏付けられた名品。

⑨歴史学叙説 20世紀日本の歴史学

（解説＝保立道久）一八九〇〇円

戦後の史学史・歴史学方法論・歴史教育をまとめ、史学の方向性を示した『歴史学叙説』。近現代の日本史学史を、著者の視点から総括した『20世紀日本の歴史学』を収録。近現代歴史学の展開と現代史学のあるべき姿を問い直す。

⑩歴史教育と歴史観

（解説＝青木美智男）一五七五〇円

教科書検定訴訟支援に奮闘した著者は、広く歴史教育・歴史認識をめぐる発言を繰返した。一九八〇年代以降の『天皇制・新国家主義と歴史教育』『〈自由主義史観〉批判』『歴史教科書をどうつくるか』を収録。詳細な著作目録付。

〈既刊〉①日本封建社会論 日本の中世社会…一五七五〇円②日本封建制成立過程の研究…一五七五〇円③日本中世社会構造の研究…一六八〇〇円④荘園 荘園制と中世村落…一七八五〇円⑤大名領国制 中世後期の社会と経済…一六八〇〇円⑥戦国期の政治経済構造 戦国大名と都市…一七八五〇円⑦日本中世の社会と国家 中世史の争点…一六二七五円

Ａ５判・平均五四〇頁

古墳時代の実像

土生田純之編

A５判・二九六頁／九九七五円

古墳時代を中央集権的、国家段階とみる畿内中心主義に陥らず、「地方」から古墳時代に迫った気鋭の研究者たちの論考を収録。吉備・出雲・若狭・越・東国など、各地域の実相と多様性を描き、古墳時代研究に警鐘を鳴らす。

日本古代都城制の研究 藤原京・平城京の史的意義

井上和人著

A５判・三七四頁／一一五五〇円

大陸からの軍事的圧力に対応するために造営された、藤原京・平城京。渤海都城と平城京形制の相関関係、官衙遺構の新たな分析、平城京の坊墻制、出土木簡が断片で発見される理由など、通説を再検討して歴史的意義を問う。

三宝絵《さんぼうえ》を読む

小島孝之・小林真由美・小峯和明編

A５判・三二八頁

一一五五〇円

平安中期、源為憲が出家した尊子内親王に献じた『三宝絵』。〈源為憲とその時代〉〈法会と経典〉〈縁起と物語〉などをめぐって、国文学・日本史学・美術史学の各専門分野から読み解く。巻末に関係研究文献目録を付載する。

日本国家の形成と東アジア世界

川勝　守著

A５判・三九四頁

一一五五〇円

日本は東アジア世界のなか、中国の影響を受けつつ固有の文化を発展させ国家を形成した。金印「漢委奴国王」や石上神宮七支刀、倭五王外交、仏教伝来を探り、冊封関係で結ばれた東アジアの国際関係が果たした役割を解明。

厳島文書伝来の研究 中世文書管理史論

松井輝昭著

A５判・二七八頁／九四五〇円

瀬戸内海航路の守護神で安芸国一宮の厳島神社に関係する中世文書は三二〇〇通余りになる。これらは長年どのように管理・保管され、今日まで伝えられたのかを、「文書管理史」の視座から考察。歴史的背景を踏まえ実態に迫る。

越前朝倉氏の研究

（三秀舎・発行）

松原信之著

A５判・六六〇頁／一二六〇〇円

国の特別史跡に指定された一乗谷遺跡をいまに残す越前朝倉氏。その研究に生涯を賭けた著者が、基本史料や記録を丹念に読み解き、半世紀にわたる研鑽の成果を集大成。今後の戦国史研究に新知見を提示する畢生の大著。

伊達政宗の研究

〈５月発売〉

小林清治著

A５判・五〇〇頁／一二六〇〇円

奥羽を制覇し屈指の大藩を築いた伊達政宗。その研究を牽引してきた第一人者による決定版。家督相続、領国の構造、奥羽仕置との関わり、仙台築城の歴史的意義、支倉遣欧使節、政宗文書など、政宗の全体像に鋭く迫る。

服制と儀式の有職故実

佐多芳彦著

有職故実とは何か。先行研究を整理・分析し、絵巻や肖像画を精査。公武服制の展開、儀式と服装の関係、貴族の乗り物や行列などの実態を解明。国文学、美術史、服飾史の成果も取り入れ、新たな有職故実の構築を目指す。

Ａ５判・三八四頁／一五七五〇円

山県有朋と近代日本

伊藤　隆編

明治・大正期の政界に君臨し、近代日本の暗黒の象徴とされてきた山県有朋。軍国主義・侵略主義の体現者ではなく、国力の限界を認識し、国際情勢を見極めながら日本の近代化に身命を賭した山県有朋の実像に迫る。

菊判・三四二頁／九四五〇円

近代製糸業の雇用と経営

榎　一江著

第一次大戦期を通して経営規模拡大を遂げた郡是製糸。その経営手法と、製糸工女に対する労務管理に着目する。雇用関係の変遷を実証的に分析し、労働者意識のありようを解明。近年のジェンダー史研究にも一石を投じる。

Ａ５判・三四四頁／一一五五〇円

戦国史研究 第55号

戦国史研究会編集――Ａ５判・四八頁／七〇〇円

神宮随筆大成 前篇（増補 大神宮叢書⑮）

神宮司庁蔵版――菊判・八三四頁／一〇五〇〇円（予約出版）

特急「あじあ」号

満洲に設立された、壮大な国家的プロジェクト。
満鉄のすべてがわかる本格的全史！

『内容案内』送呈

満鉄四十年史

財団法人満鉄会編

二十世紀初頭の満洲における壮大な国家的プロジェクト〝満鉄〟。その歴史を鉄道史と近現代史の両面から位置づける。さらに関連年表、全線全駅一覧など当時を知るための貴重な資料を収めた、満鉄を知るために必読の書。

Ａ５判・六四〇頁・口絵八頁・二色折込袋入
一二六〇〇円【好評増刷】

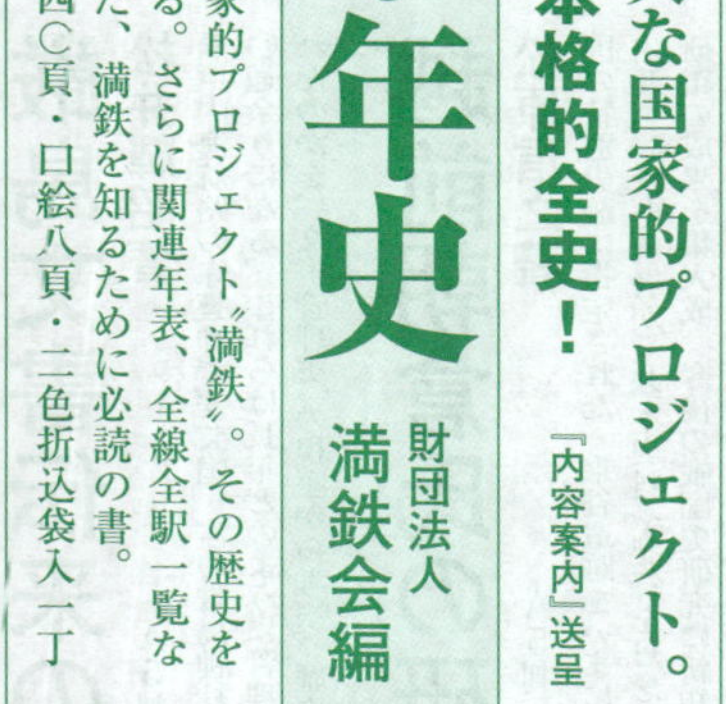

満鉄本社

●近刊

※書名は仮題のものもあります。

邪馬台国と地域王国
門脇禎二著
四六判／二九四〇円

古代の王権祭祀と自然
三宅和朗著
A5判／一二六〇〇円

唐王朝と古代日本
榎本淳一著
A5判／価格は未定

律令官人制と地域社会
中村順昭著
A5判／価格は未定

中世公武新制の研究
佐々木文昭著
A5判／一〇五〇〇円

足利義持（人物叢書253）
伊藤喜良著
四六判／価格は未定

信長と石山合戦 中世の信仰と一揆（歴史文化セレクション）
神田千里著
四六判／二一〇〇円

神君家康の誕生 東照宮と権現様（歴史文化ライブラリー256）
曽根原 理著
四六判／一七八五円

江戸の武家名鑑 武鑑と出版競争（歴史文化ライブラリー257）
藤實久美子著
四六判／一七八五円

江戸幕府財政史料集成 下巻
大野瑞男編
菊判／一九九五〇円

近世の宗教と社会1 地域のひろがりと宗教
高埜利彦・青柳周一・西田かほる編
A5判／一二六〇〇円

幕末維新期の社会と外交
田中正弘著
A5判／価格は未定

明治日本と万国博覧会
伊藤真実子著
A5判／七三五〇円

モノと男の戦後史（仮題）
石谷二郎・天野正子著
四六判／価格は未定

沖縄民俗辞典
渡邊欣雄・岡野宣勝・佐藤壮広・塩月亮子・宮下克也編
菊判／価格は未定

古文書研究 第65号
日本古文書学会編
B5判／三九九〇円

5月刊行開始

歴史を知れば、古典が見えてくる！ 古典を知れば、歴史が見えてくる！

豊かな世界を知るための、水先案内人、登場。

【企画編集委員】小峯和明・古橋信孝・川合 康

歴史と古典 全10冊

時代を超えて読みつがれ、いまなお輝きを放つ数多くの「古典」。その歴史的背景や言葉の意味などを理解するための格好のガイドブック。歴史・美術史、文学など多彩な視点から、その魅力と時代を読み解き、後の時代に与えた影響と文化の連鎖を明らかにする。古典を歴史の実像の中に正確に位置づけ、豊かな古典の世界に新しい可能性を切り拓く。

▼四六判・平均二八〇頁予定／予価各二九四〇円（毎月1冊刊行予定）

古事記を読む

三浦佑之編

【第1回配本】二九四〇円

〈続刊〉万葉集を読む…古橋信孝編／将門記を読む…川尻秋生編／源氏物語を読む…瀧浪貞子編／今昔物語集を読む…小峯和明編／平家物語を読む…川合康編／北野天神縁起を読む…竹居明男編／太平記を読む…市沢 哲編／信長公記を読む…堀 新編／仮名手本忠臣蔵を読む…服部幸雄編（刊行予定順）

6月刊行開始

暮らしに息づくさまざまな民俗から、現代社会を生きる知恵を学ぶ！

【企画編集委員】湯川洋司・古家信平・安室 知

日本の民俗 全13巻

民俗は、暮らしの中で意味をもち、伝えることで暮らしの場を作り上げてきた。人々の暮らしがあるかぎり、民俗は社会生活上に不可欠な基礎的な知恵である。本叢書は、民俗の意味と役割を、蓄積された民俗学的資料や解釈を踏まえ、具体的な場に即して解説。現代日本の暮らしのあり方と自らの足元を見つめなおし、生きることの根源的な姿を考える。

▼四六判・平均二五〇頁予定／予価各二八三五円（毎月1冊刊行予定）

【第1回配本】（6月発売）

③物と人の交流

川森博司・山本志乃・島村恭則著

〈続刊〉①海と里…安室 知他著②山と川…湯川洋司他著④食と農…安室 知他著⑤家の民俗文化誌…古家信平他著⑥村の暮らし…湯川洋司他著⑦男と女の民俗誌…八木 透他著⑧成長と人生…飯島吉晴他著⑨祭りの快楽…菊池健策他著⑩都市の生活…内田忠賢他著⑪物づくりと技…三田村佳子他著⑫南島の暮らし…古家信平他著⑬民俗と民俗学…湯川洋司他著

八・	祈八月風				
九・一五					所所乃枝神・御井
一五～一六	神嘗祭				
一六～一七		高宮			
一七					大宮地神
一七～一八			月夜見神		
吉日			所管社神	所管社神	宮廻神・御田神・処々枝神
一二・一五～吉日	月次祭				
晦日	燈油				

（注）＊印は御饌殿の儀であることを示す。

に三節祭の場合、①内宮の摂社、外宮の摂・末社を対象とする月次祭（『皇帳』『止帳』）は『延喜式』の段階までには基本的に実施されなくなったこと、②摂社を対象とする内宮神嘗祭は、『雑例集』までには十一月吉日に、『年中行事』では十一月十一・十二日に祭日が移されてしまうこと、③②の儀は祈年祭と同様で、禰宜が内宮周辺の特定の摂社に参向して神嘗祭を執行するようになったことである（［表10］参照）。以上の三点からも時代の経過の中で、摂・末社の祭りに大きな変化が生じてきたことが窺えよう。

では、なぜ、かかる変容が生じたのであろうか。とくに①②の変化の理由は奈辺にあったのだろうか。これには既述の通り、六・九・十二月と三度にわたって大祭があるのが宮中と伊勢神宮だけであり、地域の神社は春秋（予祝と収穫）の二度の祭りであったことが連関するように思う。以下、右の点につき、変容の背景の一端を推量してみたい。

地域の神社の祭りの時期をある程度、窺わせてくれる史料としては、そのほとんどが畿内およびその周辺に限られるが、以下のものがある。すなわち、『類聚三代格』一九、寛平七年（八九五）十二月三日太政官符に「諸人氏神多在二畿内一。毎年二月四月十一月何廃二先祖之常祀一……」とあること、「正倉院文書」には氏神の祭りのための請暇解が五通伝わっているが、その日付は四月が三例、十月が一例、十一月が一例であること、『続日本後紀』承和元年（八三四）二月辛丑条に「小野氏神社在二近江国滋賀郡一。勅。聴下彼氏五位已上。毎レ至二春秋之祭一。不レ待二官符一。永以往還上」とあること、『万葉集』三―三七九・三八〇の大伴坂上郎女作歌左注に「右歌者、以二天平五年（七三三）冬十一月一、供二祭大伴氏神一之時……」とあること、『山城国風土記』逸文（『本朝月令』所引『秦氏本系帳』）に賀茂祭（御阿礼祭）日を「撰二四月吉日一」としていることなどである。[123]

伊勢神宮関係でも、『雑例集』に四・十一月上申日に「中臣氏神（社）祭事」、二月中申日と十一月中酉日に「外（同）宮禰宜氏神祭事」が記されている。前者は宮司中臣氏の祭りで、離宮院内の氏神社が祭場であった。後者は外宮の禰宜度会氏の祭りで、二門は宮崎神社、四門は摂社（式内社）の田上大水神社が祭場であった。また、『年中行事』の三月条には「山宮祭木目神事。今月中日ヲ撰、木目時分也」という例もあるが、四月・十一月の初申日には「荒木田氏ノ二門ハ田辺ノ本社ニ参テ祭。同一門ハ小社湯田野ノ社ニ参テ祭也」、同日「宇治氏石部氏同初申日祭也。宇治氏ハ字上社ニテ祭、石部氏ハ岩井田ノ山口ニ祭也」とあった。かかる史料からも、宮司の中臣氏をはじめ、荒木田・度会・宇治・石部各氏の氏神祭が二―十一月、四―十一月において実施されるものであったことが知られるのである。[124]

伊勢神宮の摂・末社には摂社の大間国生神社・度会之国御神社・田上神社のように度会氏関係の神社が一部含まれていたが、多くは地域の土着神がまつられていたものとみられている。[125]とすると、右にあげた二―十一月、四―十一月の祭りを摂・末社のそれにあてはめても不自然ではあるまい。

『皇帳』『止帳』によると、内宮や外宮の摂社は小神殿であった（内宮摂社二四社〈二九神殿〉の神殿の大きさは平均、長さ六・四尺、広さ五・二尺、高さ五・七尺、外宮摂社一六社〈一八神殿〉の場合は平均、長さ五・三尺、広さ三・六尺、高さ三尺に過ぎない—本書三五頁の［表2］参照）。このように神殿が小さいことは祭りのさいに臨時に設営された仮設の小神殿の系譜を引くからであろう。末社に至っては常設の小神殿すら存しなかった可能性が大きい[126]。そこでは祭りのたびに仮設の小神殿を設け、祭りが終わるとそれが取り壊されていたことが予想される。このような摂・末社の神殿のあり様は、予祝と収穫の二度の時季に自然界から神を迎えての祭りと対応していたとみてよいだろう。ところが、摂・末社群が伊勢神宮に組み込まれると、内宮では摂社、外宮では摂・末社においても伊勢神宮の三節祭が実施されるようになった。しかし、地域の祭りのサイクルは三節祭とは明らかに異質であった。ここに伊勢神宮の三節祭が①②のように摂・末社レベルでは最終的に定着することなく、変質していった理由があったのではないだろうか。

以上、述べてきた点からも、伊勢神宮の年中行事には、大別して内・外宮、別宮のものと、摂・末社のものと二グループあったことが知られよう。このうち、前者では一年を通しての恒例の行事が実施されていたが、これは内・外宮、別宮において神の常住が達成されていたからに他ならない。岡田精司氏が指摘されているように[127]、王権と密接する神々は常に天皇の祈願に応えたり、王位にかかわる非常の変にも備える必要があったからであろう。それゆえ、伊勢神宮では一年を通しての恒常的な年中行事の執行も可能であったとみられる。しかも、内宮に天皇家の守護神がまつられたことにより、内・外宮などの年中行事は宮中のそれとほぼ同じ構成となった。伊勢神宮はまさに「神朝庭」（『古事記』中〈景行〉）と呼ばれるにふさわしい存在といえよう。したがって、天皇の年中行事が中国伝来のものも受容していたのと同じく、伊勢神宮でも東アジアに連なる国際色豊かな行事が実施されていたのである。

『続日本紀』慶雲元年（七〇四）十一月庚寅条に「遣二従五位上忌部宿禰子首一、供二幣帛・鳳凰鏡・窠子錦于伊勢大神宮一」とある。この時、伊勢神宮に奉納されたのは遣唐使が将来した舶載品であり、「窠子錦」は『皇帳』新宮遷奉御装束用物事条の「御床装束四種」内の「小窠錦御被一条、長九尺、広四幅、」、「樋代御装束六種」内の「五窠錦被一条。長一丈、広五幅、納ニ綿廿屯一、緋裏。」（『延喜式』四も同じ）であろう。[128] 先に述べたように、伊勢神宮には外来の年中行事が受容されていたのと同様に、中国伝来の一級の舶載品が奉納されていたのである。しかし、「窠子錦」は内宮の装束ではあったが、伊勢神宮の他の神社にはおよんでいなかったのも事実である。天皇と共通の年中行事が行われていたのは、伊勢神宮の中でもごく一部に限られていたことを確認しておく必要があろう。とくに摂・末社のように伊勢神宮に組み込まれた神社の多くは三節祭の対象となりながらも、時代の流れの中で、そのあり様を変質せしめたことに改めて注目したい。かかる神社群は天皇との関係も相対的に希薄であり、自然界とのつながりを喪失していなかったものと推定される。いわば、もう一つの伊勢神宮とでも呼ぶべき存在であったといえよう。こうした伊勢神宮の年中行事の重層化した姿は古代国家や社会の縮図といえるのではないだろうか。

ここまで論じてきて、想起されてよいのは石母田正氏の以下の指摘である。すなわち、アジア的首長制のもと、中国・朝鮮との国際的交通を独占した大王を軸とする支配者層が先進的な文化や制度を導入し、古い共同体に制約された人民との間に不均等な発展の仕方が生じた、[129] と。伊勢神宮の年中行事の重層性も石母田氏の首長制論、交通論で説明されるはずである。

註

（1）三節祭の研究としては、小林巌雄「神宮の三節祭」（『神道史研究』六―六、一九五八年）、小松馨「神宮祭祀と天皇祭祀」（『國学院雑誌』九一―七、一九九〇年）、藤森馨「伊勢神宮内外両宮の祭祀構造」（『古代文化』四三―四、一九九一年）、岡田精司「律令制祭祀における伊勢神宮」（『古代祭祀の史的研究』塙書房、一九九二年）、沼部春友「神宮の祈年・月次・神嘗祭儀」（『神道儀礼の原点』錦正社、二〇〇一年）など。

（2）胡麻鶴醇之「神宮の祭祀」（『明治維新神道百年史』一、神道文化会、一九九六年）三七二～三七九頁。

（3）鎌田純一「神宮年中行事の成立」（『大倉山論集』二〇、一九八六年）。

(4) 桜井勝之進「年中行事」(『伊勢神宮の祖型と展開』国書刊行会、一九九一年)二〇二・二一一頁。

(5) 岡田精司「伊勢神宮の起源」(『古代王権の祭祀と神話』塙書房、一九七〇年)、同「伊勢神宮の成立と古代王権」(前掲註〈1〉所収)など。

(6) 直木孝次郎「天照大神と伊勢神宮の起源」(『日本古代の氏族と天皇』塙書房、一九六四年)。

(7) 伊勢神宮の成立をめぐる諸学説については、西宮秀紀「伊勢神宮の成立をめぐって」(『新版古代の日本』七、角川書店、一九九三年)参照。

(8) 『日本書紀』によると、天武朝には伊勢神宮関係記事が散見している。斎王大来皇女の派遣(天武二年〈六七三〉四月己巳条、同三年十月乙酉条)、十市皇女・阿閉皇女の派遣(天武四年二月丁亥条)、多紀皇女・山背姫王・石川夫人の派遣(朱鳥元年〈六八六〉四月丙申条)など。

(9) 「宮廻神」は、現在では内宮の興玉・宮比・屋乃波比伎神、内・外宮の四至神《みやのめぐりのかみ》などの、宮域内の精霊神であろう(『大神宮儀式解』二七、阪本広太郎『神宮祭祀概説』〈神宮司庁教導部、一九六五年〉七六~八四頁、土岐昌訓「伊勢神宮の宮廻神の祭祀」〈『神社史の研究増補版』おうふう、一九九五年〉など)。なお、興玉・宮比、屋乃波比伎神は、内宮敷地内の西北隅、東南隅にそれぞれまつられている(『年中行事』六月条)。これは胆沢城跡出土木簡の「内神」と同類であろう(平川南「古代の内神」〈『古代地方木簡の研究』吉川弘文館、二〇〇三年〉)。

(10) 岡田精司「伊勢神宮を構成する神社群の性格」(『立命館文学』五二一、一九九一年)、阪本、前掲註(9)二〇四~二三二頁。

(11) 現在の区分では内外宮・別宮(一四)・摂社(四三)・末社(二四)・所管社(三四)・別宮所管社(八)の計一二五社となっている。内宮の別宮の中には一九二三年(大正十二)に創建された倭姫宮も含まれる。

(12) 神道大系本には「向二南御門外一」とあるが、群書類従本には「向レ南。御門外」、日本祭礼行事集成本には「向南御、門外」とある。後二者の読みに従うと、外宮の朝拝では、禰宜以下が正殿に背を向ける格好で南向に拝奉することになるが、それはまずありえないところであろう。ここでは神道大系本に依拠して「南御門」(板垣御門)外より正殿の方に向かって拝むと解しておく。

(13) 福山敏男「神宮の建築とその歴史」(『神社建築の研究』中央公論美術出版、一九八四年)七六・一二二頁。

(14) 『大神宮儀式解』一四に「一元社といふは当社(内宮摂社の国津御祖神社―引用者註)の事と見ゆれど、猶決がたき事あり。後考を待べし」とあるが、薗田守良の『神宮典略』二には、国津御祖神社は「中古より御子社・一元社・一本社といへり」として国津御祖神社説がみえる。

(15)『豊受皇太神宮年中行事今式』一によると、外宮の一禰宜も「九丈殿南方大場」で「天地四方拝」を行っている。この儀は『雑例集』にみられないので、成立は近世に入ってからであろうか。

(16)『宮司年中行事』によると、①「祓所松木」のもとで宮司と二宮禰宜が神宮を「神拝」した後、②「庁院南門」外で両者が「対拝」するが、そこには「古者此時有二朝拝一」という注がある。③その後、庁院内の「仮屋東砌」で「王城拝」を行うが、「今者無二此対拝一、於二此在所一有二王城拝一之故也」とあるので、もともとは「庁院南門」外で「王城拝」を執行していたらしい。また、③の「仮屋」からして、離宮院内の施設が当時、衰亡していた様子も窺えよう。

(17) 栗林茂「国庁（国府中心施設）の初現形態に関する一考察」（『史友』二一、一九八九年）、佐藤信「宮都・国府・郡家」（『日本古代の宮都と木簡』吉川弘文館、一九九七年）一一～一二頁、藤森健太郎「日本古代元日朝賀儀礼の特質」（『古代天皇の即位儀礼』吉川弘文館、二〇〇〇年）六三～六五頁など。

(18) 離宮院での朝拝儀と国庁での儀との対応については、新川登亀男氏のご教示による。

(19) 栗林、前掲註（17）六～七頁。

(20) 山中敏史『古代地方官衙遺跡の研究』（塙書房、一九九四年）三八三～三八九頁、佐藤『古代の地方官衙と社会』（山川出版社、二〇〇七年）。

(21) 藤森「元日朝賀儀礼の衰退と廃絶」（前掲註〈17〉所収）。

(22) 所功「『朝賀』儀式文の成立」（『平安朝儀式書成立史の研究』国書刊行会、一九八五年）三九二～三九九頁、古瀬奈津子「平安時代の『儀式』と天皇」（『日本古代王権と儀式』吉川弘文館、一九九八年）一九二～一九五頁。

(23) 古瀬、前掲註（22）一九六～一九七頁。

(24) 所「『元旦四方拝』の成立」（前掲註〈22〉所収）、清水潔「『元旦四方拝』成立考」（『神道史研究』四六―二、一九九八年）など。元旦四方拝の成立については、宇多天皇の寛平年間説もある（井上亘「元旦四方拝成立考」〈『日本古代の天皇と祭儀』吉川弘文館、一九九八年〉）。

(25)『豊受皇太神宮年中行事今式』一では、玉串御門前に供せられるのは「鮎饗」であり、近世では白散は含まれなくなってしまうらしい。白散は、元日の夕御饌が終わった後、政所庁舎で一禰宜以下に供されるだけであった。なお、『雑例集』に「二宮御節供事。鶏鳴行レ之、供二白散年魚鮨一」、『年中行事』に「今日御饌年魚晦夜御巫内人自二離宮一白散請取……次二鮎三百隻ヲ請取テ酒殿上而大物忌父請取テ供進也。又佐八御牧所レ進年魚同供進云々」とあるので、鮎も白散とともに神前に供進されていたものとみられる。元日から三日まで宮中の歯固では、天皇の長寿を祈って押鮎、煮塩鮎などが天皇に献上されていた（山中裕『平安朝の年中行事』〈塙書房、一九七二年〉一〇三〜一〇六頁）が、伊勢神宮の鮎も宮中の歯固との対応に由来しよう。

(26) 供御薬儀については、丸山裕美子「供御薬儀の成立」（『日本古代の医療制度』名著刊行会、一九九八年）参照。

(27) 丸山、前掲註（26）一六〇〜一六一頁。

(28) 丸山、前掲註（26）一六〇〜一六一頁。

(29) 小野勝年「正倉院の年中行事品」（『仏教芸術』一〇八、一九七六年）七四〜七六頁、正倉院事務所編『正倉院宝物増補改訂（南倉）』（朝日新聞社、一九八九年）解説四四頁。

(30) 伊勢神宮の卯杖は、近世になると短くなってしまうようである。『豊受皇太神宮年中行事今式』一に「長作二一尺余一」、元文四年（一七三九）の『皇大神宮年中行事当時勤行次第』に「長一尺二寸古儀五尺許云々」、寛保元年（一七四一）の『内宮子良年中諸格雑事記』には「卯杖ハ長一尺余」とあった。『大神宮儀式解』二二にも「昔は五尺ばかりに造りしを、かく短きは近世の略義なり」とある。

(31) 岡田「伊勢神宮の起源」（前掲註〈5〉所収）三三九頁。

(32) 黒田龍二「神のやしろの曙」（『中世寺社信仰の場』思文閣出版、一九九九年）八〇頁。

(33) 『年中行事』の「宮中恒例神事」には「風雨之難」「雨気之時」があったさい、「自二南御門一供奉」の場合は「於二斎王候殿一勤行之例也」とあるのに対し、「自二北御門一供奉神事」の場合は「於二瑞垣御門一被レ申二詔刀一」とあり、両者は区別されている。

(34) 山中、前掲註（25）一三〇〜一三一頁。

(35) 西本昌弘「奈良時代の正月節会について」（『日本古代儀礼成立史の研究』塙書房、一九九七年）三二〇〜三二一頁。

(36) 鎌田、前掲註（3）五三頁。

(37) 山中、前掲註（25）一五二頁。

(38) 和田英松（所功校訂）『新訂建武年中行事註解』（講談社学術文庫、一九八九年、初出は一九三〇年）一九七頁。

(39) 直木「正月十五日の七種粥」（『奈良時代史の諸問題』塙書房、一九六八年）、大日方克己「年中行事の重層構造」（『古代国家と年中行事』吉川弘文館、一九九三年）二三〇〜二三一頁、新川「七草がゆの起源」（『日本古代史を生きた人々』大修館書店、二〇〇七年)。

(40)「北倉代中間下帳」の日付は「天□」とあるだけで明らかではないが、直木氏は天平神護と推定されている(前掲註〈39〉三九六頁)。

(41)滝川政次郎「百官進薪の制と飛鳥浄御原令」(『法制史論叢』一、角川書店、一九六七年)。また、滝川「神宮の御竃木奉納神事(一)〜(三)」(『瑞垣』五一〜五三、一九六一年)、三上喜孝「雑令の継受にみる律令官人制の特質」(『延喜式研究』一三、一九九七年)も参照。

(42)土橋寛『古代歌謡と儀礼の研究』(岩波書店、一九六五年)一〇一頁。

(43)御薪儀は『延喜式』をはじめ、『儀式』九、『西宮記』恒例第一、『江家次第』三にも規定されているが、当該儀の実施史料は意外なほど乏しい。しかしながら、平城宮出土木簡に「民部省　進薪壱伯荷　□□□〔右依之〕」(奈良文化財研究所の木簡データベース)、『中右記目録』大治元年(一一二六)正月条に「十五日、……御薪」、『中右記』大治二年正月乙巳条に「御薪、宮内省、右少弁着行」とあるので、実際、朝廷でも同儀は実施されていたはずである。

(44)丸山氏は、雑令諸節日条の成立を、年中行事の初見記事が天武・持統朝に多く集中すること、持統朝に暦が普及したと考えられることから、浄御原令段階に比定されている(「唐と日本の年中行事」〈前掲註〈26〉所収〉二四一頁)。

(45)『皇帳』管神宮肆院行事条によると、荒祭宮の神財の中に「青毛土馬一匹。高一尺、鞍立髪金餝。」がみえる。同様の「青毛土馬」は月読宮・瀧原宮の「神財」にも含まれている。あるいはこれらは白馬節会と関係づけられるのかもしれない。

(46)『太神宮諸雑事記』二、治暦四年(一〇六八)十二月条に、祭主の宿所で死人穢があったが、そのまま祭主が離宮院に到着したため、宮司以下が皆触穢するという事態が生じた。これにより「白散年魚鮨之勤、件大牛草造二仮屋一、令二勤仕一了。正月元日乃恒例乃大饗、朝拝、踏歌等之勤、同大牛草仁志天立二司代一勤仕了……」とある。「大牛草」とは「度会川(宮川)乃西頭」の地字名であるが、ここに元日の「恒例乃……踏歌」がみえる。しかし、管見の限りで、伊勢神宮の元日の踏歌儀は当該例のみである。これをどのように解すべきか、なお後考をまちたいと思う。

(47)天平十年(七三八)「淡路国正税帳」に「正月二節御贄壱拾伍荷擔夫壱拾玖人……」とある。この「二節」とは正月七日と十六日節を指すものとみられる(古市晃「奈良時代節日儀礼の特質」〈『ヒストリア』一七七、二〇〇一年〉五頁)。

(48)十七日には宮中では大射が行われている(雑令大射条など)が、この儀も伊勢神宮では実施されていない。大射は、『日本書紀』

清寧四年九月丙子朔条、大化三年（六四七）正月壬寅条、天智九年（六七〇）正月辛巳条に関連記事があり、年中行事化していく初見記事としては、『日本書紀』天武四年（六七五）正月壬戌条の「公卿大夫及百寮諸人。初位以上。射二于西門庭一……」があげられる（大射儀については、大日方「射礼・賭弓・弓場始」〈前掲註〈39〉所収〉参照）。

(49) 最近、古市晃氏は、奈良時代の節日儀礼と平安時代のそれとの相違点を鋭く指摘されている（前掲註〈47〉論文）。かかる観点からすれば、伊勢神宮の年中行事も七世紀後半から平安初期への連続性のみでとらえるべきではないだろう。しかし、伊勢神宮の場合、奈良時代の年中行事を知る手がかりを見出せない。今後の課題としたい。

(50) 藤森馨「神宮祈年祭概観」（『大倉山論集』二一、一九八七年）。

(51) 『太神宮諸雑事記』二、長暦三年（一〇三九）十二月二十六日条に「神祇大祐大中臣永輔、蒙二祭主宣旨一天、明年二月之祈年祭之勅使止志祭主永輔参下。初参九日也……」とあるので、長暦三年時には祈年祭日は二月九日であったことが知られる。

(52) 「鉄一廷」は御田種蒔下始神事の湯鍬料にあたるのであろう。

(53) 『年中行事』には「凡絹弐疋三丈五尺」と「宮司長官各用紙二束六帖、米一斗」が祝に下行され「相並供進例也」とあった。

(54) 国幣の中身は糸と綿であった（『延喜式』一）。

(55) 『年中行事』によると、十一・十二日の儀については「上古ハ撰レ日」とある。

(56) 『大神宮儀式解』一四に「此行事を宇治橋の西の爪なる橋姫社地にて行ふも、昔此辺皆社地なればなり」とある。

(57) 『神宮典略』一三には「東方には、堅田、江、神前、粟御子、榎村《小朝熊》の五所の神社あり。西南には、朽羅、岩井、熊淵、の三所の神社あり。此八所はみな土地の神なれば是ならんか」とある。

(58) 外宮祈年祭（『止帳』にいう吉日の儀）は『豊受皇太神宮年中行事今式』などの外宮関係史料に見出すことができない。『延喜式』以降、比較的早い時期に衰退してしまったのではあるまいか。

(59) 斎宮祈年祭については、榎村寛之「斎宮祈年祭についての基礎的考察」（『斎宮歴史博物館研究紀要』八、一九九九年）参照。

(60) 桜井、前掲註（4）二〇三〜二〇四頁。

(61) 「神事河原」については、『皇大神宮年中行事当時勤行次第私註』に「在二本宮之北一」「今ハ馬ケ森ノ処ナリ」とある。

(62) 「御田」とは「大土社の南なる御常供田」とみられる（『大神宮儀式解』二三）。

(63) 岩永省三「奈良時代庭園の造形意匠」（『古代庭園の思想』角川書店、二〇〇二年）。

(64) 神衣祭については、熊田亮介「伊勢神宮神衣祭についての基礎的考察」(『新潟大学教育学部長岡分校研究紀要』二五、一九八〇年)参照。

(65) 『大神宮儀式解』二四は「告刀の二字恐くは衍字歟。また二字を時の一字に改べき歟」と指摘している。

(66) 『年中行事』四月条によると、玉串行事として、玉串大内人の榊を「玉串御門ノ右方石畳ノ上奉之後」、「両織殿ノ大少神部等」や「各方々ノ織子人面等」の榊を玉串大内人が取り集めて「同御門ノ左右脇ノ石畳ノ上ニ奉ル。服左方、麻続右方。」とある。

(67) 『雑例集』四月条に「……奉納之後、於二一殿一在二饗膳一」とある通り、神衣祭の終わりには直会院(一殿)で直会があった。

(68) 本書第Ⅱ部第一章「古代の神々の示現と神異」、同第二章「古代の樹木と神異」、同第三章「古代史料にみる雷神の示現と神異」、同第四章「古代の神々と光」参照。

(69) 『皇帳』や『日本書紀』持統六年壬五月丁未条からすれば、神衣祭の赤引糸は度会・多気二神郡からの貢進が本来の形で、三河国貢進は九世紀後半以後の変化であろう(岡田「伊勢神宮の成立と古代王権」〈前掲註(1)所収〉三一一頁)。

(70) 原田敏明「村の祭祀と季節」(『村の祭祀』中央公論社、一九七五年)二七二頁。

(71) 桜井、前掲註(4)二〇六～二〇八頁。出雲路通次郎『神祇と祭祀復刻版』(臨川書店、一九八八年)一一二頁にも神衣祭と更衣とは同義であるという指摘がある。

(72) 『大神宮儀式解』三〇。

(73) 伊加津地神社は『延喜式』四にみえない。『大神宮儀式解』二四は「神名帳、伊勢国度会郡雷電神社あり。これ歟。但下蓑笠奉る社々を見るに、上管度会郡神社行事造宮使造奉る六社の中五社ありて湯田社無ければ、此処に伊加津知社といひしは、湯田社に坐す鳴震雷神をさしていふにや。此二つ外にはあらじ」と指摘している。ここでは、『大神宮儀式解』の説に従い、伊加津知神社を式内社の雷電神社か湯田神社と解しておくが、いずれにしても同社が摂社(式内社)であることにはかわりはない。

(74) 大奈保見神社は『延喜式』四にもみえず、未詳。『大神宮儀式解』二四にも「是はいづれの社にや」とある。

(75) 風神社について、『大神宮儀式解』二四は「当宮なる風神社は、後に宮号宣下ありて風宮といふ。宮中五十鈴川の南岸にあり」と指摘している。

(76) 『雑例集』では「二宮供二御笠一事」の後に「神御衣祭事」が記されている(『年中行事』も同じ)が、『皇帳』『延喜式』では神衣祭を先にあげている。本章では『皇帳』『延喜式』の記載順に依拠した。

(77)『大神宮儀式解』二七。なお、桜井氏は、「御笠神事」を「祖型を中央に求め難い行事」の中に分類された（前掲註〈4〉二〇二頁）が、本章では広瀬大忌祭・龍田風神祭との関連を重視した。

(78)『大神宮儀式解』二四に「集二御厨院一の四字は集二酒殿院一と改めて……今日は大凡正月元日と同じ行事なり。正月元日も御饌の後、酒殿院の直会、次御厨に参るなり」とある。

(79) 五月五日節については、大日方「五月五日節」（前掲註〈39〉所収）、増尾伸一郎「〈紫の匂へる妹〉考」（『万葉歌人と中国思想』吉川弘文館、一九九七年）など参照。

(80) 五月五日節には長命祈願のために続命縷の着用もあった。正倉院には百索縷軸が伝来し、これが「東大寺献物帳」（天平勝宝八歳〈七五六〉六月二十一日）の「百索縷一巻畫軸」（『大日本古文書』四―一二九）であり、聖武の遺品とみられている（小野、前掲註〈29〉六六～六七頁）。

(81) 斎内親王の禊も度会川臨晦大祓と対応していたはずである。すなわち、『延喜式』五（斎宮式）に「……五月、十一月晦日、随近川頭為レ禊、八月晦日、臨二尾野湊一為レ禊……」とあった。

(82) 熊田、前掲註（64）九二頁。

(83) 熊田、前掲註（64）八九頁。

(84) 大御饌儀については、『雑例集』六月条に「先有二御祓一、禰宜以下従二北御門一内玉垣内参入」とのみあったが、貞享四年（一六八七）、外宮権禰宜兼大物忌父黒瀬益弘が編修した『外宮子良館祭奠式』に「由貴神事……各々経二瑞籬之東径一出二本宮前一入レ自二玉串御門一啓二瑞籬御門一而入、大物忌父一﨟二﨟到二心御柱前一三﨟到二東棟持柱下一有二行事一、此神態件々秘奥之矩式、物忌父等手授口伝更不レ漏二泄他一、故不レ記焉」とあるので、外宮の大御饌の場合も正殿床下の心の御柱前に供進されたものとみられる。

(85) 大関邦男「古代伊勢神宮の殿舎と祭祀・財政」（『国史学』一三八、一九八九年）。

(86)『皇帳』神田行事条に「祭毎月十六日、川原禰宜内人物忌等身祓所奈保良比料稲六十束。祭別廿束。」とあった。

(87) 岡田「伊勢神宮の起源」（前掲註〈5〉所収）三三九頁。

(88) 藤森、前掲註（1）。なお、藤森氏は、三節祭の外宮の由貴大御饌神事に御飯が供進されていなかったと指摘されているが、この点については、加茂正典「外宮三節祭由貴大御饌私注」（『皇学館大学神道研究所研究紀要』一六、二〇〇一年）に批判がある。

(89)『大神宮儀式解』二五に「月次祭は十五日より廿五日迄の神祭を總べいふなり」とあるが、正しくは二十七日まで含まれよう

（本文後述）。

(90)　『皇帳』神田行事条に「瀧祭奈保良比料稲百廿束。祭別四十束。」とあった。

(91)　『大神宮儀式解』二七に大歳神社は「小朝熊社にます桜大刀自神歟、又同神の御親なる大年神なるべし。伊雑宮の大歳神社の事には有らず。仍此祭を小朝熊祭礼ともいふ」とある。『延喜式』四によると、神嘗祭にさいして玉垣に懸税（斤税）が懸けられるが、「朝熊社十束」とあるが、これは摂社の中では唯一の例であった。ここからも同社の格の高さが窺えよう。

(92)　『皇帳』鎮二祭荒祭、月読、伊雑宮四宮地一用物、并行事条には「伊雑宮遷奉時装束合十四種」の後に「佐美長神社祭行事」として「御饌稲廿束。従二伊雑宮一下宛行。木綿一斤。麻一斤。天枚瓮一口。酒缶一口。酒杯四口。竃戸一口。已上物従二大神宮司一宛行」とあるが、これは佐美長神社の月次祭のことであろう。

(93)　岡田登「伊雑宮と佐美長神社」（『磯部町史』磯部町、一九九七年）四〇一頁。

(94)　『年中行事』の十二月月次祭条に「詔刀後玉串奉仕如二六月一。但今度ハ無二荷前御調糸一。仍御門東宝ヲ不レ奉レ開之間、鎰取内人不二供奉一」とある。熊田「伊勢神宮の月次祭と祭祀体系」（『文化』四六―三・四、一九八三年）参照。

(95)　神嘗祭には神宮での儀以前に宮中での勅使発遣の儀があったが、これについては拙稿「古代奉幣儀の検討」（『古代国家の神祇と祭祀』吉川弘文館、一九九五年）で論じたところでもあり、本章では取り上げなかった。

(96)　藤森馨、前掲註（50）。なお、神嘗祭の勅使が王に神祇官の中臣・忌部・卜部が随行する形であり、祈年・月次祭が中臣のみであったことと相違する。この点も神嘗祭の格の高さが窺えよう（藤森馨「神宮奉幣使考」〈『平安時代の宮廷祭祀と神祇官人』大明堂、二〇〇〇年〉）。

(97)　『大神宮儀式解』二九。

(98)　神宮司庁『神宮要綱』（神宮皇学館、一九二八年）三六七頁、熊田、前掲註（64）、小松、前掲註（1）三〇二頁。

(99)　『雑例集』では「十九日朝、月夜見、伊佐奈岐両宮御祭事。東月読宮、一禰宜申二詔刀一。西伊佐奈岐宮、詔刀无。」「廿三日、瀧原並両宮御祭事。東瀧原宮、禰宜申二詔刀一。西並宮、无二詔刀一。」とあるのに対して、『年中行事』では、月読宮への詔刀の末尾に「伊佐奈岐宮ニモ如レ此申テ奉ト詔給フ」、瀧原宮への詔刀の末尾に「並宮モ如レ此申テ進ト詔給フ」とあるので、伊佐奈岐宮や並宮にも詔刀が奏上されるようになったのは『雑例集』以降とみるべきかもしれない。

(100)　桜井「志摩地方と伊勢神宮」（『神道研究ノート』国書刊行会、一九九八年）七六〜七七頁、岡田、前掲註（93）三三六頁。

(101) 神宮司庁、前掲註(98)二九五頁。

(102) 『大神宮儀式解』二九に内宮摂社の神嘗幣について、「件の神嘗幣後には十一月に奉れり。年中行事、十一月、冬季神態是なり。……按に、延暦の比は廿七日幣を奉り、その後は幣物を九月にうけて十一月に奉る」という指摘がある。

(103) 岡田、前掲註(1)三四三〜三四六頁、小松、前掲註(1)など。

(104) 古代の伊勢神宮では新嘗祭は実施されておらず、現行の新嘗祭は一八七二年(明治五)に新設されたものである。ただし、その場合、『延喜式』九(神名式上)の大神宮・荒祭宮・瀧原宮・伊佐奈岐宮・月読宮・度会宮・高宮の「新嘗」注記は問題となる。これについては、現在、二つの理解がある。その一つは、岡田精司氏の「神宮の祠官(禰宜・内人以下の)たちに対して、新嘗祭の撤下した神饌を下賜するもの」とみる説(「律令的祭祀形態の成立」〈前掲註(5)所収〉一五九頁)であり、もう一つは、阪本氏、菊地康明氏、岡田登氏の神嘗祭の誤りとする説(阪本、前掲註〈9〉四八頁、菊地「農耕儀礼と生活」〈『古代の地方史』五、朝倉書店、一九七七年〉一一四頁、岡田「瀧原宮・瀧原並宮」〈『大宮町史』歴史編、大宮町、一九八七年〉六七一頁)である。後者の祭祀の名称の混用という点に関しては、『続日本紀』延暦九年(七九〇)九月甲戌条の「奉二伊勢大神宮相嘗幣帛一……」という相嘗祭と神嘗祭の混用例も参考になる。両説のうち、どちらを是とすべきかにわかに判断できないが、いずれにしても古代の伊勢神宮には新嘗祭が実施されていなかったことだけは間違いあるまい。

(105) 広瀬大忌祭・龍田風神祭の祭日は、『延喜式』では四・七月四日であるが、天武・持統紀の例(三五例)では四・七月内の特定日に定まっていなかったらしい(四日は一例のみ)。『本朝月令』所引『弘仁式』(太政官式)逸文では祭日を四日としている。

(106) 『大神宮儀式解』二七、阪本、前掲註(9)四六三頁、桜井、前掲註(4)二〇八頁。

(107) 桜井「神宮の祭り」(『伊勢の大神』筑摩書房、一九八八年)一〇三頁。なお、この論文は大幅に改稿されて、『伊勢神宮の祖型と展開』(前掲註〈4〉)に再録されたが、再録論文では重陽節と神嘗祭との関係について、本文で紹介した指摘は削除されている。

(108) 阪本氏は「神宮の性質上、神の御縁につきにくかつたからであらう」(前掲註〈9〉五一七頁)と指摘されている。

(109) 清水「重陽節の起源」(『史料』七五、一九八五年)。また、丸山、前掲註(44)二三九頁、吉川美春「重陽節の停廃と復旧について」(『日本学研究』七、二〇〇四年)も参照。なお、重陽節については、すでに『大神宮儀式解』二二に次のような指摘があったことを付記しておく。すなわち、「大宝の比九月九日忌日たる故に、令には節日の中に記さざるべし」。しかし、『内裏式』などに重陽節がみえるのは「此節廃れたるは大宝比より大同比までの間なるべし。仍此儀式(『皇帳』)にもしるさざると見ゆ」と。

(110) 桜井、前掲註（4）二一一頁。
(111) 大久保正「人麻呂歌集七夕歌の位相」（『万葉集研究』四、塙書房、一九七五年）。
(112) 小野、前掲註（29）七六〜八〇頁。
(113) 『内宮年中神役下行記』については、大神宮叢書の解題に「本書編述の年代は明かならざるも、建久行事記（『年中行事』）の当時次第の文、及び氏経神事記等に見ゆる神役下行の内容と符合する処あるにより、恐くは氏経の長官時代その政所家司等の手によりて編成せられしものなるべし」（一〇頁）とある。
(114) 『外宮年中祭祀行事大略職掌人装束』は元文四年（一七三九）、関白一条兼香の命により外宮が当時の年中行事、職掌人の装束を注進したもの。
(115) 桜井、前掲註（107）一〇三頁（この指摘も、桜井、前掲註〈4〉に継承されていない）。『大神宮儀式解』二二に「本宮には古へより七月七日の節は無し。仍此儀式（『皇帳』）にも見えず。いかなる事にや」とある。
(116) 和歌森太郎『日本民俗論』（『和歌森太郎著作集』九、弘文堂、一九八一年）三〇二〜三三七頁。木村茂光氏も、中世の農事暦の中で七夕に麦の収穫祭としての性格を指摘しておられる（「中世農村と盂蘭盆」〈『日本古代・中世畠作史の研究』校倉書房、一九九二年〉）。
(117) 倉林正次『饗宴の研究（文学編）』（桜楓社、一九六九年）一六五〜一七八頁。
(118) 拙稿「古代大儺儀の史的考察」（前掲註〈95〉所収）。
(119) 『大神宮儀式解』三〇には「十二月晦日夜燈油はいづこも同じ」として、『延喜式』三六（主殿式）の二条文があげられている。
(120) 益田勝実「黎明」（『火山列島の思想』筑摩書房、一九六八年）。
(121) 王建の「宮詞」については、植木久行『唐詩歳時記』（明治書院、一九八〇年）二八二〜二八三頁参照。ただし、日本の大儺儀では「宮詞」にあるような香木を燃やすことは史料上確認できない。
(122) 「破立《わいたて》」の名称は「五尺許ノ細木ヲ伐テ所々ヲ削テ末ヲ破懸ニ其上ニ燈火ニ」（『年中行事』十二月条）という形状に由来するらしい。
(123) 二宮正彦「延喜式『祭日』条の考察」（『古代の神社と祭祀』創元社、一九八八年）、井原今朝男「中世の五節供と天皇制」（『日本中世の国政と家政』校倉書房、一九九五年）、藤井一二「古代の農事と季節構造」（『日本古代の国家と村落』塙書房、一九九八年）など。

(124) 大西源一「荒木田氏の氏社及山宮祭場」(『國学院雑誌』二四―八、一九一八年)、中西正幸「神宮祠官の氏神祭」(『神道宗教』一七一、一九九八年)。
(125) 岡田、前掲註(10)。
(126) 拙著『古代の神社と祭り』(吉川弘文館、二〇〇一年)六三〜六六頁。
(127) 岡田「古代国家における天皇祭祀」(前掲註〈1〉所収)四五〇頁。
(128) 新川「平城遷都と法隆寺の道」(『奈良・平安期の日中文化交流』農山漁村文化協会、二〇〇一年)六三〜六四頁。なお、長暦二年(一〇三八)九月七日の「内宮長暦送官符」には内宮の「神財」のうち「玉纏太刀壱柄。柄長七寸。用二赤木一……」、「須我利太刀一柄。柄長六寸。用二赤木一……」とある。この伊勢神宮の赤木は、『続日本紀』文武三年(六九九)七月辛未条の「多褹・夜久・菴美・度感等人、従二朝宰一而来貢二方物一……」、同三年八月己丑条の「奉二南嶋献物于伊勢大神宮及諸社一」にみえる「方物」「南嶋献物」に含まれていた可能性があろう(山里純一「南島赤木の貢進・交易」〈『古代日本と南島の交流』吉川弘文館、一九九九年〉一六二頁)。赤木の場合も別宮の「神財」には利用されていない。
(129) 石母田正『日本の古代国家』(岩波書店、一九七一年)二〜四七頁。

第五章　古代の祭祀と時刻

一　はじめに

古代の人々は、一日は昼と夜という別々の時間帯から構成されると考えていた。『古事記』中（景行）の、ヤマトタケルと御火焼の老人の酒折宮での問答歌で、ヤマトタケルが「新治　筑波を過ぎて　幾夜か寝つる」と歌ったのに対し、御火焼の老人が「日々並べて　夜には九夜　日には十日を」と返したのは、その典型的な例であろう。昼と夜とは別々にカウントされていたのである。かかる例は『古事記』だけに留まらない。『日本書紀』崇神十年九月甲午条に「是墓（箸墓—引用者註）者、日也人作、夜也神作」とあること、『日本霊異記』上—二八に伊豆に流罪になった役優婆塞が「昼随レ皇居レ嶋（伊豆）而行、夜往二駿河富岻嶺二而修」とあること、『枕草子』六九に「たとしへなきもの……夜と昼と」とあることなど、昼と夜とは異質な時間帯として認識されていたとみられる。「三日三夜」（『丹後国風土記』逸文）、「七日七夜」（『日本霊異記』上—一）、「夜七夜晝七日」（「鎮火祭」〈『延喜式』八、祝詞式〉）などといういい方も同様な例に含まれよう。

では、なぜ、昼と夜とは区別されていたのであろうか。昼について、飯島吉晴氏は「昼の日常生活（文化）は秩序や論理が重視され、ものごとをきちんと分類して秩序を維持する」時間帯とされた[1]。同様な見解は野沢謙治氏にもあり、「昼という必然性が支配し、すべてのものや人がしかるべき位置と役割の中におさまり、人びとが安心できる時間」[2]と指摘されている。このような秩序が重視される昼に対して、夜は〈百鬼夜行〉の言葉通り、神・鬼・妖怪など人間以外の異類が活動する時間帯であった。昼と比べて視覚が遮られる夜は、人間の想像力が発現する時間でもあったろう。先にあげた『日本霊異記』上―二八に役優婆塞が昼間は天皇の勅命に従って伊豆嶋で流罪に服しているが、夜は昼間の秩序を無視して、「富嶽嶺」で修行したというのも、昼―天皇の秩序、夜―天皇の秩序の外の世界という図式で理解できる。このような事情があって、昼と夜は明瞭に区別されていたのであろう。[3]

右の関係につき、多田一臣氏は、「昼が人間の世界であるのに対して、夜は神の世界であった。昼が人間の活動の許される世界であるのに対して、夜は人間の活動が許されぬ世界であったともいえよう」[4]とされているのは簡潔にして当を得た指摘であろう。

しかしながら、より厳密にいえば、一日は昼夜の交替だけではなかった。昼と夜との間の境界的時間帯として朝・夕（かはたれ・たそがれ）があったことにも留意さるべきであろう。『今昔物語集』二九―二七などには「昼夜朝暮」という語がみえる。

朝・夕という境界的時間は神と人が交錯する時間帯でもあった。益田勝実氏がすでに指摘されているように、[5]夜明けとは鬼や神が退場し、鬼のやりかけた仕事も停止してしまい、その仕事も一瞬にして岩や山に化すという時間であった。また、朝は人々が前夜の神業を目撃する時間帯でもあったことは、本書第II部第三章「古代史料にみる雷神の示現と神異」などでも述べた。一方、夕方が、夜とともに鬼や妖怪、不思議な現象に出会う時間であったことは、『今昔物語集』二七の諸説話からも明らかである。[6]また、和田萃氏が注目されたところとして、[7]夕方には辻にたって道行く人の何気ない言葉を聞いて吉凶を占う夕占が行われた（『万葉集』一一―二五〇六など）。これとは別に、近藤信義氏は、万葉歌の朝猟―夕猟という言葉から、狩猟は朝夕に行われるものであるが、それは人間と異界に住む動物との出会いであるとし、さらに朝影―夕影、朝霧―夕霧、朝露―夕露、朝月夜―夕月夜、朝日―夕日なども、朝夕に人々が関心を寄せていた証であり、とくに朝夕に現れる霧や露は「間（はざま）の時間に不思議を表す主要な景の一つなのである。なぜならば、事象の変化の相貌は、異界の何らかの或いは人の意志の表われ」であったという興味深い指摘をされている。(8)このように古代の一日は昼―夜の区分だけでは不十分といわねばなるまい。

ちなみに、六・十二月の晦日の大祓は、朱雀門前に百官男女が会集して行われる儀であるが、『延喜式』一（四時祭式上）に「右晦日申時（午後四時）以前、親王以下百官会㆓集朱雀門㆒」とあり、「六月晦大祓」（『延喜式』八）にも「今年六月晦日夕日之降乃大祓爾」とあるように、夕刻に実施されるものであった。神祭りが本来的に夜のものであることは後に述べるが、その点で、夕刻のみに実施される祓とは区別されねばならない。祓は祭りと混同されることが少なくないが、神を祭場に迎えてまつる祭りと罪穢を除く祓とは異なるのであって、両者は神祇令でも区別されているが、それは実施時刻からしても認められるところであろう。(9)

二　祭りと夜

前節で述べたことは、これまでも主として国文学者の間で指摘されてきたところであり、(10)それを本章でも確認したに過ぎない。と同時にそれは以下の考察の出発点でもある。前節の指摘を踏まえた上で、祭りの実施される時刻について考えてみたいと思う。祭りの時刻という問題からも、古代の王権祭祀から地域社会の祭りまで重層化していた神祭りの諸様相が浮かび上がってくると思うからである。

古代の祭祀は、夜が神々の時間であったことからも、概ね夜間に実施されていたと思われる。このことを『儀式』

や『延喜式』などを中心に確認することからはじめよう。

第一は、「六月十一日神今食儀」（『儀式』一）である。神今食とは月次祭終了後、天皇が内裏の中和院神嘉殿で神の資格で神饌（旧穀）を食べる神事である。「戌一刻」（午後七時）、天皇は「神今食院」（中和院）に出御、「亥一刻」（午後九時）に「薦㆓御膳㆒」、「（亥）四刻」（午後一〇時半）に「撤㆓御膳㆒」とし、さらに「寅一刻（午前三時）供㆓暁膳㆒、其次第如㆑初、四刻（午前四時半）撤㆓御膳㆒……卯一刻（午前五時）換㆓御服㆒、還㆓御本宮㆒」とあった。神今食は十二月にも行われるが、その場合は天皇が「神今食院」に出御するのが「酉一刻」（午後五時）とあり、六月の時よりも少し早い。また、『西宮記』恒例第二には「丑時、供㆓暁膳㆒」とあり、「暁膳」の方だけ「丑時」（午前二時）として変わっている（『江家次第』七でも同じ）。神今食の神事は、十一月の新嘗祭の天皇行事の内容と多くの点で共通することからすれば、新嘗祭の場合も神今食と同様のタイムスケジュールであったとみてよいだろう。『西宮記』恒例第三（裏書）には「延長二年（九二四）宣旨」として「亥一剋、供㆓夕膳㆒。子一剋、徹〔撤〕㆑之。丑一剋、供㆓暁膳㆒。寅一剋、徹〔撤〕者」とあり、この新嘗祭の時刻はそのまま『江家次第』一一にも継承されている。神今食・新嘗祭ともに「暁膳」を「寅一刻」とするか「丑一刻」とするか、二説あることになるが、右の「延長二年宣旨」を契機として前者から後者へと時刻が早まったともみられよう。

第二は、「践祚大嘗祭儀」（『儀式』三）の時刻である。大嘗祭においても、天皇の中心的神事に関してはやはり夜になされた。十一月下（中）卯日、「酉刻（午後六時）主殿寮以㆓寮火㆒、設㆓燈燎於悠紀・主基両院㆒」、「戌刻」（午後八時）には天皇は廻立殿へ入御。この時「主殿官二人秉㆑燭照㆑路」とある。悠紀については「亥一刻供㆓御膳㆒、四刻撤㆑之」、主基の方は「寅一刻」のこととする。大嘗祭の天皇神事も、神今食のそれと同様、真夜中に行われるものであった。

第三は、「園并韓神祭儀」（『儀式』一）で、当該儀は平安宮宮内省に鎮座して天皇を守護してきた園神・韓神の祭祀である。宮内省内の二神殿の前で、二月春日祭後の丑日と、十一月新嘗祭前の丑日に行われた。これも『儀式』によると、二月は「戌一刻」、十一月は「酉三刻」に「内侍就レ座」からはじまるとある。さらには「神部二人執二賢木一、建二於庭中一、即燃二庭火一」「主殿寮殿部等供二庭燎一」とあること、造酒司史生・酒部が「進二朝神楽料酒一缶一」とあることから、これも夜通しの祭祀であったことが窺えよう。

第四は、十一月下（中）寅日の「鎮魂祭儀」である。『延喜式』二（四時祭式下）によると、神祇伯以下、宮主・亀卜長上・弾琴らが「晡時」（午後四時）に宮内省に参集。『儀式』五では「酉二点」（午後五時半）に「大臣以下就二西舎座一」とある。また、『延喜式』一三（中宮式）に「凡鎮魂祭日、……戌刻（午後八時）、内侍令三史生并召継舎人持二御服案一、……至二宣陽門北一候之、……」、この後、内裏からの「乗輿御服案」と「相共陣列向二宮内省一、入レ自二南門一、就二於廳座一」とあるので、宮内省正庁での鎮魂祭の開始は「戌刻」以降とみられること、『延喜式』一八（式部式上）に「凡鎮魂祭夜、省率二諸司一参入之時、外記史屏下相待就レ列而入」とあること、『延喜式』三六（主殿式）に「鎮魂料東宮亦同　椶椒油二升四合、燈盞八口、油瓶一口、燈炷布二寸四分」とあるのは、鎮魂祭の時の照明用とみられることからすれば、同祭も夜の祭祀の仲間に入れても差し支えないであろう。[11]

第五は、大殿祭で、神今食・新嘗祭・大嘗祭などの前後に天皇の御殿を中心に実施される。[12]「六月十一日神今食儀」（『儀式』一）には、①「戌一刻」（午後七時）に「乗輿御二神今食院一、……主殿寮預設二浴湯一供レ之、神祇官中臣・忌部引二御巫一、供二奉大殿祭一」、②「卯一刻」（午前五時）に「換二御服一、還二御本宮一、訖祭二大殿一」、③「大殿祭儀」（『儀式』一）として、仁寿殿の四角に忌部が玉をかけ、御巫が米・酒・切木綿を四隅に散じ、忌部が巽に向かって祝詞を読むとある。このうち、①と②は神今食の祭場である神嘉殿で行われ、③は『延喜式』一の大殿祭条からして「神今食明日平旦」（寅刻〈午前四時〉）に行われるものであった。『延喜式』一三に「凡六月、十二月神今食、十一月新嘗祭神態畢、後日平旦、神祇官祭二御殿一、……」とあるので、③と同様の儀は中宮の御殿でも行われることになっていた。以上から、大殿祭は、①「戌一刻」の後、③「平旦」、②「卯一刻」の後の順で、神今食などの前後に執行されていたはずで、いずれも夜の神事といってよいであろう。ただし、大嘗祭では、辰日の卯「二刻（午前五時半）神祇官中臣・忌部率二御巫等一、鎮二祭大嘗宮殿一」（『儀式』四）、卯「四点（午前六時半）、神祇官准レ例祭二仁寿殿一」（『延喜式』七〈大嘗祭式〉）とあり、①～③よりもやや遅い。これは大嘗祭の進行とも関連するのであろう。

第六は、伊勢神宮の三節祭である。三節祭とは、九月の神嘗祭、六・十二月の月次祭で、伊勢神宮のもっとも重要な祭儀であった。三節祭の中心は由貴大御饌という神饌供進で、外宮では十五日の「亥時」（午後一〇時）と「丑時」（午前二時）に夕大御饌・朝大御饌儀があり（『止由気宮儀式帳』『延喜式』四〈大神宮式〉）、内宮の神嘗祭でも、十六日に内宮独自の中嶋神事の後、「亥時始至二于丑時一、朝御饌夕御饌二度供奉畢」、月次祭においては「此以二同十六日夜一湯貴御饌祭供奉。……以二十七日平旦一、朝御饌毛如二上件一、……」（『皇太神宮儀式帳』）とあるように夜間の神事であった。

二十年に一度の定期造替（遷宮）も神嘗祭日になされていた。『止由気宮儀式帳』によると、十五日に中臣の告刀奏上、遷御があり、その後、「湯貴供奉」（夕・朝大御饌）とある。この儀が夜の行事であることは、遷御に先立って、禰宜が新宮の「正殿内四角燈油氐、御装束具進畢」、また、遷御のさいには「禰宜御鑰被レ賜氐正殿戸開奉弖、燈油。然御船代開奉留。」とあるので疑いない。内宮についても、外宮とほぼ同じで、『皇太神宮儀式帳』に十六日の「亥時」にはじまるとあること、新旧両殿のうちに「燈油燃」とあること、遷御終了後に「湯貴供奉」とあることが知られる。

第七として、右記以外で、夜の祭祀であることが推測できるとすれば、鎮火祭と道饗祭であろう。鎮火祭とは六・十二月晦日に行われ、火災を防ぐための祭祀である。『令義解』によると「在㆓宮城四方外角㆒。卜部等鑽㆑火而祭」とある。「宮城四方外角」で卜部が火を鑽ってまつるというのは、夜の執行とみた方がふさわしい。道饗祭は、卜部が京城の四隅で「鬼魅」が入らぬよう「饗遏」する祭祀であった（『令義解』）。『延喜式』の「道饗祭」祝詞は「鬼魅」を防遏する「八衢比古、八衢比売、久那斗」の諸神に幣帛を供える祭祀としているが、『令義解』説の方が道饗祭本来の姿を留めているとみるべきであろう。[13]『令義解』にいう「鬼魅」の実態は不明であるが、異類のものが出現するのは夕方か夜のことであることは繰り返すまでもあるまい。したがって、道饗祭の執行も同時間帯とみられよう。

　これまで取り上げたのはすべて宮廷と伊勢神宮の夜間の祭祀例である。それに対して、地域社会の祭りの例はどうかといえば、これにはさしたる手がかりがあるわけではない。そのような中、次の太政官符は民間の夜祭りを知る例として貴重な手がかりといえよう。

　太政官符
　　禁㆓制両京畿内夜祭歌儛㆒事
右被㆓右大臣宣㆒偁。夜祭会飲。先已禁断。所司寛容。不㆑加㆓捉搦㆒。遂乃盛供㆓酒饌㆒。犴事㆓配乱㆒。男女無㆑別。上下失㆑序。至㆑有㆓闘事間起㆒。淫奔相追。違㆑法敗㆑俗。莫㆑甚㆓于茲㆒。自今以後。厳加㆓禁断㆒。祭必晝日。不㆑得㆑及㆑昏。如猶不㆑悛。更有㆓違犯㆒。不㆑論㆓客主尊卑㆒。同科㆓違勅之罪㆒。但五位以上。録㆑名奏聞。其隣保不㆑告。亦與同罪。事縁㆓勅語㆒。不㆑得㆓違犯㆒。
　延暦十七年（七九八）十月四日
（『類聚三代格』一二）

右の官符で注目されるのは、①京・畿内の「夜祭歌儛」「夜祭会飲」が「配乱」「闘事」を理由に禁止されているが、それは「先已禁断」とあり、今回が最初の禁制ではなかったこと、②「祭必晝日。不レ得レ及レ昏」とされていること、③禁制の対象に「五位以上」のものまで含まれていたことである。そもそも、京内には原則として神社は設けられていなかった。[14] 宮衛令分街条によれば、京内では夜間、急病などを例外として外出は禁止されていたはずである。ところが、八世紀末葉には京内においても、畿内と同様、「夜祭」が広汎に存在していたようであるが、国家側は支配秩序の乱れを理由にそれを禁止し、「晝日」の祭りに転換しようとしていた様子が窺える。しかし、それが簡単ではなかったことは、「先已禁断」とあることからも窺知される。少なくとも畿内では夜祭りの伝統が根強かったのではないだろうか。

『年中行事秘抄』四月賀茂祭条所引「旧記」には、十世紀中頃、四月に行われたカモ社の御阿礼祭の様子が描写されている。[15] それによると、昇天した「天神御子」(別雷神)を「御祖神」が「恋慕」していると、「御祖神」の夢に「天神御子」が出てきて、「各将レ逢レ吾。造二天羽衣天羽裳一。炬レ火擎レ鉾待レ之。……」と答えたとある。この中の「炬レ火」は神を招く火であろうが、それは同時に御阿礼祭が夜に実施されていたことを窺わせる。延暦十七年官符が禁止しようとしていた「両京畿内夜祭歌儛」にはこのようなカモ社の祭りも含まれていた可能性があろう。近年、祭祀遺跡から火を使用した痕跡が発見されている。[16] 奈良県御所市の南郷大東遺跡(古墳時代中期)、長野県更埴市の屋代遺跡群高速道地点SD七〇四二(七世紀末)、静岡県浜松市の西畑屋遺跡(八世紀前半)がそれで、かかる例からすると、夜間の祭りは京・畿内の範囲をはるかに超えていたといわざるをえない。

以上の諸点から、夜が神の時間帯であることをもとに、地域においても夜の祭りが中心であったこと、宮廷や伊勢神宮においても夜の神事がなされていたことが承認されよう。やはり、古代の神祭りは夜間に実施されるものといってよいのであろう。

ところで、夜に神祭りが実施されたとして、それは月夜の期間か、新月の頃の月の出ない時かという問題がある。柳田国男氏は、「日本の祭に於て神々を御もてなし申す方式だけは、人が最上級の賓客を迎へた場合と、完全によく似て居ることである。……神の御食事の時刻は座上にも庭上にも、常の日に何倍するほどの火を焚く。……満月の夜頃を祭の日とした動機も同じかつたかも知れぬが……[17]」として、祭りが満月の時に行われていることを指摘された。前述の伊勢神宮の定期造替では十五～十六日の深夜の神事がなされているが、これについて、高取正男氏は「文字暦のない時代、満月の夜に、という約束は、いちばんわかりやすい日取りであったともいえる[18]」と述べられている。益田氏は、『播磨国風土記』賀毛郡条の「飯盛嵩。右、号㆑然者、大汝命之御飯、盛㆓於此嵩㆒。故曰㆓飯盛嵩㆒。糠岡。右、号㆓糠岡㆒者、大汝命、令㆑舂㆓稲於下鴨村㆒、散糠飛到㆓於此岡㆒。故曰㆓糠岡㆓」をもとに次のように指摘された。「祭の庭のかがり火の傍から、月明の夜空に浮かび出る山々のシルエットを望み見る時、かの山は、まぎれもなく、オオナムチの神の握り飯であり、この山は、同じ神が舂かせた米の糠の堆積となる[19]」と。益田氏の、月明かりのもと祭りが行われ、日常は山そのものに過ぎなかったのが「祭りの庭」では神々とかかわって語られるという指摘は示唆に富む。

また、神祭りには神の来訪—神婚があった。『日本書紀』崇神十年九月条に「倭迹々日百襲姫命、為㆓大物主神之妻㆒。然其神常晝不㆑見、而夜来矣[20]」とあるように神の来訪は夜であったことが窺われる。それは同時に人間の側の妻問いと関係があるとみられる。古橋信孝氏は、男の訪れには月の光を浴びて、男がその呪力を身につけることで特別な存在となり、夜間でも外出することができたとして、月夜の妻問婚を主張されている[21]。この人間の妻問婚が巫女のもとへの神の訪れとパラレルであったとすれば、古代の祭りも月明かりの夜に行われていた可能性がある。小林賢章氏は、平安時代の文学作品の時間表現語彙を検討して、男が女のもとを訪ねるのがヨヒ（午後一一時まで）、女と同衾するのがヨハ（子・丑刻〈午後一一時から午前三時〉に対応）であり、女と別れる時がアカツキ（日付変更時点の午前三時から日の出まで）と指摘されている。[22] とすれば祭りの時刻もほぼ同様ということになろう。

これに対して、漆黒の闇夜こそ、神や祭りの時間だとする三浦佑之氏の説[23]がある。三浦氏によると、闇夜は視覚が奪われ、聴覚が増幅される。人々は闇の世界に不安を感じながら夜明けを待つ。そこに闇を畏怖する心性が生じ、闇への畏怖が神を幻視する母胎となりえたとされる。田中久夫氏も、晦日から朔日にかけての民俗行事が多いことなどをもとに、月のない夜が、神の姿をみてはならぬというタブーともかかわって、祭りの日に適していると述べられた。[24]三浦・田中説は闇夜を重視される。

月明かりの夜か闇夜かの、二つの見方のいずれを是とするかの判断はむずかしいが、ここでは「正倉院文書」の中の五通の請暇解を一つの手がかりにしてみたいと思う。

美努石成解　申二請レ暇事一

合五箇日

右、依レ可二私氏神奉一、暇所レ請如レ件。仍注レ状、謹以解。

宝亀三年（七七二）十月廿八日

この史料は、美努石成が「私氏神」に奉仕するために「合五箇日」の休暇を写経所宛に請求した請暇解である。この時の「私氏神」の祭りは夜に行われていた可能性が高いが、十月二十八日の日付からすると、祭りそのものは十月末か十一月はじめの新月の頃であったとみられる。宝亀元年十一月二十五日に「私祭礼」のため「合二箇日」の請暇解を提出した三嶋子公の場合も同様であろう。しかし、それがすべてではない。請暇解の日付と休暇日数のみをあげると、氏部小勝が四月十一日で三日間、安宿広成が四月十五日で三日間、人名を欠くが「鴨大神又氏神祭」に奉ずるための請暇解が四月十三日で二日間とある。これらの三例からは、各人が某日の夜祭りに参加したとすれば、いずれも満月前後の時期にあたる。以上の例からすると、請暇解の宝亀年間には、少なくとも神祭りの時期は月の明かりのある夜か、新月の頃か、簡単には決し難いというべきであるまいか。また、『続日本後紀』承和元年（八三四）二月辛丑条に「小野氏神社在二近江国滋賀郡一。勅。聴下彼氏五位已上。毎レ至二春秋之祭一。不レ待二官符一。永以往還上」、同承和四年二月癸卯条に「是日。勅聴下大春日。布瑠。粟田三氏。五位已上。准二小野氏一。春秋二祠時。不レ待二官符一。向中在二近江国滋賀郡一氏神社上」として、小野氏の氏上を中心とする同族の氏神祭関係の記事[25]がある。五位以上が畿外に出るには、天皇に奏聞の上、太政官符を必要とした（仮寧令請仮条）が、この二つの勅では官符を必要とせず、小野氏同族に近江国滋賀郡の小野神社への往還を許したというものであった。官符は、前者が二月二十日、後者が二月十日に出されているので、小野神社での氏神祭は二月下旬になされていたものとみられる。この場合も夜祭りであろうが、殊更、満月の夜に行うという基準があったとは考え難いように思う。したがって、ここでは八世紀後半から九世紀前半の史料からは、満月、新月の夜の双方のケースがあったことまでを言及するに留めておきたい。

さて、これまで述べてきたところからも、古代の神祭りは夜に実行されるものという結論は概ね了解を得られると思う。ところが、ここにもう一つの問題が存在する。それは明らかに昼間の祭祀の例があったことである。以下では、そのことを具体的に指摘しておこう。

第一点は、祭祀の時刻が昼間であることが史料上、確認できる例である。『儀式』一によると、二月四日の祈年祭では「卯四刻」（午前六時半）に「所司弁二備庶事一」からはじまり、その後、神祇官斎院での班幣行事がなされる。同様の班幣行事は、六・十二月十一日の月次祭日でもあり、六月は「卯一刻」（午前五時）、十二月は「辰一刻」に「所司弁二備庶事一」とあった。『年中行事秘抄』諸祭剋限条では、祈年祭の「所司庶事弁備」が「辰二点以前」（午前七時半）、「参議以上着座始行事」が「辰三点」（午前八時）とあり、また、六・十二月月次祭は、それぞれ「卯四点以前」（午前六時半）、「辰一点」と、『儀式』に比べて少し遅れる時刻を記しているが、後述の祝詞の慣用句とあわせて、基本的には日の出後からはじまり、おそらくは昼頃まで続くのであろう。大嘗祭での班幣の儀も右と同様で、天皇神事が行われる前、卯日「平明」から神祇官においてなされている（『儀式』三）。新嘗祭の班幣も神祇官でなされる（『延喜式』二）が、これも祈年・月次祭と同じ時間帯で行われたものであろう。ちなみに、伊勢神宮の祈年祭について、『皇太神宮年中行事』に「祈年祭ハ晝神事也。仍御火無レ之」と記してあることもあわせて指摘されよう。

　大嘗祭の中心となる卯日から午日の四日間に限ってみても、卯日の班幣以外に次のような昼間の行事が行われていた。すなわち、『延喜式』七によると、卯日の「巳時」（午前一〇時）、悠紀・主基両国の供物が北野の斎場を出発し、大嘗宮に向かう。辰日でも「辰二点」（午前七時半）に天皇は豊楽院の悠紀帳に御し、中臣が天神壽詞を奏上、忌部が神璽の鏡剣を奉る。弁官の五位が両斎国の供御と多明物の色目を奏上し、「巳一点」（午前九時）には「悠紀国薦二御膳一、給二饗五位以上一」がある。その後、悠紀国司は歌人を率い国風を奏す。「未二点」（午後一時半）に天皇は主基帳に遷御し、「薦二御膳一奏二国風等一、並同レ前」。巳日では辰日とほぼ時刻で同じ儀が繰り返される。午日になると、「卯一点」（午前五時）に悠紀・主基帳が撤去され、「辰二点」に天皇は豊楽殿の高御座に御す。「巳二点」の「所司薦二御膳一」儀を経て、久米舞・吉志舞が、「申一点」には大歌と五節舞がそれぞれ奏され、辰「三点」に「供二奉解斎舞一」とある。以上の大嘗祭の儀はいずれも昼間の実施であった。

　その他、手がかりは乏しいが、昼間の祭祀と思しきは、「当日詰旦、山城国司一人率二当郡司并騎兵等一参候……」ではじまる松尾祭（『儀式』一）、「其日昧爽、掃部寮於二八省院小安殿東第三間中央一鋪二御座一……」とある「九月十一日奉二伊勢大神宮幣一儀」（『儀式』五）、「当日早旦内記清二書宣命一……」という祈年穀奉幣（『江家次第』五）の三例がある。いずれも早朝からはじまっており、昼間の行事のグループに含めることが可能であろう。

第二点は、祝詞の慣用句の一つの〈朝日の豊逆（栄）登りに〉を手がかりにするものである。『延喜式』八の「祈年祭」祝詞には「朝日能豊逆登爾称辞竟奉登久宣」とあり、朝日が輝き登る時間帯に祈年祭がなされる様子が窺える。同様な語句は、「広瀬大忌祭」「龍田風神祭」「六月月次祭」「大嘗祭」（恒例の新嘗祭の祝詞）、伊勢神宮の「六月月次祭」「同神嘗祭」「出雲国造神賀詞」にもある。右のうち、祈年祭・月次祭・新嘗祭は第一点の時刻の問題とも対応する。とすれば、残りの例では広瀬大忌祭・龍田風神祭も祈年祭などと同様に考えてよいだろう。両祝詞は、広瀬・龍田両社にそれぞれ派遣された勅使が神前に奉幣するさいに奏上されるものであった。したがって、〈朝日の豊逆登りに〉という頃合に広瀬大忌祭・龍田風神祭が執行されたと推定されよう。

伊勢神宮の月次祭においては「十六日平旦、斎内親王参㆓入度会宮㆒、至㆓板垣門東頭㆒下㆑輿、……」（『延喜式』四〈大神宮式〉）とあり、その後、斎内親王の太玉串奉納、勅使（中臣）・宮司の順で祝詞奏上、奉幣と続く。ところが、『皇太神宮儀式帳』（延暦二十三年〈八〇四〉撰進）では、三節祭において斎内親王の参入を十七日の「午時」とする。三節祭の斎内親王参拝儀そのものには両宮で大差がないが、内・外宮への参入時刻だけが、内宮の「午時」に対して、『延喜式』四では外宮は「平旦」（寅時）とあり、大幅に異なる。これについては、宮司奏上の「六月月次祭」「同神嘗祭」祝詞に〈朝日の豊栄登りに〉とあること、十三世紀成立の『神宮雑例集』には内宮の十七日の行事を「夕行㆓祭礼㆒」とあることを根拠に、斎内親王の「午時」参入は「延喜式以降『神宮雑例集』以前のある時期の実際の祭祀の状況が『皇太神宮儀式帳』の本文に紛れ込んだもの」という本澤雅史氏の説[26]がある。首肯さるべきであろう。いずれにしても、三節祭での斎内親王参入時刻は、時代の経過とともに遅れていったとしても、本来の参拝儀は、日の出以後の、〈朝日の豊逆登りに〉という時間帯の行事であったことには間違いあるまい。

第三点は、本書第Ⅰ部第三章「平野祭の基礎的考察」ですでに指摘したところであるが、［表3］（本書六四～六七頁）の〈大蔵省、蘰木綿を賜る〉儀（ク）に、『儀式』一は「大臣」が「召使」を召喚するさい、「若日曛問、阿誰、召使申二姓名一」と記している点に着目するものである。この後、「庭火」が焚かれており（シ）、「早旦、所司供張如レ常」からはじまった平野祭も、クからシの段階になると、夕方から夜になることもあったとみてよい。同様のことは春日祭についても該当する。本書第Ⅰ部第一章「平安期の春日祭について」の［表1］（本書一四頁）で〈大膳職、御飯を賜る〉儀（k）がある。そのさい、『北山抄』一には「次上卿召二召使一。称唯参進。臨レ暗問レ之。」、『江家次第』五にも「若臨レ暗時、上卿問曰、誰曾、召使称二姓名一」とあった。これも平野祭と同様で、祭日「平旦」からの祭祀（『儀式』）も、奉幣・祝詞奏上と続き、春日祭の〈後半〉になると、「臨レ暗」ことがあったとみられる。その他、逐一詳細は述べないが、大原野祭（『西宮記』恒例第三、『北山抄』一）、梅宮祭（『江家次第』六）や吉田祭（『江家次第』六）でも事情は同じである。このことは上記の諸祭祀が基本的に昼間の儀であった証左でもあろう。同様のことは賀茂祭にも見出される。これもかつて述べたところであるので[27]、簡潔に記すに留めたいが、賀茂祭では勅使・斎王一行が一条大路を進み、下社・上社の順で参拝する。『内裏式』中によると、勅使一行は祭日（四月中〈下〉酉日）の「巳三刻」（午前一〇時）に内裏を発向し、「其夕使等就二内侍一、執二申祀状一或時明日申レ之、」とあり、同日の夕刻までには賀茂祭は終了していたはずである。もっとも賀茂祭の進行はしばしば遅延した。『延喜式』六（斎院式）にも「凡斎王参二上下両社祭一日、入レ夜山城国儲二松明一、掾若目一人祗承、其名簿前一日進レ官」と規定されているので、賀茂祭の遅延は慢性化していた可能性がある。しかし、賀茂祭も本来的には昼間の祭祀であったことは先の『内裏式』文からしても疑いないところであろう[28]。

第四点として、『江家次第』一五の「八十嶋祭」条に「至二于祭一者用二晝時一」とあるのも注意される。八十島祭の理解には諸説あるが、岡田精司氏は、五世紀以来の、〈大八洲之霊〉を大王に付着せしめる王権祭祀で、「晝時」に実施されるのも、大阪湾から西方に、国生み神話とかかわる淡路島を〈見る〉ことと関係するとされている。(29)岡田説に従うべきであろう。とすると、五世紀初頭に淵源する古い祭祀の中にも、すでに昼間の神事があったことになる。

以上、昼間の祭祀とみられる例をあげた。本節までの考察結果として、また次節の考察への橋渡しとして、次の三点としてまとめておこう。

(1)　古代の神祭りは、夜に行われるものであった。これは夜が神などの異類の活躍する時間帯であったことに由来する。宮中の天皇神事から民間の祭りまで、夜の祭りは広く行われていたとみてよいだろう。

(2)　しかし、その一方で、日の出後の昼間の時間帯に実施された祭祀があった。五世紀に遡る八十島祭を別とすれば、祈年祭・月次祭・新嘗祭・践祚大嘗祭の班幣行事で、いずれも律令制成立期に成立した諸祭祀、律令制下の国郡制支配に対応する大嘗祭の悠紀・主基国の服属儀礼、(30)伊勢神宮の三節祭（斎内親王参拝の儀）、天武四年（六七五）にはじまるとされる広瀬大忌祭・龍田風神祭（『日本書紀』天武四年四月癸未条）、奈良・平安期以降の成立の春日祭・賀茂祭・平野祭などである。

(3)　これまで取り扱ってきた事例のすべてではないが、祭祀の具体的な時刻が規定されていたことである。とくに夜間の時刻が記されている例があることに注目したい。これは漏刻による時刻の計測とかかわるところであろう（後述）。

このうち、(1)について、これ以上言及することはない。次節では(2)(3)につき、論究してみたいと思う。

三　昼間の祭祀と時刻

七世紀に入ると、朝廷では中国的な朝政がはじまり、それとほぼ並行して朝廷に時刻制が導入された。その契機になったのが、開皇二十年（六〇〇）に派遣された遣隋使であったとみられる。『隋書』東夷伝倭国条によると、高祖文帝が、倭国の「風俗」を問うたのに対して、使者は「倭王以㆑天為㆑兄、以㆑日為㆑弟、天未㆑明時、出聴㆑政跏趺坐、日出便停㆓理務㆒云委㆓我弟㆒」と答えた。これを聞いた文帝は「此太無㆓義理㆒。於㆑是訓令㆑改㆑之」という。『隋書』の記載を事実と認めると、それまで倭王は日の出前の未明の時間帯に政務を行い、日の出とともに執務を終えていたのを、隋帝の提言を容れて中国風の朝政に改めたということになる。実際、推古朝以降、『日本書紀』には朝政や時刻制の導入を窺わせる記事が散見するようになる。

①八曰、群卿百寮、早朝晏退。（推古十二年〈六〇四〉四月戊辰条）

②大派王謂㆓豊浦大臣㆒曰、群卿及百寮、朝参已懈。自㆑今以後、卯始朝之。巳後退之。因以㆑鐘為㆑節。然大臣不㆑従。（舒明八年〈六三六〉七月己丑朔条）

③天皇処㆓小郡宮㆒、而定㆓礼法㆒。其制曰、凡有㆑位者、要於寅時、南門之外、左右羅列、候㆓日初出㆒、就㆑庭再拝、乃侍㆓于廳㆒。若晩参者、不㆑得㆓入侍㆒。臨㆑到㆓午時㆒、聴㆑鐘而罷。其撃㆑鐘吏者、垂㆓赤巾於前㆒。其鐘臺者、起㆓於中庭㆒。（大化三年〈六四七〉是歳条）

④又皇太子、初造㆓漏剋㆒。使㆑民知㆑時。（斉明六年〈六六〇〉五月是月条）

⑤置㆓漏剋於新臺㆒。始打㆓候時㆒。動㆓鐘鼓㆒。始用㆓漏剋㆒。此漏剋者、天子為㆓皇太子㆒時、始親所㆓製造㆒也、云々。

（天智十年〈六七一〉四月辛卯条）

①から⑤の記事については、すでに岸俊男[31]・今泉隆雄[32]・鎌田元一[33]氏らによって的確な考察がなされているので、ここでは論の展開上、必要な点のみを指摘しておこう。

第一に、日の出後の朝政については、①の憲法一七条の第八条や、②の大派王の奏言を経て、③で初見することである。③の小郡宮で制定された「礼法」によると、「寅時」（午前四時）に有位者は南門外に羅列し、日の出とともに朝庭に入って天皇を再拝した後、朝堂で執政し、「午時」には終えるとある。宮衛令開閉門条には「凡開㆓閉門㆒者。第一開門鼓撃訖。即開㆓諸門㆒。第二開門鼓撃訖。即開㆓大門㆒。退朝鼓撃訖。即閉㆓大門㆒。……京城門者。暁鼓声動則開。……」、公式令京官上下条には「凡京官。皆開門前上。閉門後下。外官。日出上。午後下。……」とあり、「第一開門鼓」（「暁鼓」）を撃って「諸門」（宮城門・宮門・閤門）と「京城門」（羅城門）を、「第二開門鼓」を撃って「大門」（朝堂南門・大極殿閤門）を開くが、前者の条文の「古記」によると、時刻はそれぞれ「寅一点」（午前三時）、「卯四点」（午前六時半）とある。『延喜式』一六（陰陽式）には、季節による日の出時刻の違いに応じて、開諸門鼓・開大門鼓・退朝鼓・閉門鼓の時刻が詳しく定められているが、開大門鼓は日の出後、約四五分後に撃たれ、退朝鼓はその三時間半から四時間後に撃たれることになっていた[34]。③では、『延喜式』のように季節による時刻の変化までは規定されていないが、官人の政務を「日初出」から「午時」とするのは、令制や『延喜式』制の先蹤となるものといえよう。

第二は、時刻制の問題である。②③においても登朝・退朝の時刻を定められているが、その時刻の計測は日時計によっていたらしい。日時計は夜間や雨天・曇天などの時には利用できないといった大きな欠点があった[35]。その欠点を克服したのが、④⑤の漏刻の設置であった。一九八一年には奈良県明日香村の水落遺跡で漏刻臺の遺構が発掘調査でみつかったことで[36]、④の記事の信憑性が確認され、それは⑤で大津宮遷都にさいして、新都にも運ばれたものとみられている。いずれにしても、日時計から定時法に基づく漏刻への展開は、朝政定刻制にとって重要な出来事であり、さらには天皇による官僚制整備にとっても、かつ、天子の時間支配の成立にとっても画期的なことであったといえよう。(37)

このように七世紀代における朝政や時刻制の問題を念頭に置くと、前節末尾に記した二つの課題に答えるのはさして困難ではないように思う。

まず、昼間の祭祀であるが、先述のごとく、五世紀に遡る昼間の祭祀としては、国見を伴う八十島祭があげられる程度であったのに対して、律令制成立期以降には多くの祭祀例を見出すことができる。これは推古朝以前、薄暮の時間帯の大王の政務から、七世紀に入って日の出以後の執政への展開と対応するものであったといえよう。とくに昼間の祭祀の典型例ともいえる祈年祭についても、神祇令季冬条に「……其祈年月次祭者。百官集二神祇官一。中臣宣二祝詞一。忌部班二幣帛一」とあるように「百官」の参集が規定されている。『儀式』一によると、祈年祭では神祇官斎院の北舎に大臣・参議以上・諸王が、南舎に群官が、西舎に神祇官人が着座する中、諸国の官社（式内社）の祝部が参集せしめられ、中臣が祝詞を読み、忌部が幣帛を班つ。幣帛は案上官幣―案下官幣（―国幣）にランクづけされ、さらに伊勢神宮だけは別途、勅使が派遣されて奉幣がなされる。このような奉・班幣行事を参集した大臣以下や諸国の祝部の面前で行うのは、伊勢神宮を頂点とする神々の秩序を公開することに他ならず、それは、やはり日の出以後の時間がふさわしかったとみられる。飯島・野沢両氏の、昼間は秩序や必然性が重視されるという指摘（本章第一節）をもう一度、繰り返しておきたい。この関係は月次祭・新嘗祭・大嘗祭の班幣行事（いずれも案上官幣のみ）についても同じで、祈年祭と同様なことがあてはまる。古代律令国家が再編した神々の秩序の示威は夜間ではその効果が十分発揮できなかったはずである。

また、昼間の儀とした伊勢神宮の三節祭（斎内親王参拝儀）、広瀬大忌祭・龍田風神祭・春日祭・賀茂祭・平野祭などの諸祭祀についても同じことが該当しよう。いずれも勅使が各社に派遣され、神前での奉幣・祝詞奏上の儀が行われているからである。王権祭祀として執行された右の諸祭祀も、やはり天皇と神々の関係を明確にすべく昼間の神事として実施されたものとみられるのである。大嘗祭の卯日から午日に昼間の行事が多いのも悠紀・主基両国の服属儀礼に由来する。すなわち、卯日の供物搬入は朱雀大路を北上する五千人もの大行列でなされる両国民の服属の証であった。[38] 辰日から巳日の饗宴は両国から貢納された食饌等を天皇と五位以上が共食する行事であり、芸能の奏上も両国の服属儀礼によって構成されていた。[39] このような政治的な服属儀礼は、やはり暗い夜ではなく、昼間に人々の眼前に公開されるものであったろう。

そして、先に示したごとく、古代国家は、延暦十七年に秩序の乱れを理由に京・畿内の夜祭りを禁止しようとした事実がある。これが簡単に成功しなかったであろうことはすでに記した。昼間の祭りは地域社会にまで容易に浸透しなかったといえよう。

もう一つの点の時刻制との関係についていえば、神今食・大嘗祭など、夜の天皇神事においても儀式書が時刻の記載をしていたことに改めて留意される。夜の時刻は、日時計ではなく、漏刻によっていたとしか考えられない。これは夜の神事だけに限ったことではなく、祈年祭など昼間の祭祀にも時刻が定着している。漏刻の導入によって、時刻によって実施される国家的な祭祀も登場してきたといえよう。

ところで、漏刻は、中央の陰陽寮を除けば、宝亀五年（七七四）十一月十日、陸奥国に設置された例がある。この時、陸奥国は設置理由に「大宰・陸奥同警二不虞一。飛駅之奏、当レ記二時剋一。而大宰既有二漏剋一、此国独無二其器一者」（『続日本紀』）と指摘しているので、これからすれば、大宰府には宝亀五年以前に漏刻が設置されていたことになる。

この後、貞観十三年（八七一）八月二十三日に出羽国に置かれ（『三代実録』）、さらに元慶六年（八八二）九月二十九日以前に陸奥鎮守府胆沢城に置かれていたことが『類聚三代格』五、元慶六年九月二十九日太政官符から知られる。『延喜式』二二（民部式上）に「凡大宰及陸奥国漏刻守辰丁各六人、課役倶免、毎年相替」、同二三（民部式下）に「凡大宰府充二仕丁一者、……守辰六人」とあることからも、漏刻が置かれた諸国は「警二不虞一」とされた大宰府・陸奥・出羽等に限定されていたとみて差し支えないであろう。

したがって、諸国では原則的に漏刻が設置されていなかったはずである。『続日本紀』天応元年（七八一）三月乙酉条に「美作国言、今月十二日未三点（午後二時）、苫田郡兵庫鳴動。又四点（午後二時半）鳴動如レ先。……伊勢国言、今月十六日午時、鈴鹿関西中城門大鼓、自鳴三声」とあるのも、漏刻による定時法に基づく時刻ではなく、日時計か香時計(40)による不定時法に基づく時刻記載とみるべきであろう。右の記事にあがっているのが「未三点」「四点」「午時」といずれも昼間の時刻であったこともその一証といえよう。郡レベルでの時刻とその計測法についてはさらに手がかりに乏しいが、時刻を記した木簡が二例知られている。すなわち、長野県屋代遺跡群から「主帳」が「十七日卯時」に発行したとみられる木簡（七一号）(41)と、氷上郡家関連施設とみられる兵庫県氷上郡市辺遺跡から、「国司が氷上郡を巡行したさいに病に倒れ、その病状をみるために浄名という人物（郡関係者か）が使者を派遣した」という内容で、それが「六月五日卯時□〔使カ〕」という木簡（四号）(42)で、いずれも奈良時代前半のものであった。かかる木簡にみえる時刻もやはり漏刻による計測とはみなし難く、地方官衙の時刻は日時計か香時計によるものであったとする他あるまい(43)。

事情は地方の寺院の場合も同様であろう。『日本霊異記』を手がかりにすると、中―一三では和泉国泉郡の血渟山寺で信濃国の優婆塞が「六時」に勤行をしていたこと、下―一に吉野の金の峯で一人の禅師が「六時」に勤行していたこと、下―三〇では紀伊国那賀郡の弥勒寺の僧観規が「申時」に死亡したとあること、下―一七では同じく那賀郡の弥気山室堂には「鐘堂」があったことなどが知られる。かかる説話からすれば、「六時」の時間の計測と鐘による報知が地方の寺・堂などでも行われていたことは確実である。ただし、その場合の計測も香時計によったとみるのが妥当であろう。

以上のことから、古代では、都や大宰府・陸奥・出羽などの辺境諸国を除いて漏刻は設置されていなかった。(44)これを別言すれば、国郡衙や寺院では日時計か香時計によって時刻を計測していた可能性が高く、とくに夜間などは時刻の計測は困難であったに相違ないという見通しに導かれてくるはずである。(45)

ここで再び伊勢神宮の三節祭が注目されよう。というのは、先述のように「亥時」―「丑（寅）時」に夕・朝大御饌が供奉されていたからである。「亥時」―「丑（寅）時」の御饌は、内・外宮の正殿床下に大物忌などの童女によって供進されるものであるが、日にちこそ異なるものの、宮中でも六・十二月の神今食と十一月の新嘗祭において、天皇が神嘉殿において二度にわたって神饌を食べる神事と対応する。かかる伊勢神宮と天皇の祭祀の一体性は、すでに岡田氏によって指摘されているところであるが、(46)神今食における御饌神事の時刻は、「亥一刻」（午後九時）と「丑一刻」（午前一時）、ないしは「寅一刻」（午前三時）であった（本章第二節）。三節祭の二度にわたる御饌供進の時刻も、天皇神事の時刻と概ね一致している。ということは、両者ははじめから対応すべく設定されていたのではないだろうか。

では、伊勢神宮の祭祀の時刻はなにによって計測されていたのであろうか。結論を先回りしていえば、伊勢神宮にも漏刻が置かれていたのではないかと答えたい。ただし、これを直接的に証明する史料にめぐりあえていないので、伊勢神宮の漏刻説はなお推測の域を出ないが、次の点を考慮したいと思う。(47)

伊勢斎王が初斎院に入る前に御禊を行うが、その時の行列中に「次漏刻器、今日不レ見、行鼓又不レ見、可レ尋」という『永昌記』天治元年（一一二四）四月二十三日条が注目される。この記事からは伊勢斎王の行列には、本来的に「漏刻器」や「行鼓」が伴うものという認識があったことが窺知される。賀茂斎王関係ではあるが、賀茂祭の路頭儀で斎王の行列に「陰陽寮漏刻」が加えられていた（『江家次第』六）。実際、『中右記』元永元年（一一一八）四月二十八日条や『長秋記』大治四年（一一二九）四月二十五日条にも賀茂斎王の行列に従う漏刻の存在が記録されている。(48)かかる漏刻は、厚谷和雄氏が指摘されているように、(49)伊勢や賀茂の斎王の行列の威儀を整えるための道具であったろう。その一方で、斎王が漏刻を身辺に備えているというのは、天皇と漏刻との関係からも、天皇の分身としての斎王という関係からも無視できないところではないだろうか。『延喜式』一六によると「凡行幸、陪従属已上二人率二陰陽師二人、漏刻博士一人、守辰丁十二人、直丁一人一供奉……」とあり、承平二年（九三二）十月二十五日の朱雀天皇の鴨河行幸にあたって漏刻が従った（『吏部王記』）ことも知られる。しかも、伊勢斎王は、三節祭にさいして「斎王参二度会宮一、路辺窮者賑給如レ常」（『延喜式』五〈斎宮式〉）として賑給を執行する存在であったことが想起される。もちろん、ここにあげたのは漏刻と斎王との関係であって、伊勢神宮との関係を直接示しえているわけではない。しかしながら、先に指摘した伊勢神宮の祭祀の時刻にあわせて、かかる斎王と漏刻との関係を考慮するならば、伊勢神宮には都にならって漏刻が設置されていた可能性は小さくないものと思う。

本書第Ⅰ部第四章「古代伊勢神宮の年中行事」で指摘したように、伊勢神宮のうち、とくに内・外宮、別宮では天皇と共通する年中行事が実施されていた。これは、暦が伊勢神宮にも存在し、それに則って恒例の行事がなされていたことを推定させる。すなわち、天皇の時間支配に対応して、天皇家の守護神をまつる伊勢神宮にも暦があったとすれば、同様に漏刻が置かれていたとしても不自然とはいえないはずである。

『太神宮諸雑事記』[50]には、天平神護二年（七六六）十二月十八日に「夜子時、宮司神館五間、萱葺二宇仁、火飛来既以焼亡畢」とある記事を初見として、以下、夜間の例も含めて時刻を記す記事が散見している。平安後期に編纂された『太神宮諸雑事記』の史料としての信憑性の問題は残るが、もし、天平神護二年の「子時」の火災記事を事実とすると、伊勢神宮の漏刻の設置は八世紀中頃に遡ることになろう。[51]

四　おわりに

最後に本章の考察結果をまとめておこう。

1、古代の一日は、昼と夜、朝と夕に区分されていた。このうち、人間の視覚がかなり遮られる夜は神などの異類が活動する時間帯であった。したがって、古代の神祭りも基本的には夜間に実施されていたものとみられる。

2、古代では神今食のような天皇神事の中に夜に実施されるものがあったが、その一方で、祈年祭などの班幣行事、伊勢神宮などでの奉幣儀、大嘗祭の卯日から午日の服属儀礼の場面では、天皇と神々との秩序、あるいは天皇と悠紀・主基国との関係を示威するためにも昼間に行われた。この昼間の儀は、遣隋使の派遣を契機として、日の出後の朝政が展開することと関連する。国家は延暦十七年にそれを京・畿内の民間の祭りにも押しつけようとしたが、成功しなかったらしい。

3、七世紀中頃、天皇の時間支配のため、国家は漏刻を導入した。このことは祭祀の場にも影響し、宮廷の祭祀の中に時刻に従って行われるものが登場するようになる。それは伊勢神宮の祭祀でも同様であり、その背景に伊勢神宮にも漏刻が設置されていた可能性が指摘される。

以上、儀式書などにみる祭祀が執行された時刻を手がかりに、古代の祭祀を昼—夜と時刻制という二つの基準で整理し、その歴史的意義を考察した。このような問題からも古代の祭りの重層化していた有り様や歴史的な展開過程が窺えるのではないかと思う。

近年、歴史学やその関連諸分野において時間論が盛んであるが、[52] 松本亮三氏が、人類が経験した時間概念を〈感じられた時間〉と〈刻まれた時間〉とに区分されたことは[53]示唆的である。前者とは自然の動きをモデルとして、点としての時を基本とするもので、後者とは時計によって刻まれ、長さとしての単位時間を特徴とする。かかる指摘を念頭に置いて本章の考察を見直すと、もともと〈感じられた時間〉に基づいて実施されていた古代の祭りは、とくに斉明朝の漏刻による計測という〈刻まれた時間〉の導入によって、宮中と伊勢神宮との間でほぼ同じ時刻に神事が実施可能になるなど、新たなる展開を遂げることになる。しかし、それは王権祭祀に限られたのであって、民間では依然として〈感じられた時間〉による夜間の祭りが継続していたということになろう。

註

（1） 飯島吉晴「祭りと夜」（『一つ目小僧と瓢箪』新曜社、二〇〇一年）三〇七頁。

（2） 野沢謙治「夜の民俗」（『講座日本の民俗学』六、雄山閣出版、一九九八年）一〇五頁。

（3） なお、『三代実録』元慶元年（八七七）四月壬申朔条に「一日一夜。合為二一日一」とあるのを根拠として、一日は昼と夜とからなると指摘されることがある（神野志隆光「古代時間表現の一問題」〈『論集上代文学』六、笠間書院、一九七六年〉一七頁、多田一臣「万葉びとの夜」〈『古代文学表現史論』東京大学出版会、一九九八年〉一一八頁など）。しかしながら、当該条は、「虧初子三剋三分。復至二寅二刻一分一」という夜の日蝕（夜蝕）に関して、儀制令太陽虧条に依拠して天皇が廃務すべきかどうかをめぐって奏上された三様の勘文—①明経道勘文、②紀伝道勘文、③明法道勘文—を中心に構成されており、問題の語句は①と②にみられる。今、かなりの長文の当該条を丁寧に紹介する余裕はないが、①では『春秋穀梁伝』の「范甯注」から「鄭君（鄭玄—引用者註）釈之曰。一日一夜合為二一日一。……」を引き、「夜食在二前月晦一。則今月朔。不レ可二廃務一」という小結論を導き出している（ただし、

①の最終的な結論では朔日廃務を説く）。②を奏した都良香も、夜蝕に言及する『穀梁伝』を引いた上で「謹案」として「一日一夜。合為二一日一」をあげ、今回の夜蝕の復円が寅刻以後であるので、晦日と朔日の双方とも廃務すべきであると主張する。②の説は、当時、一日のはじまりを寅刻としていたことと密接するが、いずれにしても問題の語句は中国に出典があったこと、夜蝕のさいに天皇はどの程度の期間、廃務すべきかどうかという議論の中で出てきたものであることは間違いない。少なくとも、元慶元年四月壬申朔条の中から「一日一夜。合為二一日一」のみを引用し、古代の日本では夜と昼とは独立していたなどとするのは慎むべきであろう（当該条の理解については、岩本憲司『春秋穀梁伝范甯集解』〈汲古書院、一九八八年〉、浜田寛「元慶元年四月朔日蝕勘文考」〈『和漢比較文学』三〇、二〇〇三年〉を参照した）。

（4）多田「古代人と夜」（『万葉歌の表現』明治書院、一九九一年）一一七頁。

（5）益田勝実「黎明」（『火山列島の思想』筑摩書房、一九六八年）。

（6）森正人「霊鬼と秩序」（『今昔物語集の生成』和泉書院、一九八六年）二二八～二二九頁、田中貴子「夕暮の都市に何かが起きる」（『あやかし考』平凡社、二〇〇四年）。また、夕方については、黒田日出男「中世の夜と鬼と身体感覚」（『歴史としての御伽草子』ぺりかん社、一九九六年）も参照。

（7）和田萃「夕占と道饗祭」（『日本古代の儀礼と祭祀・信仰』中、塙書房、一九九五年）三四一～三四三頁。

（8）近藤信義「古代の一日と『ぬばたまの夜』（前篇）」（『立正大学文学部研究紀要』四、一九八八年）。

（9）拙稿「古代大祓儀の基礎的考察」（『古代国家の神祇と祭祀』吉川弘文館、一九九五年）一八四～一八五頁。

（10）古代の一日・昼夜をめぐっては、本章の注であげた諸論著以外に、以下の研究も参照した。折口信夫「鶏鳴と神楽と」（『折口信夫全集』二、中央公論社、一九五五年、初出は一九二〇年）、村井康彦『平安貴族の世界』（徳間書店、一九六八年）七七～八一頁、大野晋『日本語をさかのぼる』（岩波新書、一九七四年）一八二～一八八頁、田中元『古代日本人の時間意識』（吉川弘文館、一九七五年）一～五一頁、平野仁啓「古代日本人の時間意識の成立」（『続古代日本人の精神構造』未来社、一九七六年）、永藤靖『時間の思想』（教育社、一九七九年）、加納重文「平安貴族の夜」（『国文学解釈と鑑賞』四五－五、一九八〇年）、神田秀夫「万葉の夜の暗さ」（『万葉歌の技法』明治書院、一九八三年）、笠松宏至「夜討ち」（『中世の罪と罰』東京大学出版会、一九八三年）、井出至「万葉びとの心性から見た昼夜のけじめ」（『時の万葉集』笠間書院、二〇〇一年）、寺田恵子「万葉集の夜と昼」（『東アジアの古代文化』一〇八、二〇〇一年）、関和彦「民衆世界の天皇」（『古代天皇制を考える』講談社、二〇〇一年）一〇四～一〇八頁、細井浩志「時間・暦と天皇」(『岩波講座 天皇と王権を考える』八、岩波書店、二〇〇二年)、板橋春夫「夜」(『暮らしの中の民俗学』一、吉川弘文館、二〇〇三年)、野口孝子「『夜』化の時代」(『古代文化』五九―一、二〇〇七年)など。

なお、リュシアン・フェーヴル「歴史学と心理学」(小倉孝誠編集『感性の歴史』〈藤原書店、一九九七年、初出は一九三八年〉二七〜二八頁)に、「闇と光の交替によって区切られ、リズムをあたえられていた」中世の人々の生活と、「衝突や対照や突然際立つ対比などのない現代人の安定した生活が、人々のあいだに同じような心的習慣、同じようなものの考えかた、感じかた、欲望の持ちかた、行動や反応のしかたを生じさせうるなどと考えられようか」という指摘があるが、参照さるべき至言であろう。

(11) 東宮鎮魂祭は巳日に行われるが、『延喜式』二に「巳日晡時、供二東宮鎮魂一」、『延喜式』四三(春宮式)に「凡東宮鎮魂日、所司装二東宮内省一同レ御、戌刻、主膳監官人二人、……率二膳部八人一昇二御膳高机二脚一、……」とあるので、やはり「戌刻」以降の夜の祭祀であった。なお、『日本後紀』延暦二十四年(八〇五)二月庚戌条には、桓武天皇の病気を旧平城京松井坊の女巫を召して石上神宮で鎮御魂を行った次第がみえる(当該記事については、西宮秀紀「日本古代『巫覡』論」〈『古代史論集』下、塙書房、一九八九年〉二一三〜二一四頁、義江明子「『女巫』と御巫・宮人」〈『日本古代女性史論』吉川弘文館、二〇〇七年〉など参照)。その中に「女巫通宵忿怒、託語如レ前、遅明乃和解」とあるので、これも夜の鎮御魂であったことが知られる。

(12) 大殿祭については、虎尾俊哉編『訳注日本史料延喜式』上(集英社、二〇〇〇年)補注七六二〜七六四頁を参照。

(13) 拙稿「『延喜式』祝詞の成立」(前掲註〈9〉所収)一〇五〜一〇六頁。

(14) 榎村寛之「都城と神社の関係について」(『律令天皇制祭祀の研究』塙書房、一九九六年)、佐竹昭「律令制下の王権と儀礼」(『史学研究』二五二、二〇〇六年)。

(15) 拙著『古代の神社と祭り』(吉川弘文館、二〇〇一年)一五八〜一六一頁。

(16) 火を焚いた痕跡のある遺跡については、本書第II部第四章「古代の神々と光」で取り上げているので、ここでは簡単に触れるに留めた。

(17) 柳田国男『日本の祭』(『定本柳田国男集』一〇、筑摩書房、一九六三年)二四一頁。

(18) 高取正男「暮らしの中の中世と現代」(『高取正男著作集』IV、法蔵館、一九八二年)一一七頁。

(19) 益田「幻視」(前掲註〈5〉所収)二八〜二九頁。

(20) 『古事記』中(崇神)には「活玉依毗売、其容姿端正。於レ是、有二壮夫一。其形姿威儀、於レ時無レ比。夜半之時、儵忽到来。故、相感、共婚供住之間、……」とある。

(21) 古橋信孝『古代の恋愛生活』（日本放送出版協会、一九八七年）一〇九～一二〇頁、同『雨夜の逢引』（大修館書店、一九九六年）五～四〇頁。

(22) 小林賢章『アカツキの研究』（和泉書院、二〇〇三年）八二頁。

(23) 三浦佑之「闇」（『古代叙事伝承の研究』勉誠社、一九九二年）。闇への畏怖が神々の活動を幻想させるという指摘は、山田永「神々の夜」（『古事記スサノヲの研究』新典社、二〇〇四年）三五六～三五七頁にもある。

(24) 田中久夫「祭日考」（『年中行事と民間信仰』弘文堂、一九八五年）。

(25) 小野氏同族の氏神祭については、岡田精司「古代の小野氏と小野神社」（『翔古論聚』真陽社、一九九三年）、中村英重「氏の形態と構造」（『古代氏族と宗教祭祀』吉川弘文館、二〇〇四年）六二～六五頁など参照。

(26) 本澤雅史「『朝日の豊栄登に』考」（『祝詞の研究』弘文堂、二〇〇六年）。

(27) 拙稿「賀茂斎院の再検討」（『日本古代の祭祀と仏教』吉川弘文館、一九九五年）一四七頁。

(28) 『延喜式』三六に「松尾祭料」として「続松卅把、炭一石」が規定されているのは、賀茂祭と同様、松尾祭も早朝からはじまって夜におよぶことがあったためであろう。

(29) 岡田「八十島祭の機能と本質」（『古代祭祀の史的研究』塙書房、一九九二年）。

(30) 岡田「大王就任儀礼の原形とその展開（補訂）」（前掲註〈29〉所収）。

(31) 岸俊男「漏刻余論」（『古代宮都の探究』塙書房、一九八四年）。

(32) 今泉隆雄「飛鳥の漏刻臺と時刻制の成立」（『古代宮都の研究』吉川弘文館、一九九三年）。

(33) 鎌田元一「暦と時間」（『列島の古代史』七、岩波書店、二〇〇六年）。

(34) なお、今泉氏は、諸門開閉鼓は不定時法に基づくとして、漏刻による定時法が導入されても京内の暮らしは前者によって規制されていたとされる（前掲註〈32〉七五～七六頁）が、すでに指摘があるように、諸門開閉鼓の時刻は季節によって異なっており、定時法によっているとすべきであろう（橋本万平『日本の時刻制度増補版』〈塙書房、一九六六年〉四一頁、斉藤国治『日本・中国・朝鮮　古代の時刻制度』〈雄山閣出版、一九九五年〉一二四頁）。

(35) 今泉、前掲註（32）八二頁。

(36) 水落遺跡については、奈良国立文化財研究所編『飛鳥・藤原宮発掘調査報告』Ⅳ（一九九五年）参照。

(37) 今泉、前掲註（32）八一～八四頁。

(38) 岡田「即位儀・大嘗祭をめぐる問題点」（前掲註〈29〉所収）九三～九五頁。

(39) 岡田「大嘗祭の神事と饗宴」（前掲註〈29〉所収）。

(40) 香時計（時香盤）とは香をたき、その燃え方で時を知るもの。現在でも東大寺のお水取りの場に設置されている。香時計については、橋本、前掲註（34）二一三～二一五頁、滝川政次郎「河内の民家使用の時香盤」（『増補新版日本社会経済史論考』名著普及会、一九八三年）二四〇頁参照。

(41) （財）長野県埋蔵文化財センター『長野県屋代遺跡群出土木簡』（一九九六年）八四頁。

(42) 平川南「郡家関連施設と木簡」（『古代地方木簡の研究』吉川弘文館、二〇〇三年）二一三～二一四頁。

(43) 川﨑晃「万葉びとと時刻」（『時の万葉集』〈前掲註（10）〉所収）三五六～三五七頁、今泉、前掲註（32）七七頁。なお、『続日本紀』天平十五年（七四三）六月癸巳条には「山背国司言、今月廿四日、自レ酉（午後六時）至レ戌（午後八時）、宇治河水涸竭、行人掲渉」として、山背国司から夜間の時刻まで中央に報告されたケースがある。かかる事例がなにによって計測されていたか問題になろうが、これについては後考を期したい。

(44) 寺院と時刻という点では、①天平宝字六年（七六二）三月二十九日付の「造石山院所解」に「巳四点」とあるなど、数点の造石山寺所の文書に時刻が記載されている。これについて、寺院の時間を有効に活用して経済活動を行った安都雄足（造石山寺所別当）の商人としての時間意識を指摘する興味深い説がある（中村修也「古代商人と時間意識の成立」〈『日本古代商業史の研究』思文閣出版、二〇〇五年〉）。しかし、①に関連して、②天平十九年（七四七）正月十九日付の「甲可寺造仏所牒」（「酉時」）、③『続日本紀』天平十三年三月辛丑条と同延暦三年（七八四）正月癸未条の摂津職からの異変の報告（前者に「辰・未時」、後者に「卯・午時」とある）にいずれも時刻が記されているのは、①は保良京、②は紫香楽宮、③は難波京で、各陪都にも漏刻が置かれ、その時刻の報知によった可能性が指摘されている（今泉「日本古代の都城と時刻制」〈『古代都市と王権』大韓民国忠南大学校百済研究所、二〇〇四年〉三二四～三二五頁）。今泉氏の理解に従うと、古代寺院が時刻をどこまで独自に計測していたか、なお検討の余地が残るのではないだろうか。

(45) 石川県津幡町加茂遺跡から出土した牓示札は、嘉祥年間（八四八～八五〇）のもので、「一田夫朝以二寅時一下レ田夕以二戌時一還私状」とある（平川監修・（財）石川県埋蔵文化財センター編『発見！ 古代のお触れ書き』〈大修館書店、二〇〇一年〉一六頁）。しかし、漏刻が設置された国が限られていたことからも、これによって時刻制度が地方社会にまで浸透していたとは考えにくいところであろう。牓示札の内容が「口示」されたさいには〈日の出から日没まで〉と人々に伝えられたものとみられる（川﨑、前掲註〈43〉三七〇頁）。

(46) 岡田「律令制祭祀における伊勢神宮」（前掲註〈29〉所収）。

(47) 『皇太神宮儀式帳』には伊勢神宮の行事における時刻が以下のように記されている。すなわち、①定期造替において、斎内親王の神宮参入が九月十五日の「巳時」（午前一〇時）、大宮（内宮）の西川原での大祓が十六日の「戌時」（午後八時）、御装束を内院に奉入する儀が同日の「亥時」（午後一〇時）、②三節祭において、第二御門に御巫内人が御琴を給わって天照大神の大御事を請う御卜儀が六・九・十二月十五日の「亥時」、月次祭の神宮廻神祭が六月十八日の「辰刻」（午前八時）、瀧祭直会行事が十九日の「巳時」、月読宮祭行事が同日の「未時」（午後二時）、③神嘗祭において、神戸人夫が御酒・御贄を奉入する儀が九月十七日「辰時」、宮廻神祭が十八日「巳時」、荒祭宮祭行事が同日「午時」、瀧祭行事が十九日「丑時」とある。さらに『止由気宮儀式帳』では元日朝拝が朔日「卯時」（午前六時）という例も追加できる。

(48) 『中右記』大治四年（一一二九）四月十九日条からは賀茂斎王の御禊の行列にも「漏刻」が従ったことが知られる。

(49) 厚谷和雄「奈良・平安時代に於ける漏刻と昼夜四十八刻制」（『東京大学史料編纂所研究紀要』四、一九九四年）七頁。

(50) 『太神宮諸雑事記』は、奥書に「此古記文者、故従二致仕官長徳雄神主一以往相伝来也」とあり、貞観十七年（八七五）から延喜六年（九〇六）まで内宮の禰宜であった荒木田徳雄神主家に伝来した「古記文」をもととして、その子孫が書きついできたもので、延久元年（一〇六九）十一月十二日の記事を最後として、神宮に関する重要事件を編年体に記してある。阪本広太郎氏は「奈良朝末期より後の記事は、宣旨、格、官符等信用せらるべき史料を引用してある処から、この古記文の大体は真面目なる記録として取扱はるべきものと思はれる」と指摘されている（「太神宮諸雑事記・解題」〈『新校群書類従解題集』名著普及会、一九八三年〉四頁、その他、西山徳「伊勢神宮における古伝承」〈『皇学館大学紀要』二一、一九八三年〉も参照）。

(51) 厚谷氏は、十一世紀以降の貴族の日記をもとに、漏刻とは別に月・星などの位置という自然条件によっても夜の時刻を計測することがあったと指摘されている（「平安時代古記録と時刻について」〈『日本歴史』五四三、一九九三年〉）。古代の伊勢神宮でも夜、天体の動きによって時刻を知った可能性は考慮されるが、本章では、天皇と伊勢神宮の祭祀の一体性という点から、伊勢神宮にも漏刻が設置されていたのではないかと考えた。

(52) たとえば、福井憲彦『時間と習俗の社会史』(新曜社、一九八六年)、宮田登『日和見』(平凡社、一九九二年)、本川達雄『時間』(日本放送出版協会、一九九六年)、千葉喜彦『からだの中の夜と昼』(中公新書、一九九六年)、橋本毅彦・栗山茂久編著『遅刻の誕生』(三元社、二〇〇一年)、真木悠介『時間の比較社会学』(岩波現代文庫、二〇〇三年)、佐藤正幸「人は歴史的時間をいかに認識してきたか」(『歴史認識の時空』〈知泉書館、二〇〇四年〉)、加藤周一『日本文化における時間と空間』(岩波書店、二〇〇七年)など。

(53) 松本亮三「時間と空間の文明学」(『時間と空間の文明学I』花伝社、一九九五年)一八〜二〇頁。また、斎藤道子「時間と支配」(『時間と支配』東海大学出版会、二〇〇〇年)も参照される。

第II部　古代の神々と自然

——古代的心性を探る——

第一章　古代の神々の示現と神異

——〈水〉をめぐって——

一　はじめに

古代の基層信仰の神々は、具体的な姿・形をもっていない。この点は仏像の影響を受けて神像彫刻が登場するのが平安期以降とみられることからも、これまでもよく指摘されてきた。[1] しかし、だからといって神がまったく観念的な存在であったというわけでもなかった。神は時に人々の前に姿を現し（示現）、様々な神異を現出して存在感を示していたとみられるからである。これは古代の人々にとっても不思議なことであったとみられる。

たとえば、三輪山の神、オホモノヌシについては、『日本書紀』に次のような不思議が伝承されている。オホモノヌシの妻となったヤマトトトビモモソヒメは、夜にのみ来訪する神に向かって、明朝、その夫の顔をみたいという。それに対して、「大神対曰、言理灼然。吾明旦入二汝櫛笥一而居。願無レ驚二吾形一。爰倭迹々姫命、心裏蜜異之。待レ明以見二櫛笥一、遂有二美麗小蛇一。其長大如二衣紐一。則驚之叫啼。時大神有恥、忽化二人形一。謂二其妻一曰、汝不レ忍令レ羞レ吾。々還令レ羞レ汝。仍践二大虚一、登二于御諸山一」（崇神十年九月壬子条）とあるように、オホモノヌシはヒメの願いに応えて、明け方に櫛笥の中で「美麗小蛇」となり、ヒメが驚くと「忽」に「人形」の姿で示現したことが知られる。もう一例あげておこう。『古事記』下（雄略）には、雄略天皇が葛城山に登った時、天皇の行幸の列と同じ格好で現れたヒトコトヌシは「吾者雖㆓悪事㆒而一言、雖㆓善事㆒而一言、々離之神。葛城之一言主之大神者也」と名乗ったのに対して、天皇は「於㆑是、惶畏而白、恐。我大神、有㆓宇都志意美㆒者、（注略）不覚」と答えて大御刀・弓矢をはじめ百官人の衣服を脱がせて献上した。「故、是一言主之大神者、彼時所顕也」とある。この話からもヒトコトヌシが天皇の前に「宇都志意美」（人間）の姿をとって示現したことが窺える。しかし、天皇はそれに気づかなかったという。『日本書紀』では雄略天皇が葛城山で狩猟をしたところ、「忽見㆓長人㆒……面貌容儀、相㆓似天皇㆒。々々知㆓是神㆒。猶故問曰、何処公也。長人対曰、現人之神。……」（雄略四年二月条）とあるごとく、「忽」に「長人」が現れ、「現人之神」と答えたという。このような例からも、常日頃は姿をみせない神も、時には人間の姿で示現することがあったとみられるのである。

本章では、神々の示現や神異のあり様を、とくに〈水〉をめぐる神々の不思議に絞って、『古事記』『日本書紀』『風土記』『万葉集』を中心とする古代史料の中から取り上げてみた。もちろん、神々が不思議な行為を行うのではなく、不思議を人々が神業と認識したというのが実際であろう。かかる不思議を通して古代の人々の心性に迫ってみたいというのが本章の目的である。

二　湧　水

古代史料には水の湧出に関する記事が散見している。[2]ひとりでに湧き出す地下水は不思議なものと思われていたに違いない。湧出した水は飲用、あるいは灌漑用などに使用されたものであろう。ここではその湧水と神との関係が窺える例を列挙することからはじめたい。

①……適二是時一、嶋中無レ水。不レ知二所為一。則仰之祈二于天神地祇一。忽寒泉従二崖傍一湧出。乃酌以献焉。故号二其嶋一曰二水嶋一也。其泉猶今在二水嶋崖一也。

（『日本書紀』景行十八年四月壬申条）

②粒丘……又、（葦原志挙乎命―引用者註）以レ杖刺レ地、即従二杖処一寒泉湧出。遂通二南北一。々寒南温。

（『播磨国風土記』揖保郡条）

③昔、大兄伊射報和気命、堺レ国之時、到二志深里許曾社一、勅云、此土、水流甚美哉。故号二美嚢郡一。

（『播磨国風土記』美嚢郡条）

④此村有レ泉。同天皇（景行天皇）、行幸之時、奉膳之人、擬二於御飲一、令レ汲二泉水一、即有二蛇龗一（注略）。於レ茲、天皇勅云、必将レ有レ臭。莫レ令二汲用一。因レ斯名曰二臭泉一、因為二村名一。

（『豊後国風土記』直入郡条）

⑤……此人（新治国造の祖、比奈良珠命）罷到、即穿二新井一、今存二新治里一。随レ時致レ祭。其水浄流。仍以レ治レ井、因著二郡号一。

（『常陸国風土記』新治郡条）

⑥郡東国社。此号二県祇一。杜中寒泉、謂二之大井一。縁レ郡男女、会集汲飲。

（『常陸国風土記』行方郡条）

⑦瀰夫能泉。……気長足姫尊、自二新羅一還幸、就二於此村一、誕二生誉田天皇一、汲二此泉水一、以擬二御湯一。因曰二御産泉一。今、樹レ社祭也。

（『筑前国風土記』逸文、糟屋郡条）

⑧詔。以二武蔵国奈良神一列二於官社一。先レ是。彼国奏請。検二古記一。……和銅四年神社之中。忽有二湧泉一。自然奔出。漑二田六百余町一。……

（『文徳実録』嘉祥三年〈八五〇〉五月丙申条）

⑨……天忍雲根神天乃浮雲仁乗弖、天乃二上仁上坐弖、神漏岐・神漏美命乃前仁申世波、天乃玉櫛遠事依奉弖、此玉櫛遠刺立弖、自夕日至朝日照万弖、天都詔戸乃太詔刀言遠以弖告礼。如レ此告波麻知波弱韮仁由都五百篁生出牟。自二其下一天乃八井出牟。此遠持天天都水止所聞食止事依奉天。……

（「中臣壽詞」〈『台記』別記、康治元年（一一四二）十一月甲辰条〉）

①から⑨につき、補足説明をしておこう。まず、①であるが、景行天皇が九州巡幸のさい、水島で水を得んと天神地祇に祈ったところ、「忽」に「寒泉」が湧き出たという伝承であるが、『肥後国風土記』逸文に「球磨。乾七里、海中有ㇾ嶋。積可保ㇾ塁。名曰二水嶋一。嶋出二寒水一。逐ㇾ潮高下」とあった。逸文にある「寒泉」が「逐ㇾ潮高下」いうのが「不可思議な現象」[3]として神異を感じられていたものとみられる。『万葉集』に「長田王被ㇾ遣二筑紫一、渡二水嶋一之時二首」として「聞きしごと　まこと貴く　奇しくも　神さびをるか　これの水島」（三―二四五）とあるのも、この「不可思議な現象」を歌ったものといえよう。②はアシハラシコヲが「杖」で地を刺すとそこから「寒泉」が湧き出したという話で、⑨の「玉櫛」による水の湧出も同じであろう（⑤のヒナラスノミコトも杖を手にしていた可能性がある）。各地に弘法大師が杖で清水を湧き出させたという伝承が数多くみられるが、同じタイプに属するものといえる。[4]また、②で「寒泉」が南北に流れ出したというのは、『万葉集』の「走井」（七―一一一三）、「走井水」（七―一一二七）、「流井」（『播磨国風土記』揖保郡条）と同じであろう（③⑤⑧も同じ）。③は、履中天皇が「許曽社」で、この土地は水の流れが美しいといった話であるが、ここでいう「社」（ヤシロ）は常設の神殿を指すのではなく、ヤ（屋）＋シロ（土地）で、屋を建てるための特別地の意であった。[5]そのような「社」から水が流れ出したことになる（⑥の「社中」、⑧の「神社之中」も同様であろう）。④の「蛇龗」とは水神であるが、山椒魚・イモリ説がある。湧水地にかかる生物が生息し、水神とされていたのであろう。⑧は本書第II部第三章「古代史料にみる雷神の示現と神異」でも扱うので、ここでは簡単な指摘に留めたいが、「古記」によると、和銅四年（七一一）、奈良神の「神社之中」に「忽」に「湧泉」があり「田六百町」を灌漑したとある。突然の水の湧出も神異とされていたのであろう。⑨は中臣の「天神壽詞」の一節で、アメノオシクモネが「玉櫛」を地に刺して、夕日から朝日まで「天都詔戸乃太詔刀言」を唱えると「弱韮」

（ワカミラ）と「五百篁」が生え、その下から「天乃八井」が湧き出してくるとある。本居宣長は、「弱韮」を「弱蒜」（ワカヒル）、すなわち、正午前として、朝日・ワカヒルという時間のつながりで考証している。(6)「中臣壽詞」の引用箇所に時間の経過を読み解く点は示唆的であるが、「韮」字は「蒜」とは異なるので、宣長説は成り立たない。(7)ここでは夜のうちに水が湧きはじめ、朝にその水を得ると解するべきであろう。朝は神異を発見して人々が驚く時間帯である(8)ことに留意したい。

以上のことを踏まえた上で、右の諸例を大別すると、神・祖先・天皇の力で水が湧出したとある（①②⑤⑨）のと、「社」「神社」内から水が流出した（③⑥⑦⑧）とあるのに区分される。近年、城之越遺跡・六大A遺跡（以上、三重県）、阪原阪戸遺跡・南紀寺遺跡・上之宮遺跡（以上、奈良県）、屋代遺跡群（長野県）、砂行遺跡（岐阜県）のような井泉（湧水）祭祀の遺跡が各地で発掘調査され注目を集めているが、(9)かかる遺跡と比較できる伝承といえよう。

そこで、①〜⑨の史料を神の示現や神異という観点から点検してみると、以下の諸点に気づかされる。

第一は、神の示現する音の問題である。鈴木正崇氏の「水の在るところにはカミがいる。水のカミ、河のカミ、泉のカミ、そして山のカミもまた水源を司る水分のカミである。川のせせらぎに耳をかたむける時、ただごとではないと感ずる。それがカミとの出会いなのかもしれない。自然の声に心を託す者にカミが顕れる」(10)という指摘を受けて、和田萃氏は次のように述べられた。すなわち、「せせらぎの音（瀬音）が変化することで、神の示現を観念したかと思われる。……水の祭祀に関わる遺跡で、貼石や石敷きが数多くみられるのは、水を清浄に保つこととともに、瀬音を響かせる効果もあるかと推定される」(11)と。すでに折口信夫氏も注目していたように、「おとなふ・おとづるとは、音をたてることで、此は訪問を意味」(12)するのであって、音は神の示現の合図であったろう。『今昔物語集』二七―一〇に「音ヅレ」とあり、『類聚名義抄』が「音」に「オトツル」、『色葉字類抄』が「音」に「ヲトナフ」、『節用集』

が「音信」に「ヲトツレ」と注しているのは、いずれも来訪と音との密接な関係を示しているといえよう。せせらぎの音はとくに「走井」「流井」などでよく聞こえたと思われる。古代の人々が聴覚を介して感知していたはずの、神が示現する音がもつ意味はけっして無視できないはずである。(13)

第二は、冷たい水の湧出という点である。「寒泉」（①②⑥）、「々（北）寒南温」（②）などとあるように、清冽なる水の地中からの湧出は、まさに異界からのメッセージとみられ、人間の触覚を刺激したであろうことは想像に難くない。このような湧水の存在を記している史料は少なくないのであって、右以外にも、「或人、於レ此、掘二出冷水一。故曰二松原御井一」（『播磨国風土記』賀古郡条）、「菅生山。……一云、品太天皇、巡行之時、闢二井此岡一、水甚清寒」（『播磨国風土記』揖保郡条）、「氷山。惟山東有二流井一。品太天皇、汲二其井之水一而氷之。故号二氷山一」（同上）、「出水里。此村出二寒泉一。故、因レ泉為レ名」（同上）、「邑美冷水。……瀧磷々」（『出雲国風土記』嶋根郡条）、「（景行天皇）巡幸之時、御船、泊二此郡盤田杵之村一。于レ時、従二船牂戙之穴一、冷水自出」（『肥前国風土記』杵嶋郡条）、「密筑里。村中浄泉、俗謂二大井一。夏冷冬温……」（『常陸国風土記』久慈郡条）、「勝間井冷水」（『阿波国風土記』逸文）の例が提示される。

なお、ヤマトタケル伝承で、伊吹山の神に惑わされたタケルは「因居二山下之泉側一、乃飲二其水一而醒之。故号二其泉一、曰二居醒泉一也」（『日本書紀』景行四十年是歳条）とあった。タケルは冷泉を飲んで覚醒したのであろう。『古事記』中（景行）の方には「故、還下坐之、到二玉倉部之清泉一以息坐之時、御心稍寤。故、号二其清泉一、謂二居寤清泉一也」として、泉の水を飲んだとは明記されていないが、「居寤清泉」で「御心稍寤」というのであるから、やはりタケルは冷たい水の湧出を感じていたはずである。

第三として、湧水の味覚の問題もある。④のような「臭泉」のケースは例外としても、地下水は雨水が地中に浸透する過程で地層の土壌によって汚れや不純物が除去されていること、地層のミネラル分を溶かし込んでいること、気候の影響を受けず水温が年間を通して一定していることから、冷たくおいしく感じられるのであって、一般に体温から二〇～二五度低いという水が〈おいしい水〉といわれている。[14]「都麻里。……播磨刀売、到於此村、汲井水而飡之云、此水有味」（『播磨国風土記』託賀郡条）、「郡東十里、桑原岳。昔、倭武天皇……令水部新掘清井、出泉浄香、飲喫尤好」（『常陸国風土記』茨城郡条）とあるのはその代表例といえよう。

三　温泉とクカタチ

地中からの冷水の湧出が神の示現・神異であったとするならば、熱湯が地中から湧出する温泉[15]も神の力とみなされていたのではあるまいか。熱湯と人間の五感との関係が浮かび上がってくるが、温泉に関しては、差しあたって、以下の四つの史料をあげておきたい。

⑩忌部神戸……即川辺出湯。出湯所在、兼海陸。仍、男女老少、或道路駱駅、或海中沿洲、日集成市、繽紛燕楽。一濯則形容端正、再沐則万病悉除。自古至今、無不得験。故、俗人曰神湯也。

（『出雲国風土記』意宇郡条）

⑪五馬山。……此山一峡崩落、慍之泉、処々而出。湯気熾熱、炊飯早熟。但一処之湯、其穴似井。口径丈余、無知深浅。水色如紺、常不流。聞人之声、驚慍騰涅、一丈余計。今謂慍湯、是也。

（『豊後国風土記』日田郡条）

⑫玖倍理湯井。……此湯井、在郡西河直山東岸。口径丈余。湯色黒、涅常不流。人窃到井辺、発声大言、驚鳴湧騰、二丈余許。其気熾熱、不可向昵。縁辺草木、悉皆枯萎。因曰慍湯井。

（『豊後国風土記』速見郡条）

⑬湯郡。大穴持命、見二悔恥一而、宿奈毗古那命、欲レ活而、大分速見湯、自二下樋一持度来、以宿奈毗古奈命而、漬浴者、暫間有活起居。然詠曰真暫寝哉。践健跡処、今在二湯中石上一也。凡湯之貴奇、不二神世時耳一、於二今世一染二疹痾一万生、為二除レ病存レ身要薬也。（『伊予国風土記』逸文、湯郡条）

⑩の「神湯」とは現在の島根県玉造温泉にあたる。『出雲国風土記』仁多郡条にも「薬湯」（湯村温泉）の記述があるが、⑩の「一濯則形容端正」以下の文章とほとんど違いがない。⑪は現、大分県日田郡天瀬町の赤岩湯・湯の釣温泉、⑫は大分県の鉄輪温泉、⑬は松山市の道後温泉にそれぞれあたる。

⑩〜⑬からも温泉をめぐる神異がいくつか読み取れる。その第一点として、⑪に「聞二人之声一、驚慍……」、⑫に「人窃到二井辺一、発レ声大言、驚鳴……」とあるように、人語を解するという不思議な存在であったことが知られる。これが間歇泉であることはいうまでもないが、かかる温泉の不思議が神異と理解されていたのであろう。

第二点としては、温泉の特別な色、あるいは色の変化が指摘できる。たとえば、「水色如レ紺」（⑪）、「湯色黒……縁辺草木、悉皆枯萎」（⑫）、「酒殿泉（注略）此泉之、季秋九月、殆変二白色一、味酸気臭、不レ能二喫飲一。孟春正月、反而清冷、人始飲喫」（『肥前国風土記』基肄郡条）、「赤湯泉。……湯色赤而有レ埿。用足レ塗二屋柱一。埿流出レ外、変為二清水一……」（『豊後国風土記』速見郡条）とある。この中の⑫の草木が枯れるというのは、地温の上昇による草木の立ち枯れとみられるが、「（スサノヲ）且常以二哭泣一為レ行。故令二国内人民、多以夭折一。復使青山変レ枯」（『日本書紀』神代第五段本文）というスサノヲの神異と対比できるところがあろう。[16] いずれにしても、常と異なる色やその変化が人々の注視の対象となったことは想像に難くない。[17]

第三点に、温泉には病気治療という効能があったが、これも神異の一つと理解される。このことは、「一濯則形容端正、再沐則万病悉除」（⑩）、「於二今世一染疹痾万生、為二除レ病存レ身要薬也」（⑬）からも明らかであろう。病気や怪我からの健康体への回復、あるいは蘇生は温泉の不思議であり、神異の証であったろう。ちなみに、関連史料を追加しておくと、「(有馬皇子) 往二牟婁温泉一、偽レ療レ病来、讃二国体勢一曰、纔観二彼地一、病自蠲消、云々」(『日本書紀』斉明三年〈六五七〉九月条)、「即川辺有二薬湯一。一浴則身体穆平、再濯則万病消除」(『出雲国風土記』仁多郡条)、「酒水。……味小酸焉。用療二痂癬一」(『豊後国風土記』大分郡条)、「東辺有二湯泉一。能愈二人病一」(『肥前国風土記』藤津郡条)、「沐二神井一而瘳レ疹」(『伊予国風土記』逸文、道後温泉碑文)という例が指摘できる。(18) この中では、『日本書紀』斉明三年九月条の場合が他の例とやや異なる。すなわち、牟婁温泉に出かけた有馬皇子が「纔観二彼地一、病自蠲消」と報告したのに対して、天皇は「聞悦、思三欲往観二」というのであるから、温泉地そのものを「観」るだけで病が癒えるという意と解されよう。温泉には入浴だけではなく、かかる呪力もあると観念されていたことが窺える。

温泉における病気治療という点では、律令官人の特権として湯治が公認されていたことがあった。天平十年(七三八)度の「駿河国正税帳」(19)に「依レ病下二下野国那須湯一従四位下小野朝臣 上一人 従十二口 六郡別一日食為単柒拾捌日 上一人 従十二口」として、「小野朝臣」(牛養)が病のために那須温泉に向かったさい、駿河国を通過したが、同国は本人と従者の食料を正税から支出していたことが知られる。また、『朝野群載』には次のような太政官符(書式)が掲載されている。

・太政官符　大宰府
　応レ聴レ往三還某姓某丸向二其国温泉一事
右。得二其人解一偁。云々者。某宣。奉レ 勅。依レ請者。府宜二承知依レ宣施行一。符到奉行。
弁　　　史
　年　月　日

(『朝野群載』二〇)

・太政官符　某国

可㆑給㆓正税一千束㆒事

右某宣。奉㆑　勅。某朝臣為㆓治病㆒向㆓温泉㆒。宜㆘以㆓彼国正一千束㆒給㆖㆑之。亦充㆓食四人具馬四疋㆒令㆑得㆓往還㆒者。国宜㆓承知依㆑宣行㆒㆑之。路次国亦准㆑此。符到奉行。

弁　　　史

年　月　日

(『朝野群載』二二)

前者は、大宰府管内の諸国の温泉に行くことを許可した太政官符の書式であるのに対して、後者は、「治病」のため、それ以外の諸国の温泉に向かう場合のもので、とくに後者からは官人の往還にあたる路次の国が本人、従者、馬の費用を正税で負担していたことが窺える。実際、温泉への往還を認可する官符の例として、『扶桑略記』天暦七年(九五三)三月二十日条に「権少僧都明珍申㆓給官符㆒。伊予国温泉治㆑病」、『権記』長徳四年(九九八)三月二十一日条に「亦詣㆓右相府㆒、下㆓宣旨㆒、……弾正忠右賢申㆘罷㆓下信濃国温泉㆒治㆗身病状㆖文、依㆑請、……即亦被㆑下」などがある。このような官人(官僧)による温泉利用は基本的に湯治が目的であったことが改めて指摘されるのである。

第四点として、温泉の史料にも味覚の記載がある点に注意したい。これは温泉の湯を飲用して薬効を期待したことによるものであろう。右掲の『豊後国風土記』大分郡条の「酒水」は味が「小酸」とあるのがその例であるが、他にも「有㆓酒山㆒。大帯日子天皇御世、酒泉湧出。……百姓飲者、即酔相闘相乱」(『播磨国風土記』賀古郡条)、「峰湯泉。……其味酸」(『肥前国風土記』高来郡条)という例があった。また、「塩阜。惟阜之南有㆓鹹水㆒。……牛・馬・鹿等、嗜而飲之」(『播磨国風土記』揖保郡条)、「塩沼村。此村出㆓海水㆒」(同讃容郡条)、「塩村。処々出㆓鹹水㆒。……牛・馬等、嗜而飲之」(同宍禾郡条)、「所㆓以塩野㆒者、鹹水出㆓於此村㆒」(同賀毛郡条)とあるのは、温泉かどうか、はっきりしない。かかる四例のうち、揖保郡条や宍禾郡条のように動物が「鹹水」を飲むというのを、鳥獣が温泉を発見したという伝承[20]の一類型だと解すれば、他の二例もあわせて塩化物泉（食塩泉）ということになろう[21]。

ところで、熱湯と神という関係から、クカタチという古代の神明裁判[22]にも触言しておきたい。クカタチについては、『隋書』東夷伝倭国条に「毎三訊二究獄訟一、不三承引二者、以レ木圧レ膝、或張二強弓一以レ弦鋸二其頂一。或置三小石於二沸湯中一、令三所レ競者探二レ之。云理曲者即手爛。或置二蛇瓮中一令レ取レ之。云曲者即螫レ手矣」とあった。『日本書紀』では応神九年四月条に武内宿禰と甘美内宿禰が磯城川のほとりで「探湯」をしたこと、允恭四年九月戊辰条に氏姓の乱れを正すために「盟神探湯」を行ったとして「詔曰……故諸氏姓人等、沐浴斉戒、各為二盟神探湯一。則於二味橿丘之辞禍戸碑一、坐二探湯瓮一、而引二諸人一令レ赴曰、得レ実則全。偽者必害。（盟神探湯、此云二区訶陀智一。或泥納レ釜煮沸、攘レ手探二湯泥一。或焼二斧火色一、置二于掌一。）」と記されている。また、継体二十四年九月条には、「日本人」と「任那人」との間に生まれた子供の帰属をめぐって「毛野臣楽置二誓湯一曰、実者不レ爛。虚者必爛。是以、投レ湯爛死者衆」とあった。盟神探湯は、律令制期以降では史料に現れなくなるが、十五世紀に入ると湯起請の名で十六世紀まで盛んに行われ、その後は十七世紀まで鉄火と呼ばれる熱鉄神判が実施されていたという。本節でクカタチに着目するのは、熱湯であれ熱鉄であれ、それが神のメッセージとして受け止められていたと推定されるからである[23]。湯（熱さ）が神意を示すと考えられていたのであろう。クカタチが人間の触覚にかかわる神明裁判であったことを確認しておきたい[24]。

四　酒と変若水

病気治療にかかわる〈水〉という点では、その陶酔力という点も加味して、酒の存在を無視できない。

酒が病気治療に利用されていたことに関しては、以下の諸点が指摘できる。第一に、僧尼令飲酒条に「凡僧尼。飲酒。食肉。服㆓五辛㆒者。卅日苦使。若為㆓疾病薬分㆒所㆑須。三綱給㆓其日限㆒。若飲㆑酒酔乱。及与㆑人闘打者。各還俗」として僧尼の飲酒が禁止されているが、「疾病薬分」として用いる場合は「三綱給㆓其日限㆒」として認められていること、第二に、天平宝字二年（七五八）の禁酒令に酒の使途として神祭・病気治療（「療患」）・集会飲酒があげられ、後一者が禁止の対象になっていること（『続日本紀』天平宝字二年二月壬戌条）[25]、第三に、「須々許理が　醸みし御酒に我酔ひにけり　事無酒　笑酒に　我酔ひにけり」（『古事記』中〈応神〉）とある中の「事無酒」は、「古事平善者、曰㆓奈具志㆒」（『丹後国風土記』逸文、丹波郡条）とあることから、「病気や災厄などの悪事をはらふ酒」[26]の意と解されていること、第四に、『令集解』賦役令貢献物条穴記に「吉備酒是薬料」として、吉備特産の酒が「薬料」とあること、第五として『日本霊異記』中―三二に「聖武天皇世、紀伊国名草郡三上村人、為㆓薬王寺㆒、率㆓引知識㆒、息㆓晋薬分㆒。（注略）其薬料物、寄㆓乎岡田村主姑女之家㆒、作㆑酒息㆑利」として、「薬王寺」のために岡田村主姑女は「薬分」「薬料物」（米）を酒に作って利息を取っていたとあり、寺名も「薬王寺」であったことなどから、酒と病気治療との関連が知られるところであろう。

⑭此の神酒は　我が神酒ならず　倭成す　大物主の　醸みし神酒　幾久　幾久
（『日本書紀』崇神八年十二月乙卯条）

⑮此の御酒は　我が御酒ならず　酒司　常世に坐ます　石立たす　少御神の　神壽き　壽き狂ほし　豊壽き　壽き廻し　献り来し御酒ぞ　浅さず飲せ　ささ
（『古事記』中〈仲哀〉）

⑯伊和村。本名、神酒。大神、醸㆓酒此村㆒。故曰㆓神酒村㆒。又云㆓於和村㆒。大神、国作訖以後云、於和。等㆓於我美岐㆒。
（『播磨国風土記』宍禾郡条）

⑰又、年別四月十日、設㆑祭灌㆑酒。卜氏種属、男女集会、積㆑日累㆑夜、飲楽歌舞。其唱云、あらさかの　神のみ酒

を　たけたけと　言ひけばかもよ　吾が酔ひにけむ

（『常陸国風土記』香島郡条）

右の四例からも酒の醸造も神業の一つであったことが知られる。すなわち、酒はオホモノヌシの醸造した「神酒」であり⑭、常世のスクナミカミが大切に壽ぎまつってきた「御酒」⑮[27]、伊和の大神の醸造⑯、「神のみ酒」⑰とみなされていたのである。[28]

このようにみてくると、湧水・温泉・酒といった〈水〉をめぐる神々の不思議とは、それぞれの特性もあるが、基本的には人間の五感に訴えかける形で神異が発揮されていたことになろう。古代の人々は五感を通して、神の示現や神異を実感していたはずである。

ところで、〈水〉をめぐる神異という点では変若水に触れないわけにはいかない。変若水とは、若返りの水のことであり、「天橋も　長くもがも　高山も　高くもがも　月読の　持てるをち水　い取り来て　君に奉りて　をち得てしかも」（『万葉集』一三―三二四五）という歌や宮古島の「月のアカリヤザガマ」の伝承――節祭の夜、神の使者アカリヤザガマが二つの桶を担って地上に降りてくる。途中、使者が桶をおろして休んでいたところ、大蛇が変若水の入った桶の水を浴びてしまう。そのため、人間は死水を浴びることとなった。神はこれを聞いて大変怒り、使者に月の中にいて桶を担って立っているよう命じ、大蛇の方はそのお蔭で脱皮をし、長生きをしている――から、月が変若水をもっているという思想が日本の古い信仰に淵源するということはニコライ・ネフスキーの研究[29]以来、通説化した感があった。しかしながら、その後、大久保正氏は、日本では日神が皇祖神化していったのとは対照的に、月神は人文神へ転身することなく自然神にとどまったこと、『万葉集』中に月を詠んだ歌が約一九〇首あるが、月の変若水は『万葉集』一三―三二四五の歌以外にはみられないことなどを根拠に、月と関係する変若水も月と関連しないものも含めて中国的な神仙思想に由来するとしてネフスキーの説を批判され[30]、最近では増尾伸一郎氏が、大久保説に賛同されている[31]。いまここで、変若水に関する諸説を詳しく検討する余裕はない[32]が、本節では和田氏が、神仙思想の不老不死と若返りとは異なること[33]、「そもそも古代中国には、若返りの水である変若水の信仰は存在しなかったらしい[34]」と述べられている点を継承し、変若水の信仰はやはり日本の基層信仰の中に位置づけられるという見通しのもと、論を先に進めたい。

そこで、問題にしてみたいのが養老改元詔である。霊亀三年（七一七）九月十一日、元正天皇は美濃国に行幸するが、途中、近江国を経て、二十日には当耆郡に幸し、多度山の美泉を覧て、駕に従う五位以上に物を賜った。二十八日には平城宮に還宮。そして、十一月十七日に左のような養老改元詔が出るという経緯があった。

⑱天皇臨レ軒、詔曰、朕以二今年九月一、到二美濃国不破行宮一。留連数日。因覧二当耆郡多度山美泉一、自盥二手面一、皮膚如レ滑。亦洗二痛処一、無レ不二除愈一。在二朕之躬一、甚有二其験一。又就而飲浴之者、或白髪反レ黒、或頽髪更生、或闇目如レ明。自余痼疾、咸皆平愈。昔聞、後漢光武時、醴泉出。飲レ之者、痼疾皆癒。符瑞書曰、醴泉者美泉。可二以養一レ老。蓋水之精也。寔惟、美泉即合二大瑞一。朕雖二庸虚一、何違二天貺一。可下大二赦天下一、改二霊亀三年一、為中養老元年上。

（『続日本紀』養老元年〈七一七〉十一月癸丑条）

この時の改元のきっかけとなった「美泉」は養老神社境内の菊水泉のことといわれている[35]が、ここで注意してよいのは、⑱の詔が『後漢書』（光武帝紀中元元年〈五六〉是夏条[36]）や「符瑞書」を引用して「美泉」を「大瑞」と説明している一方で、それとは別に傍線部のように「美泉」を若返りの水とも位置づけている点であろう[37]。少なくとも、詔では中国の天人相関説に基づく祥瑞と基層信仰に由来する変若水（神異）とが矛盾なく共存していたことを認めておかねばなるまい。と同時に、変若水の効能には「白髪反レ黒」「頽髪更生」「闇目如レ明」とあるように、白から黒へ、暗から明へなどという色の変化があると考えられていた点にも留意したい。変若水をめぐる神異も視覚に訴えるもの

であったといえよう。(38)

『延喜式』四〇（主水式）に「御生気御井神一座祭……至二於立春昧旦一、牟義都首汲レ水付レ司擬二供奉一、一汲之後廃而不レ用」として牟義都首が変若水汲みを司るという規定がある。野村忠夫氏によると、北濃の国造身毛君氏は、大化前代から領内の美泉を大王家に献ずる役割を果たしており、養老元年の行幸にさいしても多度山の「美泉」を汲んだ。そして、このことにより『延喜式』の変若水の儀に「牟義都首」が勤仕することになったといわれている。(39) 野村説になにも付け加えることはないが、ただ、ここで注意したいのは「立春昧旦」に「汲レ水」という点である。朝は人々が神異に気づく有力な時間帯であったことは、前掲⑨の史料に基づいて少し述べたところであるが、事情は変若水の場合も同じであろう。人間の若返りの姿は、早朝に驚きをもって迎えられたのではないだろうか。⑱の「美泉」の水は平城京に運ばれているが、『続日本紀』養老元年十二月丁亥条にも「令下美濃国、立春暁挹二醴泉一、而貢中於京都上。為二醴酒一也」として、「立春暁」の水汲みであったことが知られる。

五　おわりに

本章では〈水〉をめぐる神々の示現と神異について、具体的な史料をもとに論じてきた。湧水・温泉・熱湯（クカタチ）・酒・変若水と、いずれも古代の人々の五感——とくに視覚・味覚・聴覚・触覚——を通して神異が受け止められていたことが明らかになったと思う。古代の人々は感性によって神々の不思議を実感していたはずである。逐一列挙することはしないが、式内社などに「—井神社」「温泉神社」の例（『延喜式』九・一〇〈神名式上・下〉）を見出すことは容易である。かかる神社の多くは〈水〉の不思議が基盤になって成立したものといえよう。

なお、本章では〈水〉の不思議を論ずるにさいして「忽」と「朝」というキーワードにも着眼した。この二つの語句は神々の不思議を語る時に重要な手がかりになるものと思う。この点は、本書第II部第三章「古代史料にみる雷神の示現と神異」で改めて述べているので、参照していただきたい。

註

(1) 岡田精司『神社の古代史』(大阪書籍、一九八五年)八〜一六頁、山折哲雄『日本人の顔』(日本放送出版協会、一九八六年)四八頁など。

(2) 湧水や井戸など〈水〉をめぐっては、日色四郎『上代井の研究』(日色四郎先生遺稿出版会、一九六七年)、山本博『井戸の研究』(綜芸舎、一九七〇年)、青木紀元「水の神」(『日本神話の基礎的研究』風間書房、一九七〇年)、菱沼勇「井泉神社と式内社」(『神道史論叢』国書刊行会、一九八四年)、池辺弥「水と神社」(『古代神社史論攷』吉川弘文館、一九八九年)、鐘方正樹『井戸の考古学』(同成社、二〇〇三年)、真下厚「水の聖地の『上』」(『万葉歌生成論』三弥井書店、二〇〇四年)、森浩一他『水とまつりの古代史』(大巧社、二〇〇五年)など参照。また、池上俊一「不思議の泉」(『狼男伝説』朝日新聞社、一九九二年)、アラン・コルバン(小倉孝誠訳)「水の歴史に関する考察」(『空と海』藤原書店、二〇〇七年)なども参照。

(3) 井上辰雄『火の国』(学生社、一九七〇年)一九〇〜一九一頁。

(4) 菊地照夫「国引神話と杖」(『出雲古代史研究』創刊号、一九九一年)。

(5) 西宮一民「ヤシロ(社)考」(『上代祭祀と言語』桜楓社、一九九〇年)。

(6) 本居宣長『玉勝間』一(『本居宣長全集』一、筑摩書房、一九六八年)三五頁。

(7) 青木紀元「中臣寿詞の『麻知波弱韮』」(『祝詞古伝承の研究』国書刊行会、一九八五年)。

(8) 本書第II部第三章「古代史料にみる雷神の示現と神異」。

(9) 水辺の祭祀遺跡については、青柳泰介「導水施設考」(『古代学研究』一六〇、二〇〇三年)、和田萃「古代史から見た水辺の祭祀」(『南郷遺跡群』三、奈良県教育委員会、二〇〇三年)、奈良県立橿原考古学研究所附属博物館編『水と祭祀の考古学』(学生社、二〇〇五年)など参照。

(10) 鈴木正崇「祭りと水」(『水の原風景』TOTO出版、一九九六年)二三四頁。

(11)　和田「小川考」(『東アジアの古代文化』九四、一九九八年)六〇頁。なお、『今昔物語集』三一―一三には、大峰を修行する僧が道を間違えて、酒泉郷に迷い込むが、酒の湧き出す泉について「其ノ郷ノ中ニ泉有リ。石ナドヲ以テ畳ムデ微妙クシテ、上ヘニ屋ヲ造リ覆タリ」とある。

(12)　折口信夫「春来る鬼」(『折口信夫全集』一五、中央公論社、一九六七年、初出は一九三一年)一三七頁。その他、朱家駿氏も「目によって確認することのできない神霊のあらわれは音によって確認され、そして、音によって神霊のあらわれをうながしたりする」と指摘されている(『神霊の音ずれ』〈思文閣出版、二〇〇一年〉四一～四二頁)。

(13)　湧泉ではなく川の音であるが、川の音が地名化した例がある。『播磨国風土記』宍禾郡条の「川音村。天日槍命、宿二於此村一、勅云、川音甚高。故曰二川音村一」、同託賀郡条の「云二高瀬村一者、因二高川瀬一為レ名」という伝承で、どちらも川の音(瀬音)が地名化したというもの。この音は音の風景論にいう「基調音」にあたる(マリー・シェーファー〈鳥越けい子他訳〉『世界の調律』〈平凡社、二〇〇六年〉が、マリー・シェーファーが「雨、流れ、泉、川、滝、海はみなそれぞれ独自の音を出す」と指摘されている〈前掲書、三四六頁〉のも留意されてよい。また、右の宍禾郡の伝承に関して注目されるのは、以下の岩田慶治氏の指摘であろう。すなわち、「ボルネオ内陸に住むイバン族の若者と川ぞいの道を歩いていたときのこと、かれはふと足をとめてこういった。『この川の名はスンガイ・トゥビ、川上の流れの音がコトコトと聞こえてくるでしょう、あの音が、この川の名になったのです』と。私はそのとき、わが国の『風土記』のなかの地名起源の説話を聞いているような、自然と文化が一つになって息つぎ、そこにものの名が誕生する現場に立ち上がっているような、不思議な感動にとらわれたことを覚えている」(「菩提樹のもとで」〈『岩田慶治著作集』三、講談社、一九九五年〉三九八頁、なお、岩田氏の論文については、久米舞子氏〈慶應義塾大学大学院〉の教示による)。

(14)　小島貞夫『おいしい水の探求』(日本放送出版協会、一九八五年)、岡崎稔・鈴木宏明『暮らしの水・社会の水』(岩波書店、二〇〇三年)二七～三五頁など参照。

(15)　温泉については、青木敦「古代の湯けむり」(『國学院雑誌』六六―一二・三、一九六五年)、佐藤虎雄「古代温泉の開発」(『古代文化』二二―二、一九七〇年)、平林章仁「古代温泉利用考」(『風土記研究』七、一九八九年)、伊藤克己「中世の温泉と『温泉寺』をめぐって」(『歴史学研究』六三九、一九九二年)、沼義昭「温泉の神々と仏たち」(『立正大学人文科学研究所年報』三四、一九九七年)、寺内浩「温泉の歴史」(『歴史と地理』五二四、一九九九年)、牛山佳幸「信濃温泉史についての雑考」(『信濃』五七

―八、二〇〇五年）、日本温泉文化研究会編『温泉の文化誌』（岩田書院、二〇〇七年）など参照。

(16) 青山が枯れるというのとは逆の温泉の不思議が、山部赤人の伊予の温泉での作歌―「……み湯の上の　木群を見れば　臣の木も生ひ継ぎにけり　鳴く鳥の　声も変らず……」（『万葉集』三―三二二）に見出される。〈青山を枯山にす〉については、本書第Ⅱ部第二章「古代の樹木と神異」参照。

(17) 『続日本後紀』承和四年（八三七）四月戊申条には「陸奥国言。玉造塞温泉石神。雷響振動。晝夜不レ止。温泉流レ河。其色如レ漿。加以山焼谷塞。石崩折レ木。更作二新沼一。沸声如レ雷。如レ此奇恠不レ可二勝計一」として、「玉造塞温泉石神」の「奇恠」の一つとして色（「如レ漿」）があげられている。

(18) 『万葉集』三―四六一の左注に「石川命婦依二餌薬事一、往二有間温泉一而……」とある。また、天仁二年（一一〇九）に熊野詣を行った藤原宗忠は三山巡拝、本宮帰着後に湯峰に赴いている。『中右記』天仁二年十一月一日条には「未刻行三向湯峯一、御前西山也、坂行程十余町也。於二湯屋一浴レ之、谷底温泉寒水並出、誠希有之事也、非二神験一者豈有二如レ此事一哉、浴二此湯一人万病消除者、酉時許帰二本房一」として、湯峰温泉が万病に効くという効能を書き留めている。

(19) 「駿河国正税帳」に見える「小野朝臣」については、老と牛養との二説があり、牛養説が正しいことは、佐藤美知子「小野老の没年について」（『万葉集研究』一三、塙書房、一九八五年）に詳しい考察がある。なお、佐藤論文については、川﨑晃氏のご教示による。

(20) 武田勝蔵『風呂と湯の話』（塙書房、一九六七年）一五九頁、西尾正仁『薬師信仰』（岩田書院、二〇〇〇年）二一六～二三四頁。

(21) 塩分濃度が海水の二倍という有馬温泉については、『摂津国風土記』逸文、有馬郡条に「塩湯」とあった。

(22) クカタチに関する先行研究は少なくないが、ここでは諸学説を整理した山田仁史「盟神探湯・湯起請・鉄火（一）～（三）」（『東アジアの古代文化』八五～八七、一九九五～一九九六年）を参考にした。また、阿部謹也「日本と西欧における個人と社会」（『国立歴史民俗博物館研究報告』三五、一九九一年）も参照。

(23) 池上氏は、西ヨーロッパのロマネスク期の神明裁判として「煮え湯」「熱鉄」「火」「冷水」などの例をあげて、「火や水といった自然の要素と身体との接触、つまり〈触覚〉をつうじて、いかに神の真実の裁きのメッセージがえられると信じられていたか、が推察できる」と指摘されている（『ロマネスク世界論』〈名古屋大学出版会、一九九九年〉二一四頁）。クカタチと同じ神判が触覚による裁判であったという池上氏の指摘は重要であろう。

(24)　継体紀の「誓湯」は熱湯の中に身体ごと投入するというものであり、熱湯の中の小石や泥を探るという探湯とは異なる。かかる神判は『釈日本紀』一二所引の『天書』にも引かれ、かつてはアイヌ社会でも実施されていたことで、古代の日本でも沸湯投身の「誓湯」が存在していたらしい（伊藤清司「古代の慣習法」〈『日本の古代』七、中央公論社、一九八六年〉三七〇〜三七二頁）。なお、沸湯投身に関連して想起されてよいのは、明治以前まで美保神社の一年神主が春の節分祭当日に行っていた湯立の神託である。すなわち、「当日白無垢の浄衣を纏い風折烏帽子を被つた一年神主は本社神門前に設けた煮え湯釜の中にぶちこまれる。息がきえいるばかりになつたと見るや、人々はこれを救い出して荒薦の上に寝させる。息をふきかえすと拝殿まで擔ぎ出し、幣帛を持たせ一同平伏する。すると彼は幣を振りつつ、その年の作の善悪、はやり病いのこと、年占などを口走る」と（和歌森太郎『美保神社の研究』〈『和歌森太郎著作集』三、弘文堂、一九八〇年〉一〇六頁）。美保神社の場合でも熱湯と神託が交錯していたことに留意したい。
(25)　東大寺写経所では天平宝字二年七月二十四日から九月十日までの間に集中的に「薬」が購入されているが、同年二月の禁酒令のもと、写経所の下級官人が「薬」と称して酒を購入したものと解されている（丸山裕美子「天平宝字二年の詔と酒と『薬』」〈『日本古代の医療制度』名著刊行会、一九九八年〉）。
(26)　土橋寛・小西甚一校注『古代歌謡集』（日本古典文学大系、岩波書店、一九五七年）六八頁、藤原茂樹「ヒバスヒメ皇后と大宮売神」（『山手国文論攷』一二、一九九一年）二一頁、藤原享和「渡来人須々許理の献酒と石占」（『古代宮廷儀礼と歌謡』おうふう、二〇〇七年）など。
(27)　森陽香「石立たす司」（『上代文学』九七、二〇〇六年）。
(28)　古橋信孝氏は、サカ・サキ・サク・サケが「異郷の呪力・霊力のあらわれ方についての言葉」で、サケ（酒）も「本来は祭で飲むものだから、それを飲むことで、祭、つまり異郷をこの世に実現した空間に入り込む呪具・方法」であったと指摘されている（『雨夜の逢引』〈大修館書店、一九九六年〉二二四〜二二五頁）。
(29)　ニコライ・ネフスキー「月と不死」（『月と不死』平凡社、一九七一年、初出は一九二八年）。
(30)　大久保正「月夜見の持てるをち水」（『万葉集の諸相』明治書院、一九八〇年）。
(31)　増尾伸一郎「〈雲に飛ぶ薬〉考」（『万葉歌人と中国思想』吉川弘文館、一九九七年）二一九〜二二二頁。
(32)　変若水をめぐっては、神仙思想の影響を認める説（中西進『ユートピア幻想』〈大修館書店、一九九三年〉一六九〜一八一頁、丹羽晃子「『続日本紀』養老改元記事における『白髪黒に反り〜』の表現について」〈『古代文学の思想と表現』新典社、二〇〇一年〉）もある。

(33) 和田「出雲国造と変若水」（『国立歴史民俗博物館研究報告』一一二、二〇〇四年）三八四頁。なお、ヨーロッパ中世においても、キリスト教と結びついた「生命の泉」と異教的な「若返りの泉」があり、前者は死を克服し永生を与えるのに対して、後者は死にうちかつことができない、あくまでも現世利益的な延命の泉であったと区別されている（池上、前掲註〈2〉一八二頁）のも参考になろう。

(34) 和田「養老改元」（『日本古代の儀礼と祭祀・信仰』中、塙書房、一九九五年）二六二頁。

(35) 和田、前掲註(34)二五六〜二六〇頁。

(36) 『後漢書』には「京師醴泉湧出、飲之者固疾皆癒、惟眇・蹇者不ㇾ瘳」とあるが、⑱の詔では「眇」（目を病んでいる者）・「蹇」（足を病んでいる者）は「不ㇾ瘳」の箇所を採用せず、かわって傍線部を加えた形になっている。

(37) 和田、前掲註(34)二六〇頁。なお、和田氏は、美泉が神仙思想に基づく醴泉であり、それを変若水信仰に結び付けている点を強調されている。

(38) 　娘子報㆓贈佐伯宿禰赤麻呂㆒歌一首

我が手本　まかむと思はむ　ますらをは　をち水求め　白髪生ひにたり　（『万葉集』四―六二七）

　佐伯宿禰赤麻呂和歌一首

白髪生ふる　ことは思はず　をち水は　かにもかくにも　求めて行かむ　（『万葉集』四―六二八）

　この歌のやり取りは、求婚してきた白髪頭の赤麻呂に対して、娘子が、をち水を探して下さい（六二七）。それに対して、赤麻呂は、白髪を気にせず、をち水を求めてあなたのところへ参上しましょう（六二八）というものであるが、ここにも変若水によって白髪が黒髪にかわるという観念を読み取ることができよう（和田、前掲註〈33〉三八三頁）。

(39) 野村忠夫「村国連氏と身毛君氏」（『律令官人制の研究増訂版』吉川弘文館、一九七〇年）七三〜八九頁。

第二章　古代の樹木と神異

一　はじめに

古代の人々は、神々が樹木と深い関係をもつと観念していたとみられる。七世紀後半になると、律令国家の政策として各地の神社（官社）では常設の神殿が設けられるようになるが、その段階になっても、あるいはそれ以後の時代においてもなお常設の神殿とは別に樹木への信仰は喪失されたわけではなかった。たとえば、巨樹は崇拝の対象として、また、神の依り代、招ぎ代として依然として信仰されたし、樹木が鬱蒼と茂るモリは神の坐す世界であった。榊も俗界と聖界とを隔てる木、境界の木として神事に用いられていた。(1)

本章では、右のことを踏まえた上で、本書序章「問題の所在」で指摘した、古代の心性—神々の不思議、古代の人々の感性という観点から、樹木の神異を『古事記』『日本書紀』『風土記』『万葉集』をはじめとする古代史料をもとに読み解いてみたい。そのさい、具体的な手がかりとして、〈青山を枯山にす〉〈ハヤシ〉〈言問う草木〉の三点に絞って、古代の人々と樹木、神との関係を明らかにしてみたいと思う。

二　〈青山を枯山にす〉

まず、〈青山を枯山にす〉に関連する史料をあげよう。

①（スサノヲ）其泣状者、青山如二枯山一泣枯、河海者悉泣乾。

（『古事記』上）

②初五十猛神、天降之時、多将二樹種一而下。然不レ殖二韓地一、盡以持帰。遂始レ自二筑紫一、凡大八洲国之内、莫レ不三播殖而成二青山一焉。所以、称二五十猛命一、為二有功之神一。即紀伊国所坐大神是也。

（『日本書紀』神代第八段第四の一書）

③（スサノヲ）乃抜二鬚髯一散之。即成レ杉。又抜二散胸毛一。是成レ檜。尻毛是成レ柀。眉毛是成二櫲樟一。已而定二其当一レ用。乃称之曰、杉及櫲樟、此両樹者、可三以為二浮宝一。檜可下以為二瑞宮一之材上。柀可三以為二顕見蒼生奥津棄戸将臥之具二一。夫須レ噉八十木種、皆能播生。于時、素戔嗚尊之子、号曰二五十猛命一。妹大屋津姫命。次枛津姫命。凡此三神、亦能分二布木種一。即奉レ渡二於紀伊国一也。

（『日本書紀』神代第八段第五の一書）

④高麻山。…古老伝云、神須佐能袁命御子、青幡佐草壮丁命、是山上麻蒔初。故云二高麻山一。即此山峯坐、其御魂也。

（『出雲国風土記』大原郡条）

①は、イザナキが黄泉国から戻り、アマテラス・ツキヨミ・スサノヲの三貴子を生み、三神に領域を分けて統治させることになるが、スサノヲはイザナキの命令通りに海原を支配せず、髯が胸先におよぶまで泣いた。その様子として、青山は枯山になり、河海の水を乾すまで泣いたとある。『日本書紀』に「且常以二哭泣一為レ行。故令二国内人民、多以夭折一。復使青山変レ枯」（神代第五段本文）、「此神性悪、常好二哭恚一。国民多死。青山為レ枯」（同第五段第二の一書）、『古語拾遺』にも「令二人民夭折、青山変枯一」と、①と同様な伝承がみえる。青山を枯山に変えるというのは、スサノヲの神異の一つとして受け止めるべきであろう。

②は、スサノヲの子のイタケルが多くの樹種を筑紫から大八洲国に播いて、青山にした。そこで、イタケルを賞賛

して「有功之神」とし、イタケルは紀伊国に鎮座するというもの。③は、スサノヲの体の毛から杉・檜・柀・橡樟を得、それぞれ用途を定めて、子神のイタケル・オホヤツヒメ・ツマツヒメが「木種」を分布して紀伊国に渡ったとある。②③は〈青山を枯山にす〉ではなく、その逆の〈枯山を青山にす〉の話といえる。

④は、スサノヲの子の青播佐草壮丁命が山に麻を蒔いた。この山の岑に神の「御魂」が坐すというのであるから、「高麻山」とは神の鎮まる神体山であろう。麻を蒔くのも、〈枯山を青山にす〉の一例といえる。

このようにみてくると、スサノヲとその眷属神が〈青山を枯山にす〉〈枯山を青山にす〉という神異を発揮していたようにもみえる。守屋俊彦氏は、出雲には〈枯山を青山にす〉という特殊な呪法をもつ宗教団体があり、それを記紀神話は裏返しにしてスサノヲの暴状を表現したとされた[2]。興味深い指摘であるが、実際にはスサノヲや出雲の神々だけが〈枯山を青山にす〉という神異を示していたわけではなかった。〈青山を枯山にす〉〈枯山を青山にす〉双方とも、むしろ神々の不思議の一つとみた方がよいだろう。というのも、それを窺わせる史料が少なくないからである。

⑤仍、令㆘天富命率㆓日鷲命之孫㆒、求㆓肥饒地㆒遣㆓阿波国㆒殖㆗穀・麻種㆖。其裔、今在㆓彼国㆒。……天富命、更求㆓沃壌㆒、分㆓阿波斎部㆒、率㆑往東土㆒、播㆑殖麻・穀㆒。好麻所㆑生。故、謂㆓之総国㆒。穀木所㆑生。故、謂㆓之結城郡㆒。

（『古語拾遺』）

⑥又（肥後国）宇土郡正六位上蒲智比咩神社前河水変㆑赤如㆑血。縁辺山野草木彫枯。宛如㆓厳冬㆒。

（『三代実録』元慶二年〈八七八〉九月己亥条）

⑦木枯明神者。清和天皇御宇。奉㆑勅自㆓乙訓郡㆒迎㆓薬師如来㆒時。向日明神垂㆑跡当寺槻木㆒。々々俄枯。故名木枯明神。厥後枯木再栄。誠希有祥瑞也。

（『広隆寺来由記』）

⑧天暦元年丁未三月十二日酉時天満天神託宣記……我カ従者爾老松・富部と云フ者二人有リ、……老松は久我に随天成ぬる

者也、是奈牟至所ことに松乃種は蒔久……

（『天満宮託宣記』）

⑤は、天富命が天日鷲命の孫を率いて阿波国で穀と麻の種を植えた。さらに阿波の斎部を率いて東国に向かい、麻・穀を植えた。良い麻が生えているところが「総国」、穀の木が生えているところが木綿になるので「結城郡」（下総国）というとある。このうち、「総国」や「結城郡」について、津田左右吉氏は「フサ（総）とアサ（麻）と、またユフキ（結城）とユフ（木綿）と、音が類似してゐるのとから付会した説話[3]」とされ、津田説を受けて佐伯有清氏は「この説話は、かつて総国（上総・下総・安房）に忌部が設置されていたこと、および忌部氏が存在していたことによる付会であろう[4]」と指摘されている。しかし、たとえ⑤に付会があるにしても、忌部氏の神が各地に麻・穀を植えて青山にしていたことは認めてよいところであろう。

⑥に出てくる「蒲智比咩神社」は式外社（非官社）で手がかりに乏しい。⑥によると、神社の前の河の水が血のように赤く変じた。旧暦の九月七日にもかかわらず縁辺の山野草木が枯れ、厳冬のようだという。この情報は「有二大鳥一。集二肥後国八代郡倉上一」とともに都に伝わり、神祇官と陰陽寮が卜筮を行っている。かかる肥後国内の異変がわざわざ都にまで報告されたのは、元慶の乱の最中、当地が敵対勢力（新羅）の侵入を防ぐ境界領域の一つであったこと、すなわち、東北地方の混乱と東シナ海の脅威が連動するものととらえられていたからであろう[5]。なお、「蒲智比咩神社」とは宇土半島先端部の郡浦神社のことで、考古学の調査によると、同社の背後の山中には小規模であるが、平安時代の製鉄関連の遺跡・遺物がみつかっており、これらの製鉄関連の排水が神社前の小川や草木を汚染していたのではないかという指摘がある[6]。

⑦の史料の『広隆寺来由記』は、明応八年（一四九九）の奥書があり、五年前に書かれた『広隆寺縁起』を清書したもので[7]、その中に「木枯明神」の伝承がみえる。それによると、清和天皇の時代、乙訓郡の薬師仏を広隆寺に迎え

たさい、お供として向日明神が広隆寺の槻の木に垂跡した。その時、槻の木がにわかに枯れ、その後、再び栄えたとある。神の来臨する木は神木であるが、それが急に枯れたり栄えたりという神異が語られていたことになる。この中世の伝承を取り上げたのは、『三代実録』貞観四年（八六二）四月壬戌条に「授二皇太后宮无位木枯神従五位下一」という記事があるからでもある。皇太后宮（藤原冬嗣の女、順子が住んでいた東五条第）の「木枯神」に関してはなんの伝承も伝わっていないが、広隆寺の「木枯明神」の名称からしても、同神もやはり木が枯れたり栄えたりという不思議な神業を示していた可能性があるのではないだろうか[8]。

⑧は、菅原道真の従者に「老松」と「富部」がおり、二人とも筑紫から従い、「老松」は至るところに松の種を蒔くとある。「老松」とは生松のことに他ならない[9]。至るところに松が生えてくるというのは、②～⑤にもあるように神異の一つであった。

このような青―枯の転換は呪術にもみられた。たとえば、『古事記』中（垂仁）には、天皇が曙立王に命じて「在二甜白檮之前一葉広熊白檮令二宇気比枯一、亦、令二宇気比生一」とあること、『古事記』中（応神）の春山之霞壮夫と秋山之下氷壮夫の話に、「御祖」（母親）が兄の秋山之下氷壮夫に「如二此竹葉青一、如二此竹葉萎一而青。……」と呪詛したため、兄は「八年之間、干萎病枯」とあること、『日本書紀』皇極四年（六四五）四月戊戌朔条に「高麗学問僧等」が「同学鞍作得志、以レ虎為レ友、学二取其術一。或使二枯山一変為二青山一。或使二黄地一変為二白水一。種々奇術、不レ可二殫究一」といったとして、枯山を青山に変じたのは鞍作得志の「奇術」とあること、あるいは『新撰亀相記』亀誓条に「正青山成レ枯々山成レ青青河成二白川一白川成二青河一」とあることなどが指摘される。以上の例からも、樹木が青くなったり、枯れたりすることが人々を驚かす「奇術」であったといえよう。おそらく、樹木の色の変化は、古代の人々にとって注目される神業であり、また、それと同時に呪術としても認知されていたことが知られよう。

そもそも青という色について、佐竹昭広氏は、「『青』には、古くは『青色』という本来の色合ばかりでなく、『白』と『黒』の中間的性質において、『灰色』の類も含意しうるだけの広さがあったのではないか」[10]と指摘された。山口佳紀氏も、「上代のアヲ」は緑を中核に広い範囲の色を表すとされている。[11]また、『古事記』『日本書紀』『風土記』『万葉集』などでは、ヤマトタケルの歌―「倭は　国の真秀ろば　畳名付く　青垣　山隠れる　倭し麗はし」（『古事記』中〈景行〉）に代表されるように、「青垣」「青垣山」「青山」の語が国讃めの慣用句として用いられていたことは、周知の通りであろう。しかしながら、青をめぐる議論はそれだけでは終わらない。「倭之青垣東上山」にオホモノヌシが鎮座した（『古事記』上）、出雲国に「青垣山」をめぐらしてオホナムチが鎮まった（『出雲国風土記』意宇郡条）、「東有㆓美地㆒。青山四周」にニギハヤヒが天降った（『日本書紀』神武即位前紀）、吉野宮の光景は「たたなはる　青垣山」（『万葉集』一―三八）などとあるように、「青垣」「青垣山」「青山」とは、神や天皇が鎮座する聖なる領域であったことも看過できないからである。青のシンボリックな意味としては、異界に通じる霊力の象徴であるという。[12]古橋信孝氏は「神の霊威に溢れた状態をしばしばアオを冠することであらわす」[13]と指摘されている。とすれば、青―枯の転換は、古代の人々にとって単なる色彩の変化だけではなかったはずである。青―枯がスサノヲの神異とされたり、呪術として用いられたのもそのためであろう。

　このような青―枯の変化には実際の自然現象のモデルがあったことが予想される。すなわち、第一として、『豊後国風土記』速見郡条には「玖倍理湯井。……縁辺草木、悉皆枯萎」として、温泉の地熱のために周辺の草木が枯れたとあること。[14]第二に、『三代実録』仁和元年（八八五）十月庚申条に「先是。大宰府上言。管肥前国。自㆓六月㆒澍雨不㆑降。……十三日夜。陰雲晦合。聞如㆓雨声㆒。遅明。見㆘雨㆓粉土屑砂㆒交下㆗境内㆖。水陸苗稼。草木枝葉。皆悉焦枯。俄然降㆑雨。洗㆓去塵砂㆒。枯苗更生」として、開聞岳の噴火の火山灰によって、「水陸苗稼。草木枝葉」が皆枯れた。

そこににわかに雨が降ってきて「枯苗更生」とあること。当該例は青から枯、枯から青へと転じた例として注目されよう[15]。第三として、『古語拾遺』に「御歳神発ㇾ怒、以ㇾ蝗放二其田一。苗葉忽枯損似二篠竹一。……仍、従二其教一、苗葉復茂、年穀豊稔」として、御歳神の怒りによって害虫が放たれ、苗の葉が急に枯れたが、御歳神の怒りを解くと茂り、実りが豊かになったとあること。『古語拾遺』の伝承には、先の火山噴火の例と似たところがあるといえよう。

右のごとき火山の噴火や害虫の被害が神異（①〜⑧）や呪術の背景にあったことは否定し難い。ただし、それがすべてといえるかどうかは、もとより判断できない。おそらく、古代の人々は、自然界の急激な色の変化を視覚によって感知し、それを契機として、青―枯という現象の背後に神々の意思を読み取ろうとしていたのであろう[16]。

以上のような〈青山を枯山にす〉の信仰は中世にも継承されている。十三世紀以降、何度か起きた春日山木枯槁がその顕著な例である。当該問題については、瀬田勝哉氏に詳細な分析があり[17]、瀬田説の驥尾に付して本書第II部第四章「古代の神々と光」でも触れているので、ここでの言及は控える。いずれにしても、樹木の青―枯を神異とする心性は、中世にも間違いなく受け継がれていたことを確認しておきたい。

ところで、〈青山を枯山にす〉に対して、永遠に栄える樹木の代表が橘であった[18]。橘は神仙思想とも結びつき、その実は不老不死の食物とされた。橘に関する信仰は、允恭天皇の皇女に『古事記』下（允恭）に橘大郎女（『日本書紀』允恭二年二月己酉条に但馬橘大娘皇女とある）をはじめとして五世紀中頃から七・八世紀の天皇・皇后・皇子女名に橘にちなむ名前がつけられていることからも、古く五世紀代に遡ることが窺えよう[19]。

⑨従三位葛城王・従四位上佐為王等上ㇾ表曰、……廿五日（和銅元年〈七〇八〉十一月）、御宴。天皇、誉二忠誠之至一、賜二浮ㇾ杯之橘一。勅曰、橘者、菓子之長上、人所ㇾ好。柯凌二霜雪一而繁茂、葉経二寒暑一而不ㇾ彫。与二珠玉一共競ㇾ光、交二金銀一以逾美。是以、汝姓者、賜二橘宿禰一也。……

（『続日本紀』天平八年〈七三六〉十一月丙戌条）

⑩かけまくも　あやに恐し　天皇の　神の大御代に　田道間守　常世に渡り　八矛持ち　参ゐ出来し時　時じくの香菓を……み雪降る　冬に至れば　霜置けども　その葉も枯れず　常磐なす　いやさかばえに　然れこそ　神の御代より　宜しなへ　この橘を　時じくの　香菓と　名付けけらしも

（『万葉集』一八―四一一一）

⑪禁中有二一株橘樹一、彫枯経レ日、生意既盡、忽生二花葉一、楚楚可レ愛、因レ茲右近衛府奉献、宴飲、賜レ物有レ差、

（『日本後紀』大同三年〈八〇八〉六月甲子条）

⑨は、聖武天皇が葛城王らに橘宿禰の姓を授けた時の勅で、柯（枝）は「凌二霜雪一而繁茂、葉経二寒暑一而不レ彫」という。『万葉集』六―一〇〇九はこの時の聖武天皇の歌で「橘は　実さへ花さへ　その葉さへ　枝に霜置けど　いや常葉の木」とあった。

⑩は、垂仁天皇が田道間守に神仙の住む常世の国に渡って非時の香果を求めさせたという有名な話（『古事記』中〈垂仁〉、『日本書紀』垂仁九十年二月庚子朔条、同九十九年明年三月壬午条）をもとに、雪や霜にあっても橘は「その葉も枯れず　常磐なす　いやさかばえに」と大伴家持は歌っている。一八―四〇六三も家持歌であるが、「常世物　この橘の　いや照りに　わご大君は　今も見るごと」とあり、橘が常世国から将来されたと観念されていたことが窺える。

⑪は、内裏紫宸殿前の右近の橘のことであるが、「彫枯経レ日」とありながら、「忽生二花葉一」とある。この場合の橘は、永遠の象徴としての信仰ばかりでなく、〈枯山を青山にす〉の信仰をも重層化させていたといえよう。

三　〈ハ　ヤ　シ〉

律令制下の林とは、宅地や墓地の周辺に樹木を栽えた土地で、ある程度まで私有を認められており、具体的な存在

形態としては栗林であったといわれている。[20] しかしながら、本節でいう〈ハヤシ〉とは、樹木などが一夜にして成長するというものを指す。瀬田氏は中世の説話によくみられる表現と指摘されているが、[21] もとよりそれは中世だけの問題ではなく、古代にも広く認められるものであった。〈ハヤシ〉と〈枯山を青山にす〉との間に厳密には区別し難いところもあるが、ここでは整理の都合上、別途、史料を掲げることとした。

⑫伊耶那岐命取二黒御鬘一投棄乃、生二蒲子一。……亦刺二其右御美豆良一之湯津々間櫛、引闕而、投棄乃、生レ笋。
（『古事記』上）

⑬老翁即取二嚢中玄櫛一投レ地、則化三成五百箇竹林一。
（『日本書紀』神代第一〇段第一の一書）

⑭淡海国言、坂田郡人小竹田史身之猪槽水中、忽然稲生。身取而収。日々致レ富。栗太郡人磐城村主殷之新婦床席頭端、一宿之間、稲生而穂。其旦垂穎而熟。明日之夜、更生二一穂一。……
（『日本書紀』天智三年〈六六四〉十二月是月条）

⑮林田里。……所三以称二淡奈志一者、伊和大神、占レ国之時、御志植二此処一、遂生二楡樹一。故称名二淡奈志一。
（『播磨国風土記』揖保郡条）

⑯萩原里。……右、所三以名二萩原一者、息長帯日売命、韓国還上之時、御船宿二於此村一。一夜之間、生二萩一根一。高一丈許。仍名二萩原一。
（『播磨国風土記』揖保郡条）

⑰讃容郡。所三以云二讃容一者、大神妹妋二柱、各競占レ国之時、妹玉津日女命、捕三臥生鹿一、割二其腹一而、種二稲其血一。仍、一夜之間、生レ苗。
（『播磨国風土記』讃容郡条）

⑱所三以号二荒田一者、此処在神、名道主日女命、无レ父而生レ児。為三之醸二盟酒一、作二田七町一、七日七夜之間、稲成熟竟。
（『播磨国風土記』託賀郡条）

⑲拝志郷。……所レ造二天下一大神命、将レ平二越八口一為而幸時、此処樹林茂盛。爾時詔、吾御心之波夜志詔。故云レ林。

（『出雲国風土記』意宇郡条）

⑳明日昧爽、忽有二白鳥一、従レ北飛来、翔二集此村一。菟名手、即勒二僕者一、遣レ看二其鳥一、々化二為餅一。片時之間、更化二芋草数千許株一。花葉尽栄。菟名手、見之為レ異、歓喜云、化生之芋、未二曽有一レ見。実、至徳之盛、乾坤之瑞。

（『豊後国風土記』総記条）

㉑柏原郷。……昔者、此郷柏樹多生。因曰二柏原郷一。

（『豊後国風土記』直入郡条）

㉒田野。……昔者、郡内百姓、居二此野一、多開二水田一、余レ糧宿レ畝、大奢二已富一、作レ餅為レ的。于レ時、餅化二白鳥一、発而南飛。当年之間、百姓死絶、水田不レ造、遂以荒廃。

（『豊後国風土記』速見郡条）

㉓琴木岡。……（景行）興闌之後、竪二其御琴一、々化二為樟一。高五丈、周三丈。因曰二琴木岡一。

（『肥前国風土記』神埼郡条）

㉔称二伊奈利一者。秦中家忌寸等遠祖伊侶具秦公。積二稲粱一有二富裕一。乃用レ餅為レ的者。化成二白鳥一飛翔居二山峯一生レ子。遂為レ社。其苗裔悔二先過一。而抜二社之木一殖レ家。禱祭也。

（『山城国風土記』逸文）

㉕（ヤマトタケル）射二其土知朱一之征箭悉生レ芽成二槻木一矣。

（『陸奥国風土記』逸文）

㉖令三長白羽神（注略）種レ麻、以為二青和幣一。（注略）令下天日鷲神与二津咋見神一穀木種殖之、以作中白和幣上。是木綿也。已上二物、一夜蕃茂也。

（『古語拾遺』）

㉗大宰府言。管豊前国田河郡香春岑神。辛国息長大姫大目命。忍骨命。豊比咩命。惣是三社。元来是石山。而上木惣無。至二延暦年中一。遣唐請益僧最澄躬到二此山一祈云。願縁二神力一。平得レ渡レ海。即於二山下一。為レ神造レ寺読経。爾来草木蓊鬱。神験如レ在。毎レ有二水旱疾疫之災一。郡司百姓就レ之祈禱。必蒙二感応一。年登人壽。異二於他郡一。望預二官社一。以表二崇祠一。許レ之。

（『続日本後紀』承和四年〈八三七〉十二月庚子条）

⑫は、イザナキが黄泉国から逃げ帰ってくる時に、黒御鬘を投げ捨てるとそれが蒲子（葡萄）に、櫛を投げ捨てるとそれが筍になったという神話（『日本書紀』神代第五段第六の一書も同じ）。⑫のごとくモノを投げると直ちに植物が生えてくるというのについて、伊原昭氏は「化」関係の伝承ととらえられているが、(22) ここでは樹木とのつながりを重視して〈ハヤシ〉の一例としたい。

⑬も同様で、兄の釣針を失った山幸が海辺で佇んで嘆いていると、塩土老翁が櫛を地面に投げつけるとよく茂った竹林になった。それで竹籠を作って山幸を海の中に投げ入れたとある。この話も櫛から急に竹林が出現するという不思議が語られている。

⑭は、小竹田史身の猪槽と磐城村主殷の新婦の寝床に「忽然」「一宿之間」に稲が生えたというもので、突然、稲穂が出るというのはやはり尋常なことではなかったはずである。

⑮は、伊和大神が国を占拠したさい、手にしていた「御志」（目印の意）を立てると、楡樹が生えたとある。赤坂憲雄氏は、「むしろ、杖は根こそぎの生きた樹木であった場合が多く、根付くか否かがある種の卜占の意味をもっていたものと想像される」(23) と指摘されているが、この楡も根づいて急成長したのではないだろうか。「林田里」の地名がその手がかりとなる。

⑮と関連するのが『出雲国風土記』意宇郡条の国引き神話であろう。その最後に「所レ謂意宇杜者、郡家東北辺田中在壟、是也。周八歩許、其上有二一以茂一」(24) として、意宇社の小山の上に一本の茂った木の存在が語られているが、それはまさに国引きをしたオミヅヌが衝きたてた杖が成長して大樹になったものとみられるからである。(25) さらに憶測すれば、その成長ぶりは⑮と同じく、〈ハヤシ〉とみられるのではないだろうか。

⑯は「一夜之間」に萩一根(26) が生えた、⑰も同じく鹿の血を苗代に蒔いて「一夜之間、生レ苗」とある。一晩で萩や

稲が急に生え、朝にその成長が発見されたということであろう。夜のうちに神が活動し、その不思議を人々が朝になって発見するというのは、神異伝承にはよくみられる。[27] ⑭の話の後半も同様であった。

⑱は、道主日女命が父親がいないのに子を生んだ。誰の子供か神意を聞くため、酒を醸造しようと「七町」の田を作ったところ、「七日七夜」の間に稲が熟した。そこで、子神をして多くの神に酒を奉らせたところ、子神は天目一命に向かって酒を奉ったとある。ここでの稲の成熟は「七日七夜」とあるが、「七町」とあわせて「七」の数で⑱の話が構成されたとすれば、文字通りの「七日七夜」にこだわる必要はあるまい。原義は異常に短い期間に稲が成熟したということであろう。

⑲は、「所レ造二天下一大神命」(オホナムチ)が「此処樹林茂盛」を「吾御心之波夜志」と詔したので、「林」という地名になったとある。ここでの「樹林茂盛」に対して、神も心が「波夜志」というのであるから、樹木が急に勢いよく生えたのであろう。それが郷名「拝志(林)」の由来となったというのである。

⑳㉒㉔は一括して扱う。まず、⑳であるが、景行天皇の代に豊国直等の祖菟名手に豊国を治めさせたさい、菟名手は仲臣村に一泊した。その翌日の暁に白鳥が飛来してこの村に集まった。菟名手は従者に命じて鳥をみさせたところ、鳥は餅になって、「片時之間」に「芋草数千許株」になり、花と葉が盛んである。菟名手はこれをみて不思議と思ったとある。これと対照的なのが㉒㉔で、前者は、富裕なものが餅を的として遊んだため、餅は白鳥となって南へ飛んでいき水田も荒廃した、後者は、同様に富裕な秦公伊呂倶(巨)が餅を的としたため、餅は白鳥となって山の峰に飛んでいったので、過ちを後悔したという伝承で、[28] 大林太良氏は、稲魂が逃亡すると穀倉はすぐ空になり飢饉になるという、東南アジアの「稲魂の逃亡」型に連なることを指摘されている。[29] この三者から、いずれにおいても餅は穀霊であること、それにより、⑳のように〈ハヤシ〉たというのと、㉒のように餅を的としたため荒廃した(㉔には「悔二先

過二」とあるので、やはり荒廃したといった一文があったのであろう）というのと、二形式があったことになる。荒廃は〈ハヤシ〉の反対とも理解されよう。[30]

㉑は、柏の樹がたくさん生えていた。㉓は巨樹伝承であろうが、景行天皇が岡に登って宴会をし、琴を立てかけておいたところ、琴が樟に姿を変えた。㉕はヤマトタケルがツチグモを倒した矢はすべて芽を出して槻の木になったとある。いずれも〈ハヤシ〉という言葉こそ出てこないが、〈ハヤシ〉伝承の仲間か、あるいはそれに近しい話とみてよいであろう。

㉖は、『古語拾遺』の天石窟神話の一部。アマテラスが天石窟に籠ると、忌部氏関係の神々がアマテラスを天石窟から引き出す準備をするが、その時、青和幣・白和幣の原材料の麻と穀が一夜にして繁茂したとある。夜のうちに麻と穀が繁茂するというのは、長白羽神などの神業と解されていたはずである。

㉗は、豊前国田河郡の香春岑神の「預二官社一」が認められたという記事であるが、その中に、「延暦年中」（延暦二十三年〈八〇四〉）、遣唐使の請益僧であった最澄が神力により無事渡海できるよう香春岑神に祈った。山下で「為レ神造レ寺読経」をしたところ、「元来是石山。而上木惣無」というのが「爾来草木蓊鬱」となり神験があったという。これも〈ハヤシ〉伝承の仲間とみてよい。ちなみに、十四世紀後半に描かれた『弘法大師行状絵詞』五の詞書によると最澄は入唐の時に香春大明神が「聖人（最澄）に随て共に入唐してかならす護持をなすへし」と託宣した。帰朝後、最澄は神に無事帰ることができたことを感謝して、香水を岩山に注いだ。すると、次々と木々が茂り、千株・万株の松が繁茂し、紅の花が咲き出したとある。㉗の話と相違しているところがあるが、しかし、それは小異であろう。興味深いのは、『弘法大師行状絵詞』に岩山に登っている最澄の姿とたちまちに木々が生え、花が咲く光景が描写されている点である（図5）。これは〈ハヤシ〉、あるいは岩山（枯）から青山へという変化が具体的に描かれた貴重な

図５　『弘法大師行状絵詞』より

例といえよう。

本節の最後に、〈ハヤシ〉神社の例をあげておこう。『延喜式』九・一〇（神名式上・下）には、河内国志紀郡「伴林氏神社」、伊勢国多気郡・越中国礪波郡・播磨国明石郡に「林神社」、伊豆国賀茂郡に「波夜志命神社」の例がある。かかる神社にも、なんらかの〈ハヤシ〉伝承が伝わっていた可能性があろう。また、『北野縁起』（『北野天満自在天神宮創建山城国葛野郡上林郷縁起』）によると、「以二去天暦元年歳次丁未六月九日一奉レ移二件処一、其後松種忽生、成二数歩之林一、神妙在レ眼、如二万人之殖一、彼時小木之地俄繁、今則大陵之庭既暗、建立造営之後、……」として、天暦元年（九四七）、北野天満宮の創祀にさいしては松が「忽生」した地に社殿を造営したとあり、北野天満宮にも〈ハヤシ〉伝承があったことがわかる。しかも、山城国葛野郡の伴氏神社（式内社）は、『続日本後紀』承和元年（八三四）正月庚午条に「山城国葛野郡上林郷地方一町賜二伴宿禰等一。為下祭二氏神一処上」とあり、北野天満宮と同じく上林郷内に所在したこともあわせて留意される。このような例からも、〈ハヤシ〉と神々の信仰との密接な関係を窺うことができよう。

四　〈言問う草木〉

〈言問う草木〉とは、草木が物言うことであるが、具体的にどのようなことを指すのだろうか。千田稔氏は、植物と対話するという芹沢光治良氏（『神の慈愛』）やイギリスの生物学者ライアル・ワトソンらの例をあげて「植物のもつ神秘性に人々は早くから気づいていたことは想像にかたくない」[31]と指摘されている。福島千賀子氏は、サナエ（早苗）、サオトメ（早乙女）、サツキ（皐月）などの〈サ〉の用例を検討して、〈サ〉が田の神・稲の神を表すのは後世のことで、もともとは〈サヤグ〉〈ササ〉のように笹・小竹・稲・稗などの「葉末を渡る風の音をあらわして」おり、〈サ〉とは神が降臨する時の音で、「葉ずれのかそかな音は心を鎮めて聞かねば聞こえない」とされた。[32] 福島説は、神の示現と音との関係[33]を指摘した点でも示唆に富む。おそらく〈サ〉は〈言問う草木〉とも関連し、アニミズム信仰に由来する語句であろう。以上のことを踏まえた上で、ここでも〈言問う草木〉の具体例をあげて検討してみたい。

㉘然彼地多有二蛍火光神、及蠅声邪神一。復有二草木咸能言語一。故高皇産霊尊、召二集八十諸神一、而問之曰、吾欲レ令レ撥二平葦原中国之邪鬼一。……

（『日本書紀』神代第九段本文）

㉙……事問之磐根木能立知草能可岐葉乎毛言止弖、天降利賜比志、……

（「大殿祭」〈『延喜式』八、祝詞式〉）

㉘は、天孫降臨神話の一節で、葦原中国が「草木咸能言語」の状態であったので、高皇産霊尊が「八十諸神」を召集して「邪鬼」を「撥平」しようといったとある。同様な話は、「出雲国神賀詞」（『延喜式』八）にあり、また、『常陸国風土記』信太郡条に「普都大神」が、同香島郡条に「香島天之大神」（タケミカヅチ）がそれぞれ降臨する時の伝承にもみえる。『日本書紀』神代第九段第六の一書に「葦原中国者、磐根木株草葉、猶能言語」、同欽明十六年二月条に「建邦神[34]」とは「天地割判之代、草木言語之時、自天降来、造二立国家一之神也」とあるのも同様といえよう。

㉙は、物を言う磐根・木立・草の片葉がすべて言を止めて、天孫が天降ったとある。「六月晦日大祓」「遷二却祟神一詞」にもほぼ共通の伝承が見出される。

本節では、〈言問う草木〉の例として㉘㉙の二例を中心に提示したが、㉘㉙は実は共通の伝承とみて差し支えないであろう。というのは、以下の三点が指摘できるからである。まず第一に、〈言問う草木〉は、いずれも高天原から王権神が天降る時の話とされていること。第二に、王権神が天降る以前は、葦原中国は〈言問う草木〉という状態であったこと、すなわち、王権神の降臨以前の葦原中国は、高天原側からみて「荒振神等」の国（「六月晦日大祓」〈『延喜式』八〉）「荒国」（「出雲国造神賀詞」）ともされていたこと。第三は、王権神の天降りにさいして、㉘では葦原中国の「邪鬼」を「撥平」とあり、㉙では磐根草木葉を「言止弖」としているが、両者はパラレルの関係にあり、前者を具体的に表現しているのが磐根・木立・草の片葉を「言止弖」であると解されることである。『古事記』上には、〈言問う草木〉は出てこないが、天孫降臨前の葦原中国に対してアメノオシホミミは「伊多久佐夜芸弖（注略）有那理」と詔し、タカミムスヒ・アマテラスも八百万神に「以㆘為於㆓此国㆒道速振荒振国神等之多在㆖。是使㆓何神㆒而、将㆓言趣㆒」と詔しているのも、同じ文脈で理解されよう。(35)

ここで注目したいのは、右の諸点のうちの第三で、王権神の示現にあたって葦原中国の状態は「荒振神等」の国として、物言う磐根・木立・草の片葉を「言止弖」として葦原中国の信仰が否定されている点である。すなわち、王権側の信仰と民間の信仰との間にズレがあったといえよう。アニミズム的な〈言問う草木〉はけっして王権側の神話世界に直接的に継承されていないことを強調しておきたい。そして、右にあげた欽明紀の「建邦神」の伝承が六世紀中頃のものだとすれば、両者の信仰のズレは当該期にまで淵源する可能性があろう。

なお、〈言問う草木〉の信仰に関連して『日本霊異記』中―二六に言及しておこう。中―二六は、禅師広達が吉野郡桃花里の橋を渡る時に、下から「嗚呼莫㆓痛蹫㆒耶」という声がした。みると、仏像が未完成のまま捨て置かれた木であった。広達はこれを彫像して越部村の岡堂に安置したという話。本話の説示に「木是无㆑心、何而出㆑声。唯聖霊示。更不㆑応㆑疑也」として、木にはもとより心がない。なぜ声を出そうか。しかし、実際に声が聞こえたのは、「聖霊」（仏の霊魂）が示したところだと景戒は説いている。仏像となるべき霊木の声を感受したのは修行僧の広達だからだという論理であろう。(36)

王権神の天孫降臨神話において、王権側の信仰に継承されなかったはずの〈言問う草木〉は、『日本霊異記』段階では少なくとも広達において生きていたが、それも景戒によって仏教の論理で否定されたことになる。[37] ただ、注意すべきは、双方の否定の論理が異なることであろう。[38]

五　おわりに

最後に本章の考察結果をまとめておく。

1、樹木の神異として〈青山を枯山にす〉〈枯山を青山にす〉があった。古代の人々は樹木の急激な色彩の変化に視覚を介して神々の存在を感得していたものとみられる。それに対して、永遠に栄える樹木の典型が橘で、常世国から将来された聖なる樹木とされた。

2、〈ハヤシ〉とは、樹木の急成長（その反対の荒廃も含む）のことで、これも神の不思議の一つであったとみられる。

3、〈言問う草木〉という伝承は、天孫降臨神話の前段に荒ぶる国の姿として位置づけられ、王権神の降臨にあたっては「言止弖」とされていた。〈言問う草木〉というようなアニミズム的な信仰は、六世紀中頃来、王権側には継承されなかったとみられ、『日本霊異記』において、景戒は仏教の立場から「木是无レ心、何而出レ声」の立場を示した。

このうち、重要なのは3であろう。樹木への信仰という点でも、民間の信仰を基盤におきながら、それとは異質な展開を遂げた王権側の信仰のあり様が指摘されるからである。この点は、本書終章「古代の王権祭祀と自然」でまとめて述べているので、あわせて参照していただきたい。また、樹木の神異という点では巨樹伝承にも言及する予定であったが、紙幅の関係から本章では省略した。別の機会に論じたいと思う。

註

(1) 拙著『古代の神社と祭り』(吉川弘文館、二〇〇一年)参照。
(2) 守屋俊彦「素戔嗚尊の涕泣神話」(『記紀神話論考』雄山閣出版、一九七三年)。
(3) 津田左右吉『古語拾遺の研究』(『津田左右吉全集』二、岩波書店、一九六三年)四八二頁。
(4) 佐伯有清『新撰姓氏録の研究』考証篇第三(吉川弘文館、一九八二年)二八一頁。
(5) 大日方克己「古代における国家と境界」(『歴史学研究』六一三、一九九〇年)四八～四九頁。
(6) 『新宇土市史』通史編一(宇土市、二〇〇三年)六四八頁。
(7) 『広隆寺来由記』『広隆寺縁起』については、川尻秋生「内閣文庫蔵『広隆寺縁起』について」(『千葉県立中央博物館研究報告』人文科学一、一九八九年)参照。
(8) 村山修一氏は、皇太后宮の木枯明神は「広隆寺から勧請したものであろうか」と指摘されている(「神木と霊木」〈『変貌する神と仏たち』人文書院、一九九〇年〉一九六頁)。
(9) 村山、前掲註(8)二〇二～二〇三頁。
(10) 佐竹昭広「語彙の構造と思考の形態」(『万葉集抜書』岩波書店、一九八〇年)九六～九七頁。
(11) 山口佳紀「アヲとミドリ」(『古代日本文体史論考』有精堂出版、一九九三年)。
(12) 近藤健史「古代文学における『青』のシンボリズム」(『語文』六五、一九九三年)、猪股静弥「古代のアヲに関する論攷」(『青吹く風』和泉書院、一九九四年)。
(13) 古橋信孝「村・里・国」(『ことばの古代生活誌』〈河出書房新社、一九八九年〉)三七頁。
(14) 『豊後国風土記』速見郡条の「玖倍理湯井」については、本書第II部第一章「古代史料にみる神々の示現と神異」でも言及した。
(15) 火山の噴火と樹木の凋枯に関しては、『続日本紀』天応元年(七八一)七月癸亥条に「駿河国言、富士山下雨レ灰。灰之所レ及木葉彫萎」、『三代実録』仁和二年(八八六)八月庚戌条に「先レ是。安房国言上。……(五月)廿六日暁。(神津島)雷電風雨。巳時天色晴朗。砂石粉土遍二満地上一。山野田園無レ所レ不レ降。或処厚二三寸。或処僅蔽地。稼苗草木皆悉凋枯。馬牛食二黏粉草一。死斃甚多」とある。また、『日本書紀』天武十四年(六八五)三月是月条に「灰零二於信濃国一。草木皆枯焉」とあるのも同様の例といえようか。

(16) 常見純一氏は、かつての沖縄に植物の一生を色で二分する文化があったことを指摘された。すなわち、発芽から成熟までが〈あお〉で表現され、熟し切った状態から老化・枯死までを〈あか〉で区分していたという（「青い生と赤い死」〈『神話・社会・世界観』角川書店、一九七二年〉）。この点で想起されてよいのは、人間を表す「青人草」（『古事記』上）、「顕見蒼生」（『日本書紀』神代第九段第二の一書）である。青人草とは「青々とした（＝生きている）人である草」の意で、「人が大地から誕生した（萌え出た）草だったゆえの名称」という指摘が参照される（三浦佑之「青人草」〈『神話と歴史叙述』若草書房、一九九八年〉三一四頁）。

(17) 瀬田勝哉『木の語る中世』（朝日新聞社、二〇〇〇年）五一～一二四頁。

(18) 橘やタジマモリの話に関しては、山上伊豆母「タチバナの后妃伝承」（『古代祭祀伝承の研究』雄山閣出版、一九八五年）、吉田敦彦「田道間守と時じくの香の木の実」（『豊穣と不死の神話』青土社、一九九〇年）、守屋俊彦「多遅摩毛理の物語」（『日本古代の伝承と文学』和泉書院、一九九三年）、和田萃「チマタと橘」（『日本古代の儀礼と祭祀・信仰』中、塙書房、一九九五年）、吉武利文『橘』（法政大学出版局、一九九八年）など参照。

(19) 和田、前掲註（18）二七五頁。

(20) 木村茂光「日本古代の『林』について」（『日本古代・中世畠作史の研究』校倉書房、一九九二年）。

(21) 瀬田、前掲註（17）一五二頁。また、益田勝実「鯖の木が枯れた年」（『文学』二―二、一九九一年）も参照。

(22) 伊原昭「色の霊力」（『万葉の色』笠間書院、一九八九年）一九九～二〇〇頁。

(23) 赤坂憲雄「杖と境界をめぐる風景／標の梲」（『境界の発生』砂小屋書房、一九八九年）一三五～一三六頁。

(24) 「其上有一以茂」は『風土記』（日本古典文学大系、岩波書店、一九五八年）一〇二頁などの読みに従ったが、諸説に異同が少なくなく、どの説が正しいか、にわかに決し難い。また、当該箇所の直前の「壟」字も「塾」「塾」と解する説もある。ちなみに『風土記』の古写本（細川家本・倉野本・日御碕本・万葉緯本）はすべて「塾」字であった（秋本吉徳編『出雲国風土記諸本集成』〈勉誠社、一九八四年〉）。このうち、本章では「壟」が天平七年（七三五）の年次をもつ「弘福寺領讃岐国山田郡田図」にもみえることにまずもって留意したいと思う。同図の「壟百代」について、金田章裕氏は「『壟』の文字が小高い高まりを意味することからすれば、必ずしもその成因が土によらず樹木という植生に由来したとしても異とするには当らない。山田郡田図が描く高松平野では、出水と称される湧水点が各所に点在し、用水路の水源として重要な役割を果たしてきた。特に山田郡田図南地区の比定地の場合、その西南付近にある平井出水は、そこに鎮座する桜木神社の杜によって、まさしく孤立した小高い景観上のまとまりとして認識される」と指摘されている（「弘福寺領讃岐国山田郡田図」〈『古代荘園図と景観』東京大学出版会、一九九八年〉二一五頁）。金田氏がいわれるように、「壟」が樹木群を示すとすれば、「其上有二一以茂一」の通りに読むかどうかは措くとしても、樹木が茂っているという意で理解しておくのが妥当であろう。

(25) 水野祐『出雲国風土記論攷』（早稲田大学古代史研究会、一九六五年）八一〇～八一二頁、菊地照夫「国引神話と杖」（『出雲古代史研究』創刊号、一九九一年）三七～三八頁、小林茂文「古代国家と樹木の記憶」（『早稲田』二八、二〇〇七年）四七頁。

(26) 川村晃生「萩の古典誌」（『日本文学から「自然」を読む』〈勉誠出版、二〇〇四年〉）によると、萩は『万葉集』中で一四一首歌われて、集中の植物では第一位であること、古代の萩は栽培されており（萩原）、馬の飼料に用いられていたことなどが指摘されている。

(27) 本書第II部第三章「古代史料にみる雷神の示現と神異」参照。

(28) ㉔が『山城国風土記』逸文であるかどうかに関しては諸説がある。『風土記』（前掲註〈24〉）は「存疑」（「逸文として疑わしいもの」）とし、『風土記』（新編日本古典文学全集、小学館、一九九七年）も「参考」（「古風土記の逸文とは認められない後世の風土記の断片等」）としている。最近、荊木美行氏は、㉔は古風土記の逸文ではない可能性が大きいが、㉔と類似の文章が天暦三年（九四九）の「神祇官勘文」（『平安遺文』四九〇五）にみられることから、㉔は稲荷社の古伝に基づいた記録と指摘されている（「『山城国風土記』と稲荷社」〈『朱』五〇、二〇〇七年〉）。本章の考察では、㉔の伝承が『風土記』の逸文であるかを検討するのが目的ではないので、荊木氏の指摘の通り、少なくとも平安期に遡る古伝承であることが確認できれば、それで十分である。

なお、『風土記』（前掲註〈24〉）は、㉔の後に『廿二社註式』によって「今殖二其木一。蘇者得レ福。殖二其木一。枯者不レ福」を補っている。当該文も古伝承とみてよいとすれば、稲荷社には〈青山を枯山にす〉関連の蘇―枯の占術があったといえよう。

(29) 大林太良『稲作の神話』（弘文堂、一九七三年）一六～一七頁。

(30) 中世では「ハヤス」は「切る」の忌詞と解されている。これは、白井伊佐牟氏が「弘安八年（一二八五）月日」の「落書起請」（「大東家文書」六一号）に、悪党が「布留大明神之山ハヤス」とあることなどをもとに明らかにされたところである（「大神神社と石上神宮」〈『古代を考える　山辺の道』吉川弘文館、一九九九年〉一六九～一七一頁）。古代においても、⑳の〈ハヤシ〉に対しては、本書第I部第二章「古代春日社の祭りと信仰」で取り上げた〈神社の木を伐る〉が指摘される。と同時に㉒の荒廃も「切る」と同じ範疇といえるのではないだろうか。

(31) 千田稔「言とう草木」(『民衆生活の日本史・木』思文閣出版、一九九四年)三五〜三八頁。

(32) 福島千賀子「コノハナサクヤビメの一考察」(『埼玉短期大学紀要』四、一九九五年)一五頁。なお、福島説に関連して、神崎宣武氏の次の指摘も想起される。すなわち、「荒神をはじめ諸神たちが、このむら(岡山県井原市美星町宮迫―引用者註)に天降り里人を愛でて巡るようすが、何種類もの依代を伝わり移ることで示されているのである。その場合、真白な紙がガサガサと揺れたり、幡や笹がパタパタ、ザワザワと動くと、それなりに効果的であろう。その背景が暗ければ、なおさらそうであるはずだ。そこには、歴史を重ねての日本人の神観念のある種の演出がみられよう」(『いなか神主奮戦記』〈講談社、一九九一年〉六四頁)と。もちろん、現代の荒神式年祭を直ちに古代と結びつけることは許されないとしても、夜中、依り代の音に神の来訪を感じ取るという神崎氏の指摘は参照されてよいのではなかろうか。

(33) 神の示現と音については、本書第Ⅱ部第一章「古代の神々の示現と神異」、同第三章「古代史料にみる雷神の示現と神異」参照。

(34) 建邦神とは判然としないが、「日本の建国神で、のちに天之御中主神や国常立尊以下の人格神観念が形成される以前のかなり漠然とした創生神の観念とみるべきであろうか」(『日本書紀』上〈日本古典文学大系、岩波書店、一九七六年〉一一五頁頭注二九)という説に従い、古い王権神とみておきたい。なお、建邦神については、百済の建国神とみる石田一良氏の説(「建邦の神」〈『カミと日本文化』ぺりかん社、一九八三年〉)もあったが、やはり日本の神とする関晃氏の説(「『建邦の神』について」〈『関晃著作集』五、吉川弘文館、一九九七年〉)に従うべきであろう。

(35) 天孫降臨以前の葦原中国に関しては、『古事記』上に、アマテラス・タカミムスヒが国譲りの使者アメノワカヒコに「汝所以使葦原中国者、言趣和其国之荒振神等之者也」と詔していることと同じであろう。なお、『日本書紀』神武即位前紀戊午年六月丁巳条に、熊野の高倉下の夢にアマテラスがタケミカヅチに向かって「夫葦原中国猶聞喧擾之響焉(注略)宜汝更往而征之」とあること(『古事記』中〈神武〉ではアマテラスとタカギノカミがタケミカヅチに詔を下したことになっているが、詔そのものは『日本書紀』とほぼ同じである)も同類といえる。

(36) 武田比呂男「仏像の霊異」(『日本文学』四五―五、一九九六年)一五頁。

(37) 山田直巳「始原世界を形成する『目』と『耳』の象徴」(『古代文学の主題と構想』おうふう、二〇〇〇年)。

(38) 『万葉集』には「言問はぬ　木すらあぢさゐ　諸弟らが　練のむらどに　詐かれけり」(四―七七三)をはじめ、〈言問はぬ木〉という歌の例が他に六首もあるので、〈言問う草木〉の信仰は、『万葉集』にそのまま継承されたわけではなかったらしい。これは、

〈言問う草木〉という「神話的思惟とは隔離してしまっている」（山田、前掲註〈37〉一二六頁）といえようが、その背景や要因等、なお今後の検討に委ねたい。

第三章　古代史料にみる雷神の示現と神異

一　はじめに

古代の雷神については、性格や形姿に関して、これまでも数多くの研究がなされている。[1]その結果、雷神の神格は水神であり、形姿は刀剣・蛇であり、時に小童として立ち現れていたことなどが解明されてきた。また、雷の古訓にイナビカリ・イナツルビ・イナヅマとある(『和名抄』)ように稲の穂孕みを助ける働きがあったことも知られている。

卑見が右の見解に付け加えるところはない。むしろ本章の前提としたい。そして、その上で雷神の示現と神異という点から、古代の雷神を改めて考察してみたいと思う。そのさい、注目したいのは、本書の序章「問題の所在」で紹介したところであるが、益田勝実氏が「神は必ずふしぎさ、奇しさを顕わしてわたくしたちの世界に来ます[2]」と指摘されていた点である。繰り返すことになるが、益田氏の指摘は古代の人々と神、自然との関係を考える上できわめて重要である。本章では益田説を手がかりに雷神の不思議に迫ってみたいと思う。これから述べるところは、ある意味で当たり前のことに属することかもしれない。しかし、古代史料にみる雷神の不思議を読み解くことで、古代の人々の心性を明らかにできるのではないかと考えている。

二　雷神の示現

1　光（稲妻・稲光）

古代史料――本章では『古事記』『日本書紀』『風土記』『万葉集』などを中心とする――には雷神の示現（落雷）を語る記事が散見している。その中に雷神の示現にあたっての光（稲妻・稲光）と音（雷鳴）に関する記述があり、時に大雨（雷雨）のことも記されていた。いうまでもなく、雷神は光や音、あるいは大雨とともに示現していたのである。ここでは史料に即してその点を確認していくことからはじめたい。

①于時、神光照レ海、忽然有二浮来者一。……対曰、吾欲レ住二於日本国之三諸山一。故即営二宮彼処一、使二就而居一。此大三輪之神也。

（『日本書紀』神代第八段第六の一書）

②時有二天石窟所住神、稜威雄走神之子甕速日神、甕速日神之子甕速日神、甕速日神之子武甕槌神一。此神進曰、豈唯経津主神独為二大夫一、而吾非二大夫一者哉。……

（『日本書紀』神代第九段本文）

③時味耜高彦根神光儀華艶、映二于二丘二谷之間一。故喪会者歌之曰、或云、味耜高彦根神之妹下照媛、欲レ令下衆人知中映二丘谷一者、是味耜高彦根神上。……

（『日本書紀』神代第九段第一の一書）

④天皇詔二少子部連蜾蠃一曰、朕欲レ見二三諸岳神之形一。（注略）汝膂力過レ人。自行捉取。蜾蠃答曰、試往捉之。乃登二三諸岳一、捉二取大蛇一。奉レ示二天皇一。々々不二斎戒一。其雷虺々、目精赫々。天皇畏、蔽レ目不レ見、却二入殿中一。使レ放二於岳一。……

（『日本書紀』雄略七年七月丙子条）

⑤（小子部栖軽）走還時、豊浦寺与二飯岡一間、鳴雷落在。栖軽見之呼二神司一、入二轝籠一而持二向於大宮一、奏二天皇一言、

雷神奉レ請。時雷放レ光明炫。天皇見之恐、偉進二幣帛一、令レ返二落処一者。……
（『日本霊異記』上—一）

①から⑤は、いずれも雷神の稲妻・稲光関係の史料である。①は『古事記』上にも同様の伝承があるが、オホナムチの国作りのさいに三輪山の神（オホモノヌシ）が「神光照レ海」来臨したという。神の示現にさいして光が発せられるのは雷神に限られたことではないが、[3] オホモノヌシは蛇神・雷神であることからも、「神光」は稲妻と解してよいのではないだろうか。

②は、国譲り神話の一節で、タケミカヅチは自らも「大夫」として国譲りの使者に加えられることを要求したとある。タケミカヅチの祖である「稜威雄走神」とは、『古事記』上には「伊都之尾羽張」とあったが、神名の原型は「ヲハシリ」であり、名義は刀剣ないし雷の閃光が光る意とみられる。[4] 子孫のタケミカヅチが雷神・刀剣神であることから、「稜威雄走神」も雷神と解してよいだろう。

③も国譲り神話で、『古事記』上に同様な神話がみえるが、アメノワカヒコの葬儀に来たアヂスキタカヒコネはアメノワカヒコの妻子に死人と誤られたことを怒り、十握剣を抜いて喪屋を倒したとあり、その後に③の文章が続く。『古事記』上にアヂスキタカヒコネが十握剣で喪屋を倒し「以レ足蹶離遣」とあったことなどからも、同神は雷神としての性格をもっていたのであろう。[5] とすれば、③のアヂスキタカヒコネの姿が「光儀華艶」で「二丘二谷之間」に映えたというのは稲妻の光る様子とみられる。

④は、雄略天皇が少子部連蜾蠃に「三諸岳」の神（オホモノヌシ）を捉えてくるように命じたのに対し、蜾蠃は大蛇を捕まえて天皇にみせたという話で、雷は「虺々、目精赫々」という状態であったので、天皇は目を覆って殿中に隠れたとある。これも稲妻を表していよう。とくに「虺々」はもともと雷の音を表す語であったが、『日本書紀』の古訓では「ヒカリヒロメク」という稲妻の様子を視覚的に表す読みが付されているのである。[6]

⑤も④と同じく小子部栖軽の話で、栖軽は天皇の命を受けて「豊浦寺」と「飯岡」の間に落ちた雷を「大宮」に運んだ。時に、雷は「放レ光明炫」とあるが、これもやはり稲妻のことであろう。天皇はたくさんの幣帛を奉り、雷の落ちたところ（「雷崗」）に返したとある。以上が雷神の示現に光（稲妻）が伴っていたことを記述している諸例である。

2　音（雷鳴）

⑥燭二一火一入見之時、宇士多加礼許呂々岐弖、（注略）於レ頭者大雷居、於レ胸者火雷居、於レ腹者黒雷居、於レ陰者析雷居、於二左手一者若雷居、於二右手一者土雷居、於二左足一者鳴雷居、於二右足一者伏雷居、并八雷神成居。

（『古事記』上）

⑦うまこり　あやにともしく　鳴る神の　音のみ聞きし　み吉野の　真木立つ山ゆ　見下ろせば……

（『万葉集』六―九一三）

⑧天地の　神はなかれや　愛しき　我が妻離る　光る神　鳴りはた娘子　携はり　共にあらむと　思ひしに　心違ひぬ……

（『万葉集』一九―四二三六）

⑨天平勝宝九年六月卅日沙弥道行……是時也、山頭雲起、谷中雷鳴、四方相驚、激二撃硡礚一、手足無レ知レ所レ措。……敬欲レ奉二写大般若経六百巻一、此レ如誓畢、雷電輟レ響、道行忽蒙二威力一、……

（『道行知識経』）

⑩河内国言、泉郡茅渟海中、有二梵音一。震響若二雷声一。……

（『日本書紀』欽明十四年五月戊辰朔条）

⑪有レ星隕二西南一。其声如レ雷。

（『続日本紀』宝亀二年〈七七一〉十一月辛亥条）

⑫……鼓の音は　雷の　声と聞くまで　吹き鳴せる　小角の音も（注略）あたみたる　虎か吼ゆると　諸人の　お

びゆるまでに……　（『万葉集』二―一九九）

⑬雷のごと　聞こゆる滝の　白波の　面知る君が　見えぬこのころ　（『万葉集』一二―三〇一五）

⑭大宰府言、去三月四日戌時、当二大隅国贈於郡曽乃峯上一、火炎大熾、響如二雷動一。

（『続日本紀』延暦七年〈七八八〉七月己酉条）

⑮地動、有レ声、如レ雷。　（『類聚国史』天長四年〈八二七〉八月癸卯条）

⑯是日。宮城坤角垣瓦無レ故頽落。其響如レ雷。　（『続日本後紀』承和十五年〈八四八〉二月丙辰条）

⑥⑦⑧⑨は、雷神の示現の音（光）に関する史料である。このうち、⑥には、黄泉国を訪問したイザナキがイザナミの戻るのを待つ間、櫛の歯に火を灯すとイザナミの体に蛆が集まって、大雷・火雷・黒雷・析雷・若雷・土雷・鳴雷・伏雷の八雷神が生まれていたとある。この中の鳴雷・析雷は音に基づく名称であろう。

次の⑦の「鳴る神の」が「音」にかかる枕詞であり（他に『万葉集』七―一〇九二、一一―二六五八も同じ）、⑧も枕詞の「光る神　鳴り」が「はた娘子」（「はた」は雷の激しい音）にかかる。雷神と光・音が密接な関係にあったことが⑦⑧の枕詞成立の背景にあったことは間違いあるまい。

⑨は、三重県青山町の常楽寺に伝来した『大般若経』巻九一の跋語で、(7) 天平勝宝九年（七五七）六月三十日に沙弥道行が一人で山中修行していた時、雷鳴（「硠礚」）があり「手足無レ知レ所レ措」という状態であったのを、道行が大般若経書写を誓願したところ「雷電輟レ響」とある。山中での雷鳴のすさまじさが窺える史料といえよう。

⑩から⑯は、直接、雷神の示現を表している史料ではないが、雷の音と対比されている諸現象の例である。⑩は、河内国が奏上するに「茅渟海」（和泉灘）に「梵音」があり、「若二雷声一」とあった。同様な伝承は『日本霊異記』上―五にもあり、そこでは「如二笛箏琴箜篌等声一。或如二雷振動一」で、実際は「当二霹靂一之楠」であったとする。⑪は、

隕石が落ちたという記事で、「隕石は衝撃波を発生したり、大爆発をするため、音響が数十キロメートル四方に及ぶことがある」[8]といわれている。⑫は、柿本人麻呂が壬申の乱での大海人皇子方の軍勢の「鼓の音」を「雷の　声と聞くまで」と歌ったもの。⑬は滝、⑭は霧島山の噴火（噴火に伴う火山雷の可能性もある）、⑮は地震、⑯は平安宮の瓦の頽落した音がいずれも雷の音と対比されているのである。このように雷には自然界で最大級の音があり、前述の光（稲妻）とあわせて、古代の人々は雷神の示現を実感していたはずである。

『延喜式』九・一〇（神名式上・下）には、雷神を祭神としたと推定される神社名が少なくない。その中でも雷神の光と音という観点から見直すと、鳴雷神社（宮内省主水司、大和国添上郡）、走田神社（山城国乙訓郡、丹波国桑田郡）、気吹雷響雷吉野大国栖御魂神社（大和国高市郡）、火雷神社（和泉国大鳥郡）、火走神社（和泉国日根郡）、止杼侶支比売命神社[9]（摂津国住吉郡）、走落神社（摂津国嶋下郡、近江国伊香郡）、鳴神社（紀伊国名草郡）などがあげられる。これらの神社名は雷神示現のさいの光や音を表しているのであろう。

3　大雨（雷雨）

雷神の示現のさいには大雨（雷雨）を伴うこともあった。雷とともに急に降り出す雨も神異の一つとみられていたのであろう。ただし、大雨を示す史料は光や音の事例と比べてもさして多くない。

⑰於是、聞三近江五十葺山有二荒神一、即解レ剣置二於宮簀媛家一、而徒行之。至二膽吹山一、々神化二大蛇一当レ道。爰日本武尊、不レ知二主神化レ蛇之謂、是大蛇必荒神之使也。既得レ殺二主神一、其使者豈足レ求乎。因跨レ蛇猶行。時山神之興レ雲零レ氷。峯霧谷曀、無二復可レ行之路一。……

（『日本書紀』景行四十年是歳条）

⑱遣二河辺臣欠レ名。於安芸国一、令レ造レ舶。至レ山覓二舶材一。便得二好材一、以将レ伐。時有レ人曰、霹靂木也。不レ可レ伐。河

辺臣曰、其雖二雷神一、豈逆二皇命一耶。多祭二幣帛一、遣二人夫一令レ伐。則大雨雷電之。爰河辺臣案レ剣曰、雷神無レ犯二人夫一。当傷二我身一、而仰待之。雖二十余霹靂一、不レ得レ犯二河辺臣一。即化二少魚一、以挟二樹枝一。即取レ魚焚之。遂修二理其舶一。

（『日本書紀』推古二十六年〈六一八〉是年条）

⑰は、ヤマトタケルが伊吹山に向かったさい、「山神」の化身である「大蛇」（『古事記』は「白猪」）に遭遇した。タケルは「大蛇」を「荒神之使」とみて「跨レ蛇」で進むと、「山神」は「興レ雲零レ氷」（『古事記』は「零二大氷雨一」）とある。伊吹山の神は、その姿形が「大蛇」であったことからすれば、雷神の性格ももっていたのであろう。その示現にあたって「興レ雲零レ氷」、「大氷雨」によってタケルを惑わしたことになる。『藤氏家伝』下には、伊吹山に登ろうとした藤原武智麻呂に、「土人」は「入二此山一、疾風雷雨、雲霧晦暝、群蜂飛螫」として、ヤマトタケルが害された故事をあげたのに対して、武智麻呂は神の妨害を受けることなく、登頂、下山したという話を載せている。

⑱は、天皇の命によって河辺臣が安芸国で造船に利用するべく、多くの「幣帛」を準備して「霹靂木」を人夫に伐らせようとしたところ、「大雨雷電之」。そこで、河辺臣は「雷神無レ犯二人夫一。当傷二我身一」というと、落雷はあったが、河辺臣は無事であった。逆に雷神は小さな魚になって樹の枝に挟まり、焼かれてしまった。それで遂に船を造ることができたとある。

このように雷神の示現は、大雨によっても感知されていたはずである。雨の音、激しさ、冷たさを雷神の仕業と古代の人々は考えたのであろう。

4　雷神像

ところで、古代から中世の図像の中に雷神像があった。そこでは、光と音による雷神の示現が的確に表現されてい

図6　家屋文鏡図

た。その事例をあげよう。

まず、奈良県佐味田宝塚古墳出土の家屋文鏡（四世紀後半）には稲妻が確認できる（[図6]）[10]。その稲妻の中に神と思しき像があることを指摘する説[11]がある。これが神像だとすれば、日本での最古の雷神の像ということになる。第二は、七世紀半ばに唐で制作され、遣唐使によって日本にもたらされた後、奈良時代に書写されたという『絵因果経』（醍醐寺本、出光美術館本）の雷神像[12]である。ここには鬼のような姿をした雷神が連鼓とともに描かれている。「鬼形連鼓」という姿が中国の伝統的な雷神像であり、それが遅くとも八世紀には日本に伝来していたことになろう。第三は、永久五年（一一一七）と元永二年（一一一九）の奥書をもつ『金銀字一切経』で、その巻二五の見返絵（高野山霊宝館蔵）の雷神は雲にのる「鬼形連鼓」の像であった[13]。第四は、仁平二年（一一五二）制作とされる『扇面法華経』（四天王寺蔵）である[14]。ここにも連鼓をもつ赤鬼のような雷神が出てくるが、赤鬼は鉢巻をして子供のような顔立ちをしている。この赤鬼は中国の雷神像の影響を受けつつも、なお古い小童の姿を留めているといえるかもしれない[15]。第五は、十二世紀中頃の『金光明最勝王経金字宝塔曼荼羅図』（中尊寺大長寿院蔵）の巻一序品、巻七如意宝持品の雷神像[16]で、これも「鬼形連鼓」の姿である。第六は、北野天満宮蔵の『北野天神縁起絵巻』巻五・六（承久本）で、黒雲の中、稲妻を発する「鬼形連鼓」の雷神像が描かれている（[図9]〈本書二九〇頁〉）ことは周知の通りであろう。

以上の雷神の図像例[17]はけっして多いというわけではないが、ここから次の二点が指摘されよう。一つは、日本古代の雷神の小童などの姿形が時代の経過とともに次第に中国式の鬼形に変容していった様子が観察できるのではないか。もう一つは、当該図像には稲妻や連鼓の描写がなされ、雷の光や音への関心の強さが読み取れることである。このうち、後者は、先に史料に基づいて述べた、光や音とともに示現する雷神という点とも一致するところであったことはいうまでもない。

三　古代東国における雷神の神異伝承

雷神の神異を語る古代伝承は少なくない。本章では古代東国の雷神伝承の中から、雷神の不思議の具体相を取り上げてみたい。

⑲茨城里。自㆑此以北、高丘。名曰㆓晡時臥之山㆒。古老曰、有㆓兄妹二人㆒。兄名努賀毗古、妹名努賀毗咩。時妹在㆑室、有㆑人、不㆑知㆓姓名㆒。常就求婚、夜来昼去。遂成㆓夫婦㆒、[a]一夕懐妊。至㆓可㆑産月㆒、終生㆓小蛇㆒。[b]明若㆑無㆑言、闇与㆑母語。於㆑是、母伯驚奇、心挟㆓神子㆒。即盛㆓浄杯㆒、設㆑壇安置。[c]一夜之間、已満㆓杯中㆒。更易㆑瓮而置之、亦満㆓瓮内㆒。如㆑此三四、不㆑敢㆑用㆑器。母告㆑子云、量㆓汝器宇㆒、自知㆓神子㆒。我属之勢、不㆑可㆓養長㆒。宜㆑従㆓父所㆒㆑在。不㆑合㆑有㆑此者。時子哀泣、拭㆑面答云、謹承㆓母命㆒。無㆓敢所㆒㆑辞。然、一身独去、無㆓人共右㆒。望請、矜副㆓一小子㆒。母云、我家所㆑有、母与㆓伯父㆒。是亦、汝明所㆑知。当㆑無㆔人可㆓相従㆒。爰、子含㆑恨而、事不㆑吐之。臨㆓決別時㆒、不㆑勝㆓怒怨㆒、[d]震㆓殺伯父㆒而昇㆑天。時母驚動、取㆑瓫投之、触㆑子不㆑得㆑昇。因留㆓此峰㆒。所㆑盛瓮・甕、今存㆓片岡之村㆒。其子孫、立㆑社致㆑祭、相続不㆑絶。

（『常陸国風土記』那賀郡条）

⑲の晡時臥山伝承[18]とは、ヌカヒメが夜に来訪する男性によって懐妊し、小蛇を生んだ。蛇は伯父のヌカヒコと母の

ヌカヒメに様々な神異を現す。そこで、ヌカヒメは蛇を養育できないとして、蛇に父のいるところにいくよう求めた。それに対して、蛇は「一小子」を付き添わせて欲しいと願うが、ヌカヒメは貧しさからこれを拒否する。ために蛇は恨み、昇天するさいにヌカヒコを殺すが、ヌカヒメが「盆」を取って投げつけたので、蛇は天に昇ることができず、「峰」（晡時臥山という神体山）に留まった。「子孫」が「社」を立てて祭りを続けている、というもの。

当該伝承から、蛇神・雷神をめぐる四つの不思議を読み取ることができる。第一は、傍線部aの、ヌカヒメが姓名もわからぬ男性によって「一夕懐妊。……終生二小蛇一」という件である。この一夕孕みが神婚儀礼に基づくことについては数多くの指摘があり(19)、原型は祭日の夜に神が巫女（ヌカヒメ）のもとに来訪して（「夜来昼去」）神の子が誕生するという内容であったと推測される。それが⑲では、神婚儀礼の後退が原因であると思われるが、男性は「常就求婚、……遂成二夫婦一」、ヌカヒメも「至二可レ産月一」小蛇を生んだとあり、一夜孕みとはいわば矛盾した形で伝承されているのである。しかし、本来の形に立ち返ってみると、「一夕懐妊」とは、一夜孕みの後、直ちに神の子が生まれるという神異であったとみられよう。

bの、小蛇は誕生後、昼間は沈黙しているものの、夜になると母と語るという点も神異で、これによって「母伯驚奇、心挟二神子一」とあった。そもそも〈百鬼夜行〉の語の通り、夜は鬼や神といった異類異形のものが活動する時間帯であった(20)。小蛇が母と会話するのが夜に限られていたというのも、小蛇が「神子」であったからに他ならない。現に⑲にも母と伯父は心の中でそのように思ったとある。

ヌカヒコ・ヌカヒメは小蛇を浄き杯に盛り祭壇に安置すると、一夜のうちに蛇は杯の中に一杯になる（c）。杯を瓮に替えても蛇の成長は止まらず、このようなことが三・四度におよんだ。ここに母は「自知二神子一」とあった。この蛇の異常成長という神異が夜であったことはa・bと同じである。また、⑲に明記されているわけではないが、前夜の小蛇が杯や瓮・甕の中で一晩のうちに大きくなり、早朝、それを母が発見して驚嘆するという事情があったのではないだろうか。それに関してはaの一夜孕みも同じで、突発的な神異の発現は、まさに神の不思議として早朝に人々に受け止められていたように思われる。かかる点から、朝は、人々が神業を目撃する有力な時間帯であったとみられるのである。

神の不思議のdをめぐって。⑲の「神子」は蛇神であったが、ヌカヒコを「震殺」して天に昇ったという件からすると、「神子」は単なる蛇神ではなく、雷神でもあったことが知られる。強烈な光や音を伴う落雷は、神の示現そのものであったが、時にそれが人の死を招いたことは、『常陸国風土記』逸文、伊福部岳条にもみられる。すなわち、兄妹が田植えを競争し、妹がそれに負けるが、「其ノ時、イカヅチナリテ妹ヲケコロシツ」。それに対して、兄が雷のいる伊福部岳に登り「神雷」を懲らしめるという話である。落雷による人の急死に人々は神の威力を実感したに違いない。(21) ⑲に「母驚動」とあった通りであろう。しかも、それは突発的な出来事であったことも看過できないところである。

神の示現や神異が突発的なことであったという点については、すでに先学に指摘がある。たとえば、中村生雄氏が「祟り神の本質は、災厄などそれがおよぼす効果にあるのではなく、その出現の形式じたいにあると考えるべきで、その出現形式の最大の特徴は、人間の側の予測を越えた突発性ということに求めるべきではないだろうか(22)」とし、最近では、菅野覚明氏が「私たちは、普段、そうした見慣れた日常を、あらためてそれが何であるか問うことはない。しかし、神はある日突然に出現する。景色は一変し、私たちの生は動揺する。一変した風景が元に戻り、私たちが『記憶と常識』とを回復するまでの時間こそが、私たちの神の体験である(23)」と述べられている。突発的な神々の示現としては⑲dの落雷—死が典型的な例(24)であるが、本章で取り上げた史料の中でも、①にオホモノヌシが「忽然」来臨したとあり、後掲の㉖cに「忽有二湧泉一。自然奔出。……」とあるのも、その例に含められよう。また、それと同時に⑲a・cのごとく、早朝に神の不思議が人々に察知されることも、神異の突発性という点で共通するのではないだろうか。[25]

⑳年別七月、造レ舟而奉二納津宮一。古老曰、倭武天皇之世、天之大神、宣二中臣臣狭山命一、今、社御舟者。臣狭山命答曰、謹承二大命一。無二敢所一レ辞。天之大神、昧爽後宣、汝舟者、置二於海中一。舟主仍見、在二岡上一。又宣、汝舟者、置二於岡上一也。舟主因求、更在二海中一。如レ此之事、已非二二三一。爰則懼惶、新令レ造二舟三隻、各長二丈余一、初献之。

（『常陸国風土記』香島郡条）

⑳は、毎年七月に舟を「津宮」に奉納する起源伝承。すなわち、「倭武天皇之世」に「天之大神」が「中臣臣狭山命」に「社御舟」を奉納するよう命じたところ、「天之大神」はその舟に神異を現出させてみせたという。この伝承の中の「天之大神」とは、鹿嶋神宮の祭神タケミカヅチで、同神は、東国鎮守の神として畿内から勧請された王権神であり、[26]神格は刀剣神・雷神であった。⑳にはタケミカヅチをめぐる神異として、「天之大神」が「臣狭山命」に「汝舟者、置二於海中一」と宣したところ、「舟主」（臣狭山命）はそれを岡の上で見出す。次に「天之大神」が「汝舟者、置二於岡上一也」と宣すると、舟は海中にある。このようなことが何度か繰り返されたとある。このことにより、「舟主」は「懼惶」、舟三隻を新造して津の宮に献上したという。「天之大神」は「舟主」の舟を海中と岡の上との間に自在に動かすという怪力ぶりを示したが、おそらく、舟は夜のうちに移動したのではあるまいか。また、「舟主」が神異に気づくのは「昧爽後」であったろう。これからすれば、⑳の舟をめぐる不思議もやはり、夜明け後の突然のことと「舟主」に驚きをもって受け止められた可能性が高いのである。[27]

㉑是以、此二神、降二到出雲国伊耶佐之小浜一而、（注略）抜二十掬剣一、逆刺二立于浪穂一、趺二坐其剣前一、問二其大国主

神一言、……

（『古事記』上）

㉒二神、於是、降三到出雲国五十田狭之小汀一、則抜二十握剣一、倒植二於地一、踞二其鋒端一、而問二大己貴神一曰、……

（『日本書紀』神代第九段本文）

㉓明旦、依二夢中教一、開レ庫視之、果有二落剣一、倒立二於庫底板一。即取以進之。于時、天皇、適寐。忽然而寤之曰、予何長三眠若此一乎。

（『日本書紀』神武即位前紀戊午年六月条）

タケミカヅチ関係の神異伝承は㉑㉒㉓にもある。㉑は、『古事記』の国譲り神話で、国譲りの使者としてタケミカヅチとアメノトリフネが出雲国伊耶佐の小浜に降り、浪の上に十掬剣を突き立て、剣の先に二神があぐらをかいて座り、大国主神に国譲りの談判をするというもの。『日本書紀』の㉒の方は、アメノトリフネに代わってフツヌシが登場すること、十握剣が五十田狭の小汀の地面に突き立てられていたことの二点が㉑との相違であるが、剣先に神が坐すという点では同じである。この神々の所作について、近藤喜博氏は、『信西古楽図』(28)の「臥剣上舞」（図7）のような渡来系の軽業的呪術が日本に伝来していたことを想定されたが(29)、ここは益田氏が指摘されている通り、神の不思議な行為として、「どうしても日常的事実としては証明し尽くせないところの、あやしの構想であることを、まず肯定し

図7 『信西古楽図』より

てかかった方がよい(30)」のであろう。しかも、タケミカヅチ関連の、倒立する剣の伝承は㉓にもみられる。

㉓は、神武天皇一行が熊野の悪神の毒気にあたって倒れてしまったところ、高倉下の夢の通り、タケミカヅチが天から下ろしたフツノミタマが庫の底板に逆さまに突き立っており、それによって神武が忽然と眠りからさめたという話である。これも「明旦」に倒立した剣を庫の中で高倉下が発見するという神異伝承であった(31)。

なお、『古事記』中（神武）にも、高倉下は夢の中で「降二此刀一状者、穿二高倉下之倉頂一、自レ其堕入。故、阿佐米余玖（注略）汝取持献二天神御子一。故、如二夢教一而、旦見二己倉一者、信有二横刀一。故、以二是横刀一而献耳」とある。横刀が倉の中で倒立していたとまでは記されていないが、高倉下が「阿佐米余玖」（「朝という刻限における前兆を問う習俗(32)」）、「旦」に横刀を見出したという点は看過できない。これも神異伝承の特徴をもつといえるからである。

このようなタケミカヅチをめぐる神異に比較されるのが上野国甘楽郡の貫前（抜鋒）神社の例であろう。貫前神社の地は、周辺に物部氏が広範に分布していることからも倭王権の上毛野地域支配の前線基地であり、同社の祭神は倭王権によって奉斎されたフツヌシであったとみられている(33)。その点で興味深いのは、貫前神社に関する近藤氏の以下の指摘である。すなわち、「その抜鋒の神名の如くに、貫前神社本殿の心御柱には、御剣が剣尖を上にして縛りつけられておる。……（御剣は）江戸初期の作刀であるけれども、拓本によると恐らく古い姿を写して作刀したと思うに充分な姿を示している(34)」と。近藤氏の指摘の通り、心御柱に御剣が剣先を上にして括りつけられている形から、神社名のヌキサキ（刀を抜く意）が生まれた可能性があろう。もちろん、貫前神社の御剣がどこまで古く遡るのかという問題も残るが、国譲りの神話や神武記紀の伝承を髣髴とさせるのではなかろうか。

㉔粒丘。所三以号二粒丘一者、天日槍命、従二韓国一度来、到二於宇頭川底一、而乞二宿処於葦原志挙乎命一曰、汝為二国主一。欲レ得二吾所レ宿之処一。志挙、即許二海中一。爾時、客神、以レ剣攪二海水一而宿之。主神、即畏二客神之盛行一、而先欲レ

占レ国、巡上到ニ於粒丘一、而湌之。於レ此、自レ口粒レ落。故号ニ粒丘一。

（『播磨国風土記』揖保郡条）

この話は、アメノヒボコとアシハラシコヲが土地占めを争ったというもので、アシハラシコヲはヒボコ（「客神」）の盛んなる力を畏怖して、「粒丘」に先に到達して食事をした。その時、アシハラシコヲの口から飯粒が落ちたので「粒丘」と名づけたという。アメノヒボコの傍線部の行為については、国譲り神話のタケミカヅチ同様、剣を浪の上に逆さまに立て、その剣先に坐したとみる説(35)がある。それに対して、「濃度の高い塩水を作り、釜で煮て製塩する作業が、凝り固まる島の話の発想源であろう」として製塩作業をモデルにアメノヒボコが海水の中に小島を作ったとみる説(36)もある。両説のどちらを是とするか判断しえないが、アシハラシコヲが「畏ニ客神之盛行一」とあることからすれば、アメノヒボコの行為を神異として受け止めていたことは疑いあるまい(37)。

それとともに注目したいのは、㉑㉒㉓の神異と㉔にみえるそれとの異質性である。それは神異の発揮された場と機能の相違である。㉑㉒では高天原側が出雲側と国譲りの交渉をする最後の場面で、㉓では神武が危急に陥り大和入りが困難な局面で、タケミカヅチやタケミカヅチが下した剣が、高天原側や神武側に立って神異を現したというものである(38)。一方、アメノヒボコの神異は内容がどのように理解されようとも、アシハラシコヲとの局地的な土地占め争いの場でのものに過ぎなかった。ここにタケミカヅチの神異の、より高度な政治性が窺えよう。タケミカヅチは刀剣神・雷神であるが、地域の雷神信仰とは明らかに異質であり、王権神として倭王権の側に立って活躍する神であったことが改めて想起される。要するに、⑲以下の古代の雷神の神異伝承をすべて一括りにすべきではないのであって、その内容や意義は神異が発現する場や機能の面において多様であったことに留意したい。

ところで、鹿嶋神宮にまつられたタケミカヅチは、八世紀に入ると蝦夷征討の武神としての役割を担うようになる。征夷軍がタケミカヅチを奉じて蝦夷と戦ったのも、『古事記』『日本書紀』の神話で同神が高天原や神武側に立って相手を屈服させたという神異伝承（㉑㉒㉓）に基づくからであろう。これによって陸奥国内に鹿嶋の苗裔神が数多く勧請されていた（『類聚三代格』貞観八年〈八六六〉正月二十日太政官符、『延喜式』一〇）ことはよく知られているところであろう。[39]

㉕陸奥国言、祈二禱鹿嶋神一、討二撥兇賊一、神験非レ虚。望賽二位封一。勅、奉レ授二勲五等封二戸一。

（『続日本紀』延暦元年〈七八二〉五月壬寅条）

右は、陸奥国内に勧請されていた鹿嶋神（所在の郡名等は不明）が「兇賊」を討つのに「神験」があったので、勲位と封戸が授けられた記事である。ここからも鹿嶋神が単なる刀剣神・雷神としてではなく、王権神として征夷軍の中心にあったことが推測されようが、本章で指摘したいのは、征夷軍に加わっていたのは、鹿嶋神だけではなかったという点である。これには左記の史料が手がかりになろう。

㉖詔。以二武蔵国奈良神一列二於官社一。先レ是。彼国奏請。検二古記一。慶雲二年[a]此神放レ火如二火熾一。然其後。[b]陸奥夷虜反乱。国発二控弦一。赴二救陸奥一。軍士載二此神霊一。奉以撃レ之。所レ向無レ前。老弱在レ行。免二於死傷一。和銅四年神社之中。[c]忽有二湧泉一。自然奔出。灌二田六百余町一。[d]民有二疫癘一。禱而癒。人命所レ繫不レ可レ不レ祟。従レ之。

（『文徳実録』嘉祥三年〈八五〇〉五月丙申条）

㉖に引かれた「古記」からは武蔵国の奈良神をめぐる神異の数々（a〜d）が知られる。a慶雲二年（七〇五）に火を盛んに放ったことと、c和銅四年（七一一）に急に湧泉があったことからすれば、奈良神は、少なくとも雷神の性格ももっていたらしいが、ここでとくに取り上げたいのは、bの部分である。bが慶雲二年と和銅四年の間に書かれていることからすれば、和銅二年三月六日から同年八月五日の征夷の戦争に関する神異であったとみられる。この時の征夷軍は遠江・駿河・甲斐・信濃・上野・越前・越中等の国々から徴発された（『続日本紀』和銅二年三月壬戌条）

が、㉖からして武蔵国にも軍事動員命令がかかったであろうことは疑いない。「軍士」は「神霊」（奈良神）を奉じて戦場に赴いたため、向かうところ敵なしで死傷を免れたとある。これも神の不思議の一つであろうが、注意すべきは、奈良神の神異がおよんだ範囲としては同神を奉じた「軍士」に限られていたのではないかという点である。征夷軍全体としては鹿嶋神のもとに戦ったのであろうが、奈良神はその配下の軍神として一定の神異を現出させていたのであろう。とすれば、征夷軍に従軍した神々が奈良神に限られなかったであろうことも想像に難くない。それを直接に物語る史料は乏しいが、東国における神勲を賜与された神社例にその可能性を求めたい。古代に勲位を賜与された神社を広く分析された渡辺直彦氏によると、東国の場合、勲位加転の時期が宝亀から延暦年間であり、その理由は征夷祈願による報賽であったと指摘されている(40)。東国の帯勲神社の神々のすべてが征夷軍に参加したとまではいいきれないとしても、中には奈良神のごとく出征した神々も存在したのではないだろうか。そして、そのさいには、必ずやタケミカヅチとは上下関係を形成していたと考えるべきであろう。ここにも鹿嶋神の特異性が浮かび上がってくるはずである。

四　おわりに

最後に本章の考察結果をまとめておく。

1、雷神の示現や神異にあたっては形姿ばかりではなく、光、音あるいは大雨をもって立ち現れていたことにも注意される。強烈な光、音、降雨は雷神の不思議であった。これを別言すれば、雷神は人間の視覚や聴覚（触覚）に訴える形で示現していたということになろう。

2、古代東国の伝承から、雷神の神異とは突発的に起こるものであり、それによって人々を驚嘆させるという関係が確認される。また、夜中における神の活動の形跡を早朝に人々が発見することがあり、その場合の不思議も突発的な神の行為として受け止められていたと推測される。

3、同じく東国の伝承から、雷神の神異には一夜孕み、異常成長、震殺、軍士の守護、泉の湧出など多様であった（前掲史料⑲㉖）が、タケミカヅチの神異に関しては、地域の雷神の神異と共通するところがある（⑳）一方で、王権神として神異を発揮しており（㉑㉒㉓㉕）、その点では地域の雷神信仰とは明らかに区別される面をもっていた。

註

（1）中山太郎「雷神の研究」（『日本民俗学』一、大和書房、一九六七年）、神田秀夫「神の映像」（『神道学』二三、一九五九年）、次田真幸「日本神話にあらわれた雷神と蛇神」（『日本神話』有精堂出版、一九七〇年）、山上伊豆母「味耜高彦根神と神戸剣」（『日本神話』II、有精堂出版、一九七七年）、森正人「童形の雷神」（『説話文学研究』三〇、一九九五年）、戸谷高明「気象拾遺」（『万葉景物論』新典社、二〇〇〇年）一六九～一八二頁、青柳智之『雷の民俗』（大河書房、二〇〇七年）など参照。

（2）益田勝実「日本の神話的想像力」（『秘儀の島』筑摩書房、一九七六年）一二九～一三〇頁。

（3）神の示現にさいして光が発せられる例は少なくない。この点については、本書第II部第四章「古代の神々と光」で論じている。

（4）『日本書紀』上（日本古典文学大系、岩波書店、一九六七年）一三八～一三九頁。

（5）山上、前掲註（1）。

（6）佐佐木隆『伝承と言語』（ひつじ書房、一九九五年）二四五～二四九頁。

（7）大西源一「伊勢種生の大般若経」（『大和文化研究』四―一、一九五六年）、岡田精司「古代における伊勢神宮の性格」（『古代祭祀の史的研究』塙書房、一九九二年）三三〇～三三四頁。

（8）『続日本紀』四（新日本古典文学大系、岩波書店、一九九五年）三五九頁。

（9）〈トドロキ〉という名称は、すべて雷の音に由来するというわけではない。水の流れ（滝）とかかわる例もある。たとえば、『出雲国風土記』大原郡条の「等等呂吉社」はその一例であろう（関和彦『『出雲国風土記』註論』〈明石書店、二〇〇六年〉一二〇三

〜一二〇四頁)。一方、『日本書紀』神功摂政前紀の「迹驚(トドロキ)岡」は「大磐」が塞がっていたのを「雷電霹靂」して磐が裂けて「儺河水」が通ったとある。この場合は、落雷と関係する〈トドロキ〉であろう。

(10) 家屋文鏡の図は、辰巳和弘『埴輪と絵画の古代学』(白水社、一九九二年)二七頁に依拠した。また、宮内庁書陵部陵墓課編『古鏡集成』(学生社、二〇〇五年)五二〜五三頁に写真とレーザー三次元計測図面が載る。

(11) 梅原末治氏が稲妻形の文様の中に「小なる異形の人物の座せる像を存せり」と述べられて(『佐味田及新山古墳研究』〈岩波書店、一九二一年〉二八〜二九頁)以来、同様の像の存在を指摘する見解は少なくない(三木文雄「図版解説・家屋文鏡」〈『日本文化史』一、筑摩書房、一九六六年〉一八四頁、近藤喜博『日本の鬼』〈桜楓社、一九六六年〉二三一〜二三二頁、池浩三『家屋文鏡の世界』〈相模書房、一九八三年〉六六〜六八頁、辰巳和弘『高殿の考古学』〈白水社、一九九〇年〉七一〜八四頁、車崎正彦「家屋紋鏡を読む」〈『考古学論究』真陽社、二〇〇七年〉一七九〜一八〇頁など)。それに対して「性格や物語性のある『神』のすがたを古墳時代の人は、本当に表すことがあったのだろうか。ここは問題だ」として神像の存在に批判的な意見もある(『カミよる水のまつり』〈橿原考古学研究所附属博物館、二〇〇三年〉三〇頁)。なお、筆者は、二〇〇五年一月十四日に宮内庁書陵部陵墓課の有馬伸・北條朝彦両氏のご好意により、家屋文鏡を閲覧する機会を得た。筆者が観察した限りでも、二箇所に稲妻の中に雷神と思しき像を見出すことができたことをここに記しておきたい。

(12) 坪井みどり『絵因果経の研究』(山川出版社、二〇〇四年)。

(13) 『国宝図録』一(文化財協会、一九五二年)。

(14) 秋山光和・柳沢孝・鈴木敬三『扇面法華経の研究』(鹿島出版会、一九七二年)。

(15) 平安後期に入っても雷神=小童という関係は史料上に確認できる。『大日本国法華経験記』に「……時に一の童男あり、空より下り落つ。その形体を見るに、頭の髪は蓬のごとく乱れて、形貌怖るべし。年十五、六歳なり」(下―八一)、『今昔物語集』に「……竜忽ニ小童ノ形ト現ジテ、僧ヲ負テ、峒ヲ蹴破テ出ル間、雷電霹靂シテ、空陰リ雨降ル事甚ダ怪シ」(二〇―一一)とあった。

(16) 宮次男『金字宝塔曼荼羅』(吉川弘文館、一九七二年)。

(17) 古代日本の雷神の図像に関しては、澁澤敬三・神奈川大学日本常民文化研究所編『新版絵巻物による日本常民生活絵引』一(平凡社、一九八四年)一三・二〇四頁、松本栄一「東洋古美術に現れた風神雷神」(『国華論攷精選』下、朝日新聞社、一九八九年)、脇坂淳「風神・雷神の図像的系譜と宗達筆『風神雷神図』」(『大阪市立美術館紀要』四、一九八四年)、杉原たく哉『中華図像遊覧』（大修館書店、二〇〇〇年）一六四〜一八六頁、吉野正敏『歴史に気候を読む』（学生社、二〇〇六年）一四四〜一五四頁を参照した。

(18)　晡時臥山伝承については、益田「神話的想像力」（『講座日本文学』神話上、至文堂、一九七七年）、次田「晡時臥山説話」（『日本神話の構成』明治書院、一九八三年）、吉野裕子『蛇』（講談社学術文庫、一九九九年）など参照。

(19)　折口信夫「古代生活に見えた恋愛」（『折口信夫全集』一、中央公論社、一九六五年、初出は一九二六年）四六三〜四六四頁、松村武雄『日本神話の研究』三（培風館、一九五五年）六二九〜六三九頁、難波喜造「『一宿妊み』考」（『日本文学』一六—九、一九六七年）、斎藤英喜「『一夜孕み』譚の分析」（『古代文学』一九、一九七九年）、中川ゆかり「神婚譚発生の基盤」（『万葉』一〇九、一九八二年）、坂本勝『古事記の読み方』（岩波新書、二〇〇三年）八二〜八九頁など。

(20)　飯島吉晴「祭りと夜」（『一つ目小僧と瓢簞』新曜社、二〇〇一年）。

(21)　落雷は人を「震殺」するだけではなく、火災を発生せしめることもあった。東国の正倉神火事件の真相は何であれ、宝亀三年（七七二）十二月十九日太政官符に「入間郡正倉四宇着火……出雲伊波比神祟云、我常受二給　朝廷幣帛一、而頃年之間不レ給、因レ茲引二率郡家内外所レ有雷神一発二此火災一者……」とある（田中卓「新たに世に出た『宝亀三年太政官符』」〈『古典籍と史料』国書刊行会、一九九三年〉）。

(22)　中村生雄「祟り神と始祖神」（『日本の神と王権』法蔵館、一九九四年）五〇頁。

(23)　菅野覚明『神道の逆襲』（講談社現代新書、二〇〇一年）三七頁。また、平野仁啓氏も「天変地異につけて、古代日本人は神を祭るのであったが、自然の強大な力能の突発性は、神の存在を自覚させる契機になるとともに、一方において神の意志の働きの恣意性を生み出すのである」（「神社の生態学」〈『続古代日本人の精神構造』未来社、一九七六年〉八四頁）と指摘されていた。

(24)　突然の落雷死のことは、『三代実録』仁和二年（八八六）四月己巳条にも「是日、雷雨。……有二路女避レ雨。隠二立東京三條前近江大目臺助範宅一。忽然震死」とある。

(25)　本書第II部第一章「古代の神々の示現と神異」で指摘した、〈水〉をめぐる神異が「忽」に起こることや変若水汲みが朝に行われるものであったことについては、本章で述べたような神異の突発性とかかわるものといえよう。なお、神の示現は突発的な出来事であったが、神仏をはじめとする異類の存在の退場も突発的なことと考えられていたのではないだろうか。たとえば、『今昔物語集』には異類の退場を「搔キ消ツ様ニ失ニケリ」（二七—一など四六例）とする。『今昔物語集』の「搔キ消ツ様ニ失ニケリ」の類例として、『日本霊異記』中―二〇で国司の館の屋上で母親の危急を救った七法師が「忽然不ㇾ見」とあること、中―二四で楢磐嶋によって救済されたといって「使鬼」が「即忽然失」とあること、『古事記』中（崇神）では大毘古命が越国に派遣されたさい、山代の幣羅坂で不思議な歌をうたう少女に出会ったが、その少女は「忽失」とあることなどの例が指摘される。かかる異類の退場の仕方にも注目しておきたい。

(26) 岡田「香取神宮の起源と祭神」（『千葉県の歴史』一五、一九七八年）。

(27) ⑳は『日本霊異記』上―三の道場法師（少子）と力ある王との力競べの話に比較されよう。すなわち、上―三には、雷神の子である少子が「夜不ㇾ見ㇾ人」方八尺の石を王より遠く投げ飛ばしたとある。王が石投げの結果や少子の足跡によって少子の怪力に気づくのもやはり朝のことだったのではないだろうか。

(28) 『信西古楽図』の成立年代について、林謙三氏は「貞観ごろの楽舞の姿を描いたものではないか」と指摘されている（「信西古楽図と平安初期の楽制について」〈『雅楽界』四八、一九六八年〉二七頁）。

(29) 近藤「剣尖に坐す神」（『國學院雑誌』六一―五、一九六〇年）。

(30) 益田「神異の幻想」（前掲註〈2〉所収）一二頁。

(31) 松村、前掲註（19）四六四頁。

(32) 池田弥三郎『万葉びとの一生』（講談社現代新書、一九七八年）一八九～一九〇頁。古橋信孝氏は、藤原師輔の『九条右丞相遺誡』に朝起きてからの生活の仕方が属星の名字を唱える、鏡で自分の顔を見るなどすべて宗教的な意味をもつ行為であるとして、「朝最初に見るものはその日の占いになるという観念があったといっていい」と指摘されている（『古代都市の文芸生活』〈大修館書店、一九九四年〉二〇四～二〇五頁）。なお、朝をめぐる民俗として、朝蜘蛛（朝に蜘蛛が糸を下って現れる）や朝茶（朝食前の喫茶）の例がある（影山正美「一日の時間と生活」〈『講座日本の民俗学』六、雄山閣出版〉八一～八二頁）。

(33) 神保侑史「上野国の神々」（『群馬県史』通史編二古代二、一九九一年）四九三～四九五頁、川原秀夫「貫前神社と甘楽・多胡郡域の氏族」（『東国石文の古代史』吉川弘文館、一九九九年）。

(34) 近藤「古代の剣神（上）」（『神道史研究』一四―一、一九六六年）七頁。また、井上充夫「貫前神社の本殿と仮殿（前篇）」（『日本建築学会論文集』二〇三、一九七二年）一〇四頁も参照。

(35) 三品彰英「フツノミタマ考」（『建国神話の諸問題』平凡社、一九七一年）三三二頁、松村、前掲註（19）四六三～四六四頁、近

藤、前掲註（29）、『風土記』（日本古典文学大系、岩波書店、一九五八年）三〇五頁（秋本吉郎氏）。

（36）『風土記』（新編日本古典文学全集、小学館、一九九七年）七一頁（植垣節也氏）。

（37）飯泉健司「播磨国風土記・粒丘伝承考」（『上代文学』六三、一九八九年）七九〜八〇頁。

（38）『古事記』上には、国譲り神話の最後にタケミカヅチとタケミナカタの力競べの話がある。タケミカヅチは、千引きの石を差し上げるタケミナカタの手を取り「即取㆓成立氷㆒、亦取㆓成剱刃㆒。……如㆑取㆓若葦㆒、搤批而投離者」という神異を示した。これによりタケミナカタは諏訪に逃亡するが、このタケミカヅチの神異も高天原側に立ってのものであった。

（39）大塚徳郎「式内の神々」（『古代の日本』八、角川書店、一九七〇年）、高嶋弘志「神郡の成立とその歴史的意義」（『日本古代政治史論考』吉川弘文館、一九八三年）、熊田亮介「『征夷』と鹿嶋苗裔神」（『古代国家と東北』吉川弘文館、二〇〇三年）など。

（40）渡辺直彦「神階勲位の研究」（『日本古代官位制度の基礎的研究　増訂版』吉川弘文館、一九七二年）。

第四章　古代の神々と光

一　はじめに

日本の神々には、太陽・月・風雨・雷などの自然現象の神格化という特徴があった。自然は、火山の噴火・落雷・突風などを通して人間にかかわるが、それは人間の側からすれば神の示現、神異でもあった。一方、人間の方は、神や自然を畏怖し、崇拝することを通して、神や自然とかかわっていたはずである。古代の神々や祭りの問題を考察するにさいしても、平野仁啓[1]・宮家準氏[2]が指摘されているように、神・人間・自然の三極構造によって古代の基層信仰の世界が構成されていたことを念頭に置く必要があろう。

近年、日本古代史の立場からする神々や祭りに関する研究に古代国家との歴史的関係を詳細に解き明かすという制度史的研究[3]が目につく。その密度の高い実証的な研究成果にはもとより異論を差し挟む余地はないが、反面、かかる論には神・人間・自然の三極のうち、人間と神との関係を国家と神との問題に狭め、さらに自然を捨象して議論している点に問題性を覚える。

本章では、古代の神々と人間と自然との三極構造を、神や自然が発する光、人間が神へ発する光という観点から、古代史料——『古事記』『日本書紀』『風土記』『万葉集』、『続日本紀』以下の五国史を中心とする——にみえる具体例をもとに論及する。かかる作業によって、古代の人々が神に出会う状況、神が示現したり神異を現す現場に少しでも

接近してみたいと思うからである。その上で、古代的な心性にも可能な限り迫ってみたいというのが本章の試みである。(4)

なお、ここでいう光とは、太陽（日）と火の光が中心になる。そもそも日と火とでは仮名遣いの上で、日は甲類、火は乙類として区別するのが一般的である。しかし、このことと両者に起源的に関係があるかどうかは別問題であろう。(5)日置氏が宮内省主殿寮の「燈燭。松柴。炭燎」（養老職員令）にたずさわっていたことなどから、(6)松前健氏は、日と火との関係はかなり古くからあったとされる。(7)沖縄では、ニライ・カナイの大主は太陽の擬人化したもので、火の神がニライ・カナイへの祈願の取り次ぎとされており、ここに太陽を火の根源とする信仰が窺えるという。(8)このようにみると、日と火とをはじめから峻別することは困難であろう。本章では両者をはっきり区別しない立場で論を進めていきたいと思う。

二　不知火をめぐって

古代の神々が発する光に関して、これまで正面きって論及した研究はほとんどないように思う。管見の限りでは、わずかに三品彰英(9)・湯浅泰雄(10)・犬飼公之(11)各氏の研究をあげうるに過ぎない。

三品氏は、熊野で神武天皇の危急を救ったフツノミタマ（『古事記』中〈神武〉）のフツが朝鮮語のフルと同系であり、フル・フツの原義が「光るもの、赤きもの―神霊」「神霊の降臨すること」などを意味したと指摘された。神が降臨するさいの「光るもの、赤きもの」に着目された先駆的論考として注目に値する。

湯浅氏は、古墳時代後期から明確化した祖先崇拝に基づく「加護の信仰」以前に、自然の神秘に対する「畏怖の信仰」があったとし、土器の火のゆらめき（瓮火）、蛍火、星のまたたき、朝日・夕日の光の動きに光への畏怖が見出せ、さらには『古事記』『日本書紀』の神話の背後に火山や星への畏怖の信仰が埋もれているとされた。このうち、『古事記』『日本書紀』の諸伝承と火山・星との関係を湯浅説のように理解できるかどうか、疑問の余地が残る。しかしながら、神々の光の基底にある自然現象に留意された点、光の動きに着眼された点など重要な指摘といえよう。

犬飼氏は、明暗双方の意味をもつ影という語を考察し、影が「昼の常態としての明るさや、夜の常態としての暗さ」に「背反するものとして」とらえられていた。たとえば、「かげとよばれる太陽の光は、昼の明るさを越えて輝く。星や灯火の光や蛍火は、夜の闇に背反して輝く」のであって、常態の明るさを超えた一層強い輝きや明滅する光は「常態との差異において霊異の対象」となったと指摘されている。犬飼説の中の、明滅する光の背後に深秘な働きを見出すという点は湯浅説の継承である。

右の三氏の説には本章にとっても参考とすべき点が少なくない。以下では三氏の説を念頭に置いて、古代の神々と光について考察を加えていくことにしたい。

そこで、最初に九州の不知火を取り上げよう。不知火とは、八朔（旧暦八月一日）の夜、八代海北部の海域に現れる不思議な火のことで、古代の史料では『日本書紀』景行十八年五月壬辰朔条にみえる。

①従二葦北一発船到二火国一。於是、日没也。夜冥不レ知レ著レ岸。遥視二火光一。天皇詔二挾杪者一曰、直指二火処一。因指レ火往之。即得レ著レ岸。天皇問二其火光之処一曰、何謂邑也。国人対曰、是八代県豊村。亦尋二其火一、是誰人之火也。然不レ得レ主。茲知、非二人火一。故名二其国一曰二火国一也。

景行天皇が「葦北」より出航したさい、夜、海上に「火光」がみえたので、それを目指して進むと着岸することができたという話である。同様な伝承は『肥前国風土記』総記条や『肥後国風土記』逸文にもあり、①には不知火を

「然不レ得レ主。茲知、非ニ人火一」とあるのが、『風土記』にも同じように「今此燎火、非ニ是人火一」（『肥前国風土記』）、「所燎之火、非ニ俗火一也」（『肥後国風土記』）として、不知火が「人火」「俗火」とみなされず、不思議な火とされていた様子が窺えよう。また、両風土記とも「忽有ニ火光一」として不知火の出現を突発的なものとしている。神の示現や神異が突発的なものであることについては、すでに指摘したところであるが、[12]その点で不知火も同類といえるだろう。

不知火の成因については諸説があったが、[13]今日では光の異常屈折が原因で、蜃気楼現象であることが明らかになっている。これは、山下太利氏が一九六二年から数年間におよぶ観測・実験により解明されたものである。少し長くなるが、山下説の結論を引用しておこう。[14]

「不知火の光源は八代海の漁火や周辺の民家の灯等であり……この海域には夜、形や大きさ・位置・向き等の異なる多くの冷・暖の気塊が形成される。……気温の異なる気塊同士の接触面は所謂気温の不連続面で、ここを通る光は、屈折率の違いによってその方向を変える。……時に光は集まりまた分散して、膨張・分離・飛散・明滅・揺動等千変万化の不知火現象を見せるのである」。

②亥時。望ニ見西方一、遥有ニ火光一。人々対レ之、莫レ不ニ忻悦一。通夜瞻望、山嶋不レ見。唯看ニ火光一。

（『入唐求法巡礼行記』承和五年〈八三八〉六月二十九日条）

③僧正伝燈大法師位真済卒。真済者……南嶋人遥望ニ海中一。毎夜有レ光。恠而尋レ之。拯得レ着レ岸……

（『三代実録』貞観二年〈八六〇〉二月丙午条）

右の二史料は、どちらも承和の遣唐使関連のものである。②は六月二十三日に「有救嶋」（長崎県五島列島内の宇久島）から東シナ海に入った船が、二十九日の「亥時」（午後一〇時）に西方に人々が「火光」をみつけ「忻悦」したが、「山嶋」はみえず、「火光」がみえただけであったとある。③は承和三年に、請益僧として遣唐使船の第三船に乗った真済の卒伝であるが、船は途中で遭難し、弟子の真然と二人だけが南嶋の海中で「毎夜有レ光。恠而尋レ之」と着岸することができたという。

②③が①と同じ不知火現象であるかどうかはもとよりわからない。ただ、夜の航海[15]においては月や星の位置や風向き、潮流が重視されていたであろうが、それと同時に船上より光を求めていた航海者たちの姿があったことは十分想像できる。その点では①のケースも同じであったはずである。

④前遣渤海使外従五位下内蔵宿禰賀茂麻呂等言。帰レ郷之日。海中夜暗。東西掣曳。不レ識レ所レ著。于レ時遠有二火光一。尋二逐其光一。忽到二嶋浜一。訪レ之是隠伎国智夫郡。其処無レ有二人居一。或云。比奈麻治比売神常有二霊験一。商賈之輩。漂二宕海中一。必揚二火光一。頼レ之得レ全者。不レ可二勝数一。神之祐助。良可二嘉報一。伏望奉レ預二幣例一。許レ之。

（『日本後紀』延暦十八年〈七九九〉五月丙辰条）

④は、延暦十七年時の遣渤海使が帰途に際して、「海中夜暗」に遠方の「火光」をたよりに「隠伎国智夫郡」に到着できたが、それは「比奈麻治比売神」の「霊験」であり、同神はそれまでも「商賈之輩」に対して、同様の神異を発揮していたので、官社に列せられたという記事。ここでの「火光」も①②③と同様なものであったかもしれないが、ことに「比奈麻治比売神」の神異とされていた点は留意される。「比奈麻治比売神」は航海者たちに対して、夜に「火光」によって存在感を示していたのであり、航海する側は神の「霊験」を視覚によって実感していたはずである。

三　神々の示現と光

光を媒介とした自然・神―人の関係が窺えるのは、前節で指摘した不知火などの例に留まらない[16]。他にも諸例が古代史料に散見しているので、次にそれを列挙して検討を加えたいと思う。

⑤……然彼地多有二蛍火光神、及蠅声邪神一。復有二草木咸能言語一。

（『日本書紀』神代第九段本文）

⑥爾、日子番能邇々芸命、将二天降一之時、居二天之八衢一而、上光二高天原一、下光二葦原中国一之神、於レ是有。……答曰、僕者国神、名猿田毗古神也。

（『古事記』上）

⑦故、随レ教少行、備如二其言一。即登二其香木一以坐。爾、海神之女、豊玉毗売之従婢、持二玉器一将レ酌レ水之時、於レ井有レ光。仰見者、有二麗壮夫一。（注略）以一レ為甚異奇一。……

（『古事記』上）

⑧……屋蓋未レ及レ合、豊玉姫自馭二大亀一、将二女弟玉依姫一、光レ海来到。

（『日本書紀』神代第一〇段第三の一書）

⑨……従二其地一幸行者、生レ尾人自レ井出来、其井有レ光。爾、問、汝者誰也。答曰、僕者国神、名謂二井氷鹿一。此者吉野首等祖也。

（『古事記』中〈神武〉）

⑩皇師遂撃二長髄彦一。連戦不レ能二取勝一。時忽然天陰而雨氷。乃有二金色霊鵄一、飛来止二于皇弓之弭一。其鵄光曄煜、状如二流電一。

（『日本書紀』神武即位前紀戊午年十二月丙申条）

⑪爾、其御子、一宿婚二肥長比売一。故、竊一レ伺其美人一者蛇也。即見畏遁逃。爾、其肥長比売患、光二海原一自レ船追来。

（『古事記』中〈垂仁〉）

⑫天皇猟二于淡路嶋一。……然終日、以不レ獲二一獣一。於是、猟止以更卜矣。嶋神祟之曰、不レ得レ獣者、是我之心也。赤石海底、有二真珠一。其珠祠二於我一、則悉当得レ獣。……唯有二一海人一。曰二男狭磯一。……是腰繫レ縄入二海底一。差須臾之出曰、於二海底一有二大蝮一。其処光也。諸人皆曰、嶋神所請之珠、殆有二是蝮腹一乎。亦入而探之。爰男狭磯、抱二大蝮一而泛出之。……則割レ蝮。実真珠有二腹中一。其大如二桃子一。乃祠二嶋神一而猟之。多獲レ獣也。……

（『日本書紀』允恭十四年九月甲子条）

⑬天皇遷三居于朝倉橘広庭宮一。是時、斮三除朝倉社木一、而作二此宮一之故、神忿壊レ殿。亦見二宮中鬼火一。由レ是、大舎人及諸近侍、病死者衆。

（『日本書紀』斉明七年〈六六一〉五月癸卯条）

⑭加賀神埼。即有レ窟。高一十丈許、周五百二歩許。東西北通。所レ謂佐太大神之所二産出一処也。所二産出一臨レ時……又金弓箭流出来。即待取之坐而、闇鬱窟哉詔而、射通坐。即御祖支佐加比売命社、坐二此処一。……

（『出雲国風土記』嶋根郡条）

⑮天日別命、令レ整レ兵窺之、比及二中夜一、（伊勢津彦―引用者註）大風四起、扇三挙波瀾一。光曜如レ日、陸国海共朗。遂乗レ波而東焉。

（『伊勢国風土記』逸文）

⑯熱田社者、昔、日本武命、巡三歴東国一還時、娶二尾張連等遠祖宮酢媛命一。宿二於其家一、夜頭向レ厠、以二隋身剣一、掛二於桑木一、遺之入レ殿。乃驚、更往取レ之、剣有レ光如レ神。不レ把レ得レ之。即謂二宮酢姫一曰、此剣神気。宜奉斎之、為二吾形影一。因以立レ社。由レ郷為レ名也。

（『尾張国風土記』逸文）

⑰神功皇后、巡レ国之時、御船泊之、皇后下レ嶋、休三息磯際一、得二一白石一。団如二鶏卵一。皇后安二于御掌一、光明四出。皇后大喜、詔二左右一曰是海神所レ賜白真珠也。故為二嶋名一。

（『土佐国風土記』逸文）

⑱……天津彦々火瓊々杵尊、離二天磐座一、排二天八重雲一、稜威之道々別々而、天三降於日向之高千穂二上峰一時、天暗冥昼夜不レ別、人物失レ道、物色難レ別。於レ茲、有下土蜘蛛名曰二大鉗小鉗一二人上。奏言皇孫尊、以二尊御手一、抜二稲千穂一為レ籾、投三散四方一、必得二開晴一。于レ時、如二大鉗等所一レ奏、搓二千穂稲一、為レ籾投散。即天開晴、日月照光。

……

（『日向国風土記』逸文）

⑲延暦十年辛未八月五日夜子時、太神宮御正殿、東西宝殿、并重々御垣御門、及外院殿舎等、併掃レ地焼亡須。爰御正体、并左右相殿御体、同以従二猛火之中一、飛出御天、御前乃黒山頂、放二光明一天懸御世利。……

（『太神宮諸雑事記』一）

⑳贈正三位行民部卿兼造宮大夫美作備前国造和気朝臣清麻呂薨。……清麻呂祈曰。今大神所レ教。是国家之大事也。託宣難レ信。願示二神異一。神即忽然現レ形。其長三丈許也。相如二満月一。清麻呂消レ魂失レ度。不レ能二仰見一。……

（『日本後紀』延暦十八年〈七九九〉二月乙未条）

㉑常陸国上言。鹿嶋郡大洗磯前有レ神新降。初郡民有二煮レ海為レ塩者一。夜半望レ海。光耀属レ天。明日有二両恠石一。見在二水次一。高各尺許。體於二神造一。非二人間石一。塩翁私異レ之去。後一日。亦有二廿余小石一。在二向石左右一。……時神憑レ人云。我是大奈母知少比古奈命也。昔造二此国一訖。去往二東海一。今為レ済レ民。更亦来帰。

（『文徳実録』斉衡三年〈八五六〉十二月戊戌条）

㉒大宰府言。肥後国阿蘇郡正二位勲五等健磐龍命神。正四位下姫神所レ居山嶺。去五月十一日夜奇光照耀。……

（『三代実録』貞観九年〈八六七〉八月壬申条）

㉓先レ是。出羽国司言。従三位勲五等大物忌神社在二飽海郡山上一。……去四月八日山上有レ光。焼二土石一。又有レ声如レ雷。……

（『三代実録』貞観十三年〈八七一〉五月辛酉条）

㉔僧正法印大和尚位宗叡卒。宗叡。……于レ時叡山主神仮二口於人一。告曰。汝之苦行。吾将二擁護一。遠行則雙烏相随。暗夜則行火相照。以レ此可レ為二徴験一。厥後宗叡到二越前国白山一。雙烏飛随。在二於先後一。夜中有レ火。自然照レ路。見者奇レ之。……

（『三代実録』元慶八年〈八八四〉三月丁亥条）

⑤は、天孫降臨前の葦原中国の状態を記した件で、多くの「蛍火光神」「蝿声邪神」がいたという。夏の夜に青白い光を明滅させつつ飛ぶ蛍は神とされていたのであろう。三谷栄一氏は「蛍は、常民に近く、しかも季節を定めて訪れてくる、いわば『まれ人』的な存在であっただけに、稲穂を成長させる一種の神聖な精霊のように考えられていた」[17]と指摘されている。⑤とよく似た文脈で、『日本書紀』神代第九段第六の一書に「……葦原中国者、磐根木株

草葉、猶能言語。夜者若二熛火一而喧響之、昼者如二五月蝿一而沸騰之、……」、『常陸国風土記』香島郡条に「荒振神等、又、石根・木立・草乃片葉辞語之、昼者狭蝿音声、夜者火光明国。……」、「出雲国造神賀詞」（『延喜式』八〈祝詞式〉）に「……豊葦原乃水穂国波、昼波如二五月蝿一支水沸支、夜波如二火瓫一光神在利、……」とある。「熛火」（『日本書紀』）、「火瓫」（「出雲国造神賀詞」）の理解には諸説があり、[18] 定説をみないが、いずれにしても、蛍火とあわせて葦原中国には光り輝く神々——とらえ難い、一瞬の輝き[19]——が存在していたと観念されていたことは認めてよいであろう。

⑥は、高天原から降臨する天孫を「天之八衢」で出迎えたサルダヒコの姿で、高天原や葦原中国に光を放っていたとある。同様な伝承は、『日本書紀』神代第九段第一の一書にもあり、そこでのサルダヒコは「口尻明耀。眼如二八咫鏡一、而絶然似二赤酸醤一也」と描写されている。サルダヒコの猿を日神（太陽神）の使いの動物として、「日神の神使いの猿が守る神田の男性[20]」神と解してよいとすれば、サルダヒコが光を放っていたのもふさわしい。なお、目がアカガチのようだというのは、ホオズキのように赤く照り輝いているという意であり、それはヤマタノオロチの描写にもある（『古事記』上、『日本書紀』神代第八段本文）。

⑦は、ホヲリ（山幸）が海神の教えに従って「香木」に登っていると、トヨタマヒメの「従婢」が「玉器」で水を汲む。その時、「於レ井有レ光」のを「従婢」は「甚異奇」と思ったとある。井は異界への通路であるが、[21] そこにホヲリの光り輝く姿が映ったのは、神の示現とみられたのであろう。すなわち、水中から水面という境界を通って、ホヲリが出現したと観念されていたことに他ならない[22]。

⑧は、海宮から戻ったヒコホホデミ（山幸）はトヨタマヒメの出産のために海辺に産屋をつくるが、それが完成する前にトヨタマヒメはタマヨリヒメを連れて「光レ海来到」したとある。この伝承からも、トヨタマヒメが海を光らせて異界から示現した様子が窺えよう。

⑨は、神武一行が吉野を通過したさい、イヒカという「生レ尾人」が井から出てきて迎えるが、「其井有レ光」とある。『日本書紀』神武即位前紀戊午年八月乙未条では、神武が吉野で「有レ人出レ自二井中一。光而有レ尾」というイヒカに遭遇したことになっている。⑨は⑦⑧と類似したところがあるが、ここでの光も、実際には井の水面にあたる光の反射であろうか。

松田寿男氏は、紀伊半島を横断する水銀鉱床があることなどから、吉野首の祖が現れた井戸とは「水銀坑の形容ではないか。それは表土に露頭していた朱砂（水銀と硫黄の化合物―引用者註）を掘りすすめたために生じた竪坑であって、あるいは自然水銀が坑の側面や底面で点々と光っていたかもしれない」[23]とされる。『新撰姓氏録』（大和国神別の「吉野連」に「加弥比加尼之後也。……遣レ人汲レ水。使者還曰。有二光井女一。天皇召問之。汝誰人。答曰。妾是自レ天降来白雲別神之女也。名曰二豊御富一。天皇即名二水光姫一。今吉野連所レ祭水光神是也」とあり、「加弥比加尼」を「金光ね」として、「水光姫」を水銀の光の神格化とする説[24]も参照される。それに対して、佐伯有清氏は、「水光姫の『光』は威光・威勢の意で、水の威力をあらわす名であろう」[25]と指摘されている。しかし、「光」は前後の例からしても、やはり実際の光を想定すべきであり、イヒカも⑦⑧と同様に水面を超えて人間界に登場したとみられよう。

⑩も⑨と同じく神武伝承の一齣で、ナガスネヒコとの戦いに現れた「金色霊鵄」が、にわかにかき曇って氷雨が降ってきた中、光り輝き「状如二流電一」であった。これによりナガスネヒコの軍勢は眩惑されて戦うことができなかったとある。『伊勢国風土記』逸文には、神武東征のこととして、「天日別命……相二随天皇一到二紀伊国熊野村一。于時、随二金鳥之導一、入二中州一而、到二於菟田下県一」とある。「金鳥」には、ヤタガラス（『日本書紀』神武即位前紀戊午年十一月己巳条）との混同がみられるが、『伊勢国風土記』逸文の「金鳥」も、「金色霊鵄」と同じく、光り輝いていたであろうことは想像に難くない。

⑪は、垂仁天皇の皇子ホムチワケが出雲大神を参拝した後、ヒナガヒメと「一宿」婚をするが、ヒナガヒメの正体が蛇であったのを皇子がみて恐れ逃げ出すと、ヒナガヒメは「光二海原一自レ船追来」とある。ヒナガヒメは蛇神であるが、蛇の身体は光り、とくに瞬きをしない目が光るといわれている[26]。蛇と雷との関連性[27]を考えれば、⑪の「光」は稲妻・稲光ともみられる。一方、海を光らせてやってくるということから、ヒナガヒメの正体は、夜に光を反射させながら船や浜辺に近寄ってくるセグロウミヘビだという指摘[28]もある。ここでは雷神と蛇神の双方の可能性があり、そのいずれにおいても光による示現であったことを指摘するに留めておきたい。

⑫は、允恭天皇が淡路島で狩りをした時、一日中、獲物が手に入らない。これを占うと、「嶋神」の祟りであるとわかり、「嶋神」の求めに応じて「男狭磯」という海人が赤石の海の海底の「大蝮」（アハビ）を探ると「其処光也」。そこで、「男狭磯」が得た「大蝮」の中の「真珠」で「嶋神」をまつると、多くの獲物を取ることができたという話。「嶋神」は、海底の「真珠」でまつられることを要求したわけであるが、その「大蝮」があるところが光っていたという不思議は、神の意志が示されたことを意味するのであろう。これと同様の話は、『肥前国風土記』基肆郡条の長岡神社の伝承にもあり、景行天皇の「御具甲鎧、光明異レ常」というので、「此地有神、甚願二御鎧一」という占いの結果が出た。そこで、天皇は、神社に鎧を奉納して「永世之財」としたとある。

⑬は、斉明天皇が筑紫の朝倉橘広庭宮を造営するにあたって朝倉社の木を伐ったため、神が怒り宮中に「鬼火」が現れたり、大舎人や近侍者に病死するものが多かったという記事。「鬼火」は朝倉社の神の意志であったことになる。このような神の怒りから火が現れるというのは、『大安寺伽藍縁起幷流記資財帳』に舒明天皇十一年（六三九）二月、百済大寺を造営するにさいし、子部社を「切排」いたので、「社神怨而失レ火。焼二破九重塔並金堂石鴟尾一」とあること[29]、『住吉大社神代記』に、「公民」が播磨国賀茂郡椅鹿山の「神山木」を切り取ったので、住吉大神が「放二神火一

杣山焼亡賜」とあること、八世紀後半以降に東国などで頻発した正倉神火事件において原因が「国郡司等不ㇾ恭ニ於国神ニ之咎也」（『続日本紀』天平宝字七年〈七六三〉九月庚子朔条）、「出雲伊波比神祟」（宝亀三年〈七七二〉十二月十九日太政官符）とされていたことと共通しよう。(30)

⑭は、「佐太大神」の誕生時に弓箭が失せてしまった。母神のキサカヒメが自分の子供がマスラ神の子であるならば、なくなった弓箭が出てくるようにと願うと、角の弓箭が水の流れにのって出てきた。キサカヒメは「此者非弓箭」といって投げ捨てると、金の弓箭が流れてきた。これを取って「闇鬱窟哉」といって金の弓箭で岩壁を射通したとある。(31)この話の伝承地は島根県八束郡島根町加賀の潜戸鼻であるが、⑭の「窟」の記述によると、東西北の三方の海に逆T字形で通じている新潜戸を舞台とするのがふさわしい。岩窟は女性器、マスラ神の弓箭が男性器であり、それが洞窟を射通す（性交）ことで「佐太大神」が生まれるという神話であろう。(32)そのさい、金の弓箭とは、新潜戸に東側から差し込む、日の出時の太陽の光線であり、(33)かかる自然現象をベースに、⑭では「飛んでいった金の矢が厚い岩壁を大きく射抜き、一瞬、闇黒界が光明界に転じた不思議」(34)が語られているのであろう。

ところで、⑭のような伝承は、丹塗矢型伝承と共通する。(35)丹塗矢型とは、『古事記』中（神武）に「大物主神」が「丹塗矢」に化して「勢夜陀多良比売」と性交したとあり、『山城国風土記』逸文に「玉依比売」が「石川瀬見小川」を流れ下った「丹塗矢」によって男子を生んだというのがその代表例である。「丹塗矢」とは、「雷光の符号」(36)、「光を表象」(37)するものであるが、水野祐氏は「丹塗矢は赤色崇拝の強烈な大和の文化圏において、赤いもの、赫々として輝けるもの、即ち神聖態の降臨を意味するもの」(38)であったと指摘されている。水野説のうち、赤色崇拝が「大和の文化圏」に特有のものかどうかはにわかに判断できないが、それ以外は概ね首肯さるべきであろう。すなわち、「丹塗矢」も赤々と照り輝く存在であったとみられる点で、⑭の金の弓箭と同類といえよう。

また、⑭の伝承に関しては、吉井巌氏が指摘された通り[39]、次の天日矛伝承の一節とも酷似している。『古事記』中（応神）に「……新羅国有二一沼一。名謂二阿具奴摩一。（注略）此沼之辺、一賤女昼寝。於レ是、日耀如レ虹、指二其陰上一。亦、有二一賤夫一。思レ異二其状一、恒伺二其女之行一。故、是女人、自二其昼寝時一、妊身、生二赤玉一。……」として、太陽光線が女性の性器を差して孕ませ、「赤玉」が生まれたという。ここにも太陽の光の不思議が窺えるはずである。

⑮は、アメノヒワケノミコトが神武の命令を受けて伊勢国平定に向かい、「伊勢津彦」を殺そうとしたので、「伊勢津彦」は夜に伊勢を退去することになるという伝承で、その時には大風や波しぶきが起こり、「光曜如レ日、陸国海共朗」とある。これは神の退去にさいして、太陽のごとき光があったというもので、これまでの示現の例と異なるが、アメノヒワケは大風・波・光を通して神の退去を実感したはずである。

⑯は、ヤマトタケルが尾張のミヤズヒメの家に泊まり、夜、厠に行った時に剣を桑木にかけておいたところ、その「剣有レ光如レ神」という不思議なことが起こった。そこで、それをミヤズヒメに奉斎させたという。これは熱田社の古い鎮座縁起というべきもので[40]、ここでも剣が神のように光ったとある。犬飼氏は、「人々がうけとめているのは剣が光を放射していたことだ。夜の闇に背反する輝きであり、月光があたりを照らしていたとするなら、それを超えて強く輝く光を放っていたのである。そこに剣の神秘があった。剣は輝いて、『神如』す力を誇示している[41]」と指摘されている。

⑰は、神功皇后が「玉嶋」で休息したさい、白石を拾った。皇后が手の中に置くと、「光明四出」。皇后は大いに喜び、「是海神所レ賜白真珠也」と詔したとある。この真珠も海神の賜ったもので、光り輝く存在として観念されていたことが知られる。海神が手に「玉」「白玉」の飾りをもっていたことは『万葉集』三―三六六、七―一三〇一、七―一三〇二にも歌われている。

⑱は、ニニギが稲籾を四方に撒くことで「天開晴、日月照光」という。このうち、ニニギについては、岡田精司氏は「風土記説話にしばしば見られる天皇巡幸伝承と同様に、中央とは無関係の日向の地方神話を主人公の神名をニニギに差替えただけのものとみるべき[42]」とされた。岡田説を受けて村崎真智子氏は、⑱の背後に直播き栽培（摘田）を重視する南九州の農耕儀礼があり、稲籾を撒くと暗闇が明るくなるのは穀物の霊力によって邪気を払う観念に基づくと指摘されている[43]。

次の⑲にいう伊勢神宮の火災については、『続日本紀』延暦十年（七九一）八月辛卯（三日）条に「正殿一宇、財殿二宇、御門三間、瑞垣一重」を焼いたという記事があり、『太神宮諸雑事記』と比べると、日付が若干異なり、焼亡範囲も一致しないが、火災があったという事実そのものは動かないであろう。そのさい、⑲独自の内容として、「猛火」の中、「御正体」（鏡）と相殿神の「御体」（弓と剣[44]）が飛び出し、「黒山頂」に「光明」を放って光ったとある。この「御正体」「御体」のことは伊勢神宮側の記録によったものであろうが、少なくとも、神宮では「御正体」「御体」が光を放つと観念されていたことは認めておかねばなるまい。

⑳は、和気清麻呂の薨伝。神護景雲三年（七六九）の宇佐八幡神託事件にさいして、清麻呂は宇佐で道鏡を皇位につけよという託宣を得る。しかし、清麻呂はそれを信じず、神異を示さんことを祈ると、神は忽然と「長三丈許」の満月のような形を現した。これによって清麻呂は「消レ魂失レ度」という。この神異の件は、『続日本紀』にはみえず、『日本後紀』の当該条独自のものであるが、清麻呂が新たなる託宣を受ける前段に、神が急に光り示現したというのは注目される。というのも、この後の、天つ日嗣には必ず「皇緒」をたてよという神託こそが正しいと清麻呂には受け止められたからである。

㉑は、海という異界から現世に来訪する漂着神（寄り石[45]）の伝承で、常陸国鹿嶋郡大洗磯前に「明日有二両恠石一」

「後一日。亦有二廿余小石一」が現れ、それは「神憑」によりオホナモチ・スクナヒコナノミコトが示現したことと判明した。その前段に「郡民」の「煮レ海為レ塩」ものが、「夜半望レ海。光耀属レ天」を目撃し「両恠石」を「非二人間石一」として「塩翁私異レ之去」という。はじめに夜に海が光るという神異があり、朝に神の示現として寄り石が二度にわたって海辺に出現したのが人々によって発見されたというのであろう。[46]別の機会に述べた通り、夜は神が活動する時間帯であるのに対して、朝は、夜の神業の形跡を人々が目撃する有力な時間帯であったが、[47]その関係は㉑でも同じように該当する。

㉒㉓は、火山の噴火の例である。前者は阿蘇山、[48]後者は鳥海山であるが、どちらも「奇光照耀」(㉒)「有レ光。焼二土石一」(㉓)として噴火のさいの光が記録されている。かかる例は、『万葉集』にも「詠二不尽山一歌一首」(三―三一九)として「……富士の高嶺は　天雲も　い行きはばかり　飛ぶ鳥も　飛びも上らず　燃ゆる火を　雪もて消ち　降る雪を　火もて消ちつつ　言ひも得ず　名付けも知らず　奇しくも　います神かも……」とあるほか、諸史料に例が少なくない。ここでは『三代実録』の二例のみをあげるに留めた。[49]いうまでもなく、噴火活動は古代では神の力とみなされ、噴火、噴煙、爆発音、震動ばかりでなく、火山灰の降下、溶岩の流出、地形の変動など自然環境を短期日で一変させるものがあった。[50]中でも噴火は㉒㉓の例のごとく、神の示現、神異として注目されていたはずであり、右掲の歌にも「奇しくも　います神」と詠われていた通りである。『延喜式』一〇(神名式下)にある豊後国速見郡の「火男火売神社」(鶴見岳)が噴火との関連を窺わせる神社名をもっているのも、[51]このことを裏づけよう。

㉔は、宗叡の卒伝にある不思議な鳥の話である。宗叡の比叡山での「苦行」のさい、「叡山主神」が「雙烏」となって「遠行」に随い、また「暗夜則行火相照」という「徴験」を現したが、それは越前国白山でも同様であり、それをみるものがあやしんだとある。「叡山主神」も「火」によって宗叡を援助するという神異を発揮している。

右にあげた諸例からも、神が示現（退去）したり、神異を表したりするさいに、しばしば光が発せられていたことが知られよう。これは、古代の人々にとって不思議なこと、驚くべきことと受け止められていたとみられる（⑦⑪⑳㉑㉔）。『古事記』上にアメノイワトに籠ったアマテラスにアメノコヤネとフトダマが「指三出其鏡一、示三奉天照大御神二之時、天照大御神、逾思レ奇而」として、鏡に映った自らの姿（光）をアマテラスが「奇」と思ったとあること、『竹取物語』の冒頭に「いまは昔、竹取の翁といふもの有けり。野山にまじりて竹を取りつゝ、よろづの事に使ひけり。名をば、さかきの造となむいひける。その竹の中に、もと光る竹なむひと筋ありける。あやしがりて、寄りて見るに、筒の中光りたり」とあり、かぐや姫が成長すると「この児のかたちの顕証なること世になく、屋の内は暗き所なく光満ちたり」とあることからも察知される。また、神が欲するものが時に光り輝いたり、神の持ち物が光るという不思議もあった（⑫⑯⑰）。神は求めるものや持ち物に光を発せしめ、自らの意思を明らかにしたといえようか。[52]

神々と光との関係が窺える史料としては、右に列記した以外の例として、『三代実録』貞観十一年（八六九）五月癸未条の「陸奥国地大震動。流光如レ昼隠映。……」という陸奥国大地震の記事がある。この中の「流光」とは大地震のさいに起こる発光現象で、わが国最古の発光現象の記録とされている。[53]『日本書紀』推古七年（五九九）四月乙未条に「地動舎屋悉破。則令二四方一、俾レ祭二地震神一」、『三代実録』貞観十年（八六八）閏十二月己亥条の広田・生田神社への告文に「……地震乃後爾小震不レ止。因卜求之牟礼波。大神乃布志己利賜天。所二致賜一止奈利申利。……」とあるように、古代では地震も神の仕業、神の怒りと考えられることもあった。[54] その地震に発光があったことに改めて留意されてよい。この他、不思議な光の伝承としては、『播磨国風土記』賀古郡条に、大帯日子命（景行天皇）が摂津国高瀬済を渡ろうとした時、「度子」に「弟縵」を取って舟の中に投げ入れると「則縵光明、炳然満レ舟」とあること、同じく讃容郡条に、「苫編部犬猪」が土中より剣を掘りあてたが、「其柄朽失、而其刃不レ渋。光如二明鏡一」。そこで、「犬猪」は「即懐レ恡心」、刃を「鍛人」に焼かせたところ、「屈申如レ蛇」であったので、それを天皇に献上したとあることもあげられる。『播磨国風土記』の二つの伝承には神異自体は語られていないが、光によって特別な綅や剣であることが判明するという点では、⑫⑯⑰と同じく、やはり不思議な光の伝承の仲間といえよう。

ところで、神々の光が絵画史料に描かれた例として、延慶二年（一三〇九）に作成された『春日権現験記絵』がある。巻二〇の詞書には、嘉元二年（一三〇四）の出来事として、「七月のはじめつかたより、春日山の木、いまだ黄落の期をむかへざるに、たちまちにみどりの色を変じて梢すき、神さびゆきしかば、神護景雲二年の御託宣に、『……我、当山をさりて天城にかへりましますとしるべし』とあれば、今にあたりて垂跡のとぼそをとぢて、本覚の城にかへらせ給にやと、なげきあへりしほどに……九月廿八日の夜、たがいふとしもなく、大明神かへりいらせ給といひさはげば、人々面々たちいで見たてまつるに、四方の雲の色、炎上の余気のやうにひかりて、涼風ゆるくふき、微雨まゝそゝく。遠近の火済々、星のごとくとびありきて、社々にいらせ給。大方目もあやなり。社頭にては、また御帰座のやうに、松明二行に見えけり。又、人もけたぬに、宝前の燈爐の火、一度にきえてけり。さき〳〵大明神いでさせ給時も、いらせたまふ時も、火をけつ事にてなむ有けり。長者より、御神楽をゝこなはれしおりふしなりしかば、陪従・近衛召人など、をの〳〵見さはぎけり」とある。かかる詞書の後に続いて、春日社境内の樹木が白・赤紫などに変じている（山木枯槁）中、社殿に向かって無数の赤い火が天と地に飛び、それを見て騒ぐ陪従や近衛召人の様子が描写されている（〔図8〕）。十三世紀以降しばしば生起した春日山木枯槁については、瀬田勝哉氏が、いずれも興福寺の大和国支配を武家が侵犯した時期と合致しており、興福寺側主導の演出であったこと、と同時にそれは春日山の木が神の意志で枯れるという京都の貴族を脅かす霊託現象であったことを解き明かされている[55]。春日山木枯槁の問題に鋭く踏み込んだ瀬田説になにも付け加えることはないが、『春日権現験記絵』にある通り、神の帰還が星の

ような赤い光として表現されていたことに改めて留意したい。これをどのような自然現象として理解されるのか、にわかに判断しかねるが、神と光の関係はここでも認められてよい。しかも、一連の経緯を記録した『実躬卿記』嘉元二年九月三十日条によると、「去月（八月—引用者註）十七日夜深、雨大風之時、自二社頭一瑞火現指レ西去、其体如二松明火一、不レ知二其数一、数町飛連現二虚空一云々、……一昨日廿八日、子刻、瑞火又現遥自二西方一入二春日山一、其儀併如二松明火一充二満数十町一、凡厳重殊勝事之由、注進了」[56]とあることからすれば、『春日権現験記絵』にみる神の赤い火も、けっして荒唐無稽な造作とはいえないはずである。

以上述べてきたところをもとに、次に四つのことを指摘しておきたい。

第一は、それぞれの光が発した要因である。すべての事例につき要因が明らかになってい

図8　『春日権現験記絵』より（画面の右手上に神火〈一部〉がみえる）

るわけではないが、判明している限りでいえば、光の蜃気楼（①）、蛍（⑤）、太陽（⑥⑨⑭⑱⑲）、月（⑱）、水銀（⑨）、蛇（⑪）、雷（⑪）、噴火（㉒㉓）と、いずれも自然現象、自然物であった。これは、本章のはじめに指摘したところであるが、日本の神々が自然現象の神格化という特徴をもっていたことと対応しよう。また、この点と関連して、『古事記』上に登場する神々について、神名を手かがりに、かかる神が示現したさい、光り輝くと思しき主な例をあげてみると、以下のごとくである。[57] 太陽神として光を発するとみられるのは高御産巣日神・神産巣日神・和久産巣日神・天照大御神・天之菩卑命・天津日子根命・活津日子根命・阿遅鉏高日子根神・天忍日命など、月神としては月読命、雷の例は建御雷之男神・伊都之尾羽張・阿遅鉏高日子根神・高比売命・下光比売命など、火神は火之夜芸速男神・火之炫毗古神・火之迦具土神・天火明命・火照命・火須勢理命・火遠理命など、蛇神として八俣遠呂智、刀剣神としては石箇之男神・建御雷之男神・建布都神・豊布都神など、矛神としては八千矛神がある。これに『日本書紀』神代の例を検討しても同じ見通しを得られる。『古事記』上の例に加えて、太陽神として日神・大日孁貴・稚日女尊、星神として香香背男・天津甕星、刀剣神として経津主神の例を新たに指摘できる程度である。もちろん、神名の解釈は多々あり容易ではない。右の諸神名の中でも、火神の成因ははっきりしないとしても、後は天体・雷などの自然現象であったという大まかな傾向は認めてもよいだろう。それは、①から㉔の例と基本的に同じといえよう。なお、刀剣・矛が日・火を反射させて光ることについては後述する。

第二は、光る神としての天照大神（日神・大日孁）の問題である。天照大神は、その出生の場面において、「……（イザナキ・イザナミ）共生㆓日神㆒。号㆓大日孁貴㆒。（注略）此子光華明彩、照㆓徹於六合之内㆒」（『日本書紀』神代第五段本文）とあった。天照大神がアメノイワトに籠ると「爾、高天原皆暗、葦原中国悉闇。因㆑此而常夜往。於㆑是、萬神之声者、狭蝿那須（注略）満、萬妖悉発」（『古事記』上）、「……故六合之内常闇、而不㆑知㆓昼夜之相代㆒」（『日本書紀』神代第七段本文）、「……天下恒闇、無㆓復昼夜之殊㆒」（『日本書紀』神代第七段第一の一書）、同神がイワトから出ると「……高天原及㆓葦原中国㆒、自得㆓照明㆒」（『古事記』上）、「……日神之光、満㆓於六合㆒」（『日本書紀』神代第七段第三の一書）と語られている。このような天照大神の光は、太陽の光というだけではなく、高天原から葦原中国におよぶ「全世界に秩序をもたらす支配者の光」[58]といえよう。天照大神は「（大日孁尊・月弓尊）照㆓臨天地㆒」（『日本書紀』神代第五段第一の一書）、「姉（日神）照㆓臨天国㆒」（『日本書紀』神代第七段第三の一書）という存在として位置づけられているが、この「照臨」の語は、上方で光り輝く者が下方を照らし下界を治めるという儒教的統治思想に由来する。[59]「天照らす」の「テラス」は他動詞で「天にあって照らす」意とみられるが、[60]天皇家の守護神は「テラス」の語によって天下に照臨するという儒教的意味づけをより明確化させたものと思われる。したがって、天照大神の発する光は統治者としての光であって、これまで述べてきた神々の光とははっきりと区別さるべきであろう(61)。これは、本書第Ⅱ部第三章「古代史料にみる雷神の示現と神異」で指摘したように、雷神としてのタケミカヅチの神異伝承には地域の雷神の神異伝承と共通するところがある一方で、王権神として高天原側に立った神異を発揮しており、その点で地域の信仰と区別される点があった(62)というのとパラレルの関係といえよう。

第三は、光を放っていたのは神々だけではなく、仏像や僧の例が見出されるという点である。『日本書紀』欽明十三年十月条に百済聖明王から「献」じられた「釈迦仏金銅像一躯」、同十四年五月戊辰条の「吉野寺放レ光樟像」、『日本書紀』敏達十二年是歳条の「日羅身光、有レ如二火焔一」とあるのが代表例といえよう。『日本霊異記』においても、仏像の放光として、金鷲山寺の執金剛神の摂像（中―二一）、下毛野寺の金堂の観音像（中―三六）、鵜田堂の薬師仏木像（中―三九）の例があり、高僧のいる室内が光り輝くという霊異が、上―四の願覚、上―一四の義覚(63)、上―二二の道照にあった。さらには、「放光寺」として、「放光寺」「放光」と篦書きされた瓦が出土した群馬県前橋市の山王廃寺跡の例(64)も右の仲間に含められるかもしれない。このような放光という霊異が基本的に仏像や僧の身体において現れるという点に注目すべきである(65)。行基が「焚二剝指臂一」（『続日本紀』養老元年〈七一七〉四月壬辰条）(66)という修行をしたとあること、『日本霊異記』下―三六に藤原家依の病気治療を行った禅師が「手於置レ爝、焼レ香行道、読二陀羅尼一」とあることからも窺えるように、僧が修行をして俗人から隔たって仏菩薩の世界に近づこうとする中で、仏像と僧の身体が共通の感覚としてとらえられていたのであろう(67)。

蔵中しのぶ氏が、『日本書紀』では仏教伝来記事を境に仏教的な光の記事が現れてくるが、そこには金光明経の他に、僧の名として妙光・善光（『日本書紀』崇峻三年是年条）、恵光（『日本書紀』推古三十一年七月条）、道光（『日本書紀』白雉四年五月条）と仏教国百済王の名として善光（『日本書紀』天智三年三月条など）があることを指摘されている(68)こと、これとは別に和田萃氏が宝亀十一年（七八〇）の「西大寺資財流記帳」に薬師金堂の薬師三尊に計三四八面もの鏡がつけられていたとある点に着眼して「浄闇のなかで燃える微かな煬光が、数多くの鏡で反射し合い、薬師三尊を浮き上がらせる、まことに幻想的な光景といえよう(69)」と述べられていることは、右との関連で看過すべきではあるまい。かかる仏教的な光が僧・仏像の身体において現れていたことは、基層信仰の神々の光が自然現象とかかわって出現していたことと対置されるからである。

第四として、第三と関係するが、先にあげた『日本書紀』欽明十四年五月戊辰条の「吉野放レ光樟像」は「茅渟海」に浮かんでいた樟木であり、「有二梵音一。若二雷声一」とあった。これと類似の伝承が『日本霊異記』上―五にあるが、そこでは海上を流れていたのは「当二霹靂一之楠」とあるので、「吉野窃寺」に安置された「放レ光阿弥陀之像」の光とは稲妻に由来するといえよう。また、『日本書紀』敏達十二年是歳条の「日羅」も「火焔」のごとき光をもっていたが、百済の徳爾らが「遂於二十二月晦一、候レ失レ光殺。日羅更蘇生……」とあることからすると、日羅の光の背景には太陽の光があったことになる。仏教の光が僧や仏像の身体を介していたことは動かないとしても、その光の中には自然界の光と交錯するケースがあったとして注目しておきたい。

四　光による異界への通信

これまで神々の光について論じてきたが、人間が神・自然に対して光を放ち、人間の側の意志を伝達しようとしているケースもあるので、本節ではその問題につき言及してみたい。ここでも関係史料をあげて具体的に検討することからはじめたい。

㉕……于時、八十萬神、会二於天安河辺一、計二其可一レ禱之方一。故思兼神、深謀遠慮、……而中臣連遠祖天児屋命、忌部遠祖太玉命、掘二天香山之五百箇真坂樹一、而上枝懸二八坂瓊之五百箇御統一、中枝懸二八咫鏡一、（注略）下枝懸二青和幣、（注略）白和幣一、相與致其祈禱焉。又猨女君遠祖天鈿女命、則手持二茅纏之矟一、立二於天石窟戸之前一、巧作俳優。……而火処焼、覆槽置（注略）顕神明之憑談。……

（『日本書紀』神代第七段本文）

㉖……于時御祖神等恋慕哀思。夜夢天神御子云、各将レ逢レ吾。造二天羽衣天羽裳一。炬レ火擎レ鉾待之。又餝二走馬一取二奥山賢木一立二阿礼一。悉二種々綵色一。又造二葵楓蘰一厳飾待之。吾将レ来也。御祖神即随二夢教一。令三彼神祭用二走馬幷葵蘰楓蘰一此之縁。因レ之山本坐天神御子。称二別雷神一。

（『年中行事秘抄』四月賀茂祭条所引「旧記」）

㉕は、アメノイワト神話の一部で、「八十萬神」がアメノイワトに籠ったアマテラスを迎えるために、「天香山之五百箇真坂樹」に「八坂瓊之五百箇御統」と「八咫鏡」などをかけ、アメノウズメが手に「茅纏之矟」をもち「火処焼、覆槽置（注略）顕神明之憑談」とある。サカキの枝にかけられた玉・鏡、あるいはアメノウズメが手にしたホコは、「火処焼」とある火に反射して、アマテラスに向かってピカピカと光ったのではあるまいか。[70]「火処焼」は『古語拾遺』に「挙二庭燎一」とあるので、照明用であったろうし、また、冬至に行われる太陽の復活呪術でもあろう。[71]と同時に、火によって神を招く機能もあわせもっていたと推察したい。『古事記』上、『日本書紀』神代第七段第二・第三の一書のアメノイワト神話では、サカキに玉と鏡をかけるとあり、同第一の一書ではアメノウズメが手にするはずの「日矛」が登場する。これらの所伝には第七段本文の「火処焼」のことはみえないが、玉・鏡・矛が迎神具として機能する前提として、アマテラス（日神）が籠ったイワトの前で火が焚かれていたことを十分予想しておくべきであろう。いずれにしても、㉕の例は、火と玉・鏡・矛の光による神迎えの事例とみられる。

㉖は、『年中行事秘抄』に引く「旧記」であるが、「旧記」は四月に行われたカモ神社の御阿礼祭の様子を反映したもので、年代は十世紀中頃と推定される。[72]「旧記」には昇天した「天神御子」(別雷神)を「御祖神」が恋慕っていると、「御祖神」の夜の夢に「天神御子」が出てきて、「各将レ逢レ吾」として神示現の方法を教え、「御祖神」の側もそれに従って神をまつったとある。ここでの光も「炬レ火」、すなわち、今日のお盆の迎え火のような「神を招く方式としての庭火」[73]と、その火に反射して光る「鉾」の存在が指摘される。御阿礼祭の夜に、二つの光によって別雷神は迎えられていたのであろう。

ところで、㉕㉖に付け加えて、このような火による迎神と思しき痕跡が、近年の祭祀遺跡の調査でみつかっていることも指摘しておこう。たとえば、奈良県御所市の南郷大東遺跡(古墳時代中期)では集落群の南端に沈殿と濾過を繰り返して水を導く導水施設が発見され、貯水池から三つの木樋を通って、いわば特別の水が下流に流れていく構造が明らかになった。一番大きな木樋(全長三・九八メートル、幅八九センチ)の周囲は覆屋と垣根で二重に遮蔽され、周囲には祭りに使用された玉類・琴・翳形木製器・木製武器などとともに木の燃えさしが大量に出土した。燃えさしの存在からして、木樋のところで夜間の祭りが行われていたと推定されているが、[74]㉕㉖の史料からも、その火は単なる照明用だけではなく、神を招く目印でもあったと考えるべきであろう。同様な祭祀遺跡にかかわる火使用の痕跡例としては、長野県更埴市屋代遺跡群高速道地点SD七〇四二で、七世紀末の木樋脇から祭祀遺物とともに出土した灯明具(石器)の例、[75]静岡県浜松市の西畑屋遺跡で小河川の両側で八世紀前半の祭祀遺物を含む土器集積と焼土がみつかった例[76]などがあげられる。かかる例も神を迎えるために火が使用されていた痕跡ではないだろうか。

㉗爰日本武尊、則従二上総一転、入二陸奥国一。時大鏡掛二於王船一、従二海路一廻二於葦浦一。横渡二玉浦一、至二蝦夷境一。蝦夷賊首嶋津神・国津神等、屯二於竹水門一而欲レ距。然遥視二王船一、豫怖二其威勢一、而心裏知二之不一レ可レ勝、悉捨二弓矢一、

望拝之曰、仰視二君容一、秀二於人倫一。若神之乎。欲レ知二姓名一。王対之曰、吾是現人神之子也。……

（『日本書紀』景行四十年是歳条）

㉘息長帯日女命、欲レ平二新羅国一、下坐之時、禱二於衆神一。爾時、国堅大神之子、爾保都比売命、着二国造石坂比売命一、教曰、……如レ此教賜、於此、出二賜赤土一。其土塗二天之逆鉾一、建二神舟之艫舳一。又染二御舟裳及御軍之着衣一。又攪二濁海水一、渡賜之時、底潜魚及高飛鳥等、不二往来一、不レ遮レ前。如是而、平二伏新羅一、已訖還上。……

（『播磨国風土記』逸文）

㉙……（小子部）栖軽奉レ勅従レ宮罷出。緋縵著レ額、擎二赤幡桙一、乗レ馬従二阿倍山田前之道与二豊浦寺前之路一走往。……

（『日本霊異記』上―一）

㉚……尾張国阿育知郡片蕝里有二一農夫一。作田引レ水之時、少細降雨故、隠二木本一撩二金杖而一立。時雷鳴。即恐驚擎二金杖一而立。即電堕二於彼人前一、成二小子一、而其人持二金杖一将レ撞時電言、莫レ害レ我。我報二汝之恩一。……

（『日本霊異記』上―三）

㉗は、ヤマトタケルが陸奥国に海路入り「蝦夷境」に至ると、「蝦夷賊首嶋津神・国津神」が「現人神之子」でもあるヤマトタケルに帰順したという伝承。ここで留意されるのは、ヤマトタケルの蝦夷征伐が、古代の戦争がそうであるように神と神との戦いでもあった[77]こと、ヤマトタケルが蝦夷の勢力圏―タケルの側からすれば異界に入るさいに、「王船」に「大鏡」をかけていたという点である。この「大鏡」が単なる船の飾りであったとは考え難い。異界に光を届ける役割を果たしていたのではないだろうか。光によって蝦夷方の「賊首」の神々も「遥視二王船一、豫怖二其威勢一、而心裏知二之不一レ可レ勝」として降伏したのであろう。

㉘は、息長帯日女命（神功皇后）が新羅を平定する時に、ニホツヒメがイハサカヒメに神懸りして、自分を手厚く

まつったら新羅国は平定できるだろうとして、「赤土」を出さしめた。息長帯日女命は、それを「天之逆鉾」に塗り「神舟」の「艫舳」に建て、また、舟の「裳」と「御軍」の「着衣」を赤く染めた。それによって新羅を平定することができたという伝承である。(78) ここの「神舟」や「天之逆鉾」も、先にあげた「丹塗矢」と同じく、赤く輝いていたのではあるまいか。これに朝日があたっている光景が想像できるとすればなおさらであろう。その意味で、㉘は㉙と同類の伝承であったといえる。(79) そして、㉗㉘と逆の関係が『日本書紀』景行十二年九月戊辰条の、「神夏磯媛」が天皇に対して船に立てた賢木に「上枝挂二八握剣一、中枝挂二八咫鏡一、下枝挂二八尺瓊一」て出迎えたという話（『日本書紀』仲哀八年正月壬午条の「岡県主祖熊鰐」「伊覩県主人祖五十迹手」の帰順伝承もほぼ同じ）であろう。これは、従来から、地方豪族が神宝を天皇に奉献して服属する伝承と理解されてきた。(80) もちろん、それはその通りであるが、「神夏磯媛」の例からすれば、「神夏磯媛」にとって異界の天皇に対して、剣・鏡・玉を陽光を反射させて帰順の意図を伝達するという関係も想定しておく必要があるのではないだろうか。

㉙と㉚はどちらも『日本霊異記』の伝承。前者は小子部栖軽が雄略天皇の命令を受けて「緋縵著レ額、擎二赤幡桙一」という姿で馬に乗って雷神を迎えたとある。栖軽の「桙」は招ぎ代であろうが、(81)「緋縵」「赤幡」とともに輝いていたとみるのが自然であろう。後者の「一農夫」が手にしていた「金杖」も、雷神がその前に降りてきたことからも、元来は招ぎ代の役割をもっていたと推考される。(82) ただし、その一方で、この「金杖」には㉙の「桙」とは異なる役割もあった。というのは、農夫は自分の前に降った雷（小子）を「金杖」で脅迫しているからである。迎神用の「金杖」と脅迫・撃退用の「金杖」はもとより同一物であるが、役割を異にすることは明らかである。しかしながら、人間の側の意思を異界の雷神に伝達する役割をもつという点では迎神用でも脅迫・撃退用でも共通するところがある。その点では㉗の「大鏡」も撃退用といえるかもしれない。いずれにしても本節では、古代の人々が金属器に反射する光を

利用して、異界に対しても自分の意思を伝達していたことに留意したいと思う。

このような脅迫・撃退用の金属器の光の系譜は、㉚以外の諸史料にも散見している。次に、それを列記しておく。

第一は、雷鳴陣である。[83] 雷鳴陣とは、雷鳴のさいに近衛府・兵衛府・中務省の官人が清涼殿以下の殿舎に参候して天皇を護衛するという行事で、九世紀から十一世紀初頭まで行われたことが諸史料から確認されている。『北山抄』九によると、清涼殿の東北・西南角にそれぞれ四人ずつ立つ「御殿昇近衛」は「取レ桙不レ帯二弓箭一」、南殿前に陣した「兵衛」三人も「不レ帯二弓箭一、持二長桙一」とある。このホコは、空の雷に向けて光を反射するものであり、近衛将官たちの「鳴弦」とともに雷から天皇を守護する役割をもっていたのであろう。

第二は、『今昔物語集』二七—七に在原業平が女を盗み出し、北山科の山荘に隠したところ、夜半に稲光がして雷鳴が激しくとどろいた。業平は大刀を抜いて「起居テヒラメカシケル程ニ」雷鳴も止んだとある話。同二七—二九に源雅通の家の乳母が幼児を遊ばせていたところ、同形の乳母が現れ幼児の奪い合いとなるが、雅通が「大刀ヲヒラメカシテ」走りかかると、一人の乳母がかき消すようにみえなくなったとある話。同二七—四四に鈴鹿山中の古堂に宿った若者が天井の格子ごとに現れた恐ろしい顔を「大刀ヲ抜テヒラメカシ」て退散させたとある話。以上の三話は、ともに大刀を「ヒラメカス」[84] ことで雷や妖怪類を撃退したことに注目すべきである。

第三は、『北野天神縁起絵巻』（承久本）で、巻五の詞書によると、菅公の怨霊が雷神になって清涼殿に落雷したさい、「本院の大臣（藤原時平—引用者註）只一人、大刀を抜き掛けて、……睨み遣りてぞ立ち給ひたりける」とあり、同絵巻には実際、抜き身の大刀を菅公に向けて立つ藤原時平の姿が描かれていることである（［図9］）。菅公（雷）の稲妻に対して時平は大刀を「ヒラメカス」ことで菅公に対抗しようとしたのであろう。

㉛……使挿レ笏給レ之、挿二懐中一、勅曰、能久申進礼、使称唯、（注略）次被レ仰曰、宣命読了、於二神前一可レ焼レ之……

図９『北野天神縁起絵巻』（承久本）より

於二第一鳥居外一脱レ剣、於二第二鳥居下一用二塩湯・大麻一、参宮儀如レ上、但参進次第、御幣禰宜等列二立御輿宿南方一、（注略）使使列二立其西一、（注略）自余儀大略同レ上、但玉串取二左右手一、（注略）奉レ幣奉レ拝拍レ手儀等皆同レ上、宸筆宣命読了復レ座、奉レ拝畢目二一禰宜一、禰宜進来、給二件宣旨[命]一云、可レ焼レ之、禰宜破レ之、於二神前一焼レ之、次退出、……

（『江家次第』一二）

㉜件事後日江相公密々伝二示之一、為レ後所レ記也、読申之後、即於二御前一焼レ之云々、

（『九暦』天暦四年〈九五〇〉六月甲子条）

㉝……使公卿参二御陵一。次官内竪大

舎人等舁二立幣物等一。如二御前儀一。畢内竪大舎人取二出幣物一。置二棚上一之後。長次官端レ笏両段再拝了。内竪以レ燭焼レ之了。長次官又四位。畢帰却。次官独就二内侍所一申二返事一。

（貞観六年〈八六四〉十二月十四日大蔵省例〈『政事要略』二九所引〉）

光（火）による異界への通信として、それが国家的祭祀の場にも採用された例を右に掲げた。㉛は、伊勢公卿勅使の儀である。伊勢公卿勅使については、藤森馨氏に専論[85]がある。それによると、伊勢公卿勅使とは特別の大事にさいして、王・中臣・忌部等を従えて伊勢神宮に派遣される勅使のことで、公卿勅使には参議以上の殿上人があてられた。公卿勅使のはじまりは九世紀末に遡るが、同使を殿上人が勤めるという要件が成立するのは十世紀中頃以降のことであったとされている。伊勢公卿勅使発遣儀では、公卿勅使は清涼殿上に召されて宸筆の宣命を賜り、「能久申進礼」という勅があり、また、「宣命読了、於二神前一可レ焼レ之」との仰があった。その後、勅使は八省院に向かい、中臣・忌部は小安殿で幣帛を、王は東福門外で宣命を授与される儀が後接する。伊勢神宮（内宮）では、まず中臣が宣命を読み、宮司以下が玉串を玉串御門に奉置する儀がある。その後、公卿勅使が宸筆の宣命を読み、終わると一禰宜がこれを破り神前で焼くという。

この宣命を焼く儀は宸筆の宣命だけに限られていたらしい[86]。当該儀がいつ、いかなる契機ではじまったか、不明なところが少なくない。ただ、公卿勅使そのものの開始が、前述の通り九世紀末であること、公卿勅使が宸筆の宣命を携えて神宮に向かう最初は寛弘二年（一〇〇五）、神鏡焼損の一件以来のことであること（『江家次第』一二）、宸筆の宣命を焼くというのは㉛の『江家次第』よりも古く、『礼儀類典伊勢公卿勅使抄』承保元年（一〇七四）六月甲午条、七月己亥条（『師記』逸文）にみられることからすれば、当該儀のはじまりも十一世紀に入ってからとみるのが妥当であろう。

㉜は、山陵への告文が焼かれた、史料上の初見例[87]。この時、村上天皇が憲平親王立太子の由を醍醐天皇陵に告げたが、その「御書」（告文）は、引用箇所にある通り、「江相公」（勅使の参議大江維時朝臣）が陵前で読んだ後に焼いたとある。当該例からすれば、伊勢神宮で宸筆宣命を焼く以前の時期からすでに山陵で告文を焼く儀がはじまっていたことになる。

㉝は荷前儀で、天皇による奉献の別貢幣の儀の一部である。同様な所作は『北山抄』二、『江家次第』一一にもみえ、いずれも山陵の前で幣物が焼かれるという。この儀は㉝の成立年代からして、遅くとも九世紀中頃には成立していたらしい。

伊勢神宮の神前や山陵といった国家的祭祀の場で宣命や幣物を焼く儀[88]がいかなる経緯ではじめられていったかを明らかにするのは容易ではない。ここでは次の二つの見方が成り立ちうることを指摘しておきたい。

第一は、これまで述べてきた人間の側が異界に光（火）によって意思伝達を行っていたことの延長線上に当該儀を位置づけることである。ここには吉田敦彦氏が「……ギリシア神話（プロメテウスが天空から火を盗んできた話―引用者註）では、火の起源と結びついて神々と人間が分離しているということがあるわけですが、他方また火によって神々と人間は結びつけられているわけで、神々に人間がコミュニケートするためには、犠牲の煙を神々の所に運ぶ火を媒介とせねばならない[89]」と指摘されているように、火のもつ結合と分離という両義性が想定されるように思う。

第二として、最近、稲田奈津子氏によって指摘されているところであるが[90]、中国の郊祀・宗廟祭祀における皇帝御署祝版の焚き上げとの類似性で、交野での郊祀など、中国の礼制受容を積極的に行った桓武天皇によって、中国に倣って伊勢神宮や山陵での祭祀の場に宸筆宣命を焼く行為がはじめられたという説である。

このうち、稲田説に関していえば、先述のごとく、山陵前で幣物を焼く儀（㉝）が九世紀中頃に遡るというのは郊天祭祀が実施された桓武・文徳朝とは年代的に矛盾はないが、十世紀後半から十一世紀が史料上の初見という伊勢神宮や山陵で宸筆宣命を焼く儀とはかなり隔たりがあり、その場合、直接的関係まで指摘するには決め手にやや乏しい。ただ、ここで関連するところとして、『竹取物語』の末尾に「かの奉る不死の薬に、又、壺具して、御使にたまはす。勅使には、調の石笠といふ人をめして、駿河の国にあなる山のいたゞきに、もてつくべきよし仰給。嶺にてすべきやう、教へさせ給。御文、不死の薬の壺ならべて、火をつけて燃やすべきよし、仰せ給ふ。そのよしうけたまはりて、兵士どもあまた具して、山へ登りけるよりなん、その山を『富士の山』とは名づけける。その煙、いまだ雲のなかへたち昇るとぞ、言ひつたへたる」とあることも注目しておきたい。『竹取物語』の煙については、「アメ・ツチの交通杜絶以後……地上から煙によってアメへ通信することができた」とする益田勝実氏の説(91)がある。それに対して、山根啓子氏は、益田説を批判して、①勅使を務めた「高野の大国」（かぐや姫の昇天を阻止するための勅使）と「調の石笠」がどちらも桓武天皇の近臣と思しき人物であること(92)、②「天に近き」富士山は郊外の円丘に対応させることができることから、右の引用箇所に郊祀祭天の儀との対応を見出し、「天に向かって立ち上る煙は、地上の最高権力者である帝と、天界との交流の象徴(93)」とされた。

この山根説に従うと、中国の郊祀の影響は『竹取物語』にまでおよんでいたことになる。さらに『続日本後紀』天長十年（八三三）十一月丁卯条には、仁明天皇の大嘗祭の卯日行事を「天皇御二八省院一。修二煙祀之礼一」と記すのも留意される。卯日に「煙祀之礼」そのものがなされたというわけではあるまい。ここからは中国的な「煙祀」の知識が確実に定着していたことを読み取るべきであろう。

このようにみてくると、稲田氏の指摘のごとく、伊勢神宮や山陵で宸筆宣命を焼く儀が中国の郊天祭祀の影響とみなしうるかもしれない。その場合には、本節で㉕〜㉚の諸史料に掲げた人間の側の情報伝達としての光（火）とは区別されるといわねばならないだろう。

五　おわりに

最後に本章の考察結果をまとめておくと、以下の通りである。

1、古代の神々の世界を、神と人間と自然の三極構造という観点から、神が生成する場の様子を古代史料に即して検討すると、そこに光（日・火）がしばしばたち現れ、古代の人々は視覚を通して神の存在を実感していたことが推察される。

2、古代の神々の不思議として光を発して人々を驚かせるということがあったが、その要因は概ね自然現象であったとみられる。これは、日本の神々が自然現象の神格化という性格をもっていることと対応する。ただし、アマテラスの光は、天下に照臨するという儒教的意味づけをもつものであり、自然界の光とは明瞭に区別される。

3、古代の人々は、光（火）によって自然や神、あるいは異界に対して、自己の意思を伝達しようとしていた。ここには火のもつ結合的機能が前提にある。

4、伊勢神宮や山陵といった国家的祭祀の場での宣命や幣物を焼く儀については、桓武朝における郊天祭祀儀の影響を想定することも不可能ではない。その場合には3の火とは区別されねばならない。

本章では、光（日・火）を軸に神・自然と古代の人々との関係を考察してきたが、言及できなかったこととして、異界と人間界を結ぶ橋としての虹[94]、人間が異界に対して発する火として漁り火（『万葉集』一二―三一六九など）、卜占のさいに利用される火の問題もある。また、火のもつ機能という点に着目すれば、人間と人間との間を結ぶ火の事例として、古代国家が整備した烽制[95]（軍防令烽昼夜条）、遣唐使船が相互の連絡用として火を用いていた（「火信」[96]）ことなどがある。

最近、古代の神仏と人々との交感には、文字ばかりではなく音声も重層化していたことが指摘されている[97]。妥当な指摘であるが、それだけでは十分ではあるまい。本章でも述べた通り、そこには光による交感があり、さらにいえば神々の不思議や古代の人々の感性を介して古代的心性にかかわる問題が広がっていると思われるからである。関連するところは多岐におよぶ。論じ残した点については後考を期したい。

註

（1）平野仁啓『日本の神々』（講談社現代新書、一九八二年）二一三〜二一七頁。

（2）宮家準『宗教民俗学』（東京大学出版会、一九八九年）三六三〜三六七頁。神・人間・自然の関係については本書終章「古代の王権祭祀と自然」で論及している。

（3）最近の代表的な研究として、西宮秀紀『律令国家と神祇祭祀制度の研究』（塙書房、二〇〇四年）をあげておく。本書の視角は序にもある通り、古代の神祇祭祀は国家の宗教的イデオロギー装置であり（支配の道具）、したがって、それを支えた制度の研究が必要なこと。また、国家のイデオロギーがいかに地方におよんだか、具体的には天皇の幣帛がどのように扱われたか（交通論）が研究の眼目であるとされる。西宮氏の研究対象は、まさに本書のタイトルにあるように国家と制度であった。この研究成果に筆者が異を唱えているわけではない。ただ、解決すべき問題はその先にあり、律令国家の制度が古代の神々や祭り全体の中でいかに位置づけられるのかという点ではあるまいか。

（4）本章のような試みは、本書第Ⅱ部第一章「古代の神々の示現と神異」、同第二章「古代の樹木と神異」、同第三章「古代史料にみる雷神の示現と神異」でも扱っている。

（5）阪倉篤紀「語源」（『講座日本の語彙』一、明治書院、一九八二年）九九頁。

（6）佐伯有清「ヤタガラスと鴨氏」（『新撰姓氏録の研究』研究篇、吉川弘文館、一九六三年）四八八頁。

（7）松前健「文献にあらわれた火の儀礼」（『日本古代文化の探究・火』社会思想社、一九八四年）二〇七〜二〇八頁。

（8）仲原善忠「太陽崇拝と火の神」（『仲原善忠全集』三、沖縄タイムス社、一九七八年）。

（9）三品彰英「フツノミタマ考」（『三品彰英論文集』二、平凡社、一九七一年）。なお、三品氏は、「かぐや姫の本質について」（『三品彰英論文集』三、平凡社、一九七一年）において、「かぐや姫は光る子であり、天の御子である」として、日本と朝鮮の伝説の素材的関係性を論じられている。

（10）湯浅泰雄『神々の誕生』（以文社、一九七二年）。

（11）犬飼公之『影の古代』（桜楓社、一九九一年）二五〜二六頁。

（12）本書第II部第三章「古代史料にみる雷神の示現と神異」。

（13）今日、不知火は光の屈折現象で起こることがわかっているが、それが判明する以前の諸説（漁火説・生物発光説など）については、内藤正敏「怪火と科学」（『ユリイカ』一六―八、一九八〇年）、神田左京『不知火・人魂・狐火』（中公文庫、二〇〇五年、初出は一九三一年）一八一〜二六九頁に詳しい。

（14）山下太利『不知火の研究』（葦書房、一九九四年）一〇四頁。その他、角田義治『自然の怪異』（創樹社、一九九〇年）、立石巌『不知火新考』（築地書館、一九九四年）参照。

（15）夜の航海については、直木孝次郎「夜の船出」（『夜の船出』塙書房、一九八五年）参照。直木氏は、『万葉集』一―八の「熟田津に　船乗りせむと　月待てば　潮もかなひぬ　今は漕ぎ出でな」の歌に関して、瀬戸内海域では夜に陸から海に向かって吹く陸風を利用した航海は珍しくなかったと指摘された。それに対して、吉井巌氏は、『万葉集』一五の遣新羅使人歌と瀬戸内海をめぐる潮流についての詳細な分析をもとに、夜の船出は通常のケースではなかったと指摘され（「万葉集の遣新羅使船の夜の船出」〈『万葉集への視角』和泉書院、一九九〇年〉）、さらに多田一臣氏も夜の航海は原則的にありえないもので、『万葉集』一―八は船御遊（海上に船を浮かべ、神を迎える神事）のための船出であるとして（「古代人と夜」〈『万葉歌の表現』明治書院、一九九一年〉一四三〜一四五頁）、吉井・多田両氏ともに直木説に批判的である。本章では、古代において夜の航海がどの程度行われていたか議論できるほど、史料を準備できているわけでないが、『日本霊異記』上―七に禅師弘済が難波から「即借二人舟一、将二童子二人一、共乗度レ海、日晩夜レ深。舟人起レ欲、行二到備前骨嶋之辺一、取二童子等一、擲二人海中一。……」とあること、土佐から船で帰京した紀貫之は、『土佐日記』に「あかつきに船をいだして」（承平五年〈九三五〉正月十一日条）などと記しているので、当時の出港時刻は「日の出前の午前五時頃」というのが一般的であったとみられ（松原弘宣「国司の船旅」〈『古代国家と瀬戸内海交通』吉川弘文館、二〇〇四年〉二一三頁)、しかも、「『海賊は夜歩きせざるなり』と聞きて、夜中ばかりに船を出だして、阿波のみとを渡る」(正月三十日条)という例もあること、また、本章で取り上げた史料①④からしても、直木説は十分成り立つように思う。

(16) 神々の光として雷神の稲妻(稲光)の例があるが、これについては、本書第II部第三章「古代史料にみる雷神の示現と神異」で論じたので、本章では省略する。

(17) 三谷栄一「蛍狩の唄と田の神」(『古典文学と民俗』岩崎美術社、一九六八年)三七九頁。

(18) ホベの諸説については、次田潤『祝詞新講』(明治書院、一九二七年)四七八~四八〇頁。

(19) 湯浅、前掲註(10)六三~六六頁。

(20) 西宮一民校注『古事記』(新潮社、一九七九年)三九四頁。なお、福島秋穂氏は、サルダヒコの光について、他界・異文化圏の人(神)の中には発光するものがあると考える未開・古代人の観念の所産とされている(「発光する神サルダヒコについて」〈『紀記の神話伝説研究』同成社、二〇〇二年〉)。

(21) 真下厚「水の聖地の『上』」(『万葉生成論』三弥井書店、二〇〇四年)一二九頁。

(22) 引木倶侑「水伝承」(『伝承と変容』武蔵野書院、一九八〇年)八三~八四頁、犬飼『影の領域』(桜楓社、一九九三年)一〇四~一〇五頁。

(23) 松田寿男『丹生の研究』(早稲田大学出版部、一九七〇年)一五五頁。

(24) 西宮、前掲註(20)四〇一頁。

(25) 佐伯『新撰姓氏録の研究』考証篇第四(吉川弘文館、一九八二年)五五頁。

(26) 吉野裕子『蛇』(講談社学術文庫、一九九九年)三三頁。

(27) 『常陸国風土記』那賀郡条の晡時臥山伝承を参照。

(28) 谷川健一『神・人間・動物』(『谷川健一著作集』一、三一書房、一九八〇年)二〇八~二一九頁。

(29) 百済大寺の遺構は桜井市吉備の吉備池廃寺であり、子部社の存在も、金堂土壇の東方に「カウベ」「コヲベ」、北側小丘陵に「高部」という小字名があり、それらとの関連が指摘されている(奈良文化財研究所編『大和吉備池廃寺』〈吉川弘文館、二〇〇三年〉一五五頁)。しかし、発掘調査で金堂・塔の焼失の痕跡はまったくなく、「社神」の失火を史実とするのは無理とみられている(同上書、一五二・一五九頁)。

(30) 田中卓「新たに世に出た『宝亀三年太政官符』」(『古典籍と史料』国書刊行会、一九九三年)。
(31) 『出雲国風土記』嶋根郡加賀郷条に「加賀郷。郡家北西廿四里一百六十歩。佐太大神所レ生也。御祖神魂命御子、支佐加比売、闇岩屋哉詔、金弓以射給時、光加加明也。故云二加加一」とある。しかし、加賀郷の郷名由来伝承は細川家本などの古写本にはみえず、近世(『出雲風土記鈔』を編纂した岸崎時照の手によるか)の補訂ではないかという平野卓治氏の説がある(「『出雲国風土記』島根郡加賀郷条について」〈『古代文化研究』五、一九九七年〉)。本章では平野説に従い、加賀郷の伝承の方は取り上げないこととした。
(32) 関和彦「佐太大神と地域社会」(『古代出雲世界の思想と実像』大社文化事業団、一九九七年)一四一～一四五頁。
(33) 吉井巌「佐太大神」(『天皇の系譜と神話』二、塙書房、一九七六年)一一一～一一二頁、谷川『出雲の神々』(『谷川健一著作集』二、三一書房、一九八四年)一三七頁。
(34) 益田勝実「神話的想像力」(『講座日本文学』神話上、至文堂、一九七七年)三七頁。
(35) 水野祐『出雲国風土記論攷』(早稲田古代史研究会、一九六五年)三五四～三六一頁。
(36) 高木敏雄『増補日本神話伝説の研究』一(平凡社東洋文庫、一九七一年)三三一頁。
(37) 三品「フツノミタマ考」(前掲註〈9〉)三六一頁。湯浅氏も「火を発する輝く電光の姿」とされている(前掲註〈10〉一一六頁)。
(38) 水野、前掲註(35)三五七頁。
(39) 吉井、前掲註(33)一一二～一一三頁。
(40) 岡田精司「草薙剣伝承と古代の熱田神社」(『古代祭祀の史的研究』塙書房、一九九二年)二五二～二五三頁。
(41) 犬飼、前掲註(11)二七～二八頁。
(42) 岡田「大王就任儀礼の原形とその展開(補訂)」(前掲註〈40〉所収)八一～八二頁。
(43) 村崎真智子「稲籾を撒くと暗闇が明るくなる伝承」(『新嘗の研究』五、第一書房、二〇〇三年)。
(44) 『皇太神宮儀式帳』に相殿神の神体として、天手力男神の神体が弓、万幡豊秋津姫命の神体が剣とある。
(45) 松本信広『日本の神話』(至文堂、一九六六年)五～二三頁。
(46) 『古今著聞集』一に「延久二年八月三日、上総の国一の宮の御託宣に、『懐妊の後すでに三年におよぶ。今、明王の国を治むる時にのぞみて、若宮を誕生す』と、仰せられけり。これによりて海浜を見ければ、明珠一果ありけり。かの御正体に違ふことなかりけり。ふしぎなる事なり」とある海浜に示現した「明珠」も光り輝く「ふしぎなる」存在であったという点で㉑の伝承と共通する。

(47) 本書第II部第三章「古代史料にみる雷神の示現と神異」。

(48) 阿蘇山の噴火については、『隋書』東夷伝倭国条にも「有二阿蘇山一、其石無レ故火起接レ天者、俗以為レ異、因行二禱祭一」とある。

(49) 古代史料にみる噴火例としては、以下の通り。「白髪山」(『肥前国風土記』総記条)、九重山(『豊後国風土記』直入郡条)、桜島(『続日本紀』天平宝字八年十二月是月条)、霧島山(『続日本紀』延暦七年七月己酉条)、神津島(『続日本後紀』承和七年九月乙未条)、開聞岳(『三代実録』貞観十六年七月戊子条)。

(50) 古代の火山噴火については、益田「火山列島の思想」(『火山列島の思想』筑摩書房、一九六八年)、松前「古典に登場しなかった神話」(『古代信仰と神話文学』弘文堂、一九八八年)二〇三～二〇七頁、池辺弥「山と神社」(『古代神社史論攷』吉川弘文館、一九八九年)一四四～一五〇頁、村山修一「噴火の時代」(『変貌する神と仏たち』人文書院、一九九〇年)、原秀三郎「古代の遠江・駿河・伊豆と自然災害」(『地域と王権の古代史学』塙書房、二〇〇二年)、菅原征子『日本古代の民間宗教』(吉川弘文館、二〇〇三年)、下山覚「災害と復旧」(『列島の古代史』二、岩波書店、二〇〇五年)、笹本正治『天下凶事と水色変化』(高志書院、二〇〇七年)九～一〇九頁など参照。

(51) 『三代実録』貞観九年(八六七)二月丙申条に「大宰府言。従五位上火男神。従五位下火売神。二社在二豊後国速見郡鶴見山嶺一。……昼黒雲蒸。夜炎火熾。……」とある。

(52) 古代の神の示現や神異の特徴の一つに突発性がある(本書第II部第三章「古代史料にみる雷神の示現と神異」)が、本章で取り上げた史料の中で突発性が明瞭に指摘できるのは⑩⑳㉑の三例である。

(53) 宇佐美龍夫『最新版日本被害地震総覧[四一六]―二〇〇一』(東京大学出版会、二〇〇三年)三九頁。なお、一九九五年一月十七日の兵庫県南部沖地震・阪神淡路大震災においても淡路島から神戸にかけて発光現象が観察されている(宇佐美、同上書、五二八頁、弘原海清『大地震の前兆現象』〈河出書房新社、一九九八年〉一三二～一三七頁)。

(54) 六国史の地震記事については、長山泰孝「六国史にみえる地震記事」(『帝塚山学術論集』二、一九九五年)参照。

(55) 瀬田勝哉『木の語る中世』(朝日新聞社、二〇〇〇年)五三～一二四頁。

(56) 『実躬卿記』の引用は大日本古記録本によったが、橋本正俊「枯槁と託宣」(『春日権現験記絵注解』〈和泉書院、二〇〇五年〉三一二頁）によって一部読み改めた。

（57）『古事記』の神々の名義については、西宮、前掲註（20）を参考にした。

（58）平松秀樹「『天照らす』考」（『古事記年報』三五、一九九三年）五八頁。天照大神の成立が儒教的徳治思想と対応することについては、平松説以前に寺川真知夫「天照大御神」（『花園大学国文学研究』一三、一九八五年）に指摘がある。

（59）平松、前掲註（58）五一〜五五頁。

（60）平松、前掲註（58）六一頁。

（61）平松、前掲註（58）六〇頁。

（62）本書第II部第三章「古代史料にみる雷神の示現と神異」。

（63）百済寺の僧慧蔵が義覚の室が光る様子を窺うと、義覚は「端坐誦レ経、光従レ口出」とある（上—四）。

（64）「辛巳歳」（六八一）の年号をもつ山上碑や長元三年（一〇三〇）に作成された「上野国交替実録帳」にみえる「放光寺」も同じく山王廃寺のこととみられている（松田猛「寺院の建立とその背景」〈『群馬県史』通史編二、群馬県、一九九一年〉九六〜一三〇頁）。なお、聖徳太子建立の四十六ケ寺の中にも放光寺（大和国）の名があり、『放光寺古今縁起』には「……供養会日尊像放レ光……故本尊名二放光佛一寺名号二放光寺一」とある。

（65）仏像の光という点では光背—「仏身から発する後光をかたどって、像の背後に付けるもの」（『日本仏教史辞典』〈吉川弘文館、一九九九年〉二九九〜三〇〇頁〈久野健氏執筆〉）にも留意される。この点、増尾伸一郎氏のご教示による。

（66）『類聚三代格』養老六年七月十日太政官奏に「害レ身焼レ指」とある。

（67）武田比呂男「仏像の霊異」（『日本文学』四五—五、一九九六年）一七〜一八頁。なお、僧の放光は中国の『高僧伝』にみえる（村上嘉実「高僧伝の神異」〈『六朝思想史研究』平楽寺書店、一九七四年〉二二五〜二二六頁）。中国から日本に仏教的な霊異神験の思想が受容された経緯については、吉田一彦「行基と霊異神験」（『古代仏教をよみなおす』吉川弘文館、二〇〇六年）に詳しい。

（68）蔵中しのぶ「日の皇子から光る君へ」（『奈良朝漢詩文の比較文学的研究』翰林書房、二〇〇三年）一六四〜一六六頁。

（69）和田萃「鏡をめぐる信仰」（『日本古代の儀礼と祭祀・信仰』中、塙書房、一九九五年）七四〜七五頁。

（70）湯浅氏は、鏡・玉・剣に「共通しているのは光であるが、……この三つの光は共にきらめく光、動いてやまぬ光である点が共通している」と指摘されている（前掲註〈10〉一一八頁）。

(71) 松前、前掲註(7)二〇六頁。
(72) 拙著『古代の神社と祭り』(吉川弘文館、二〇〇一年)一五八～一六三頁。
(73) 佐伯、前掲註(6)四八二頁。
(74) 『カミよる水のまつり』(橿原考古学研究所附属博物館、二〇〇三年)九～二四頁。
(75) 鳥羽英継「古代のあかり」(『長野県考古学会報』九六、二〇〇一年)三九～四〇頁。
(76) 鈴木敏則氏は「小川の両岸で火を焚き、神に対して饗応を行なったと考えられる」と指摘されている(「遺物と古代祭祀」〈『季刊考古学』八七、二〇〇四年〉六九頁)。また、鈴木氏は、同論文の中で、椙山林継氏の指摘として「多くの村々から集まった人々により、祖霊を馬に乗せ送り出す行事が、火を焚き(送り火)、饗応とともに行われたのではないかとする考え方もある」と紹介されている(六九頁)。
(77) 益田「神異の幻想」(『秘儀の島』筑摩書房、一九七六年)二〇頁。
(78) ニホツヒメの神話については、新羅平定の「神舟」が松阪市宝塚一号墳出土の船形埴輪に一致することを岡田氏が「船形埴輪と爾保都比売神話」(『祭祀研究』四、二〇〇五年)で指摘されている。ただし、岡田氏は、船形埴輪の船首に立てられた大刀が、刀を下にして鞘に入っているのを「天之逆鉾」と解されているが、いかがであろうか。船形埴輪は「船首を土橋の側に向けて置かれていたと考えられる」(『松阪宝塚一号墳調査概報』〈学生社、二〇〇〇年〉三三～三四頁)ということからすれば、船形埴輪は戦いを終えて大刀を鞘に納めて帰還する段階のものとみられるからである。「天之逆鉾」とは刃先を上にして大刀を立てる格好(『日本書紀』神代第九段本文など)をいうのであろう。本章で後述する大刀を「ヒラメカス」という諸例も「天之逆鉾」に含められると思う。
(79) 『播磨国風土記』賀古郡条に、大帯日子命(景行)が印南別嬢に求婚したさい、「御佩刀之八咫劒之上結爾八咫勾玉、下結爾麻布都鏡繋」、息長命を媒酌人として都から下ったという伝承がある。「麻布都鏡」のフツが光るものという意(三品「フツノミタマ考」〈前掲註(9)〉六八～六九頁)があるので、この鏡・勾玉も光り輝いていたのであろう。
(80) 泉谷康夫「服属伝承の研究」(『記紀神話伝承の研究』吉川弘文館、二〇〇三年)九〇～九五頁。
(81) 守屋俊彦「因果を信けず」(『日本霊異記の研究』三弥井書店、一九七四年)五〇頁、小泉道「雷岡の墓標」(『国語国文』四三―六、一九七四年)二五頁など。

(82)　守屋、前掲註(81)四九～五〇頁、次田真幸「日本神話にあらわれた雷神と蛇神」(『日本神話』有精堂、一九七〇年)一七六頁など。

(83)　雷鳴陣については、佐多芳彦「雷鳴陣について」(『日本歴史』五八三、一九九六年)参照。

(84)　雷の稲妻も「ヒラ(ロ)メク」であったことは、『日本書紀』雄略七年七月丙子条に「其雷虺々」とあるが、「虺々」の古訓(前田本・宮内庁本)に「ヒカリヒロメク」とあること、『竹取物語』に「神(雷のこと―引用者註)は落ちかゝるやうにひらめく」とあることからも窺える。

(85)　藤森馨「平安時代中期における神宮奉幣使の展開」(『平安時代の宮廷祭祀と神祇官人』大明堂、二〇〇〇年)。

(86)　『古事類苑(普及版)』神祇部三(吉川弘文館、一九八一年)五七三頁に「中臣先ヅ宣命ヲ読ミ奉リ、宸筆ノ宣命ハ、次ニ勅使読ミ奉リ、畢リテ禰宜之ヲ執リ裂キテ火ニ投ズ、其宣命ヲ焼クハ、亦豫テ口勅ヲ奉ズルニ依リテナリ」とある。

(87)　山陵への告文を焼くことについては、小島鉦作「後伏見・崇光両上皇宸筆の大神宮御願文について」(『伊勢神宮史の研究』吉川弘文館、一九八五年)二五九頁、後藤紀彦「花園天皇宸翰願文と塙検校の逸事」(『塙保己一論纂』下、錦正社、一九八六年)八六～九四頁参照。

(88)　森清人氏は「古くは神社に奉る宣命(時に告文ともいふ)は、こと終つて後、多くこれを焼却するを以て例とした。これ告文の今日に存するものゝ比較的少きゆゑんである」(『詔勅宣命の研究』〈慶文堂書店、一九四三年〉四二七頁)と、相田二郎氏も「元来宣命告文類は読み奉つた後焼却するものもあつて、正文の伝はる告文は多くない」(『日本の古文書』上〈岩波書店、一九四九年〉八三三頁)と指摘されている。しかしながら、伊勢神宮以外では、『岡屋関白記』宝治二年(一二四八)十二月四日条に、春日社への告文(摂政を弟兼平に譲るという藤原兼経の祈願文)に「件告文於二社壇一可レ焼二挙之一也」とあり、春日社の告文の例が知られる程度である。この点は稲田説(後掲註〈90〉)にとって有利な材料であろう。

(89)　吉田敦彦・大林太良「対談　火の神話とシンボリズム」(前掲註〈7〉所収)三〇二頁における吉田氏の発言。

(90)　稲田奈津子「文書を焼く」(『古代中世の社会変動と宗教』吉川弘文館、二〇〇六年)。

(91)　益田「伝承から物語へ」(『国文学解釈と教材の研究』三〇―八、一九八五年)三九頁。益田説は同「物語文学の成立」(『国文学解釈と教材の研究』一二―一五、一九六七年)にすでにみられる。なお、中世で起請文などを焼いて煙にすることについては、千々和到「『誓約の場』の再発見」(『日本歴史』四二二、一九八三年)、横井孝「文覚と香煙」(『延慶本平家物語考証』三、新典社、

一九九四年）、西口順子「火・煙・灰」（『民衆生活の日本史・火』思文閣出版、一九九六年）など参照。

（92）高野という姓は桓武天皇の生母高野新笠以来であること、調氏は百済系の渡来人で、『日本紀略』延暦十一年（七九二）六月戊子条に「皇太子久病、卜レ之崇道天皇為レ祟、遣二諸陵頭調使王等於淡路国一、奉レ謝二其霊一」とある「調使王」が関係する（山根啓子「『竹取物語』の『富士の煙』」〈『平安朝文学研究』九、二〇〇〇年〉四六頁）

（93）山根、前掲註（92）四八頁。

（94）勝俣鎮夫「売買・質入れと所有観念」（『日本の社会史』四、岩波書店、一九八六年）一八三〜一九六頁、大林太良『銀河の道　虹の架け橋』（小学館、一九九九年）など。

（95）シンポジウム「古代国家とのろし」宇都宮市実行委員会・平川南・鈴木靖民編『烽［とぶひ］の道』（青木書店、一九九七年）参照。

（96）『日本後紀』延暦二十四年（八〇五）六月乙巳条によると、大使藤原朝臣葛野麻呂の報告として「……去年七月六日、発レ従二肥前国松浦郡田浦一、四船入レ海、七日戌剋、第三・第四両船、火信不レ応……」とあり、夜は灯火によって互いの船の位置を確認しあっていたものとみられる。また、『日本後紀』弘仁三年（八一二）正月甲子条には、対馬島からの報告として、新羅「船廿余艘在二嶋西海中一、燭火相連、於レ是逆知二賊船一、……毎レ夜有二火光数処一、由レ茲疑懼不レ止、……」という大宰府からの奏状を引用した勅が載っている。新羅の「賊船」も夜、火で相互の連絡を取りあっていたのであろう。

（97）平川他編『文字と古代日本』四（吉川弘文館、二〇〇五年）。

第五章　律令期祭祀遺物の再検討

一　はじめに

一九六〇年代以降、平城京跡の道路側溝などから、人形・馬形・土馬・墨書人面土器・舟形・模型カマドなど、律令期祭祀遺物が数多く発見されている。(1)金子裕之氏は、かかる遺物を集大成され、次のように指摘された。(2)

①律令期祭祀遺物は、天武・持統朝に従来の伝統をもとに新たに中国系の祭祀具を付け加えた形で再編成され成立したものである。

②右の遺物は、大宝令に基づく律令制祭祀の中でも、とくに大祓と関係づけられる。しかも、平城京内には祭祀遺跡(祓所)、遺物が多数みつかっていることからも、京内では大祓が広汎に実施されていたことが窺える。

③大祓―律令期祭祀遺物は、国家主導で国・郡に広まっていった一方で、平城京の大祓は平安京の七瀬祓にも影響をおよぼした。

金子氏の基本的な理解は、その後もかわっていないが、一九九九年に前期難波宮の西北隅から人形・斎串が出土したことから、大祓の祖形(先駆形態)は七世紀中頃に遡るとして、自説の一部を修正されている。(3)

これに対して、泉武氏は、律令期祭祀遺物は八世紀中頃まで内容的に豊富とはいえず、むしろ八世紀後半に拡大すること、遺物の出土地は都城やその周辺に限定されず、国家主導での広まりでは説明できないとして、(4)金子説を批判された。宮島義和氏は、長野県の屋代遺跡群の馬形木製品を手がかりに「都城で出土する祭祀遺物はその発信地は都城なのではなく、各地方で受容されていたものを取捨選択する形で国家的な祭祀の中に取り入れ体系化し、それを地方に向けて再発信したと考えるのが妥当」(5)と指摘されている。

泉・宮島説とは別に、最近、北田裕行氏が、律令期祭祀遺物の性格に関して金子説とは異なる見解を示されている(6)(後述)。さらに山仲進氏は、人形は本来、災を除く霊力、呪力をもつ具であり、それが罪穢を負って川や溝に投棄されるようになるのは奈良時代後半以降であり、その転換には触穢意識の高まりや陰陽師などの介在があったとされた。山仲氏も、人形を含む祭祀遺物の広まりに関しては泉説を継承されており、この点でも金子説とは相違する(7)。

このように律令期祭祀遺物をめぐっての金子説には年代観、拡布の契機、遺物の理解に異論が出されつつあるというのが現状であろう。筆者は、考古学には門外漢であるので、遺物の年代観や拡布の問題に言及する術をもたないが、都城の道路側溝から出土する祭祀遺物が大祓に関係するという金子氏の見解には基本的に賛成したい。しかしながら、北田・山仲氏と同様、各遺物がどのように使われていたか、その性格づけに関しては金子説がそのまま成り立つかどうか、かねてから疑問をもっていた。古代の史・資料から窺える古代の人々の心性に迫るべく、本章で追究してみたいのはその点にある。

二　律令期祭祀遺物の性格をめぐって

律令期祭祀遺物を検討するにあたって、まず、人形を取り上げてみよう。人形とは、木製・金属製・石製などの材質があり、中でも扁平な板を加工した木製人形が一般的である(8)。人形について、金子氏は「罪穢や悪気を一撫《なで》一吻《ふき》によって人形に移し、流れに投ずる」道具とされている。[9] しかし、すでに岡田精司氏が指摘されているように、[10] 人形には祓具説だけでは説明できない例がある。すなわち、①『肥前国風土記』佐嘉郡条に「……此川上有二荒神一、往来之人、生レ半殺レ半。於レ茲、県主等祖大荒田占問。于レ時、有二土蜘蛛大山田女・狭山田女一、二女子云、取二下田村之土一、作二人形・馬形一、祭二祀此神一、必有二応和一。大荒田、即随二其辞一祭二此神一、々歆二此祭一、遂応和之……」[11] とあるが、ここでの「人形」とは、少なくとも神祭りの道具と考えられること、②伊勢神宮では「採下営二神田一鉏鍬柄上者、毎年二月先祭二山口及木本一」に「鉄人像八十枚」が、定期造替のさいの「山口神祭」「採二正殿心柱一祭」「鎮二祭宮地一」「造二船代一祭」に「鉄人像卌枚」がそれぞれ用いられており（『延喜式』四〈大神宮式〉）、これらの「鉄人像」もやはり神祭りの道具とみられることが指摘されるからである。しかも、宗像沖ノ島祭祀遺跡では、金銅製人形が五号遺跡（半岩陰半露天）から、滑石製人形が五号遺跡、一・三号遺跡（露天）から出土している。この点からしても、人形をすべて祓具とするには再検討の余地があろう。[12]

そもそも人形が撫物に使用されるというのは、今日の神社の大祓などではごく普通にみられるところであるが、はたして古代でも同じであったのだろうか。六・十二月晦日の恒例の朱雀門前大祓に関して、『儀式』五には「……神祇官頒二切麻一……訖中臣趨就レ座、読二祝詞一称二聞食一、刀禰皆称唯、祓畢行二大麻一、次讓［撤カ］二五位已上切麻一……」とあった。これからすれば、罪穢を除く役割を果たしていたのは人形ではなく、「大麻・切麻」であった可能性が高い。[13] もっとも、「大麻・切麻」の使用法が撫物であったかどうかという点になるとはっきりしない。たしかに、『江家次第』一二の八省院東廊大祓[14]では「……禊了祝師奉二大麻一、先上、次弁、乍レ令レ持二祝師一、一撫一吻返給了」とあるので、この「大麻」は「一撫一吻」する道具とみてよい。だからといって、十二世紀前半成立の『江家次第』にみえる「大麻」の使用方法が、『儀式』が編纂された九世紀後半と同じといえようか。[15]

右の事情は、御贖物についてもあてはまる。御贖物のうち、六・十二月晦日に内裏で行われる二季晦日御贖物（天皇のハラエ）では、『儀式』五に「鉄偶人卅六枚」「木偶人廿四枚」、『延喜式』一（四時祭式上）に「鉄人像二枚」として人形が登場することが知られる。しかし、これも野口剛氏が注意されているように、右記の人形は「一体どこへ行ってしまったのだろうか。祭料の一番最初に見えながら、後世の実際の次第に少しも現れてこないということは、やはり不審というほかない」のであって、祓具としての使用状況が史料上確認できないのである。(16)(17)(18)

ちなみに、人形が撫物であることがはっきり窺える初見史料は、管見の限りでは、『源氏物語』東屋巻の薫の歌「見し人の形代ならば身にそへて恋しき瀬〻のなで物にせむ」であるらしい。また、『江家次第』六の平野臨時祭条には、「……次宮主奉二仕祓詞一、到二祓清之処一、以二人形一令レ吻給、到二中臣祓八張取割之処一、解レ縄給、畢宮主退出、」として、清涼殿東庭で勅使が「人形」を吻く行事が規定されており、ここでの「人形」が撫物であったことは確実である。しかしながら、先の「大麻」と同じく、『源氏物語』や『江家次第』にみえる「人形」の使用法が直ちに平城京などで出土する人形と同じとするには慎重でなければならないだろう。(19)

次に土馬と馬形である。土馬とは土製の馬形をいい、馬形とは偏平な板材や石材を用いて馬を表現したものであるが、土馬について、金子氏は「馬は行疫神、祟り神の乗り物で、行疫神の猛威を事前に防止するために土馬を作り、応和の意味で献ずるか逆に足などを折り、流した」として、水野正好氏の説に従っておられる。馬形も、山形県酒田市の俵田遺跡（九世紀中頃）では人形の周囲を囲むように馬形が出土している（本書三三〇頁の〔図11〕）ことから、「罪穢を負った人形を根国底之国に運ぶため、人形の傍らに立てられた」として、罪穢を負った人形を他界に運ぶ道具と指摘されている。(20)(21)(22)

ところで、学説史を振り返ってみると、土馬・馬形をハラエと関係づけるのは水野・金子説が嚆矢であった。それ以前は別の見方がもっぱらであったと思われる。たとえば、大場磐雄氏は、土馬の出土状況から、土馬は水霊祭祀、峠神祭祀、墓前（古墳）祭祀で使用されていたと指摘された[23]。その後、大場説は基本的に前田豊邦[24]・小笠原好彦[25]・泉森皎[26]・小田富士雄各氏の説にも継承されている[27]。とくに小笠原氏は、平城宮内の東大溝SD二七〇〇から出土した土馬も神祇官や陰陽寮の祈雨祭祀と関連づけて解釈されていたのである[28]。さらに、土馬が足や身体を壊した形で出土する例が多いことや馬形に切り込みがあるのは祈雨時の馬の屠殺を表したものという荒木敏夫氏の指摘[29]もある。荒木氏も土馬や馬形を祓具とされていない。

沖ノ島祭祀遺跡では一・三号遺跡から滑石製馬形が出土している。これは神祭りのための馬形であろう。かかる神祭りの具としての土馬・馬形の存在を窺わせる史料としては、①『続日本紀』神護景雲三年（七六九）二月乙卯条に「奉二神服於天下諸社一。以二大炊頭従五位下掃守王・右中弁従四位下藤原朝臣雄田麻呂一為二伊勢太神宮使一。毎レ社男神服一具、女神服一具。其太神宮及月次〔読カ〕社者、加レ之以二馬形幷鞍一」として、太神宮と「月読社」[30]に「馬形・鞍」が奉納されたこと、②『皇太神宮儀式帳』によると、荒祭宮・月読宮・瀧原宮の「神財」の中に「青毛土馬一匹。高一尺、鞍立髪金餝。」があったこと、③『肥前国風土記』佐嘉郡条（前掲）に荒ぶる神に「馬形」が供えられていたことがあげられる。

このように、土馬・馬形に関しては、大別して祓具とする水野・金子説と、神祭りの道具――とくに水神への奉納品とする大場氏以下の諸説があったことが知られるが、そもそも水野氏が馬と行疫神との関係を説かれたのは、史料的には十一世紀半ばに編集された『大日本国法華経験記』下―一二八に由来する[31]。しかし、この説話の理解についての水野説をそのまま首肯するわけにはいかない。まず、当該譚の大筋を紹介すると、以下の通りである。天王寺の僧、沙門道公が紀伊国美奈倍郷の大樹の下で一泊した。そこには道祖神がまつられて、絵馬があり、絵馬の足が破損している。道公がその足を糸で直してやる。後日、道公が同じ大樹の下で一泊したさいに、馬に乗った行疫神の先導役を道祖神が果たしており、道祖神は、道公が馬の足を直したことに感謝する（以下、略）というものであった。この話から行疫神が馬に乗って移動するという信仰があったことは確かであり、その限りでは異論はない。土馬・馬形をハラエとする説で疑問とすべきは、この話にはどこにもハラエと関係した件がないという点ではあるまいか。ここに水野説の問題点があるように思う。

馬とハラエとの関係では、『日本書紀』雄略十三年三月条（後掲）をはじめ、諸国大祓に国造が馬を差し出すという『日本書紀』天武五年（六七六）八月辛亥条や神祇令諸国条、朱雀門前の恒例の大祓儀で門前に陳列される「馬六疋」（『延喜式』一）、「六月晦大祓」（『延喜式』八〈祝詞式〉）に出てくる馬こそ、なによりも取り上げるべきではあるまいか。「六月晦大祓」には「天下四方爾波、自二今日一始弖罪止云布罪波不レ在止、高天原爾耳振立聞物止馬牽立弖」とある[32]ように、少なくとも祓具としての馬は、耳を動かして異界のメッセージを聞くという耳聡い動物として現されていたのである[33]。

舟を模した模造品である舟形についても、土馬・馬形と共通する問題点が指摘される。金子氏は、「鳥は魂を他界に運ぶ役割を担っており……（舟形は）乗り物の一種として、馬形・鳥形と同様の機能を考えるべきであろう」[34]とされる。しかし、この説が成立するには、沖ノ島祭祀遺跡において金銅製舟形が一号遺跡から、滑石製舟形が一・三号遺跡から出土していることが支障になろう。沖ノ島の舟形に関しては、原田大六氏の「舟に代って舟子達の交通安全を祈願したのであろう」[35]という指摘の方がはるかに納得しやすい。

舟形・舟の関連史料としては、①『日本書紀』仲哀八年九月己卯条に、神が神功皇后に「若能祭レ吾者、則曾不レ血レ刃、其国必自服矣。復熊襲為服」と託宣するが、その時、神は「其祭之、以二天皇之御船、及穴門直践立所献之水田、名大田、是等物一為レ幣也」として、「天皇之御船」と「水田」を「幣」として要求したとあること（『日本書紀』仲哀九年十二月辛亥条「一云」も同じ）、②『日本書紀』斉明五年（六五九）三月是月条に阿倍臣らが蝦夷を討ったさい、「即以㆔船一隻、與㆓五色綵帛㆒、祭㆓彼地神㆒」とあること、③『摂津国風土記』逸文に神功皇后が新羅を「征」して帰還したさい、「祠㆓祭此神（美奴売神のこと―引用者註）於斯浦㆒、幷留㆑船、以献㆑神」とあること、④『常陸国風土記』香島郡条に「香島天之大神」に「年別七月、造㆑舟而奉㆑納㆓津宮㆒」とあることが指摘される。巽淳一郎氏も、舟形が「大量に出土する遺跡は海洋に面した航海上重要な位置を占めている」ので「舟形代は航海安全を祈って天神・水神に供献する祭具」[36]と述べられているのである。

もちろん、舟形・舟がハラエと無関係であったと主張しているわけではない。一九九九年末、福岡市の元岡・桑原遺跡群から「凡人言事解除法　進奉物者」と記した後、祓具を列挙した木簡が出土したが、その中の「水船四隻」[37]は明らかに祓具とみなければならないからである。ただし、この「水船」がどのような役割を担うものか、罪穢を流す具とみてよいかどうかは問題が残ろう。

次に、斎串を検討する。斎串とは細長い板の両端を削って尖らせた串状の木製品であるが、金子氏は、斎串は「地上などに挿し立てて結界を象徴したようだ。……斎串によって井戸を聖化し、清浄な水を得ようとしたのであろうか。斎串がもつ結界の意味を如実に示す例である」[38]と指摘し、斎串＝結界を表す道具説を主張されている。斎串については、黒崎直氏に専論がある。黒崎氏は、『万葉集』の「斎串立て　神酒据ゑ奉る　神主の　うずら玉陰　見ればともしも」（一三―三二二九）や『延喜式』三四（木工式）の「……木偶人廿四枚……挿㆓幣帛㆒木廿四枚、右毎月晦日御贖料……」などの諸史料に着目し、「斎串は『神聖な木』の一種である串として祭祀にあたって多様な役割を担っていた。それは神の招ぎ代として、浄域を画するしるしとして、神への供物のしるしとして、あるいは御贖料として（人形と同一量の「挿㆓幣帛㆒木」にあたる―引用者註）用いられたのである」[39]と結論づけられていた。とすると、金子氏は黒崎説のうち、斎串＝結界説のみを採用されていたことになろう。なぜ、「神の招き代」「神への供物のしるし」「御贖料」説は退けられねばならないのだろうか。[40]

墨書人面土器は、土器の外面に恐ろしげな人面などを描くものをいう。これについては、現在、大別して二つの説が出されている。一つは、胡人（ペルシャ人）の恐ろしい顔を描き、土器に吹き込まれた気息が胡人によって守られて川に流されるという水野氏の説。[41] 金子氏も人面を疫神とする点では水野説と異なるが、[42]「身中の罪穢を気息とともに壺に封じ込め、祓去ろうとするもの」[43] として、概ね水野説を踏襲されているといえよう。もう一つは、墨書人面土器に「国玉神・国神」「罪ム・罪司」「召代・形代・身代・命替」などという表記があることに着眼して、中国の冥道信仰により、国玉神の顔を描き、ご馳走を盛って延命祈願をする道具と解する平川南氏の説[44]である。

この二説においては描かれた人面をなんとみるかという問題もあるが、[45] なによりも祓具か祭祀具か、二説の相違は大きい。しかし、両説が導き出された根拠からすると、前者は主として都城出土のものを対象とし、後者は東国の集落内の出土という点で、出土地にはっきりした違いがある。また、墨書人面土器の器種も、前者は壺・甕であるのに対して、後者は供饌用の杯・皿という相違点も無視できない。要するに、墨書人面土器をはじめから祓具か祭祀具かと二者択一的にとらえること自体がかなり難しいのではないだろうか。

さらに模型カマドを取り上げる。模型カマドとは、移動式竈のヒナ形のことで、都城出土の模型カマドについて、金子氏は、中国の竈神信仰――竈神が毎年十二月に天帝のもとに家族の功過を報告する。それに基づき天帝が家族に罰を下す――に基づくものであり、「祓関係の遺物を伴うことをみると、竈神を和めるための捧げ物とするよりも、逆に損壊し、竈神の動きを封じようとしたものではなかろうか」[46] と指摘されている。しかし、この説にも疑問を挟むことが可能である。というのも、稲田孝司氏は、カマドは「宗教的祭祀において聖なる食物を調理する」具とされている[47]からである。稲田説は以下の三点からも支持される。すなわち、①岡山県笠岡市の大飛島祭祀遺跡（奈良・平安時代）から模型カマドが出土していること、②模型カマドは『延喜式』にみえる「韓竈」のことだといわれているが、『延喜式』一では「韓竈」は春日祭（大原野祭）・平岡祭・平野祭の「祭神料」に含まれていること、③「韓竈」が登場する鎮魂祭では「其日、御巫於二官斎院一舂レ稲、簸以二麁筥一、炊以二韓竈一、訖即盛二藺笥一、納レ櫃居レ案、神部二人執向二祭所一供之」（『延喜式』二〈四時祭式下〉）として「韓竈」が炊飯用であったことの三点が指摘できるからである。また、②に付け加えていえば、春日祭以下には「祭神料」とは別枠で「解除料」が規定されているが、そこには「韓竈」が含まれていないことや上記の諸祭祀に天帝との関係が見出せないこともあわせて注意されよう。竈神に関しては、八世紀後半から九世紀にかけての東日本の集落跡で、底部に「竈神」と記した墨書土器（土師器杯）をカマド床中央部やカマドの上に伏せておく例があり、平川氏は、それを竈神の昇天を封じ込めるために杯を伏せたものという解釈を提示されている[48]が、このケースは模型カマドとは別であった。

平城京の道路側溝から出土する鏡についても言及する。平城京出土の鏡には海獣葡萄鏡のような唐式鏡と薄い銅版状の儀鏡との二種類がある。金子氏は、鏡は「人形や人面土器などのように穢を直接祓うものではなく、木などに懸け、祭場の表示・浄化といった機能を果したのではないか[49]」と推定し、鏡に関しては殊更に祓具としての役割を見出されようとしていない。それは、和田萃氏が『古事記』『日本書紀』にみえる鏡の伝承を、①神祭りに用いられる祭祀具、②祭神の料（神宝・神財・神物）、③神霊のやどる御神体、④首長の権威や領域の支配圏を象徴する宝器に四分類し、しかも『延喜式』などのハラエの料物に鏡がみえないので、鏡は神祭りにのみ捧げるものであったと指摘されていた[50]ことからも、ある意味では当然というべきかもしれない。しかしながら、人形や土馬などとともに出土する鏡を祓具の観点から解釈することはけっして不可能ではない。ただし、その場合は金子説とは別の事由が指摘されねばならないだろう（後述）。

最後に、貨幣について触れておきたい。貨幣も律令期祭祀遺物と伴出するケースがある。たとえば、平城宮壬生門前二条大路北側溝ＳＤ一二五〇から人形二〇七点とともに和同開珎が二枚出土している。[51]平城京左京九条三坊東堀河ＳＤ一三〇〇からも人形・土馬・墨書人面土器・斎串などとともに、和同開珎三五枚、万年通宝九枚、神功開宝四三枚、隆平永宝一枚、富寿神宝三枚、承和昌宝一枚が出土している。また、六・十一・十二月一～八日の御贖物の料物には「銭一百文」が含まれていた（『延喜式』一）。このような例から、祓具と貨幣の関係が窺えるが、その一方で、祭祀遺跡でも貨幣は出土している。沖ノ島祭祀遺跡では一号遺跡から富寿神宝一枚が、大飛島祭祀遺跡からは和同開珎三八枚、万年通宝四枚、神功開宝一七枚などがみつかっているのが代表例といえよう。『日本後紀』延暦十五年（七九六）十一月辛丑条に「始用二新銭一、奉二伊勢神宮・賀茂上下二社・松尾社一……」、『三代実録』貞観元年（八五九）十月庚戌条に「是日。鋳銭司進二新鋳銭一。奉二諸名神社幷諸山陵一……」のごとく、諸史料に貨幣を神社に奉納する記事が散見している。右のような貨幣のあり方は、これまで述べてきた律令期祭祀遺物の様相と基本的に同じといってよい。にもかかわらず、金子氏は、貨幣を祓具に含めていない。[52]ハラエとはなにかという問題からしても、祓具としての貨幣は看過できないと思うが、それも後述に委ねたい。

以上、ここまで述べてきたことをまとめておこう。

⑴　平城京などの都城の道路側溝から律令期祭祀遺物が出土しているが、それと同時に沖ノ島や大飛島の祭祀遺跡などでも同様な遺物が発見されている。

⑵　律令期祭祀遺物を大祓と関係づける金子説に対して、同じ遺物を神祭りの道具とする説も少なくないし、実際、それを裏づける史料の存在も看過できない。

三　律令期祭祀遺物とハラエ

前節で述べてきたところからも明らかなように、律令期祭祀遺物をめぐる諸説は、祓具説がすべてではなかった。では、律令期祭祀遺物をどのように解釈すればよいのだろうか。その点で参照されてよいのが、北田氏の見解である。氏は、都城の井戸から出土する斎串・土馬・人形・墨書人面土器などは井神に奉献された祭祀具であり、それは「大祓の祭祀具」とも共通する。すなわち、井戸の祭りと大祓には神への供物という点で同じ性格があったとされた(53)。この指摘は金子説批判としても重要である。そこで、差しあたって北田説につき、二つの点を述べておきたい。

第一点として、北田氏は、井戸の祭りの祭祀具と大祓の祓具との共通性に着目されたが、前述のごとく、この共通性は井戸の祭りだけではなく、広く神祭りの奉納品全般にまでおよんでいたという事実である。したがって、律令期祭祀遺物を神祭りの具か祓具かという論ではなく、祭りとハラエの双方に使用されたという点から見直す必要があろう。少なくとも、北田氏はそのような視角を示されており、筆者もそれに賛成したいと思う。ただし、北田氏が「大祓の祭祀具」とされた点は、ハラエが神を迎えてまつる祭りではないことからも、大祓の祓具と修正さるべきであろう。

第二点として、北田氏のような見方は、氏が最初ではなかったことである。すでに大場氏は、馬形が「神への献供品（幣帛）とされ、あるいは罪科の贖物とされた(54)」と指摘されていた。また、現在、律令期祭祀遺物を祓具とする金子氏自身、かつて人形について、次のように述べられていた。「このように人形の使用目的は種々あり……呪いや祓い、神への献供といったことも、根底にはそのことで現実に陥っている不利な状態から逃れる、あるいはそのような状態にならないための予防的な意味があったと考えられる。言い換えれば除災招福・吉瑞将来の希求といった目的に帰着する」[55]と。大場氏の指摘は簡略であるので措くとしても、金子説はまさに北田説の先駆といってよいだろう。

いずれにしても、北田説や金子氏の旧説は、律令期祭祀遺物の解釈に有力な手がかりを提供していると思われるので、以下ではそれを史料の面から考察してみたいと思う。

そこで、まず問題にしたいのは、大祓の起源神話といわれているスサノヲ神話である。『日本書紀』神代第七段本文には、高天原で乱暴を働いたスサノヲに対して、「……然後、諸神帰二罪過於素戔嗚尊一、而科之以二千座置戸一、遂促徴矣。至レ使三抜レ髪、以贖二其罪一。亦曰、抜二其手足之爪一贖之。已而竟逐降焉」とある（『古事記』『日本書紀』のスサノヲの制裁については［表15］参照）。スサノヲに科せられた〈千座置戸〉〈髪・手足の爪を抜く〉〈逐降〉には諸説あるが、〈千座置戸〉とは祓具を置く台のことで、罪科の代償として財産を差し出させる意。〈髪・手足の爪を抜く〉は祓料として体の一部の髪や爪を出させること、〈逐降〉（カムヤライ）は高天原からの追放のことと解して[56]おきたい。ここからハラエには追放だけではなく、財産を差し出させる方法もあったことが窺知されよう。

表15　スサノヲの制裁

古事記	千位置戸	鬚、手足爪
日本書紀本文	千座置戸	髪、手足之爪
同第二の一書	祓具	手端吉棄物、足端凶棄物、唾（白和幣）、洟（青和幣）
同第三の一書	千座置戸之解除	手爪（吉爪棄物）、足爪（凶爪棄物）

次に、『日本書紀』雄略十三年三月条を取り上げてみよう。同条には歯田根命が采女山辺小嶋子を犯した。天皇はこれを聞き、歯田根命を責めた。それに対して「歯田根命、以二馬八匹・大刀八口一、祓除罪過……天皇使三歯田根命、資財露置二於餌香市辺橘本之土一……」とある。ここでの「祓除」とは、歯田根命に「馬八匹・大刀八口」という「資財」を「餌香市辺橘本之土」に「置」かせることに他ならない。石井進氏は、「資財」を「置」くこと

とスサノヲの〈千座置戸〉との関係を示唆されている。(57)

第三の史料は、『古事記』中（仲哀）である。神の託宣を信じなかった仲哀天皇が死去すると「更取二国之大奴佐一而、（注略）種二々求生剝・逆剝・阿離・溝埋・屎戸・上通下通婚・馬婚・牛婚・鶏婚・犬婚之罪類一、為二国之大祓一而……」とあった。ここで重要なことは、「国之大奴佐」を取って「国之大祓」をしたという関係である。ヌサとは神に奉る物の意で、『万葉集』に用例も多い。(58)すなわち、神祭りの具としてのヌサの語が大祓にも使用されていたことがわかる。

なお、右に関連して留意されるのは、『万葉集』のヌサが麻・布の類であった点である。諸国大祓では「戸」が差し出すのは「麻一条」であった（『日本書紀』天武五年〈六七六〉八月辛亥条、神祇令諸国条）。「蕃客送レ堺神祭」において、「蕃客入朝、迎二畿内堺一、祭二却送神一、其客徒等、比レ至二京城一、給二祓麻一、令レ除乃入」（『延喜式』三〈臨時祭式〉）、また、『皇太神宮儀式帳』御巫内人条において、三節祭の十六日朝、「……即西川原弖仁禰宜内人物忌等皆悉召集而、此従レ宮西方川相之川原仁各奴佐麻令持而、先宮東方皆悉令二向侍一而、人別之庤幷後家穢雑事令二申明一、然於二御巫内人一各其所持之奴佐麻一条分授。即御巫内人管集取持、其人別所申穢事、細久令二伝申明一。即於レ川皆悉立退、於二西方一下向侍、各令二申明一解除……」とあるごとく、「麻」「奴佐麻」がハラエに使われていた。このような関係もあって、『古事記』中（仲哀）の用例のように、祓具がヌサと呼称されたと想定されるのであろう。(59)

第四として、『日本書紀』大化二年（六四六）三月甲申詔も検討の対象になる。これは大化薄葬令を含む民間の「愚俗」矯正令であるが、(60)そこには以下のような禁止事項が列挙されている。①夫に捨てられた妻が三・四年後に再婚すると、前夫が後夫に「財物」を強要する。②男が女と契った後、その女が別の男に嫁すると、男が怒って女の実家と相手の男に「財物」を強要する。③女が夫の死後、十年・二十年たって再婚したり、あるいは未婚の女がはじめて結婚する場合、その夫婦を妬んで「祓除」を強要する。④妻に嫌われた夫が、それを恥じて元の妻を「事瑕之婢」とする。⑤妻の行状に疑いをもつ夫がみだりに官司に訴える。⑥役民が帰郷するさい、路頭で病死すると、路頭の家の人が役民の仲間を留めて「祓除」を強要する。⑦河での溺死者に対し、その場に居合わせた者が溺死者の仲間を留めて「祓除」を強要する。⑧役民が路頭で炊飯していると、路頭の家の人が「祓除」を強要する。⑨百姓が甑を借りて炊飯して、その甑が覆ると、持主が「祓除」を強要する。⑩百姓が上京する時に、三河・尾張で住民に馬を預け、帰りに引き取るさい、預った住民は、馬を死なせたり、良馬とみれば盗まれたといったり、あるいは預った牝馬が孕むと「祓除」を強要した上に、その馬を奪い取る。

「愚俗」矯正令は、婚姻の習俗に関するものが五条（①〜⑤）、ハラエの習俗に関するものが四条（⑥〜⑨）、養馬に関するもの（⑩）に整理されるが、④⑤以外の八条には「財物を貪る」と「強に祓除せしむ」が同じ文脈で用いられており、「財物」と「祓除」とは実質的に同じこととみてよいだろう。(61) ④のコトサカの婢も、契約違反を犯すと自らの身分を奴婢に落とすこと、すなわち、「財物による『祓除』支払いの不能の場合、あるいは契約違反が重大な場合に『コトサカの奴婢』化が行われた」と解すれば、(62)「愚俗」矯正令に一貫した内容を読み取ることができるだろう。

第五として、六・十二月晦日の恒例の朱雀門前大祓にも手がかりがある。『儀式』五によると「先レ此神祇官陳ニ祓物於朱雀門前路南一、分ニ置六処一、但馬在ニ其南方一、北向、」、『法曹類林』二〇〇所引「式部記文」に「神祇官主典。馬寮陳ニ祓物祓馬一。亦各有レ儀」として、大祓に先立って朱雀門前に「祓物（祓馬）」を陳列する儀がある。その「祓物」は『延喜式』一にみえる。

五色薄絁各二尺、緋帛一丈五尺、絹二疋、金装横刀二口、金銀塗人像各二枚、已上東西文部所預、庸布三段、木綿五斤二両、麻廿斤十両、枲十二両、鳥装横刀六口、弓六張、箆二百株、鍬六口、鹿角三頭、鹿皮六張、米二斗、酒六斗、

稲四束、鰒二斤、堅魚七斤、腊一石五斗、海藻卌斤、塩六斗、水盆六口、匏六柄、槲廿把、馬六疋(63)

右に掲げた大祓の祓具は、布類、武器類、白米・豆、酒、海産物、祭器類に分類できるが(64)、これらの祓具は、『延喜式』一〜三所載の各種のハラエ――鳴雷神祭・祓料、春日神四座祭・解除料、同・醸二神酒一解除料、薗幷韓神三座祭・解除料、平岡神四座祭・解除料、同・醸二神酒一解除料、平野祭四座祭・解除料、御贖祭、御贖、中宮御贖、毎月晦日御麻、中宮晦日御麻、毎月晦日御贖、霹靂神祭・解除料、羅城御贖、蕃客送レ堺神祭・祓料――の祓具と基本的に同じとみてよい(65)。さらに神祇令諸国条や『類聚三代格』一、延暦二十年（八〇一）五月十四日太政官符の祓具(66)とも共通するところが多い。したがって、恒例の朱雀門前大祓の祓具は、国家が行うハラエの祓具の典型例といってよいだろう。そして、かかる品目は、結論的にいえば、『延喜式』一〜三の諸祭祀の幣帛と大きな差異を見出すことはできない。この点に関して、最近、西宮秀紀氏も、大祓の料物と『延喜式』の諸祭祀の祭料とは「同一のものが多い。換言すれば、神祇祭祀と祓は両者神祇令に規定があるように、連動して決められた可能性が高いと考える(67)」と指摘されている。要するに、祓具が神祭りの道具とは別途に弁備されていたわけではなかったとみられよう。

第六として、出家とハラエも関係があるので、この点についても触言しておこう。古代の日本ではしばしば他者のために出家するケースがあった。他者のために自分の意志で出家する場合、他者のために他者（国家）の意志で出家を行う場合などがそれであるが、吉田一彦氏は、『日本書紀』用明二年四月丙午条に、用明が死去する前に鞍部多須奈が天皇の奉為に出家することを申し出たところ、「天皇為之悲慟」とあるのに注目し、天皇が悲しんだのも出家した僧尼とは「仏菩薩の世界へのささげもの」であったからで、それは日本の伝統的な観念のハラエツモノにあたると指摘された(68)。年分度者制の開始記事である『日本書紀』持統十年（六九六）十二月己巳朔条に「勅旨、縁レ読二金光明経一、毎年十二月晦日、度二浄行者一十人一」とあり、年分度者について、二葉憲香氏は「年のはじめに当って『金光明経』をよむことによってその年の災をはらい、福を招き国家隆昌をもたらす功徳を期待する」ための定数度者とされているが[69]、ちょうど年末恒例の大祓日に行われた年分度者にも、やはりハラエとの接点があったとみてよい。僧尼が「仏菩薩の世界へのささげもの」、ハラエツモノであるとすると、出家にもスサノヲ神話の〈千座置戸〉の系譜を見出すことができよう。

以上、ハラエの意味をめぐって、関係史料から六つの点を指摘した。その考察結果をまとめると、ハラエには追放だけではなく、財産を差し出させる行為があり、しかも、財産とは祭りの時の奉納品とも中身では共通するところがあったということになろう。

そもそも、祭りの時には神の欲するものを献上するのが習いであった。それは、以下の史料からも窺えよう。すなわち、①『日本書紀』皇極三年（六四四）七月条に、東国の不盡河辺の大生部多が常世国の神をまつることを広めるが、そのさい、「捨二民家財宝一、陳レ酒、陳二菜六畜於路側一」とした上で、「新富入来」と呼ばせた。都鄙の人は「取二常世虫一、置二於清座一、歌儛、求レ福棄二捨珍財一。都無レ所レ益、損費極甚」という事態になったので、葛野の秦造河勝が大生部多を打ったとある。②『常陸国風土記』那賀郡条の晡時伏山伝承では、蛇神が昇天するさいに母のヌカヒメに「望請、矜副二一小子一」と求めたのに対し、母はそれを断った。そのため、蛇神は恨みを懐き伯父のヌカヒコを殺して昇天しようとしたとある。この話では、神の要望は母に受け入れられなかったが、神が「一小子」を欲したことは間違いない。③『続日本紀』文武四年（七〇〇）三月己未条には、道照が唐より帰国するさいに船が進まなくなった。「卜人」は「竜王欲レ得二鐺子一」といったので、道照は玄奘三蔵から授かった「鐺子」を海中に投入したとある。④『土佐日記』にも、紀貫之が帰京するさいに「和泉の灘より小津の泊」を目指して航海したが、途中「ゆくりなく風吹きて、漕げども漕げども、後へ退きに退きて、ほとほとしくうちはめつべし」という事態になった。楫取は「この住吉の明神は、例の神ぞかし。ほしき物ぞおはすらむ」といって、幣を奉った。しかし、それでも風波は止まず、楫取は「幣には御心のいかねば御船も行かぬなり。なほ、うれしと思ひ給ぶべきもの奉り給べ」といったので、貫之は「眼もこそ二つあれ、ただ一つある鏡を奉る」として、鏡を海中に投じたところ、海面は鏡のようになったとある。(70)

かかる史料からも、①では常世国の神をまつるにさいして都鄙の人々が「捨」「棄捨」していた「財宝」「珍財」、②では蛇神が「望請」という「一小子」、③では「竜王」(海神)が「欲」する「鐺子」、④では「住吉の明神」が「ほしき物」としての「幣」、「うれしと思ひ給ぶべきもの」としての「鏡」という関係が読み取れる。これらはとりもなおさず、祭りの場に人間が一番大切にするもの、すなわち、財産が提供され、それを神も嘉納していたとみられる。(71)それは、祭りの語義が神に物(御酒・御食・幣帛など)を献上する(72)意であったことも関連しよう。したがって、ハラエの場で用いられる財産が祭りの場で神前に供えられたものと同じであってもけっして不自然ではないのである。

ハラエに人間そのものが提供されていたのは、『日本書紀』天武十年(六八一)七月丁酉条の「大解除」に「……国造等各出二祓柱奴婢一口一而解除焉」、『類聚国史』八七、大同四年(八〇九)七月甲子条に「因幡国人大伴吉成浮二宕京下一。相二替御贖官奴大風麻呂一。為レ犯二神事一。決杖遞二送本国一。其大風麻呂配二対馬嶋一」、『延喜式』三に「羅城御贖……奴婢八人」、『政事要略』二六所引「多米氏系図」に「志賀高穴太宮御宇若帯天皇御世。小長田命以米入二大籠一而献二天皇一也。因改二命宗一。賜二多米連姓一。尓時天皇御命。贖乃人乎四方国造等献支」とあることからも明らかである。それに対して、神前に人間が奉納されていたのは、『日本書紀』景行四十年是歳条の有名な弟橘姫の話(『古事記』中〈景行〉も同じ)、同仁徳十一年十月条の茨田堤造営にさいして河伯(河神)に捧げられた武蔵人強頸の話などが人身御供譚として代表的なものである。『続日本紀』天平宝字七年(七六三)十月乙亥条には、渤海から帰国する海上で、板振(持)鎌束は学生高内弓の妻、緑児、乳母、優婆塞の四人を海中に投じたとある。人形の本来の形は、かかる人間の形代と考えるべきであろう。[73] ちなみに、富山県富山市豊田大塚遺跡から、平安時代の人形の裏面に「神服小年賀」[74]と、静岡県菊川市土橋遺跡から、人形に「大祓男人形」「人」[75]と墨書されたものが出土しているのも右の傍証とみたい。

また、ハラエの土馬・馬形に関しても人形と同じことが該当する。馬は、前述の通り、大祓の祓所に陳列される存在であり、かつ、祭りの場で神前に奉納される存在――神馬の引き回しの場合と『日本書紀』皇極元年（六四二）七月戊寅条の「随二村々祝部所教一、或殺二牛馬一、祭二諸社神一」のように馬の屠殺を伴う場合と両方ある――でもあった。したがって、土馬・馬形も、「資財」（『日本書紀』雄略十三年三月条〈前掲〉）である馬の代わりとして、祭りやハラエの場に差し出されたのであろう。『延喜式』四八（左右馬式）に「凡年中諸祭祀馬者、二月祈年祭十一疋、六月十二月月次祭各二疋、六月十二月晦祓各三疋、四月七月広瀬、龍田両社祭各三疋、（注略）九月伊勢大神宮神嘗祭二疋、斎宮寮主神司六疋、斎内親王遷二野宮一祓一疋、並覆奏以下放二近都牧一繋飼馬上充、自余所レ用臨時聴二処分一」とあったことも参照される。かかる点からすれば、土馬や馬形を行疫神の乗り物や罪穢を他界に運ぶための道具とする水野・金子説は成立し難いのではあるまいか。前節で言及した舟形以下貨幣までの諸祭祀遺物についても、いずれも右と同様に財産という観点から祓具と祭祀具の両方に使用されたものと理解することが可能であろう。

ところで、この問題の解決にあたっては、最終的に〈ハラエとはなにか〉というテーマに逢着する。ハラエについては膨大な研究史の蓄積があり、[76]それを整理した上で自説を展開することは筆者の能力をはるかに超える。古代の刑罰という面からみても、天津罪・国津罪を外部的刑罰（財産刑）の類型としてとらえるか、内部的刑罰（追放刑）でとらえるか、という点で、かつて石尾芳久氏[77]と井上光貞氏[78]との間で論争があった。近年では長谷山彰氏が、『古事記』『日本書紀』『三国志』東夷伝倭人条、『隋書』東夷伝倭国条の関係記事を検討し、たとえば、前述の大化の「愚俗」

矯正令とは、①民間に残されていた財産刑が国家により否定されたものであること、②同令は財産刑というより民事的な損害賠償であり、刑罰としての賠償刑の性格はかなり希薄になっていることなどから、七世紀以降、公的刑罰は中国律の内部的刑罰に統一されていったとして、内部的刑罰説を主張されている。[79] 一方、『日本霊異記』の諸説話を分析された勝浦令子氏は、盗みに対する処罰としては追放刑がメインであるものの、盗みが未発覚のままで盗人が死んだ場合は、盗人は債務者のもとで牛身となって役身折酬して償うのであって、観念の世界では財産刑が想定されていたと指摘された。[80] 勝浦説の場合は、内部的刑罰説一辺倒ではなかったといえよう。

かかる論争とは別に、ハラエに関しては、唐律の流刑が輸入されても日本ではハラエの一種としての、ツミある人を島に捨てる流罪が行われていたとする利光三津夫氏の説、[81] 流刑や左遷には一定地域からの放逐という点で大祓と関連するという斎川真氏の説、[82] さらには中世の刑罰としての追放刑（追放と住居焼却）と財産・奴婢刑（身曳き、いましめ）の二系列が存在することを明らかにされた石井進氏の説[83]など、注目さるべき見解も少なくない。

そのような諸説紛々たる中で、律令期祭祀遺物を念頭に置いてハラエの学説史を見直した時、きわめて示唆に富む論考があった。それが一九一〇年に『国家学会雑誌』に発表された福田徳三氏の「祓除ト貨幣ノ関係ニ就テノ愚考」[84]である。なによりも福田氏の説くところを聞こう。氏は、①「自ラ犯セル罪ニヨリ得タル債務、（理想上ノ）穢汚ニヨリテ被レル債務（同）ヲ決済スルコトヲ総べ称シテ波良比《ハラヒ》ト申シタモノト見テ差支ナイ様デアリマス」[85]として、犯罪によって生じた債務（ケガレ）を支払うのがハラエであるとされる。また、②「祓具《ハラエツモノ》ハ贖罪ノ料ノ意ヨリ及ンデ仕拂ノ要具ノ事トナツタトスレバ、同時ニ罪ヲ贖フ『アガフ』ト物ヲ購フ『アガフ』トノ間ニモ何等カノ関係ガアルノデハナイカ」[86]として、贖罪（御贖物）と物の購入との関係も指摘されている。③「『ハラヘツモノ』トシテ多ク用ラレタ此ノ『ニギテ』ハ……初メハ皇室及其他所領ノ君主ヘノ献貢ニ後ニハ一般ニ債務決済（解除《ハラヒ》）ニ充テ用ラレタノデハアリマスマイカ。『カヂ』ハ後世布ニ織ルコト已ミ専ラ紙ヲ作ルニ用ラレマシタガ、紙銭ト云フモノガアツテ、神へ献ケル用ニ供セラカレタコトハ、其昔木綿《ユフ》ガ和幣トシテ、而シテ又仕拂要具トシテ用ラレタコト、ト何等ノ関係ハナイデアリマセウカ[87]」として、ハラエツモノやニギテは神や君主への捧げ物であり、かつ支払いの具、ハラエにも用いられたというものであった。

福田説は、ハラエを債務の決済とし、そこから貨幣の起源まで解き明かしており、その考察の視野はすこぶる広い。もっとも、福田説には先行学説があり、それが本居宣長の「今俗に、物を買《カヒ》たる直《アタヒ》を出すを、拂《ハラ》ふとも拂《ヒ》をするとも云は、祓除の意にあたれり、又これを済《スマ》すと云も、令《ス》レ清《スマ》の意にて、祓の義に通へり[88]」であることを福田氏自身指摘されている[89]。福田説のうち、①②に関しては、ハラエと交易の「買」「償」などが同義だとする説が近年、主に中世史研究者の間に受け継がれており[90]、筆者もそれに従いたい。しかし、福田説で継承さるべきはそれだけではない。③の支払いの道具と神への奉納品との関係も重要である。というのも、この見方こそが、ハラエ具としても神祭りの道具としても使用されていた律令祭祀遺物の理解にもっとも適切な手がかりを提供していたように思うからである。また、福田氏は、支払いの用具としての貨幣とハラエとの関連性も指摘されていた[91]。したがって、前述のように貨幣が律令期祭祀遺物に含まれることも認めておかねばならないだろう。

四　都城におけるハラエと祭り

本節では、律令期祭祀遺物の理解を深めるために、都城におけるハラエの場（祓所）とハラエの執行者、さらには祭りにつき、文献史料から窺える問題点を指摘し、考古学のデータとの関連性を探ってみたいと思う。

そこで、まず祓所であるが、六・十二月の大祓は朱雀門前で実施されていた。平安期に入ると、朱雀門前、羅城門前以外に建礼門前、会昌門前、織部司南門前なども祓所になっていくが、[92]いずれも門前というケースが多い。門は境界的機能をもち、[93]門・垣・塀で囲まれた空間内で発生した罪穢を祓除する場であった。宅地の場合も含めて、門前は祓所としてふさわしい場所であったとみてよいだろう。ただし、京内の祓所は門前に限られていたわけではなかった。もう一つの場として注意されるのが、市である。すでに何度か取り上げた『日本書紀』雄略十三年三月条の「祓除」の場は「餌香市辺」であった。市も門と同様、境界性をもつが、福田氏が物の購入と贖罪との関係を指摘されていた（前掲の福田説②）のは、この点でも示唆的であったといわざるをえない。

さらに、ハラエと境界という観点からは、神社で幣物が供えられる幣殿も境界領域であったこと[94]が想起される。幣殿に限らず、祭りにおいて幣帛が並べられる場（神前）は、神と人とが交流する境界領域に他ならない。『万葉集』三—三七九は大伴坂上郎女が氏神をまつる時の歌—「ひさかたの　天の原より　生れ来る　神の命　奥山の　さかきの枝に　しらか付け　木綿取り付けて　斎瓮を　斎ひ掘り据ゑ　竹玉を　しじに貫き垂れ　鹿じもの　膝折り伏して　たわやめの　おすひ取りかけ　かくだにも　我は祈ひなむ　君に逢はじかも」として「斎瓮を　斎ひ掘り据ゑ」とあるのが留意される。この「斎瓮」を掘り据えて祈るというのは、他にも三—四二〇、九—一七九〇などにもあり、『播磨国風土記』託賀郡条に「昔、丹波与二播磨一、堺レ国之時、大甕掘二埋於此土一、以為二国境一。故曰二甕坂一」とあること、『古事記』中（孝霊）に「大吉備津日子与二若建吉備津日子命一、二柱相副而、於二針間氷河之前一、居二忌瓮一而、針間為二道口一以言二向吉備国一也」とあることなどとの対比から、境界の設定に甕が埋納されていたことが窺える。[95]とすれば、大伴坂上郎女も神と人との境界として「斎瓮」を埋めて、榊の枝に「しらか」と「木綿」を取りつけ、「竹玉を　しじに貫き垂れ」て神に祈るということであったろう。とすると、ハラエにおいて市や門前という境界に祓具を置くという行為と、祭りにおいて人と神との間の境界（甕）に幣帛を置くという行為との間には場という点でも共通性が認められるのではないだろうか。

祓所では祓具が列べられてハラエが実施されたはずである。『今昔物語集』二四―一五には陰陽師のハラエではあるが、次のように祓所の光景が描写されている。すなわち、賀茂忠行が子の保憲を伴って「祓殿」に行き、祓をして帰る途中、保憲は父に向かって「祓ノ所ニテ我ガ見ツル、気色怖気ナル体シタル者共ノ、人ニモ非ヌガ、□ニ亦人ノ形ノ様ニシテ、二三十人許出来テ並居テ、居ヘタル物共ヲ取食テ、其造置タル船・車・馬ナドニ乗テコソ散々ニ返ツレ。其レハ何ゾ、父ヨ」と尋ねたとある。この保憲の質問から、祓所には「居ヘタル物共ヲ取食テ」という食物類、「造置タル船・車・馬」の類が列べられていたことが判明しよう。ここにも〈千座置戸〉の系譜を見出しうるのではないだろうか。しかも、「気色怖気ナル体シタル者共」はそれらを食い、「船・車・馬」に乗っていったことからすれば、祓所に陳列されていた物品がはじめから破壊されていたとは到底みなし難いといえよう。

京内のハラエの執行者であるが、朱雀門前大祓では天皇―百官人であった。しかし、京内のハラエではそれがすべてであったわけではない。京内の一般住民までも関与していた可能性もあり、しかも、それを窺わせる史料が二つある。第一は、『続日本紀』宝亀十一年（七八〇）十二月甲辰条で、「比来無知百姓、搆二合巫覡一、妄崇二淫祀一、蒭狗之設、符書之類、百方作レ怪。塡二溢街路一。託レ事求レ福、還渉二厭魅一」という行為を禁止したものであるが、そのさい、例外として「但有レ患禱祀者、非レ在二京内一者許之」とある。同じ箇所を『類聚三代格』一九では「宜下於二京外一祓除上」としているので、「京外」の「祓除」は容認されていたことになる。この記事から京内の「無知百姓」もしきりに「祓除」を実行していた様子を読み取ることが可能であろう。第二の史料は、時代はやや下るが、『類聚三代格』一九、貞観八年（八六六）正月二十三日太政官符で、「禁下制諸家幷諸人祓除神宴之日諸衛府舎人及放縦之輩求二酒食一責中被物上事」とあった。ここにいう「祓除神宴」とは同太政官符の事実書中に「諸家諸人至二于六月十一月一必有二祓除神宴事一」とあるので、六・十二月の国家の大祓とは別個に行われていたものとみられる。以上の二史料から、京内では天皇—百官人の大祓ばかりではなく、京住民によるハラエも執行されて、いわば重層的なハラエの様態があったと想定する必要があろう。

京内の祭りに関しては、平城京内には神社が置かれなかったことが平城京のような政治都市の特質として注目されている。[96] しかし、都城では、京城四隅でまつる道饗祭、宮の四隅でまつる鎮火祭・宮城四隅疫神祭をはじめ、八衢祭、障神祭などが実施されていた。とくに条坊制に基づく大路・小路の交差点は、新たな祭りの場となった可能性がある。平安期のものであるが、関連する史料をあげておこう。

・天慶元年（九三一）九月一日外記記云。近日東西両京大小路衢、刻レ木作レ神、相対安置。凡厥体像髣下髴大夫、頭上加レ冠、鬢辺垂上纓、以レ丹塗レ身、成二緋衫色一、起居不レ同。逓各異レ貌。或所又作二女形一、対二大夫一而立レ之。臍下腰底刻三絵陰陽一。構二几案於其前一、置二杯器於其上一。児童猥雑、拝礼慇懃、或捧二幣帛一、或供二香花一。号曰二岐神一、又称二御霊一。未レ知二何祥一。時人奇レ之。

（『小野宮年中行事』）

・自二朔日一東西二京諸条。毎レ辻造三立宝倉一。鳥居打レ額。其銘福徳神。或長福神。或白朱社云々。洛中上下群集、盃酌無レ筭。可二破却一之由、被レ仰二検非違使一。為三淫祀有二格制一之故也。

（『百練抄』応徳二年〈一〇八五〉七月条）

前者は、東西両京の大小路の衢での民間の祭りの様子として、「岐神」とも「御霊」とも称する男女神の木彫像の前で幣帛や香花を供えてまつったとある。後者も、同じく東西二京の辻で、「福徳神」「長福神」「白朱社」ともいう「宝倉」を造ってまつる「洛中上下群集」がおり、検非違使に「淫祀」として「破却」が命ぜられたとある。

大小路の交差する京内の衢（辻）では、国家が執行する道饗祭などとは別途に、災厄の侵入を防ぐ民間の祭りが行われていたものとみられる。(97)もちろん、十世紀以降の両史料が描く祭りの様子を直ちに平城京段階に遡らせることができるかどうかは疑問の余地もあるが、律令期祭祀遺物を考察するにあたって念頭に置いてもよい史料であることは否定し難い。

では、かかる文献史料から見出されるハラエや祭りのあり様は、考古学の発掘成果(98)と合致するのであろうか。発掘成果に依拠しながら、検証しておきたい。

そこで、まず注目されるのは、平城宮壬生門前二条大路北側溝や若犬養門前北側溝から律令期祭祀遺物が出土している点である。壬生・若犬養二門は、朱雀門を挟む東西の門であるが、両門付近で出土した祭祀遺物は、朱雀門前大祓に関係したものと理解されている。また、平城京正門の羅城門周辺からも祭祀遺物がみつかっている。すなわち、右京九条一坊大路北側溝や羅城門東約五〇〇メートルの九条大路上で発見された前川遺跡などが代表例であるが、それらは羅城門前大祓と結びつけられよう。以上の例は、門前が祓所であったことが推測される好個の事例といえる。

平城京の東堀河からも多くの律令期祭祀遺物の発見があった。とくに祭祀遺物が出土した左京八条三坊九坪、左京八条三坊一一坪、左京九条三坊は東市の周辺であり、ここに市とハラエとの関係の深さを知ることができよう。この市との関係は、長岡京、平安京でも同様であった。すなわち、長岡京では右京六条二坊六町の南を画する六条条間南小路北側溝からも土馬・ミニチュアカマド・墨書人面土器・神功開宝・人形・斎串などが出土して、西市との関係が推定されている。(99)また、平安京に関しては、東市の南東に位置する左京八条三坊二町や同七町では自然流路から、西市周辺では右京八条二坊三町の池状遺構から、それぞれ祭祀遺物が出土している。(100)

平城京内出土の祭祀遺物でハラエの執行者を明らかにしてくれるものは少ない。わずかに金属製の人形（銅製・鉄製）が木製人形と比べて僅少であること、金属製人形が概ね平城宮内かその周辺から出土していることから、その使用者が天皇・皇后・皇太子に限定されると指摘されている(101)程度である。これは、『延喜式』の人形には金人像・銀人像・鉄人像・木人像がみられるが、前三者の人形が天皇・皇后・皇太子、伊勢神宮・伊勢斎王関係に限定使用されることとなっていた点とも対応しよう。なお、藤原京右京五条四坊の下ツ道東側溝から金属製人形や、絹を麻と漆で塗り固めた夾紵箱など、大量の遺物がみつかっている。この祓具もやはり天皇にかかわるものと考えられよう(102)。

ところで、都城の例ではないが、山形県の俵田遺跡は祓所の現場がそのまま発掘された大変貴重な遺跡である。SM60という遺構からは、人形と斎串を入れた甕とその周囲から馬形・斎串・刀形などが出土したが、そもそもSM60遺構は、東側のSG61という河跡が氾濫したことで急激に埋没したものであったという(103)（図10・11(104)参照）。すなわち、はじめから河に流す目的だけで祓所に祓具が列べられていたわけではなかった。先述の『今昔物語集』二四―一五の話を彷彿とさせる遺構というべきではないだろうか。

なお、ハラエにかかわる律令期祭祀遺物は、都城の道路側溝から出土するという事実がある。これはどのように説明されるのであろうか。

祭祀遺物が溝に投棄された状態で出土するには、二つの道筋があったらしい。一つは、『延喜式』八（祝詞式）の「六月晦大祓」の末尾に「四国卜部等、大川道尓持退出弖祓却止宣」とあり、『延喜式』一の中宮御贖に「……訖皆退出、臨㆑河解除而去」とあるのが手がかりになる。この二つの史料から、祓具は、そのすべてかどうかは判明しないが、罪を川から海へ、海から「根国・底国」へと祓い遣るべく（「六月晦大祓」）、「大川道」「河」に投棄されたとみられる(105)。これはスサノヲ神話ではカムヤライ（追放）の流れを汲む行為であったろう。もう一つは、京職の役人による掃除である。『延喜式』四二（左右京式）に「凡六月、十二月大祓、預令㆘掃㆓除其処㆒、亦兵士禁㆗人往還㆖、元日質明、

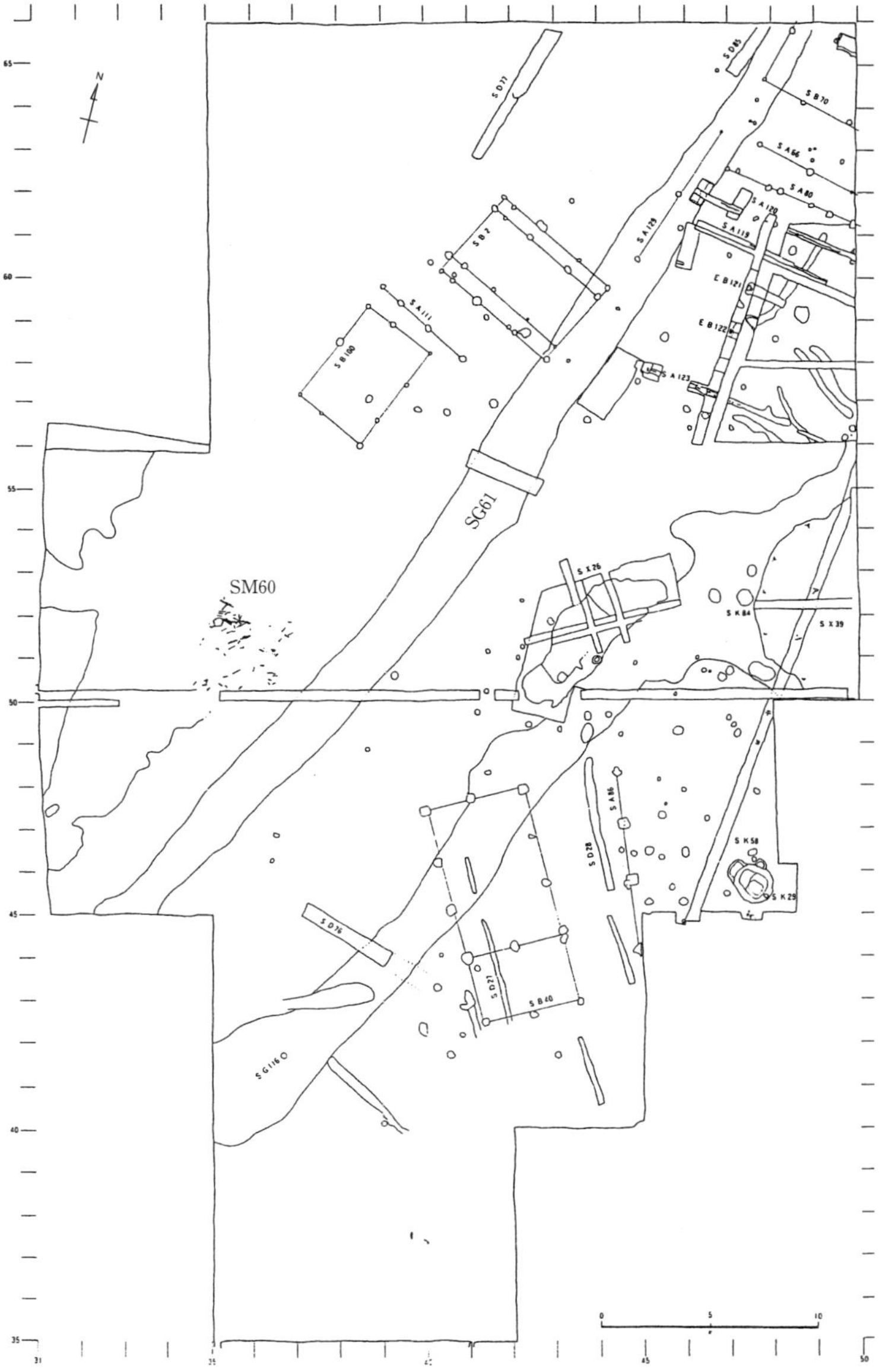

図10　俵田遺跡A区平面図

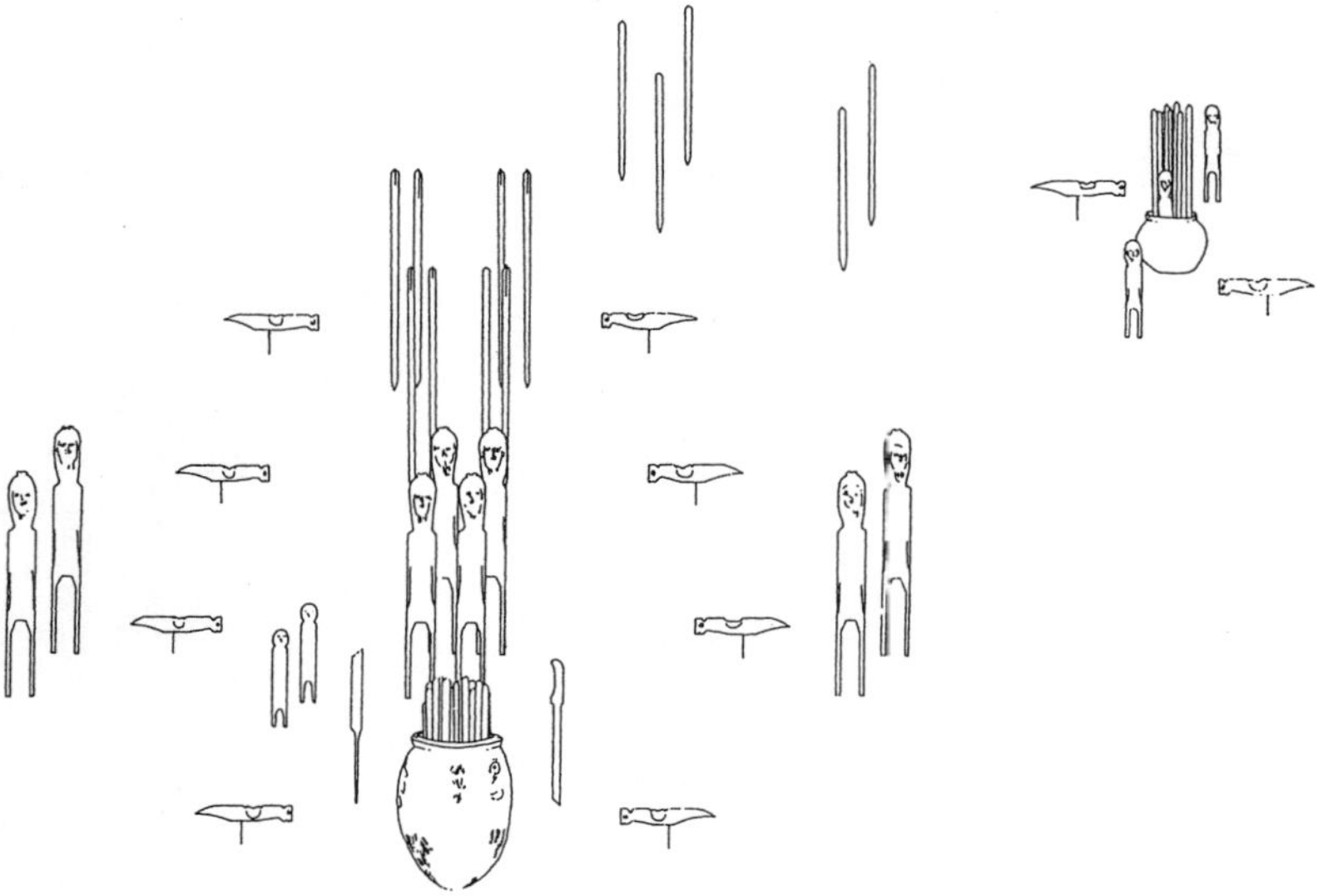

図11　SM60祭祀遺構復元図

掃二除蕩霊一」とあった。ハラエのさいの意図的な投棄によるか、大祓終了後の掃除によるのかいずれであるにせよ、ここに都城の道路側溝から律令期祭祀遺物が出土する理由があったというべきであろう。

一方、都城の祭りに関してはどうかということになるが、史料では衢での祭りが想定されたことは前述の通りである。この点に関しては、左京七条一坊一六坪東側の東一坊大路西側溝から、人形・銅製人形（二点）・鉄製人形（一四点）、弓形・刀形・琴形、斎串、墨書人面土器、ミニチュア土器、土馬が大量に出土しており、当該例から、舘野和己氏は、祭祀遺物が「東一坊大路と六条大路・七条条間北小路との交差点、あるいは十六坪につながる橋の付近に特に多く分布して」おり、「ここでもやはり衢が主な祭祀の場であった[106]」とされた。先にあげた平安京の衢での祭りそのものではないとしても、衢を場として行われた祭りの具体的形跡として注目されてよい。平城京でも金属の人形が出土するのは少ないことから、当該地点での祭りは単なる民間の祭りではないかもしれない。そして、律令期祭祀遺物が道路側溝から出てくるのは、衢という境界の場で祭りを行い[107]、祭りの終了後、幣物が投棄されたと想定されよう[108]。

また、律令期祭祀遺物は、平城京内の道路側溝ばかりでなく、宅地内の井戸からも多数発見されている。北田氏によると、斎串・土馬・貨幣・人形などが井戸遺構から出土しており、年代としては七世紀末からはじまり、十世紀末には消滅する。これらの祭祀遺物は、鑿井時、井戸使用時、埋井時の祭りに伴って井戸内に投入されたものとみられている[109]。すなわち、井戸の祭りとして、井戸という異界への通路[110]、境界領域に幣物を投じているという点で、ハラエや衢の祭りと同じ関係で読み解くことが可能であろう。

以上、ハラエと祭りについて、文献史料と都城などの発掘調査から知られる律令期祭祀遺物との間にはかなりの整合性があったことが知られた。ここで改めて確認しておきたいのは、ハラエにおいても祭りにおいても共通の律令期祭祀遺物が出土しているという事実である。祓具と神祭りの道具とははじめから区別されていたわけではなかったとみられる。このことは、これまで指摘してきたように、祓具と神祭りの道具には財産としての意味があった、すなわち、ハラエと祭りには境界の場に財産を並べるという共通性があったという点と対応しよう。

五　おわりに

以上、述べてきたところをまとめると、以下の通りである。

1、律令期祭祀遺物は、一つは祓具として、一つは神祭りの道具として使用されたもので、両者には境界領域に財産を並べるという点で共通性がある。

2、それは、神祭りの道具や祓具が史料上で「千座置戸」「資財」「奴佐」とされていたことと関係する。

3、右のような点に関しては、ハラエツモノやニギテは神や君主への捧げ物であり、かつ支払いの具、ハラエにも用いられたものであったという福田徳三説が早く適切な理解を示していた。

4、都城における祓所（門前・市）におけるハラエ、京内の大小路によって形成された衢での祭り、京内の井戸の祭りに関して、古代史料の面と考古学のデータとの間では、双方ともに境界領域に財産を置くという点で一致している。

本章の最後に、左の三点を指摘しておきたい。

第一は、本章では祓具と祭祀具との共通性に着眼して論じてきたが、両者には相違もあったということである。たとえば、沖ノ島祭祀遺跡では金銅製雛形品として紡織具が一・五・六・二二号遺跡で出土している。これは、宗像三女神が祭神であったことと密接するといえよう。紡織具は伊勢神宮の内宮の神宝にもみられる（『延喜式』四）が、これも内宮にまつられるのがアマテラスという女神であったことと不可分であった。また、奈良県大三輪町の山ノ神遺跡では臼・杵・匏・杓・案・箕などの土製模造品が出土している。すでに大場氏が指摘されている通り[(11)]、これらはいずれも造酒具であり、大三輪神に神酒を醸造献供する風習を反映しているのであろう。このように神祭りの道具の中にはまつられる神に応じて〈個性〉もあったことを認めておかねばなるまい。

第二として、本章ではハラエに追放と財産を差し出させるのとの二つの方法を認めた点である。その場合、両者の関係いかんという問題が生じてくるが、これについては山本幸司氏がすでに指摘されている通り[(112)]、ハラエの形態の多様性を想定すべきであろう。すなわち、山本説を援用させていえば、スサノヲの場合のように財産を差し出させた上で追放するのも、歯田根命のように財産を出させる（三一五頁）のも、それぞれにおいてハラエであり、スサノヲのように必ずしも両者を伴わねばならないわけではなかったとみられるのである。

第三に、前述した元岡・桑原遺跡群から出土した祓具を列挙した木簡についてである。当該木簡の祓具も「解除」に弁備された財産の一覧であろう。ところで、木簡にみえる「人方・馬形・弓・矢・酒・米」のような品々が、『延喜式』一の恒例の朱雀門前大祓の祓具（前掲）と共通しているという点は注目される。「人方・馬形」は都城の発掘でみつかる祓具と同じであろう。しかも、それと同時に、当該木簡の祓具には「水船・五色物・赤玉・立志玉・栗木・□木」のごとく、都城の祓具とは異なるものが含まれていたという点も看過できない。これを祓具と祭祀具に重なるところがあることから、『延喜式』の諸祭祀の幣帛にまで比較検討の対象を広げてみても結果は同じである。このことは、元岡・桑原遺跡群での「解除」では都城系と地域系の祓具の双方が使用されていたことを意味しよう。これは遺跡の性格づけとかかわるのではないだろうか。

以上、本章では、律令期祭祀遺物の理解をめぐって、古代の人々の心性を明らかにすべく検討を試みた。その結果、祓具と祭祀具の共通性、ハラエの方法という観点から律令期祭祀遺物の性格を考察し、金子氏とは異なる結論に導かれた。考古学のデータについては理解不足もあろう。論じ残した点については、なお今後の課題としたい。

註

（1）筆者は、マツリとハラエとは別であるので、両者の混乱を避けるためにも、ハラエにかかわる遺物を祭祀遺物と区別して、大祓関係遺物と呼称すべきであろうと指摘した（拙稿「問題の所在」〈『古代国家の神祇と祭祀』吉川弘文館、一九九五年〉八頁）。この考えは現在でもかわっていないが、ここでは発掘調査でみつかった人形・馬形・土馬などの遺物がどのように使用されていたのかを問題にしたいので、とりあえず律令期祭祀遺物の呼称のままとした。

（2）金子裕之「平城京と祭場」（『国立歴史民俗博物館研究報告』七、一九八五年）。なお、金子氏には関連論文が多数あるが、本章ではとくに断らない限り、金子説は右の論文に依拠した。

（3）金子「考古学からみた律令的都城祭祀の成立」（『考古学研究』四七―二、二〇〇〇年）。

（4）泉武「律令祭祀論の一視点」（『道教と東アジア』人文書院、一九八九年）。

（5）宮島義和「馬形木製品に関わる祭祀の考察」（『古代学研究』一五二、二〇〇一年）二九頁。その他、宮島「地方における古代祭祀の展開Ⅰ」（『長野県の考古学』Ⅱ〈長野県埋蔵文化財センター、二〇〇二年〉）参照。

（6）北田裕行「古代都城における井戸祭祀」（『考古学研究』四七―一、二〇〇〇年）。

（7）山仲進「七世紀中葉の木製祭祀具をどのように理解するか」（『宅原遺跡　豊浦地区の調査（一九八七年）』妙見山麓遺跡調査会、二〇〇二年）。

（8）人形以下、律令期祭祀遺物の概要、年代、出土地等に関しては、本章では簡単に触れるに留めた。詳細は、金子、前掲註（2）、同「律令期祭祀遺物集成」（『律令剳祭祀論考』塙書房、一九九一年）を参照。

（9）金子、前掲註（2）二五八頁。

（10）岡田精司「八十島祭の機能と本質」（『古代祭祀の史的研究』塙書房、一九九二年）一六七〜一六八、一九一頁。

（11）沖ノ島祭祀遺跡では、金銅製人形は二二号遺跡（岩陰）から、滑石製人形は四号遺跡（岩陰）からも出土している。しかし、本章では律令期祭祀遺物の年代にあわせて沖ノ島の遺物、遺跡も七世紀後半以降のもののみを取り上げることとしたい。以下、他の遺物に関しても同様である。

（12）沖ノ島祭祀遺跡の人形について、金子氏は「都城と祭祀」（『古代を考える　沖ノ島と古代祭祀』吉川弘文館、一九八八年）で、祓の対象となったのは「宗像神の奉仕者」か、「遣唐使発遣に関したものか……新羅の賊に関するものか、あるいはほかの穢であろう」と述べられて（二二六頁）、あくまでも祓具説に固執されている。

（13）山仲、前掲註（7）二〇八頁。

（14）八省院東廊大祓については、拙稿「古代大祓儀の基礎的考察」（前掲註〈1〉所収）を参照されたい。

（15）二季晦日の御贖物（御贖物については後掲註〈16〉参照）では「御麻」が天皇に奉られる儀がある。この時の「御麻」を天皇が摩でるという所作が史料上明らかになるのは、十世紀中頃成立の『清涼記』（『江家次第』七所引）からであった。

（16）御贖物は二季晦日御贖物だけではなく、年間を通して毎月晦日、六・十一・十二月の一〜八日の御贖物が、その他、臨時のものとして天皇一代に一度の羅城御贖物、大嘗祭前の御贖物がある。このうち、人形が使用されているのは、二季晦日御贖物と毎月晦日御贖物であった。

(17) 野口剛「御贖物について」(『延喜式研究』五、一九九一年)一一二頁。
(18) 山仲、前掲註(7)二〇八頁。
(19) なお、人形を流すことについては、『源氏物語』須磨巻に「……この国に通ひける陰陽師召して、祓へさせたまふ。舟にことごとしき人形のせて流すを見給ふに……」とあるのが早い例ではないだろうか。
(20) 金子、前掲註(2)二六五頁。
(21) 水野正好「馬・馬・馬」(『奈良大学文化財学報』二、一九八三年)。
(22) 金子、前掲註(2)二五九頁。その他、金子「絵馬と猿の絵皿」(『環シナ海文化と古代日本』人文書院、一九九〇年)も参照。
(23) 大場磐雄「上代馬形遺物再考」(『祭祀遺蹟』角川書店、一九七〇年)。
(24) 前田豊邦「土製馬に関する試論」(『古代学研究』五三、一九六八年)。
(25) 小笠原好彦「土馬考」(『物質文化』二五、一九七三年)。
(26) 泉森皎「大和の土馬」(『橿原考古学研究所論集創立三十五周年記念』吉川弘文館、一九七五年)。
(27) 小田富士雄「古代形代馬考」(『九州考古学研究』古墳時代篇、学生社、一九七九年)。
(28) 小笠原、前掲註(25)四四頁。
(29) 荒木敏夫「伊場の祭祀と木簡・木製品」(『伊場木簡の研究』東京堂出版、一九八一年)。
(30) 岡田氏は、「月次社」とは「月読社」の誤りと指摘されている(「伊勢神宮を構成する神社群の性格」〈『立命館文学』五二一、一九九一年〉一二頁)。
(31) 水野、前掲註(21)。
(32) 村山道宣「耳のイメージ論」(『口頭伝承の比較研究』二、弘文堂、一九八五年)二二一~二二三頁。
(33) 「遷ヨ却崇神ニ詞」には「馳出物止御馬」とある。
(34) 金子、前掲註(2)二五九~二六一頁。
(35) 原田大六「沖ノ島の祭祀遺物」(『沖ノ島』吉川弘文館、一九五八年)二一〇頁。
(36) 巽淳一郎『日本の美術三六一　まじないの世界II』(至文堂、一九九六年)四七頁。
(37) 元岡・桑原遺跡群出土の木簡の釈文は、吉留秀敏「福岡・元岡遺跡群」(『木簡研究』二二、二〇〇〇年)による。以下、同じ。

(38) 金子、前掲註（8）五三七頁。
(39) 黒崎直「斎串考」（『古代研究』一〇、一九七七年）三四頁。
(40) 斎串については、水林彪氏に一説がある。水林氏は、「六月晦大祓」に「『天つ金木を本うち切り末うち断ちて、千座置座に置き足』わされたところの細長木片（「千座置」「置座木」）は、天つ神・国つ神が、百官男女のために、彼彼女らにかわって、彼彼女らにとり憑いたところの『罪』と戦い、これを殲滅するための武具（剣）なのであった」として、その武具（剣）とは形状からして斎串が該当するとされている（『記紀神話と王権の祭り』〈岩波書店、一九九一年〉四七〇頁）。
(41) 水野「まじないの考古学・事始」（『季刊どるめん』一八、一九七八年）一三頁。
(42) 金子『日本の美術三六〇　まじないの世界I』（至文堂、一九九六年）二五頁。
(43) 金子、前掲註（2）二六二頁。
(44) 平川南「〝古代人の死〟と墨書土器」（『墨書土器の研究』吉川弘文館、二〇〇〇年）。
(45) 墨書人面土器について、近年では仏面のものも出土しており、また、墨書人面土器を取り上げている研究も多い。ここでは現在までの諸資料と諸説を整理している高島英之「仏面・人面墨書土器からみた古代在地社会における信仰形態の一様相」（『古代の信仰と社会』六一書房、二〇〇六年）をあげるに留める。なお、高島論文によると、関東地方の集落出土の墨書人面土器は、都城・官衙遺跡のものと用途・機能・使用法が異なること、墨書人面土器に描かれた顔は、祭祀の主体者が神と交感した時の自己の顔と解釈されること、仏面のものは、村落社会の重層的で多様な祭祀・信仰の実態をふまえて使用法が想定されるべきであることなどが指摘されている。
(46) 金子、前掲註（2）二六七頁。
(47) 稲田孝司「忌の竈と王権」（『考古学研究』二五―一、一九七八年）六二頁。
(48) 平川「屋代遺跡群木簡のひろがり」（『古代地方木簡の研究』吉川弘文館、二〇〇三年）八四〜八五頁。
(49) 金子、前掲註（2）二六九頁。
(50) 和田萃「鏡をめぐる伝承」（『日本古代の儀礼と祭祀・信仰』中、塙書房、一九九五年）。
(51) 貨幣の出土については、栄原永遠男「日本古代銭貨出土一覧表」（『日本古代銭貨流通史の研究』塙書房、一九九三年）参照。
(52) 「祭祀遺物関係出土地名表」（『国立歴史民俗博物館研究報告』七、一九八五年）は、都道府県単位に祭祀関係遺物を集成したものであるが、凡例に「祭祀関係遺物として扱う範囲については、それぞれ各府県の調査担当者の判断にゆだねた」とあるように、貨幣を「祭祀関係遺物」に含める府県と、「伴出遺物」に入れるところと両様ある。ちなみに、金子氏担当の奈良県（平城京）では、貨幣は「伴出遺物」であった。

(53) 北田、前掲註（6）。

(54) 大場「上伊那郡箕輪町発見の祭祀遺物」（『大場磐雄著作集』四、雄山閣出版、一九八一年、初出は一九六〇年）一七三頁。

(55) 金子「歴史時代の人形」（『神道考古学講座』三、雄山閣出版、一九八一年）二一三頁。

(56) 『古事記』（日本思想大系、岩波書店、一九八二年）五四頁補注。

(57) 石井進「罪と祓」（『日本の社会史』五、岩波書店、一九八七年）五〇頁。なお、ハラエと財物との関係では、『日本霊異記』下—二六も参考になる。すなわち、讃岐国美貴郡の大領の妻が不法な蓄財を行ったため牛身になって蘇生する。その結果、一族のものが「為ㇾ贖㆓罪報㆒、三木寺進㆓入家内雑種財物㆒、東大寺進㆓入牛七十頭馬卅疋治田廿町稲四千束㆒」とあり、財物と贖罪との関係が知られる。

(58) 西宮秀紀「日本古代社会に於ける『幣帛』の成立」（『律令国家と神祇祭祀制度の研究』塙書房、二〇〇四年）、本澤雅史「古代における『幣』について」（『祝詞の研究』弘文堂、二〇〇六年）。

(59) 西宮、前掲註（58）三二六、三五四頁。

(60) 吉田晶氏は、大化二年三月甲申詔が「大化二年ころに出された原詔を、ほぼ忠実に書紀編者が載録したとみることができる」と指摘されている（『日本古代村落史序説』〈塙書房、一九八〇年〉五九頁）。

(61) 井上光貞「古典における罪と制裁」（『日本古代国家の研究』岩波書店、一九六五年）二七〇頁、石井紫郎「『かむやらひ』と『はらへ』」（『古代ローマ法研究と歴史諸科学』創文社、一九八六年）四二四〜四二六頁。

(62) 石井、前掲註（57）四八頁。

(63) 『延喜式』所載の祓具がいつ頃成立したかという問題は残るが、かかる品々のうち、平城京の道路側溝から出土する遺物は「金銀塗人像」や「馬」（土馬・馬形）程度である。とすると、その大部分は、地中に腐って残らないものばかりといわざるをえない。遺存しなかった品々も、金子氏のようにハラエと関係づけて解釈できるのだろうか。

(64) 幣帛の分類は、阿部武彦「古代祭祀に於ける祭神料の問題」（『日本古代の氏族と祭祀』吉川弘文館、一九八四年）四三六頁による。

(65) その他、逐一記すことはしないが、『延喜式』四の三時祭祓料、同五（斎宮式）の斎宮関係の祓料、同六（斎院式）の斎院関係の祓料、同四二（左右京式）の大嘗大祓（羅城門前）の祓料などにも、大祓の祓具と同じような傾向を示す。

(66) 『日本書紀』天武五年八月辛亥条にみえる祓具は、「馬一匹・布一常」（国造）、「刀一口・鹿皮一張・钁一口・刀子一口・鎌一口・矢一具・稲一束」（郡司）、「麻一条」（戸別）、神祇令諸国条の祓具は、「刀一口・皮一張・鍬一口・雑物」（郡）、「麻一条」（戸別）、「馬一疋」（国造）、延暦二十年五月十四日太政官符の「大祓料物廿八種」は、「馬・大刀・弓・矢・刀子・木綿・麻・庸布・鍬・鹿皮・猪皮・酒・米・稲・鰒・堅魚・雑腊・塩・海藻・滑海藻・食薦・薦・杯・盤・柏・匏・楉・席」（分量略）であった。

(67) 西宮「『延喜式』に見える祭料の特徴と調達方法」（前掲註〈58〉所収）四六五～四六六頁。

(68) 吉田一彦「僧尼と古代人」（『日本古代社会と仏教』吉川弘文館、一九九五年）二六〇～二六三頁。

(69) 二葉憲香「年分度者の原義とその変化」（『日本古代仏教史の研究』永田文昌堂、一九八四年）三二八頁。

(70) 『土佐日記』にみる紀貫之の船旅については、松原弘宣「国司の船旅」（『古代国家と瀬戸内海交通』吉川弘文館、二〇〇四年）参照。

(71) 『続日本紀』天平十二年（七四〇）十一月戊子条には、大将軍大野東人の報告によると、藤原広嗣の「従三田兄人」らのいうところでは、広嗣の船が値嘉島を出帆したものの、途中に逆風にあった。そこで、広嗣は「駅鈴一口」を捧げて「我是大忠臣也。神霊弃レ我哉。乞頼二神力一、風波暫静」といって、駅鈴を海中に投じたとある。ここでは海神の要求のことは記されていないが、「天皇のミシルシ」としての駅鈴（永田英明「駅制運用の展開と変質」〈『古代駅伝馬制度の研究』吉川弘文館、二〇〇四年〉九三～九五頁）を広嗣が「神力」を乞うために海中に投じたことにも留意したい。

(72) 西宮一民「マツリの国語学」（『上代祭祀と言語』桜楓社、一九九〇年）。

(73) 大場「祭祀遺物の考察」（前掲註〈23〉所収）一一三頁。

(74) 堀沢祐一「豊田大塚遺跡」（『木簡研究』一八、一九九六年）一四〇～一四一頁。

(75) 塚本和弘「土橋遺跡」（『木簡研究』二七、二〇〇五年）七九頁。

(76) ハラエの学説史の整理は、近藤直也「ハライの研究史」（『ハラエとケガレの構造』創元社、一九八六年）参照。

(77) 石尾芳久「天津罪国津罪論考」（『日本古代法の研究』法律文化社、一九五九年）。

(78) 井上、前掲註(61)。
(79) 長谷山彰「日本古代における賠償制と固有法」(『日本古代の法と裁判』創文社、二〇〇四年)。
(80) 勝浦令子「『霊異記』にみえる盗み・遺失物をめぐる諸問題」(『日本霊異記の原像』角川書店、一九九一年)。
(81) 利光三津夫「『流罪』考」(『律令制の研究』慶應通信、一九八一年)。
(82) 斎川真「流刑・左遷・左降」(『続日本紀研究』二一三、一九八一年)。
(83) 石井、前掲註(57)。
(84) 福田徳三「祓除ト貨幣ノ関係ニ就テノ愚考」(『国家学会雑誌』二四―七、一九一〇年)。
(85) 福田、前掲註(84)一〇二〇頁。
(86) 福田、前掲註(84)一〇二一頁。
(87) 福田、前掲註(84)一〇二七～一〇二八頁。
(88) 本居宣長『古事記伝』六(『本居宣長全集』九、筑摩書房、一九六八年)二六四頁。
(89) 福田、前掲註(84)一〇一九～一〇二〇頁。
(90) 石井、前掲註(57)五一頁、山本幸司「検断と祓」(『中世を考える　法と訴訟』吉川弘文館、一九九二年)一九七～一九九頁。また、勝俣鎮夫「売買・質入れと所有観念」(『日本の社会史』四、岩波書店、一九八六年)一九一頁、小林茂文「古代の市の景観」(『周縁の古代史』有精堂出版、一九九四年)二四三頁参照。
(91) 栄原氏も銭貨を手放すことがケガレを祓うことを意味すると指摘されている(「銭は時空を超える」〈『お金の不思議』山川出版社、一九九八年〉)。
(92) 拙稿、前掲註(14)。ただし、羅城門前大祓の史料上の初見は、『三代実録』貞観元年(六五九)十月丁酉条であった。
(93) 境界については、赤坂憲雄『境界の発生』(砂子屋書房、一九八九年)、小林「古代の都城における境界」(前掲註〈90〉所収)など参照。
(94) 宮家準『宗教民俗学』(東京大学出版会、一九八九年)二二八～二二九年。
(95) 『筑後国風土記』逸文に、筑前・筑後両国間の坂(「尽之坂」)を「筑紫君等祖甕依姫」にまつらせたとあるのも、境界と甕との関係が窺えよう。

(96) 榎村寛之「都城と神社の関係について」(『律令天皇制祭祀の研究』塙書房、一九九六年)、佐竹昭「律令制成立期の王権と儀礼」(『史学研究』二五二、二〇〇六年)。

(97) 平安京の「辻」で仁王会が行われた例もある。『本朝世紀』正暦五年(九九四)五月丙寅条には「今日臨時仁王会也。……但此外京条小路毎レ辻立二高座一。同講二此経一。樵夫野臾之輩各加二随分之升米一。令レ講二此経一。又関白家被レ修二百寺之諷誦一。是皆為レ攘二除疫癘一也」とあった。

(98) 平城京内での発掘成果に関しては、金子、前掲註(2)に依拠している。

(99) 中島皆夫「長岡京跡右京六条二坊六町の調査と出土木簡」(第二三回木簡学会報告、二〇〇一年)。

(100) 久世康博「平安京跡の祭祀資料の検討」(『考古学論集』二、一九八八年)、同「祭祀遺物」(『平安京提要』角川書店、一九九四年)。

(101) 金子、前掲註(2)二五〇頁。

(102) 和田「下ツ道と大祓」(前掲註〈50〉所収)。

(103) 佐藤庄一「俵田遺跡の祭祀遺構」(『えとのす』二六、一九八五年)。

(104) [図10・11]は『俵田遺跡第二次発掘調査報告書』(山形県・山形県教育委員会、一九八四年)による。

(105) 兵庫県出石郡出石町の砂入遺跡は、人形・馬形・斎串などの木製祭祀具が大量にみつかった、七世紀後半から十世紀前半にわたる遺跡であるが、その中では祭祀具を溝にまとめて流した形跡から道に突き刺した状態への変化が認められている(兵庫県教育委員会埋蔵文化財調査事務所『砂入遺跡―[本文編]―』〈兵庫県教育委員会、一九九七年〉六一～六二頁)。

(106) 館野和己「平城京の形態と機能」(『東アジアにおける古代都市と宮殿』奈良女子大学21世紀COEプログラム古代日本形成の特質解明の研究教育拠点、二〇〇五年)一七～一八頁。

(107) 衢での祭りがなんと呼ばれていたか、はっきりしない。『延喜式』三には「八衢祭」がみえるので、それに比定することもできよう。ただし、八衢祭の具体的な実施例としては、わずかに『兵範記』仁安三年(一一六八)十一月庚午条に「今日羅城門大祓幷八衢祭也。兼勘文定二日時一、自二行事所一下二知諸司一。当日史生盛光行事」という記事がある程度であった(久米舞子「平安京羅城門の記憶」〈『史学』七六―二・三、二〇〇七年〉四八頁)。

(108) 祭祀遺物が土壙から出土するケースが少なくないが、これは祭り終了後、祭物が土壙に投棄された結果とみられる。伊勢神宮では現在、諸祭に使用された土器は細かく砕いて神域内に埋められ、神宝類もかつては土中に埋納されていたという（中西正幸「神祭物の取扱いについて」〈『神宮式年遷宮の歴史と祭儀』大明堂、一九九五年〉）。その他、藤原良章「中世の食器・考」（『列島の文化史』八、一九八八年）参照。

(109) 北田、前掲註（6）。

(110) 真下厚「水の聖地の『上』」（『万葉歌生成論』三弥井書店、二〇〇四年）一二九頁。

(111) 大場「三輪山麓発見古代祭器の一考察」（『古代』三、一九五一年）。

(112) 山本、前掲註（90）一九九〜二〇一頁。

終章　古代の王権祭祀と自然

一　常設神殿の成立

以前、筆者は、神社にいつ、いかなる契機で常設の神殿が成立したかを次のような三段階にわけて述べたことがある。この点は、本書全体にかかわるところでもあるので、ここに要約を引用することとしたい(1)。

まず、第一段階として、常設の神殿造営以前で、神々の自然界からの来臨、祭日における仮設の神殿の造営という段階があった。神々や祭りの世界における自然界の存在の重要性は強調しても強調し過ぎることはあるまい。しかも、それは神社に常設の神殿が造営されるようになっても、けっしてかわることはなかったはずである。

第二段階として、七・八世紀に伊勢神宮や石上神宮などの、王権と関係の深い神社（神宮）で大神殿が造営された。伊勢神宮などの神は、天皇の祈願や非常に備えるためにも、常設の神殿に常住することが求められたのであった(2)。七世紀後半には律令国家は官社に対しても、常設の神殿の造営を命令した（『日本書紀』天武十年〈六八一〉正月己丑条）。国家は自然界から来訪する神を神殿に封じ込めて、都合のよいように利用したのであろう。ここに地域の首長や村落首長がまつる官社に常設の神殿が国郡司の手で造営されることとなった。ただし、その建物は、仮設の神殿の系譜を引く小神殿であったと推測される。以後、九世紀前半に至るまで、官社制の拡大期、再建期を通して各地の官社に神殿の造営が進行していったとみられる。

第三段階は九世紀中頃で、この時期には官社制とは別に神階社制が展開してくる。神階は、初見する八世紀中頃以降は官社に限って与えられていたのが、九世紀中葉を境に非官社にもおよぶようになり、しかも、その授与対象はきわめて広範囲の神々までに波及した。その前提として村落首長や富豪層の台頭があり、彼らのまつる神々まで広く統制する手段が神階社制であろう。神階を授けられた神社は非官社に対しても国司による神殿造営が義務づけられており、その意味で神階社制も神殿造営拡大の有力な契機になったといえる。(3)

以上のような理解に対して、神殿造営に関しては、古代史・建築学・考古学の間で諸説紛々といった現状である。(4)中には弥生時代からすでに常設神殿が存在することを主張する説もあり、その場合、発掘調査でみつかった弥生・古墳時代の独立棟持柱をもつ掘立柱建物七〇数例が神殿とみなされる。たとえば、考古学の広瀬和雄氏は、弥生土器の絵解きから「収穫の終わった冬からつぎの春までは、独立棟持柱建物は種籾を収納するためのイネクラであった。春になって、鳥装したシャーマンに海（山）の彼方から招来されたカミが、クラのなかに座して稲籾に活力を与える。そのときクラは神殿に昇華する。……やがて秋、穫り入れた新穀で神人共食をした後、カミが去っていって神殿はクラに再び戻ってしまう」(5)と述べられている。『古事記』上に「御倉板挙神」（『日本書紀』神代第五段第六の一書には「倉稲魂命」とある）があり、「神聖な倉の中の棚に祭った稲霊」(6)の意と解釈されており、たしかにクラに神がまつられていたことは想定されてよい。しかし、問題なのは、神がまつられたという建物（クラ）は、クラであって、神殿ではないという点であろう。神殿とはあくまでも神のみが独占的にまつられる空間(7)とみなければなるまい。たとえば、天照大神は倭大国魂神とともに「天皇大殿之内」にまつられていた（『日本書紀』崇神六年条）が、倭姫命が天照大神の意を受けて近江・美濃を経て「其祠立二於伊勢国一」とあった（同垂仁二十五年三月丙申条）。天照大神が「天皇大殿之内」にあったのと、伊勢国の「祠」（伊勢神宮）でまつられていたのとは区別されている。もし、広瀬説を受け入れると、一般の住居でカマド神がまつられていた場合、それも神殿に含めていくことになってしまうのではあるまいか。したがって、常設の神殿とは、神のみが居住する建物であり、その成立は七世紀代に王権神をまつる神宮クラスからはじまり、七世紀後半以降、地方の官社に、九世紀中頃からは神階社にそれぞれおよんだとすべきであろう。ちなみに出雲大社は斉明五年（六五九）の成立（『日本書紀』斉明五年是歳条）、鹿嶋神宮は天智朝（『常陸国風土記』香島郡条）、伊勢神宮は定期造替が持統四年（六九〇）の開始（『太神宮諸雑事記』）、住吉社の場合は、天平宝字二年（七五八）説（『一代要記』）と天平神護元年（七六五）説（『伊呂波字類抄』）と二説があるが、いずれにしても王権神、あるいは王権と関係の深い神をまつる神社（神宮）でも七世紀中頃以降の成立というのは右の説の傍証になるはずである。

ここで常設神殿の成立について再説したのは他でもない。本書で扱った王権祭祀は常設の神殿に神が坐すことを前提として祭祀が行われていたからである（第Ⅰ部第一章「平安期の春日祭について」、同三章「平野祭の基礎的考察」、同第四章「古代伊勢神宮の年中行事」）。それに対して、第Ⅱ部の第一章「古代の神々の示現と神異」から第四章「古代の神々と光」で言及した、古代の人々が感じた神々の不思議、五感を介して察知した神々の示現や神異は、常設の神殿内のものとは到底考え難い。〈水〉の存在、樹木の神異、雷神の示現、神々の光と、いずれも古代の人々は自然界の中に神の存在を見出していたはずである。常設の神殿が成立した段階、あるいはそれ以後においてもなお、古代の人々は自然界の神を重要視していたのではないだろうか。(8) ここに王権祭祀と民間の祭り、常設神殿と自然界との間で、異なる信仰が重層化していたのであろう。

岩田慶治氏は、東南アジアの諸民族のカミ観念をもとにカミと神とを区別して、「出逢いの驚きと、そのときの異様な経験、しかも、その異様なものの姿に対面したときのなんとも不思議な親しさとやすらぎ。それを、そのときの大いなるもののなかに包まれている感じを、カミと呼んだのである。……このカミは出没去来の時を定めない。いつ、どこで出逢うことになるやら見当もつかない。……カミは人間にとって、善悪、功罪いずれかに働くかまったく不明なのである。……カミは眼に見えないのだけれども、われわれは五感によって、しかも五感を超えたところでカミに出逢い、どこかにカミの所在をさぐりあてねばならない」。それに対して、「神は名前をもっている。……教義を身にまとっている。……また、神には住所がきまり、……季節的にとりおこなわれる儀礼のあり方がしだいにととのえられるようになる。……また、この神は出没、去来の時が定められている。……神は村びとの祈りと供応に応えて、村びとの幸福と作物の豊穣をもたらす」[9]と述べられている。岩田氏のいわれるカミと神の関係を、日本古代の自然界の神と常設神殿に坐す神とにそのままあてはめるわけにはいかないが、神とは相違してカミが自然の中から突然に現れるものであること、「五感によって、しかも五感を超えたところで」カミに出逢うものであることといった指摘は、常設神殿に必ずしも常住しないはずの古代の神々の世界を理解する上でも示唆的といえよう。[10]

二　自然・神・人間

アメリカの文化人類学者、ロバート・レッドフィールドは、宗教的世界観の主要な構成要素として、自然・神・人間をあげ、三者のうちどれが優位にあるかという点から宗教的世界観を類型化されている。[11]この考えをもとに、宮家準氏は、［図12］のような三類型を提示し、aのようにキリスト教などでは「神は自然や人間を作り、支配する存在で、人間は神に従わねばならないという世界観が認められる」。bは近代合理主義などで、「人間が中心をなし、人間は自然を自己の必要に応じて変形することができ、さらに神すらもが人間の究極的な関心に応える文化的産物とされている」。cのような「自然が中心的な位置を占める宗教的世界観は、アジアの民俗宗教などで認められるものである。ここでは、自然の法が宗教の基本的原理であって、神も人間もこれに従っている。日本の民俗宗教もこの第三の類型に属する[12]」と指摘されている。

このうち、自然・神・人間という枠組みは、近年の日本古代の神祇祭祀研究が国家と神との政治的関係にのみ研究対象を狭めていることに対して、有益な視点を提供していることはすでに指摘した（第II部第四章「古代の神々と光」）。しかし、宮家氏のいわれる三類型説はあくまでも類型論であって、歴史学としては現実の歴史過程をもあわせて考慮する必要があろう。とはいっても、宮家説に対して、歴史的展開まで広く言及することは不可能に近い。差しあたって参照したいのは、池上俊一・阿部謹也氏の以下のような指摘である。

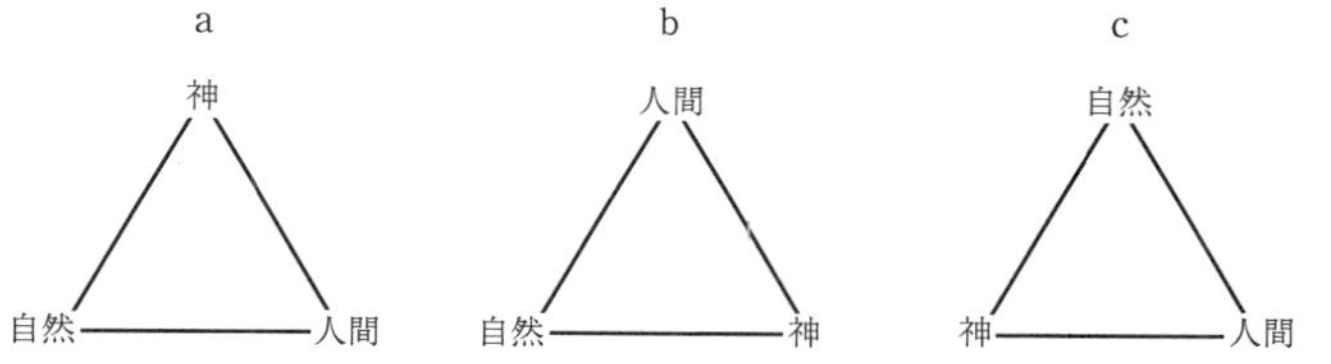

（キリスト教など）　（近代合理主義など）　（アジアの民俗宗教など）

図12　宗教的世界観の類型

まず、池上氏は、動物を人間と同様に裁判にかけるという、ヨーロッパの動物裁判について、次のように興味深く説かれている。すなわち、十二世紀以前、ヨーロッパでは人間は自然の一部と考えられていたが、十三世紀に入ると、人間が自然を領有する段階——人間が自然を技術や機械で征服、搾取し、キリスト教がアニミズムや自然崇拝を抑圧、変容する——において、人間の法を自然（動物）にまで適用する形で動物裁判が起こり、それは十七世紀の科学的合理主義によって批判、消滅させられるまで存続した。そして、このようなヨーロッパの自然観の推移は、近代以前、植物や動物に霊力を認めていた日本のそれとは異質であり、日本では動物裁判は起こりえなかったとされる[13]。

一方、阿部氏は、欧米にない、日本人独自の「世間」に着目された。『世間』には贈与・互酬の関係が貫かれていました。貰ったら返すということの関係は誰にも親しいもので、日本の社会にもいたるところで見られる関係です。……次いで長幼の序がありますが、これについては説明の要はないでしょう。次には時間意識があります。『世間』の中で暮らしている人はみな共通の時間意識をもっているのです。欧米では一人ひとりがそれぞれ自分の時間を生きていますが、日本の『世間』ではみなが同じ時間を生きているのです」(14)。かかる「世間」の景観としては「人間と小動物だけでなく、『世間』の中ではあらゆる植物と動物が人間とともに生きていました。そしてこれらの動植物と人間の間は深い関係で結ばれていたのです」(15)。そして、日本では今日に至るまで「世間」が存続しているのに対して、ヨーロッパにおいてはキリスト教の影響によって、十二・三世紀に「世間」が解体され、個人が成立した。ヨーロッパでもそれ以前の社会は基本的に日本の「世間」と共通する人間関係をもっていたと述べられている(16)。

池上・阿部氏という卓越した西洋史家の主張から継承すべき点は多い。とくにキリスト教が普及する以前のヨーロッパ社会に日本と同様の自然観や「世間」があったことは注目されてよい。ここで先ほどの宮家氏の宗教的世界観の三類型に戻ると、池上・阿部氏の歴史的展開論を踏まえるならば、次のようにいうことができよう。すなわち、ヨーロッパではキリスト教以前のcからa、さらにはbへと展開していったのに対して、日本ではcからbへ転じたとしても自然中心の世界観が長い間維持されていった、と。かかる点からすると、少なくとも、ヨーロッパと日本の宗教を、一神教と多神教として対立的に位置づけるだけ(17)では不十分といわざるをえない(18)。

以上の検討をもとに、日本古代の神々や祭りの世界がcの類型に属することが改めて確認されることになる。ただし、前節でも指摘したように、王権祭祀はあくまでも常設の神殿に鎮座する神を祭祀するのが基本であり、自然界の神々を相手にしていたわけではなかった。その意味では日本の古代はcの類型に含まれるものの、王権祭祀の方はbに近い面をもっていた(19)というべきであろう。

註

（1）拙著『古代の神社と祭り』（吉川弘文館、二〇〇一年）八三〜八五頁。
（2）岡田精司「古代国家における天皇祭祀」（『古代祭祀の史的研究』塙書房、一九九二年）四四八頁。
（3）川原秀夫「神階社制」（『古代文化』四九—一二、一九九七年）。
（4）諸説の整理については、錦田剛志「『古代神殿論』をめぐる研究動向と課題」（『古代出雲大社の祭儀と神殿』学生社、二〇〇五年）参照。
（5）広瀬和雄『日本考古学の通説を疑う』（洋泉社新書、二〇〇三年）二〇五頁。
（6）西宮一民校注『古事記』（新潮社、一九七九年）三六一頁。
（7）錦田氏も、神殿とは「神の居場所として造作され機能した建造物」と指摘されている（前掲註〈4〉一九二頁）。
（8）地域社会にとって、神殿が必ずしも重視されていなかったことについては、川原「律令官社制の成立過程と特質」（『日本古代の政治と制度』〈続群書類従完成会、一九八五年〉四一四〜四一五頁）に指摘がある。
（9）岩田慶治『カミと神』（『岩田慶治著作集』四、講談社、一九九五年）一七五〜一七七頁。
（10）平野仁啓氏が、古代日本の神には「自然の強大な力能の突発性」から存在を自覚させられる神と「季節の規則正しい循環によって来訪する神」の二種類があったと述べられている（「神社の生態学」〈『続古代日本人の精神構造』未来社、一九七六年〉八四頁）のは、岩田説のカミ—神の関係にも共通するところがあろう。
（11）ロバート・レッドフィールド（染谷臣道・宮本勝訳）『未開世界の変貌』（みすず書房、一九七八年）九三〜一二〇頁。
（12）宮家準『宗教民俗学』（東京大学出版会、一九八九年）三六五〜三六六頁。
（13）池上俊一『動物裁判』（講談社現代新書、一九九〇年）。
（14）阿部謹也『近代化と世間』（朝日新書、二〇〇六年）一五一頁。
（15）阿部、前掲註（14）一六〇頁。
（16）阿部氏の「世間」論については、前掲註（14）以外に、同『「世間」とは何か』（講談社現代新書、一九九五年）、同『日本人の歴史意識』（岩波新書、二〇〇四年）同『「世間」への旅』（筑摩書房、二〇〇五年）、同『ヨーロッパを見る視角』（岩波現代文庫、二〇〇六年）など参照。

(17) 下出積與「身体・精神観の原質と変容」(『日本古代の仏教と神祇』吉川弘文館、一九九七年)。

(18) このような点からもキリスト教が広まる以前のヨーロッパのアニミズムや自然崇拝の信仰――中にはキリスト教にもとりこまれたものもある(杉崎泰一郎『欧州百鬼夜行抄』〈原書房、二〇〇二年〉など参照)――、と日本の基層信仰との共通性に目を向ける必要があろう。たとえば、ジャック・ブロス(藤井史朗他訳)『世界樹木神話』(八坂書房、一九九五年)がヨーロッパを含む世界各地の古い樹木信仰の諸相を教えてくれることも、右の観点からも考慮すべきであろう。

(19) 古代の王権祭祀を「bに近い面をもっていた」としたが、これは古代の王権祭祀をbの近代合理主義とするのにはいささか躊躇されるからである。もっとも、この点については、十分な解答を用意しているわけではないが、たとえば、古代の神社では春日社のように神体山や磐座と信仰上のつながりが推定される(第Ⅰ部第二章「古代春日社の祭りと信仰」)のに対して、近代においては、伊勢神宮・橿原神宮・明治神宮などの神苑が「天皇制の清浄な空間」として創出されたという(高木博志「近代における神話的古代の創造」〈『近代天皇制と古都』岩波書店、二〇〇六年〉)点において、両者は区別されるのではないかと考えている。

あとがき

本書は、筆者がここ一〇年余の期間に取り組んできた研究成果をまとめたものである。今回の研究の発端はその一〇年余前に遡る。遺憾ながら、正確な日時は失念してしまったが、京都の祭祀史料研究会に参加していた折、岡田精司先生から以下のような意味の発言があった。すなわち、「自分の研究の眼目は天皇制との対決にある。それは戦争と深く関わっている。その研究の視点を継承してもらえるのは嬉しいが、戦争を直接体験していない戦後世代の人々が自分とまったく同じ問題関心であってよいはずがない。戦後世代の研究者は新しい視点を盛り込むべきである」。これは筆者一人に向かっていわれたものではなかったように思う。もとより一語一句まで正しく記憶しているわけではないので、先生の真意を誤って受け止めているかも知れず、その場合には是非、ご寛恕いただきたいところであるが、少なくとも、学生時代から岡田史学のよりよき継承を志していた筆者には衝撃的な発言であった。たしかに「敗戦を境としてのすべての価値と権威の逆転に対する途まどいと驚きから出発」した（『古代王権の祭祀と神話』〈塙書房、一九七〇年〉四三八頁）という岡田先生と戦争体験もない戦後生まれの筆者とが同一の問題意識を持つこと自体ありえない。その意味では、今回の研究は、岡田先生の厳しい言葉を帰りの新幹線の中で咀嚼するところから始まったといえるのかもしれない。

東京に戻ってあれこれ思案するうちに、「新しい視点」とは環境問題ではないかと自分なりに思い至った。自然界と強いつながりをもっていたはずの日本の神々や祭りの世界を扱うことは今日の環境問題にも通じるところがあろう。これによって古代天皇制の問題に合わせて、自然環境をも視点に組み込んで研究する道を模索するのが筆者の目標となった。そこで、手始めに現代の自然環境をテーマとするさまざまな書物を読んでみたが、その問題意識を出発点としてこれまで自分が扱ってきた史料を題材に議論を展開していくことは容易ではなかった。そのような折、大場磐雄氏らの神道考古学をはじめ、民俗学・民族学・文化人類学・国文学などの研究に自然環境を意識した上で接してみると、改めて啓発されるところ少なくなかった。古代史料は基本的には支配者層の書き残したものであるが、その史料からあまり窺い知れないところに、アニミズムや自然崇拝の信仰が広がっているように思われた。また、益田勝実氏が神々の不思議について書かれていたことを思い出し、益田氏の論考に着想を得て、史料を読み直していくことになった。その後は音の風景論や心性の問題にも関心を寄せていくことになったが、その間の事情は序章「問題の所在」に記したところであるので、ここでは繰り返さない。

なお、本書をなすにあたって、ヨーロッパ史の研究にも目を向けるよう心がけたことを付け加えておきたい。もっとも、それがもとより十分でなく、理解不足も多々あることはよく承知している。しかし、それでもあえてヨーロッパ史の成果を組み入れるよう試みたのは、日本古代史研究にとっても参照さるべき点があるように思えたからである。日本の古代を東アジア世界の枠組みの中で位置づけるのは、もはや常識であるが、だからといってヨーロッパ史の研究の視角や成果を知らずにいてよいというわけではあるまい。今後ともヨーロッパ史にも可能な限り関心を寄せていきたいと思う。

本書執筆の最終段階に差し掛かった二〇〇七年八・九月の東京は、例年にない異様な暑さであった。記録的な酷暑、猛暑といわれ、地球温暖化への危機感とあわせてマスコミなどでもしきりに報道された。そのような戸惑いと将来への不安感はかなりの人々が共有しているのではないだろうか。自然環境は歴史学にとっても今後ますます重要なテーマになるものと思う。

近年の環境論に対して日本古代の史料との接点を求めていくのはなかなか難しいところであることは先にも述べたが、その中で、『沈黙の春』の著書で名高いレイチェル・カーソンの一文「子どもたちの世界は、いつも生き生きとして新鮮で美しく、驚きと感激にみちあふれています。……もしもわたしが、すべての子どもの成長を見守る善良な妖精に話しかける力をもっているとしたら、世界中の子どもに、生涯消えることのない『センス・オブ・ワンダー＝神秘さや不思議さに目を見張る感性』を授けてほしいとたのむでしょう」（上遠恵子訳『センス・オブ・ワンダー』〈新潮社、一九九六年〉二三頁）だけは忘れ難い（レイチェル・カーソンについては、上岡克己他編著『レイチェル・カーソン』〈ミネルヴァ書房、二〇〇七年〉参照）。〈センス・オブ・ワンダー〉は古代史料を読む時にも通用するキーワードといえよう。

今回の研究をまとめるにさいしても多くの方からご教示をいただいた。一人一人のお名前を記すことはしないが、二〇〇二年一月から同じ職場の同僚、桐本東太（中国古代史）、佐藤孝雄（動物考古学）、藤原茂樹（古代国文学）の三氏と始めた、ささやかな研究会のことだけは省略するわけにいかない。四人の集まりであるのに三人会と命名されているが、それはともかくも、同会は、お互いに異なる専門分野のものが年三、四回集まって研究の近況報告をするというものである。専門の異なる聴き手にどこまで自分の研究を分かりやすく伝えるかという配慮もあって、おかげで他分野の最新の研究成果や研究の広がりなどを知ることができ、また、ゲストスピーカーとして佐藤道生（日本漢学・中日比較文学）、辺見葉子（ケルト神話）氏の示唆に富む報告もあり、筆者には大きな刺激となった。自ずと自分の視座をどこに置くべきか、考えさせられたし、研究の構想を練るのにも役に立った。当初は二、三年も続けばと思って始めた三人会であったが、曲がりなりにも現在も継続しているところをみると、その存在意義を感じているのは筆者だけではないようである。いずれにしても右記の各氏には大いに感謝したいと思う。

本書の刊行にさいして、吉川弘文館編集部の関係各位には大変お世話になった。また、校正と索引作成に協力してくれた妻真弓に感謝したい。

最後に私事にわたって恐縮であるが、本年三月に母が他界した。母が元気であったら、本書の刊行を誰よりも喜んでくれたであろうと思うと、本書をみせることができなかったのは心残りというほかない。謹んで本書を母の霊前に捧げたい。

二〇〇八年三月

三　宅　和　朗

引用史料典拠刊行本一覧

〔中国史関係〕

後漢書　吉川忠夫訓注『後漢書』（岩波書店、二〇〇一年）

隋　書　中華書局刊行本

南部新書　叢書集成初編本

〔日本史関係〕

海人藻芥　群書類従本

伊勢二所皇太神宮神名秘書　続群書類従本

猪隈関白記　大日本古記録本

氏経神事記　大神宮叢書本

永昌記　大日本史料本、増補史料大成本

延喜式　訳注日本史料本、神道大系本

岡屋関白記　大日本古記録本

小野宮年中行事　群書類従本

春日権現験記絵　『続日本の絵巻』（中央公論社）、神戸説話研究会編『春日権現験記絵注解』（和泉書院、二〇〇五年）

春日祭旧例　続群書類従本

春日社私記　『春日』（神道大系）

春日社年中行事　『春日』（前掲）

儀　式　神道大系本

北野天神縁起絵巻　『続日本の絵巻』（前掲）

北野縁起　群書類従本

九　暦　大日本古記録本

玉　葉　国書刊行会本

宮司年中行事　大神宮叢書本

九条年中行事　群書類従本

弘福寺領讃岐国山田郡田図　高松市教育委員会編『讃岐国

弘福寺領の調査』(一九九二年)

外宮子良館祭奠式　大神宮叢書本
外宮年中祭祀行事大略職掌人装束　大神宮叢書本
源氏物語　新日本古典文学大系本
建武年中行事　群書類従本
江家次第　神道大系本
皇太神宮儀式帳　神道大系本
皇太神宮年中行事　神道大系本
皇太神宮年中行事当時勤行次第私註　大神宮叢書本
弘法大師行状絵詞　『続日本の絵巻』(前掲)
広隆寺来由記　大日本仏教全書本
古今集　新編日本古典文学全集本
古語拾遺　岩波文庫本
古今著聞集　新潮日本古典集成本
古事記　日本思想大系本
古社記　『春日』(前掲)
権　記　増補史料大成本

今昔物語集　新編日本古典文学全集本
西宮記　神道大系本
左経記　増補史料大成本
定家朝臣記　群書類従本
山槐記　増補史料大成本
三代実録　新訂増補国史大系本
拾芥抄　新訂増補故実叢書本
正倉院文書　大日本古文書本
袖中抄　橋本不美男・後藤祥子『袖中抄の校本と研究』(笠間書院、一九八五年)
小右記　大日本古記録本
続日本紀　新日本古典文学大系本
続日本後紀　新訂増補国史大系本
神宮雑例集　神道大系本
神宮典略　大神宮叢書本
新抄格勅符抄　新訂増補国史大系本
信西古楽図　日本古典全集本
新撰亀相記　工藤浩『新撰亀相記の基礎的研究』(日本エディタース

クール出版部、二〇〇五年）

新撰姓氏録　佐伯有清『新撰姓氏録の研究』本文篇（吉川弘文館、一九六二年）

資実卿記　大日本史料本

住吉大社神代記　田中卓『住吉大社神代記の研究』（国書刊行会、一九八五年）

政事要略　新訂増補国史大系本

節用集　古辞書叢刊本

帥記　増補史料大成本

大安寺伽藍縁起幷流記資財帳　大日本仏教全書本

台記　増補史料大成本

大乗院寺社雑事記　続史料大成本

大神宮儀式解　大神宮叢書本

大神宮司神事供奉記　大神宮叢書本

太神宮諸雑事記　神道大系本

大日本国法華経験記　日本思想大系本

内裏式　神道大系本

竹取物語　新編日本古典文学全集本

多度神宮寺伽藍縁起幷資財帳　『伊賀・伊勢・志摩国』（神道大系）

為房卿記　大日本史料本

中右記　増補史料大成本

長秋記　増補史料大成本

朝野群載　新訂増補国史大系本

貞信公記　大日本古記録本

天満宮託宣記　群書類従本

殿暦　大日本古記録本

藤氏家伝　沖森卓也他『藤氏家伝注釈と研究』（吉川弘文館、一九九九年）

東大寺山堺四至図　日本荘園絵図聚影本

東大寺要録　筒井英俊校訂『東大寺要録』（国書刊行会、一九七一年）

土佐日記　新編日本古典文学全集本

止由気宮儀式帳　神道大系本

豊受皇太神宮年中行事今式　大神宮叢書本

内宮子良年中諸格雑事記　大神宮叢書本
内宮長暦送官符　群書類従本
内宮年中神役下行記　大神宮叢書本
中臣祐賢春日御社縁起注進　『春日』（前掲）

文

入唐求法巡礼行記　小野勝年『入唐求法巡礼行記の研究』（鈴木学術財団、一九六四年）
日本紀略　新訂増補国史大系本
日本後紀　訳注日本史料本
日本書紀　日本古典文学大系本
日本霊異記　新編日本古典文学全集本
年中行事秘抄　群書類従本
百練抄　新訂増補国史大系本
扶桑略記　新訂増補国史大系本
風土記　新編日本古典文学全集本
兵範記　増補史料大成本
放光寺古今縁起　保井芳太郎『大和王寺文化史論』（大和史学会、一九三七年）

北山抄　神道大系本
法曹類林　新訂増補国史大系本
本朝月令　群書類従本
本朝世紀　新訂増補国史大系本
枕草子　新編日本古典文学全集本
万葉集　新編日本古典文学全集本
御堂関白記　大日本古記録本
民経記　大日本古記録本
明月記　国書刊行会本
師光年中行事　群書類従本
文徳実録　新訂増補国史大系本
康富記　増補史料大成本
大和名所図会　秋本籬島『大和名所図会』（臨川書店、一九九五年）
律　令　日本思想大系本
令義解　新訂増補国史大系本
令集解　新訂増補国史大系本
類聚国史　新訂増補国史大系本
類聚三代格　神道大系本、新訂増補国史大系本

類聚符宣抄
類聚名義抄

新訂増補国史大系本
正宗敦夫編纂校訂『類聚名義抄』(風間書房、一九七〇年)

索　引

I　一般項目

あ　行

か　行

さ　行

た　行

な　行

は　行

ま　行

や　行

ら・わ行

II　研究者名

あ　行

か 行

さ　行

た　行

な　行

は　行

ま　行

や　行

ら・わ行

著者略歴
一九五〇年　東京都に生まれる
一九八〇年　慶應義塾大学大学院文学研究科
博士課程単位取得退学
現在　慶應義塾大学文学部教授、博士（史学・
慶應義塾大学）

〔主要著書〕
記紀神話の成立　古代国家の神祇と祭祀　古
代の神社と祭り

古代の王権祭祀と自然

二〇〇八年（平成二十）六月十日　第一刷発行

著者　三《み》宅《やけ》和《かず》朗《お》

発行者　前田求恭

発行所　株式会社　吉川弘文館
郵便番号一一三―〇〇三三
東京都文京区本郷七丁目二番八号
電話〇三―三八一三―九一五一（代）
振替口座〇〇一〇〇―五―二四四番
http://www.yoshikawa-k.co.jp/

印刷＝株式会社　三秀舎
製本＝株式会社　ブックアート
装幀＝山崎　登

ISBN978-4-642-02467-9